管理信息系统概论
（通识教育）

王晓静　主编

王廷梅　李刚　副主编

清华大学出版社

北京

内容简介

"管理信息系统"是经管专业的9门核心课程之一。统览市面上的书籍，多为针对专业课程体系编写。由于《管理信息系统》具有交叉性、综合性、边缘性特点，非常适合作为通识教育课程的授课内容。本书就是针对通识教育课程特点而编写的，是《管理信息系统项目开发实用教程(Visual FoxPro 版)》的配套理论教材。

本书采用案例说理法合理布局每一章。选用的案例内容新颖、章节贴切、说理透彻、企业知名度高，被读者广泛接受和认可。每章开头都由一个引导案例引出该章的难点、重点，结尾处给出课后阅读与思考，目的是带给读者不断向前延伸的思考过程。

本书根据读者的认知规律，合理布局各章节。全书共分4篇：基础篇、技术篇、系统篇及开发篇。基础篇从管理、信息、系统三个关键术语着眼，向读者概述管理学、信息学、系统学知识；技术篇向读者介绍了计算机系统、网络系统、数据库系统的前沿技术知识；系统篇从职能角度、流程角度、管理信息系统发展角度向读者分别介绍了人力资源、营销管理、供应链管理、企业资源计划、客户关系管理、智能管理信息系统的管理学知识、各系统的功能模块及发展趋势；开发篇向读者系统介绍了开发一个管理系统的步骤、方法、实施、评价的相关理论。

本书既可作为高等院校"管理信息系统"的通识教育课程用书，也可作为 MBA 专业课程用书，还可以作为相关知识领域的自学用书。

图书在版编目(CIP)数据

管理信息系统概论：通识教育/王晓静主编.--北京：清华大学出版社，2012.11
21世纪高等学校规划教材·信息管理与信息系统
ISBN 978-7-302-30076-2

Ⅰ. ①管⋯　Ⅱ. ①王⋯　Ⅲ. ①管理信息系统－高等学校－教材　Ⅳ. ①C931.6

中国版本图书馆 CIP 数据核字(2012)第 214268 号

责任编辑：高买花　薛　阳
封面设计：傅瑞学
责任校对：李建庄
责任印制：何　芊

出版发行：清华大学出版社
　　　　网　　　址：http://www.tup.com.cn，http://www.wqbook.com
　　　　地　　　址：北京清华大学学研大厦 A 座　　　　邮　　编：100084
　　　　社 总 机：010-62770175　　　　　　　　　　邮　　购：010-62786544
　　　　投稿与读者服务：010-62776969，c-service@tup.tsinghua.edu.cn
　　　　质 量 反 馈：010-62772015，zhiliang@tup.tsinghua.edu.cn
　　　　课 件 下 载：http://www.tup.com.cn，010-62795954
印 装 者：三河市金元印装有限公司
经　　销：全国新华书店
开　　本：185mm×260mm　　　印　　张：20.5　　　字　　数：512 千字
版　　次：2012 年 11 月第 1 版　　　　　　　印　　次：2012 年 11 月第 1 次印刷
印　　数：1～3000
定　　价：33.00 元

产品编号：042971-01

编审委员会成员

浙江大学	吴朝晖	教授
	李善平	教授
扬州大学	李　云	教授
南京大学	骆　斌	教授
	黄　强	副教授
南京航空航天大学	黄志球	教授
	秦小麟	教授
南京理工大学	张功萱	教授
南京邮电学院	朱秀昌	教授
苏州大学	王宜怀	教授
	陈建明	副教授
江苏大学	鲍可进	教授
中国矿业大学	张　艳	教授
武汉大学	何炎祥	教授
华中科技大学	刘乐善	教授
中南财经政法大学	刘腾红	教授
华中师范大学	叶俊民	教授
	郑世珏	教授
	陈　利	教授
江汉大学	颜　彬	教授
国防科技大学	赵克佳	教授
	邹北骥	教授
中南大学	刘卫国	教授
湖南大学	林亚平	教授
西安交通大学	沈钧毅	教授
	齐　勇	教授
长安大学	巨永锋	教授
哈尔滨工业大学	郭茂祖	教授
吉林大学	徐一平	教授
	毕　强	教授
山东大学	孟祥旭	教授
	郝兴伟	教授
厦门大学	冯少荣	教授
厦门大学嘉庚学院	张思民	教授
云南大学	刘惟一	教授
电子科技大学	刘乃琦	教授
	罗　蕾	教授
成都理工大学	蔡　淮	教授
	于　春	副教授
西南交通大学	曾华燊	教授

出版说明

随着我国改革开放的进一步深化,高等教育也得到了快速发展,各地高校紧密结合地方经济建设发展需要,科学运用市场调节机制,加大了使用信息科学等现代科学技术提升、改造传统学科专业的投入力度,通过教育改革合理调整和配置了教育资源,优化了传统学科专业,积极为地方经济建设输送人才,为我国经济社会的快速、健康和可持续发展以及高等教育自身的改革发展做出了巨大贡献。但是,高等教育质量还需要进一步提高以适应经济社会发展的需要,不少高校的专业设置和结构不尽合理,教师队伍整体素质亟待提高,人才培养模式、教学内容和方法需要进一步转变,学生的实践能力和创新精神亟待加强。

教育部一直十分重视高等教育质量工作。2007 年 1 月,教育部下发了《关于实施高等学校本科教学质量与教学改革工程的意见》,计划实施"高等学校本科教学质量与教学改革工程"(简称"质量工程"),通过专业结构调整、课程教材建设、实践教学改革、教学团队建设等多项内容,进一步深化高等学校教学改革,提高人才培养的能力和水平,更好地满足经济社会发展对高素质人才的需要。在贯彻和落实教育部"质量工程"的过程中,各地高校发挥师资力量强、办学经验丰富、教学资源充裕等优势,对其特色专业及特色课程(群)加以规划、整理和总结,更新教学内容、改革课程体系,建设了一大批内容新、体系新、方法新、手段新的特色课程。在此基础上,经教育部相关教学指导委员会专家的指导和建议,清华大学出版社在多个领域精选各高校的特色课程,分别规划出版系列教材,以配合"质量工程"的实施,满足各高校教学质量和教学改革的需要。

为了深入贯彻落实教育部《关于加强高等学校本科教学工作,提高教学质量的若干意见》精神,紧密配合教育部已经启动的"高等学校教学质量与教学改革工程精品课程建设工作",在有关专家、教授的倡议和有关部门的大力支持下,我们组织并成立了"清华大学出版社教材编审委员会"(以下简称"编委会"),旨在配合教育部制定精品课程教材的出版规划,讨论并实施精品课程教材的编写与出版工作。"编委会"成员皆来自全国各类高等学校教学与科研第一线的骨干教师,其中许多教师为各校相关院、系主管教学的院长或系主任。

按照教育部的要求,"编委会"一致认为,精品课程的建设工作从开始就要坚持高标准、严要求,处于一个比较高的起点上。精品课程教材应该能够反映各高校教学改革与课程建设的需要,要有特色风格、有创新性(新体系、新内容、新手段、新思路,教材的内容体系有较高的科学创新、技术创新和理念创新的含量)、先进性(对原有的学科体系有实质性的改革和发展,顺应并符合 21 世纪教学发展的规律,代表并引领课程发展的趋势和方向)、示范性(教材所体现的课程体系具有较广泛的辐射性和示范性)和一定的前瞻性。教材由个人申报或各校推荐(通过所在高校的"编委会"成员推荐),经"编委会"认真评审,最后由清华大学出版社审定出版。

目前,针对计算机类和电子信息类相关专业成立了两个"编委会",即"清华大学出版社计算机教材编审委员会"和"清华大学出版社电子信息教材编审委员会"。推出的特色精品教材包括:

(1) 21世纪高等学校规划教材·计算机应用——高等学校各类专业,特别是非计算机专业的计算机应用类教材。

(2) 21世纪高等学校规划教材·计算机科学与技术——高等学校计算机相关专业的教材。

(3) 21世纪高等学校规划教材·电子信息——高等学校电子信息相关专业的教材。

(4) 21世纪高等学校规划教材·软件工程——高等学校软件工程相关专业的教材。

(5) 21世纪高等学校规划教材·信息管理与信息系统。

(6) 21世纪高等学校规划教材·财经管理与应用。

(7) 21世纪高等学校规划教材·电子商务。

(8) 21世纪高等学校规划教材·物联网。

清华大学出版社经过三十多年的努力,在教材尤其是计算机和电子信息类专业教材出版方面树立了权威品牌,为我国的高等教育事业做出了重要贡献。清华版教材形成了技术准确、内容严谨的独特风格,这种风格将延续并反映在特色精品教材的建设中。

清华大学出版社教材编审委员会

联系人:魏江江

E-mail:weijj@tup.tsinghua.edu.cn

前　言

　　通识教育作为一种先进的大学教育理念及人才培养方式,已经在中国的众多大学中逐步开展起来,其目标是培养具有远大眼光、优美情感和博雅精神的人。管理信息系统课程(Management information system,MIS)由于内容涉及面广、跨度大、信息含量多,早在1998年就被教育部列为经济管理专业的9门核心课程之一。随着时间推移和时代的进步,其综合性、交叉性和边缘性的特点使其作为一门通识教育课程具有得天独厚的优势。

　　然而,如果将MIS列为通识教育课程,其课程定位、学时、教学内容显然不应等同于专业核心课。我们必须考虑通识教育学生的学科背景、动手能力、理解能力、研究领域及方向、开课之前相关领域的知识储备与经管专业学生无法相比的情况,同时课程本身的概念、内容、技术、方法也在悄然地发生变化。更重要的是,眼下很难找到一本适合于通识教育课程的MIS理论及实践教材。

　　针对上述情况,笔者作为MIS通识教育课程的主讲教师,汇集多年授课经验及课堂学生反馈情况,参考了同行专家相关教材的思路、体系及内容后,决心编写一本更适合通识教育授课的教材。归纳起来,本书具有以下几个特色:

　　首先,强调MIS是一个社会—技术系统。但凡成功运转的MIS不仅技术领先,而且管理方法科学、先进。在日异多变的社会环境中,一个好的系统必须从技术、管理等多维角度分析才有可能取得成功,否则将陷入信息技术投资的"黑洞"。

　　其次,根据读者的认知规律,合理布局各章节。全书共分4篇:基础篇、技术篇、系统篇及开发篇。部分章节内容在编写上为了避免与其他课程重复,采取了略写,但对新技术、新观点、新领域进行了适度的扩展,力求做到与时俱进。比如,在第4章的网络部分,我们着重介绍了下一代互联网——物联网的相关知识。相信这些新兴事物的概念与方法一定会给读者带来更多的启迪与智慧。

　　此外,本书的编写采用案例说理法。事实证明:案例教学是一种行之有效的教学方法。很多晦涩难懂的理论、复杂微妙的问题,通过案例解读不仅可以生动准确地描述,而且让人记忆深刻。值得一提的是,为了保证良好的教学效果,在每学期结束后,都会向学生发放调查问卷,只有那些被大多数同学深深牢记的案例才会出现在本书里。

　　因此,本书选用的案例内容新颖、章节贴切、说理透彻、企业知名度高,被读者广泛接受和认可。不同的知识点可能选用了同一企业的案例,如宝洁的人力资源与新产品营销流程,目的是让学生了解一个成功企业的诸多方面都是可圈可点的。为了增加其可读性,每章开头都设有一个导读案例,由此引出本章重点。结尾处配有课后阅读资料及思考题,希望带给读者不断向前延伸的思考过程。

　　如果教师选用该书作为"管理信息系统"通识教育课程的教材,可以根据学生专业、课时、兴趣等实际情况进行部分择取。本书既可作为高等院校"管理信息系统"的通识教育课程用书,也可作为MBA专业课程用书,还可以作为相关知识领域的自学用书。

考虑到 MIS 是一门理论及实践并重的学科,为方便广大读者学习,本书作者同时编写了《管理信息系统项目开发实用教程(Visual FoxPro 版)》作为实习、实践课程的配套教材,已由清华大学出版社于 2012 年 1 月正式出版。

总之,希望本书的出版可以弥补 MIS 作为通识教育课程教材方面的缺失,为广大读者带来更多思考与便利。

本书由王晓静负责统稿及策划,同时得到了北京联合大学王廷梅老师及安阳工学院李刚老师的帮助。其中,第 4 章、第 5 章由李刚老师执笔;第 6 章、第 9 章由王廷梅老师执笔;其余章节由王晓静老师执笔。对两位老师的辛勤工作,在此一并表示感谢。

仅以此书献给我所教过的所有学生,正是他们在学期期末的问卷调查中提出的诸多宝贵意见,促成了本书的最终出版。同时也要感谢为本书正式出版付出大量心血的编辑老师。

谨以此书献给我的家人、领导和同事,感谢你们长期以来对我的支持与鼓励。

由于本人能力有限,书中难免存在不妥及错误之处,恳请各位老师及读者批评指正,在此一并表示感谢。联系邮箱:xjwang750718@sina.com。

辽宁大学计算中心王晓静

2012 年 4 月 16 日于格林梦夏

目 录

基 础 篇

技 术 篇

系 统 篇

技 术 篇

基础 篇

信息及其相关概念
管理及其相关概念
系统及其相关概念

自从 1946 年第一台计算机 ENIAC 诞生至今，计算机被广泛地应用于各行各业，对社会和经济的发展产生了巨大而深远的影响。进入 21 世纪，人类步入了信息社会，信息成为多种学科的研究对象，信息技术成为当代社会最活跃的生产力，信息化水平的高低也成为衡量一个国家、地区现代化水平和综合实力的重要标志。

世界经济，信息经济和知识经济正在逐步取代工业经济，已经成为人类社会的主导经济形态，并给人类带来了全新的生活方式。在信息时代，唯有创新才能获得企业长青，而创新必须紧跟信息时代的步伐。

在信息与知识并存的今天，各种繁杂的管理业务已非手工操作系统所能担当，市场全球化、管理信息化已成为一种共识，管理信息系统作为一种解决方案、一门学科应运而生。

管理信息系统是将计算机技术与管理学、系统科学、现代通信技术、运筹学等多门学科交叉在一起形成的一门独立的学科，其英文名称是 Management information system，简称 MIS。它从管理角度出发，通过实施高效管理并借助信息手段进行一系列计划、组织和控制的复杂系统。

作为一门年轻的学科，它是多元的，通过引用其他学科中已建立的知识体系，形成了一套综合性的基础知识，用以支持各种信息系统的应用。其中，计算机科学提供了计算和通信系统的方法；运筹学提供了基于数据进行合理决策的知识；管理学提供了正确的管理理念及各种管理职能的研究方法。

由此可见，管理信息系统既是一种管理思想，更是信息系统建设过程中应遵循的原则。企业上马一套管理信息系统，不仅是技术方面的投资，更是对企业原有管理模式的改造，是采用新的管理方法和手段的综合性变革。

由于管理信息系统的概念包括管理、信息和系统三部分，为了全面理解管理信息系统的概念及含义，了解信息、系统及管理等相关基础理论和概念十分必要，接下来的三章，我们将向大家逐一介绍各部分相关理论知识及案例分析。

第1章

信息及其相关概念

宜家独特的会员信息管理

对于一个家居商场而言,哪些客户更有价值呢?是不常逛店、只要一来就买很多商品的顾客,还是经常逛逛、每次只买少量商品的顾客?对于来自北欧那个充满异国风情的瑞典宜家而言,后者更有价值。在宜家看来,顾客只要来,就一定会买东西。但是,宜家用什么方式来吸引更多的顾客来此逛逛呢?

宜家与很多商场一样,采取会员招募制。凡是来宜家的顾客不需要任何消费,只要填写一张宜家俱乐部会员登记表格之后,就会得到一张红黑底色的卡,上面写着"IKEAFAMILY"及长达15位的会员卡号,顾客就会立刻成为一名会员了。

和其他商场不同,宜家还招募3~8岁的儿童会员来参加宜家于次年举办的各种儿童派对活动。要知道,每名小朋友大多是由家长陪同,在孩子们参加各种活动的时候,家长也可以借机逛逛。

为了吸引顾客成为会员,宜家会不定期地推出各种会员商品,相比非会员价格要优惠得多。精明的消费者就会想:为何不成为会员再购买呢?除此之外,宜家还采取了多种鼓励措施吸引会员经常来店逛逛。

宜家根据会员来店的频率,而不是购买金额进行奖励。

比如,周一到周五,会员到宜家可以享受免费的咖啡;

在宜家,只需要花1元钱就可以吃到美味的冰淇淋、3元钱就可以买一个热狗,这些可是小朋友们的最爱;

周一到周四,会员可以带着家里的照片图纸,来门店找宜家的设计师进行免费的家装咨询;

每隔半个月,宜家会推出一款超值、特惠商品,鼓励会员每天来店购买;

每周面向会员开放宜家的家居装饰讲座,会员可通过电话或者网站报名……

服务还不止这些呢。宜家每年都会淘汰1/3的旧款,同时推出新款。所以,在任何一款商品停止生产之前,宜家都会通知曾经买过、或者是曾经有过购买意图的会员。比如针对曾经买过某个柜子的会员,宜家会询问是不是需要换柜门或者其他配件?否则,等停产了,就只能全部换掉了。

事实上,大到一个系列新款,小到一套碗碟的新商品,以前购买过类似商品的会员都会收到来自宜家的"温馨提示"。

宜家更多的优惠还在酝酿中。比如未来你可能会收到这样的信息,请你某月某日几点到几点前往宜家门店,购买多少价值的东西,可以直接抵扣多少现金。那么恭喜你,这是因为你频繁地到宜家门店,已经引起了他们的注意。

那么宜家得到了什么?仅仅是销售收入吗?

从会员刷卡的记录中,宜家可以确切地知道某个顾客所购买的商品数目及种类,这样可以帮助宜家有效地推出新的市场和服务。在对顾客进行分类过程中,宜家可以知道某一类产品适合怎样的顾客,也可以根据这个信息改变门店产品的布局。

如果很多顾客都钟情于某一种商品,那么该商品的布局会非常显眼。对每一个进入宜家的顾客来说,这个商品不一定是他想买的,但他必须花更多时间去找他要买的东西,更有可能第一眼就买下了他原本不想买的东西,这样销量就上去了。

还有,宜家在推广会员卡的同时,会员的思维也变得越来越"宜家化"了。家的装修是"宜家"风格,因为有设计师提供免费咨询;家的软装是"宜家"风格,因为有专门的家装培训;甚至连你爱喝的咖啡,爱吃的肉圆也都是"宜家"味的。

更重要的是,当会员步入其中,就发现自己是全球消费群体中的一员,这里所有的人都对商品价格、设计风格甚至是环保生活享有共同的追求。

宜家正是通过会员俱乐部制,养成顾客逛店的习惯,让宜家成为会员生活中重要的组成部分。

(上述案例来源于: http://www.vsharing.com/k/marketing/2010-6/A634615.html. 有删改)

通过上述案例,你可能认为搜集顾客相关信息对于服务行业至关重要,它已经成为创造人们所需产品和服务的有效推动力及取得竞争优势的关键所在。其实,信息对各行各业而言都非常重要,我们已经进入了一个与以往任何时期都不同的时代——信息时代。

那么信息到底是什么?

1.1　数据与信息概述

"信息"一词来源于拉丁文 Information,意为解释、陈述。那么,信息对什么进行解释和陈述呢? 原来是数据。数据与信息又有怎样的关系呢? 请看下面表述。

1998 年,世界银行推出《1998 年世界发展报告——知识促进发展》,对数据和信息之间的区别进行了阐述,报告指出:

- 数据是未经组织处理的数字、词语、声音、图像等。
- 通过一定形式对数据进行排列和处理后得到的有意义的数据称为信息。

根据上述论述,如果我们把数据比作原料,那么信息就称之为产品。从数据中提取的信息,其功能和价值远远大于数据。比如,飞速行驶着的汽车里程表上所显示的数据并不是信息,只有当司机看了里程表上的数据,并据其做了加速或减速等决策的那个数据才称之为信息。

由此可见,信息来源于数据,其价值远远超过数据,两者相辅相成,密不可分,同时又有一定的区别。

1.1.1 数据

数据是一组表示数量、行动和目标的非随机的、可鉴别的符号。上述定义包括两方面内容：

1. 数据是符号

表示数据的符号可以是数字、数字序列、字母、文字，也可以是声音、图形、图像等。比如，M 既可以表示图像，也可表示味道或声音。

2. 数据通过载体来记录和表示

存储数据的媒介有：纸张、石碑、现代信息技术中的各种介质等。数据只有通过媒体表示后，才能对其进行存储、加工、处理。数据的表达形式不同，处理方式也不同。

1.1.2 信息

信息是一个被广泛使用的名词，随着信息地位与作用的不断增强以及人们对信息认识的不断加深，信息的含义也在不断地变化，目前人们对信息的表述有很多种，比如：

- 信息是数据加工后的结果。
- 信息是能够减少不确定性的有用知识。
- 信息是能改变决策期望收益的概率。
- 信息可以坚定或校正未来的估计。
- 信息是经过加工处理后能对人们的行为产生影响的数据。

…

综合上述表述，我们可以把信息定义为：反映客观世界中各种事物的特征和变化，并可以通过某种载体传递的有用知识。

1.2 信息的含义及特征

1.2.1 信息的含义

透过信息的上述定义，可从以下 4 个方面去理解信息的真实含义。

1. 信息是对客观事物的特征和变化的反映

人们常说的档案、情报、指令、信号都属于信息范畴。因为它们都是对某一客观事物在不同时期的特征及变化的反映。

2. 信息是可以传递的

信息必须由人们可识别的数字、文字、图形、声音等载体来表现和传递。

3. 信息是有用的

信息的有用性是相对于接收者而言。同一条信息,对甲有用,但对乙不一定有用,则甲接收到的才称为信息,而乙接收到的就不能称为信息。比如,某一地区白菜增产的信息,对于菜农及消费者而言是信息,而对装备制造产业而言,可能就不能称为信息。

4. 信息是知识

人们通过大脑接收反映各种事物的信息,并对神经细胞产生作用后,留下了痕迹才被称为"知识"。人类正是通过获得信息来认识事物、区别事物和改造世界的。

1.2.2　信息的特征

1. 事实性

事实性是信息最基本的属性,是中心价值。收集信息时一定要保证其真实性,否则收集到的信息就失去了价值。不符合事实的信息不仅没有价值,而且价值可能为负,既害人又害己。

通过谎报产量、谎报利润和成本、造假账等手段破坏信息的真实性,会给管理决策带来错误,一旦被戳穿,公司将失去最宝贵的信誉,甚至走到破产地步。

2. 传输性

信息可通过各种手段传输到很远的地方,信息的传输加快了资源的交流,促进了社会的发展。

3. 扩散性

扩散是信息的本质,它通过各种渠道和手段向各方传播,信息浓度越大,扩散性越强。信息扩散具有两面性。一方面有利于知识的传播,另一方面造成信息贬值,不利于保密。在信息系统中如果没有很好的保密措施,就会降低用户使用系统的积极性,导致系统失败。

4. 分享性

信息可以分享但不能交换,这是信息区别于物质的一个重要特性。物质的交换是零和的,即你所得,我必少。比如,给你一本书,我就少一本。但信息分享的非零和性导致信息共享的复杂性。比如,股票信息为股民共享,不会因某人获得信息而使他人减少信息拥有的数量。

信息的分享性可能没有给信息拥有者带来直接的损失,但可能造成间接的损失。比如,如果张三告诉你某种食品的配方,你也去生产这种食品,就会造成竞争,可能会影响张三的销路。

信息的分享性有利于信息成为企业的一种资源。只有达到企业信息的共享,信息才能真正地成为企业的资源,才能更好地利用信息进行企业的规划和控制,从而有利于企业目标的实现。

5. 等级性

管理人员通常分为高、中、低三个不同级别,不同管理级别人员所获得的信息也不相同。相应地,信息从高到低也分为战略级、策略级和执行级,不同级别的信息有不同的属性。

战略级信息通常关系到企业长远命运和全局的信息。比如,企业长远规划、并购、转型、新产品等方面的信息。这些信息多来自外部,信息寿命较长,保密程度高,通常需要进行预测,所得的信息仅作为决策者的参考。

策略级信息通常指企业运营管理方面的信息。比如,成本、月计划、产品质量等。其保密程度、寿命等均处于中间状态。

执行级信息通常指企业业务运作方面的信息。比如,职工考勤、领料情况等。多来自内部,保密程度不高,获得信息方法最固定,使用频率高,精度要求也最高。

6. 增值性

针对某种使用目的的信息,可能会随着时间的推移价值耗尽。但通过横向或者纵向的汇总分析、提炼,该信息可以成为另一个有价值的信息,实现变"废"为宝。

曾有人将全国每天报纸上刊登的新厂投产的消息收集起来进行分析,时间长了,就对全国工业有了估计,并写出了具有一定价值及影响的分析报告。上述行为使得原来不重要的信息变成重要的了,不保密的信息变为保密的了。

7. 不完全性

客观、公正的信息是不可能全部得到的。人们只能根据需要,收集相关数据,提炼有用的信息。对待信息不能主次不分,舍弃无用和次要的信息才能正确、合理地使用信息。取舍之道,体现的是管理者的智慧。

8. 客观性

信息是事物变化和状态的反映,而事物的状态、特征和变化不以人们的意志为转移,是客观存在的,因此信息具有客观性。

9. 主观性

信息除了具有客观性还具有主观性,因为人们对同一信息的评价、处理以及认识的角度通常是不同的。这就是为什么针对同一新闻事件,不同媒体会从不同角度阐述自己的观点,这是信息主观性的最直接体现。

10. 滞后性

数据只有加工处理后才能成为信息,利用信息决策后才能产生结果。这一过程,在时间上存在如下关系:事实→数据→信息→决策→结果。它们从前一个状态到后一个状态的时间间隔总不为零,这就是信息的滞后性。

1.3　信息的量度

衡量某一份数据资料所包含信息量的多少,是由人们通过信息来消除对客观事物认识的"不确定程度"来决定的。如果获取了有效信息,人们消除的不确定性程度大,说明所获得的信息量大;如果人们消除的不确定性程度小,则获得的信息量小;如果事先就确切地知道全部内容,那么所包含的信息量就等于零。

1.3.1　用概率量度信息

如何量度所获得信息量的大小呢?可借用数学上的概率值来衡量。假设张三到拥有1000人的工厂找李四,这时在张三的头脑中,李四所处的可能性空间是该公司的1000人。当传达室人员告诉他"这个人是第一车间的",而第一车间有100人,那么,他获得的信息为100/1000＝1/10,即可能性空间缩小到原来的1/10。通常,我们不直接用1/10来表示信息量,而用1/10的负对数来表示,即$-\log(1/10)=\log 10=1$。

如果第一车间的人告诉他,李四在包装组,那么他获得了第二个信息。假设包装组共有10个人,则第二个信息的确定性又缩小到原来的$(100/1000)\times(10/100)=10/1000$。

显然:$-\log(100/1000)+[-\log(10/100)]=-\log(10/1000)=2$。

这时,将张三获得的上述两个信息进行比较,可以看到:式子中的值由1变为2。说明信息量在增加,不确定性在减少,所得的信息是非常有用的。

由此可见,只要可能性范围缩小了,获得的信息量总是正的;如果可能性范围没有变化,$-\log 1=0$,获得的信息量就是零;如果可能性范围扩大了,信息量变为负值,人们对这件事件的认识就变得更模糊了。

信息量的单位叫比特(bit)。1比特的信息量是指含有两个独立均等概率状态的事件所具有的不确定性,能被全部消除所需要的信息。在这种单位制度下,信息量的定义公式可写成:$H(x)=-\sum P(X_i)\log_2 P(X_i)\quad i=1,2,3,\cdots,n$。

这里X_i代表第i个状态(总共有n个状态),$P(x_i)$代表出现第i个状态的概率,$H(x)$就是用以消除这个系统不确定性所需的信息量。

例如,硬币下落可能有正、反两种状态。出现这两种状态的概率都是1/2,即:$P(x_i)=0.5$。

这时,$H(x)=-[P(x_1)\log_2 P(x_2)\log_2 P(x_2)]=-(-0.5-0.5)=1$比特。

同理,投掷均匀正六面体骰子的$H(x)=2.6$比特。

1.3.2　信息量与熵的关系

从分子运动论观点来看,在没有外界干预条件下,一个系统总是自发地从有序到无序的状态发展。为了度量系统的不确定性,可引用一个术语叫熵,即在上述从有序到无序的变化过程中,系统的熵总是在增加的。但是,信息量却和熵运动过程正好相反,信息量的增加表示系统的不确定性的减少,有序化程度的增加。

因此,信息在系统的运动过程中可以看做是负熵。信息量越大,负熵越大,有序化程度越高,无序程度越小。

通过信息量可以描述系统的有序化过程,因此,我们可以给信息一个更广泛的定义:信息是任何一个系统的组织性、复杂性的量度,是有序化程度的标志。

1.4 全情报价值

信息通常是有价值的。值不值得收集信息,或者说是否值得某一组织采用新的信息系统,要用"全情报价值"来衡量。所谓全情报价值是指获得全部情报,对客观环境完全了解,得到的最优决策所获得的收益与不收集情报所得最好收益之差。

为了更好地说明全情报价值的概念,我们引入这样一个实例。

比如,某个农民向天津地区运玉米,如果天津市场情况非常好,一天可以卖 3 车玉米;如果市场情况中等,一天可以卖 2 车玉米;如果市场较差,一天只能卖 1 车玉米。每车玉米 5000 千克,每千克可赚 1 元钱。如果超过以上市场情况多运玉米,则多运的部分要减价处理,每千克损失 5 角钱。按以往的统计规律来看,市场情况非常好的概率为 $B_1 = 0.3$;市场情况中等的概率为 $B_2 = 0.5$;市场情况比较差的概率为 $B_3 = 0.2$。

各种运输方案和各种情况的收益矩阵见表 1-1。

表 1-1 收益矩阵

运输方案	B_1 好 0.3	B_2 中 0.5	B_3 差 0.2	期望收益(EMW)/元
A_1	5000	5000	5000	5000*	$0.3 \times 5000 + 0.5 \times 5000 + 0.2 \times 5000 = 5000$
A_2	10 000	10 000	10 000*	2500	$0.3 \times 10\,000 + 0.5 \times 10\,000 + 0.2 \times 2500 = 8500$
A_3	15 000	15 000*	7500	0	$0.3 \times 15\,000 + 0.5 \times 7500 = 8250$

其中,A_1、A_2、A_3 表示三种不同的运输方案,即每天运 5000 千克、10 000 千克、15 000 千克。

全情报价值的公式为:$\mathrm{EVPI} = \sum_{i=1}^{3} P(B_i) \max[C(A_i, B_i)] - \max E(A_i)$

公式的第一项是,市场情况非常好,运 3 车;市场情况中等则运 2 车;市场情况较差运 1 车。表中 * 表示每天通过购买准确的市场信息所能得到该种情况下的最大收益。这样卖一段时间后,该农民的平均收益为:$0.3 \times 15\,000 + 0.5 \times 10\,000 + 0.2 \times 5000 = 10\,500$(元)。

公式中第二项是按照期望收益 EMW,选择收益最大的一种方案,此方案坚持一段时间,所得的平均收益即 8500 元。

所以:$\mathrm{EVPI} = 10\,500 - 8500 = 2000$(元)

全情报价值给出了一个界限,即如果我们花钱购买市场情报不能超过 2000 元,否则购买情报得不到任何附加好处。反之,如果花钱购买市场情报低于 2000 元,则可以考虑购买。

这个例题充分说明,在市场情况下,信息的确可以转化为价值。

课后阅读

啤酒与尿布

这是发生在美国沃尔玛连锁店超市的一个真实案例。

　　几年前,一家零售店经理突然发现一件有趣的信息:每周五晚上,婴幼儿纸尿布销售量在一周尿布销售总量中占有很大的比例。一般情况下,商家为确保尿布在周五有充足的库存,通常实行特价,以便在那一时段进行促销。

　　但这位商店经理并没有这样做,她首先观察信息,认为这还不是全面、完整的信息。也就是说,在她采取行动之前还需要更多的信息。她想知道:为什么在那段时间里会出现尿布销售的突升? 都是哪些人在购买它们?

　　由于当时的商店销售系统中还不具备"数据挖掘"的功能,于是,她安排一个员工每周五晚上专门在销售尿布的通道上记录与该情况相关的信息。经过一段时间的观察发现,原来周五晚上的大多数尿布都是被一些年轻的男性顾客买走了。很明显,他们是被太太指派,在下班回家的路上购买周末需要的尿布。

　　她立刻意识到:应该在尿布旁边摆放有奖销售的各种啤酒。从此,每个周五的晚上,不仅是尿布销售的高峰时间,同时也成为啤酒的有奖销售高峰。

　　啤酒与尿布,原本风马牛不相及的物品,却因商店经理对信息的分析与提炼后,将两者巧妙组合,收到了意想不到的效果。

思考题

1. 通过阅读上述材料,你对信息有了怎样的认识,并从中得到了哪些启发?
2. 请举出一个案例,说明信息是怎样为一个企业赢得竞争优势的?

第2章

管理及其相关概念

不拉马的士兵

一位新上任的年轻炮兵军官发现,训练中,总有一名士兵始终站在大炮的炮管下面,纹丝不动。军官不解,询问原因,得到的答案是:条例就是这样要求的。军官回去后反复查阅军事文献,终于发现,在过去,大炮是用马车拉的,炮管下的士兵负责拉住马的缰绳,以便在大炮发射后及时调整由于后坐力产生的距离偏差,减少再次瞄准所需的时间。而现在大炮的自动化和机械化程度很高,早已不需要这样一个角色了。

这个小案例说明,虽然公司业务(发射炮弹)依然正常进行,但其组织机构(多了一个站着的士兵)已经不适应更有效率(本来运送那个士兵的空间可以多存放一些炮弹)地开展工作了。

通常,企业按职能可划分为财务、人事、销售、工程、研发等多个职能部门。这种职能化管理最大的好处是可以将工作细化、责任到人。但是,市场的快速变化给公司的响应速度和响应质量提出了越来越高的要求。企业不仅需要有正确的方向,还要敏捷;管理不仅需要控制,还要有创新;组织不仅需要结构,还要灵活……只有把这些看似矛盾的要素有机结合起来,才能称之为有效的管理。

(上述资料来源于:不拉马的士兵[J].商学院,2004(7):2)

通过上述案例可以看出,管理既是一门科学又是一门艺术,为了更好地研究管理本质,本章将向大家介绍管理学方面相关的理论知识。

2.1 管理的概念

人类管理实践活动是伴随人类文明曙光同时出现的。探索管理活动规律的研究工作可以追溯到公元前的古代中国和古希腊。从古希腊的哲学家苏格拉底、柏拉图和亚里士多德等人的著作中,可以找到有关管理规律的一些论述,而公元前五世纪的《孙子兵法》,则被认为是世界上最早、最系统的战略管理学著作。

但真正把管理作为一门理论或作为一门学科进行大量的研究,则起源于 20 世纪初工业革命时代,至今才一百多年历史,还是一门比较年轻的学科。

现在,管理受到越来越多的重视,它与科学、技术一同被称为现代社会鼎足而立的三大支柱。

然而,截止到今天,管理还没有一个统一的定义,下面介绍几个具有代表性的人物及其提出的相关概念。

1. 罗宾斯

美国的罗宾斯认为,管理是通过他人既有效率又有效益地完成活动的过程。这个概念引出了管理的目标,既要重视效率又要考虑效益。效率是指又好又省时地完成工作,即单位产品的资源消耗最少,单位时间的产出最大;效益是指为了更好地达到目标,其产出是有效、有用的。效益要求我们做正确的事,而效率要求我们正确地做事。

这个定义也强调了管理是通过管理他人去完成工作,而不是管理者事事都亲自去做,通过其他人的工作来达到预期目标。

2. 亨利·法约尔

法约尔是法国人,也是现代管理理论的创始人。他在20世纪20年代所著的《一般工业管理》一书中提出管理是由计划、组织、指挥、协调及控制等智能要素组成的活动过程。这个概念从管理职能出发,对管理进行了全新的定义。

5个职能所包含的内容如下:

- 计划。包括定义目标、建立战略、制订计划。
- 组织。包括确定由谁来进行何种工作、采取何种组织结构、谁来决策、向谁汇报。
- 指挥。包括向下属发令、激励下属、选择最有效的沟通手段、解决矛盾冲突等,使团队保持良好的士气。
- 协调。包括与外单位的沟通,签订协议和合同,保证各自按时、按质完成相关工作,以确保总体任务的完成。
- 控制。包括监控工作的进行,不断和已定目标相比,保证实现的工作和计划相符。

3. 彼德·德鲁克

美国哈佛大学彼德·德鲁克认为管理是一种以绩效为基础的专业智能。
这个概念包含三层含义:

- 管理与所有权、地位、权力无关。
- 管理是专业性工作,管理人员是一个专业的管理阶层。
- 管理的本质是执行任务过程中应担负的责任。

4. 西蒙

西蒙认为管理就是决策。因为任何组织的管理者在管理过程中都要进行决策,而做决策是一个过程,包括收集信息、制订方案、方案选择、跟踪检查等。说到底,所有的管理工作都可以概括为决策的制定和决策的执行。决策渗透到管理的所有职能中,从这个角度看,管理就是决策。

5. 管理就是领导

这种观点认为任何组织都有一定的结构,领导者占据着管理结构的各个关键职位。组织中一切有目的的活动是否有效,取决于领导者领导活动的有效性,所以管理就是领导。

6. 管理就是协调

这个概念强调了管理的核心是协调人际关系。管理者要根据人的行为规律去激发人的积极性。由于同一组织的人具有共同的目标,管理的任务就是促进人们相互间的沟通,为完成共同目标而努力。

由此可见,诸多管理大师从不同的角度对管理进行了阐述,综合上述观点,为管理下一个定义:管理就是为了实现某种目标,采用科学思想、理论和方法去合理地计划、组织、指挥、协调和控制他人,调度各种资源,以最小的投入(人、财、物、信息)去获取最优的组织目标的活动过程。

2.2　管理人员的分类

管理人员是从事全部或部分管理工作的人的总称。在一个组织中,从事管理工作的人可能有许多,可将这些管理者按所处的组织层次和所从事的管理工作领域的不同,划分为以下几种类型。

2.2.1　按层次分类

组织中的管理人员可以按其所处的管理层次分为高层、中层和基层管理人员。

高层管理人员是指对整个组织的管理负有全面责任的人。他们的主要职责是:制定组织的总目标、总战略,掌握组织的大政方针并评估整个组织的绩效。在与外界交往中,常代表组织以"官方"人员的身份出现。

中层管理人员是处于高层与基层管理人员之间的一个层次。他们的主要职责是:贯彻执行高层管理人员所制定的重大决策,监督和协调基层人员的工作。与高层管理人员相比,他们更注重日常的管理事务。

基层管理人员也称一线管理人员,处于组织中的最低层次。他们只管理作业人员而不涉及其他管理人员。基层管理人员的主要职责是:给下属作业人员分派具体工作,直接指挥或监督现场作业活动,保证各项任务有效完成。

2.2.2　按领域分类

还可以根据所从事管理工作的领域、宽度及专业性质将管理人员划分为综合管理人员和专业管理人员两大类。

综合管理人员是指负责整个组织或组织中某个事业部全部活动的管理者。对小型组织(小工厂)而言,可能只有一个综合管理者就是厂长。他要负责包括生产、销售、财务、人事在内的全部活动。而对于大型组织(跨国集团)而言,可按地区、产品成立若干分部,每个分部的经理就是综合管理者。

除综合管理者外,组织中可能还会有专业管理人员,即只负责某一类活动的人,比如人事经理、财务经理、CIO首席信息官、CKO首席教育官等。

对于现代组织,随着规模的不断扩大和环境的日益复杂多变,越来越需要专业管理人员,专业管理人员的地位在组织中也会越来越重要。

2.3　管理人员的技能要求

罗伯特于20世纪70年代提出了管理人员要求具备的三种技能:

- 概念技能。纵观全局,从总体上进行抽象思考,使之能全面地掌握事物长远发展的高瞻远瞩的能力。
- 技术技能。使用某一专业领域内有关的工作程序、技术和知识完成组织任务的能力。
- 人际技能。善于做人的工作,具有沟通、激励、领导的能力,善于动员、组织、带领和控制人员去完成既定目标的能力。

任何一名管理人员都应该具备上述三种技能,只是不同层次的管理人员所需技能要求略有不同。那些处于较低层次的管理人员,主要需要的是技术技能与人际技能,而高层管理者只需要有些粗浅了解即可。

毫无疑问,医院的院长不应该是对医疗过程一窍不通的人,学校的校长也不应该是对教学工作一无所知的人。处于较高层次的管理人员,更多地需要人际技能与概念技能;而处于最高层次的管理人员,尤其需要具备较强的概念技能。

由此可见,人际技能对任何一个层次的管理人员都至关重要,只有在与上下左右各层人员进行有效沟通的基础上相互合作,才能共同完成组织的目标。管理者所处的层次越高,面临的问题越复杂,越无先例可循,就越需要概念技能。

2.4　管理的基本职能

管理作为工作过程,管理者在其中发挥的作用就叫管理职能。这里"职能"一词指"活动"、"行为",一项职能就表示一类活动。管理的基本职能就是管理工作所包含的各类基本活动的内容,可以概括为下面几个方面。

2.4.1　计划

计划是管理的首要职能,是对未来活动进行安排的预先筹划。包括确定活动的目标、预先安排应采取的行动方案等。计划工作主要内容包括决定为什么做、做什么及如何去做,即确定目标、预测和决策。计划的目标可分为总体目标和阶段性目标,长期目标和短期目标等。

目标不同,所实施的计划方案也不同。计划的内容常用6个"W"来表示:Why——为什么做,What——做什么,Who——谁去做,Where——在什么地方做,When——什么时间做,How——怎么做。管理者只有制订详细周密的计划,才能保证管理人员在今后的工作中开展有效的管理工作。

2.4.2　组织

制订切实可行的计划后,还必须组织必要的人力和其他资源去落实计划中的每个环节。不同的计划有不同的计划内容和要求,相应的组织职能在内容上也会有巨大差别。

组织的职能主要包括:

1. 设计合理的组织结构,编制任务说明书

组织结构中要标明各种管理职务或部门在组织结构中的地位及它们之间的关系。职务说明书要指出每个管理职务的工作内容、职责与权力,该职务同组织中其他部门或职务的关系,以及担任该项职务应具备的素质、能力等具体条件。

2. 人员配备

针对组织结构中不同的岗位选配合适的人员。除了确定某个岗位人员的需求量,还要根据职务说明书上所要求的知识和技能对人员进行考察、筛选、制订和实施培训计划。让适当的人员安置在组织机构中适当的岗位上,让适当的工作由适当的人去从事。即因岗设人而非因人设岗。

3. 协调

协调是指通过建立高效的信息沟通网络,设计和营造一种环境,使组织中的人能够在组织内协调地开展工作,包括处理好组织中不同成员之间的各种关系。

通过协调,组织可以收到个人单独活动所不能达到的良好效果,产生"1+1>2"的协同效应,目的是使组织中的全体成员能和谐一致地完成既定目标。

2.4.3　领导

为了有效地实现组织目标,除了设计合理的组织结构,保证每个岗位有合适的人来完成工作外,还要努力促使每个成员以高昂的士气、饱满的热情投身到组织活动中去,这就是领导工作的内容。

所谓领导是指利用组织赋予的权力和自身的能力去指挥和影响下属为实现组织目标而努力工作的管理活动的过程。这就需要领导者能够了解并满足下属的愿望和需求,采取有效的措施激励下属、指导下属活动,解决下属之间的矛盾,提高下属的工作积极性,确保完成既定的组织目标。

在领导的职能中,激励环节最重要。因为人是企业中最宝贵的资源,人的行为是由最强烈的动机引发和决定的。搞好企业,提高劳动生产率,增加经济效益,最重要的是充分调动人的积极性,进行人力资源的开发。

要使职工产生组织所期望的行为,可以根据职工的需要设置适当的目标,引导职工按组织所需要的方式行动,这就是激励的本质。设置的目标应是受激励者迫切需要的,目标要适

当,既不能高不可攀,也不要俯首可得。设置目标时最好让大家参与讨论,这样可以保证目标制订得合理,也有助于对目标产生深刻理解,同时满足职工参与的欲望,使他们更努力地工作。

2.4.4　控制

随着各项管理工作的展开,管理者需要检查下属的工作是否按计划进行。根据最初制订的计划标准来检查和监督各部门、各环节的工作,判断工作结果与计划要求间是否存在偏差。这种考核通常采用绩效标准来评价。

如果存在偏差,则要分析偏差产生的原因以及偏差产生后对业务活动的影响程度,必要的话还要采取积极措施,纠正正在发生或可能发生的偏差。

控制职能与计划职能相比,计划职能侧重于事先对行动加以引导,而控制职能侧重于事后对行为监督。这里的"事后"并不意味着等行动完全结束后才开始进行,等到那时就不可能也来不及纠正偏差了。控制职能要求能及时发现处于萌芽状态的偏差,并有效地进行纠正。

上述各管理职能在时间上通常按先后顺序发生,即:计划→组织→领导→控制。在实际管理过程中,在进行控制工作的同时,往往又需要编制新的计划或对原计划进行修改,并开始新一轮的管理活动。因此,控制在整个管理活动中起承上启下的连接作用。

2.4.5　创新

管理界对创新的重视始于 20 世纪 60 年代。随着市场竞争的加剧,许多企业感到不进行创新就难以生存下去,因此赋予管理一项新的职能——创新。

创新就是使组织的作业工作和管理工作都不断地进行革新和变化。创新与使组织沿既定方向及轨迹持续运作即所谓的"维持"通常是矛盾的。有效的管理工作,就是在适度的维持与适度的创新之间取得平衡。

2.4.6　管理职能在不同管理层次、领域的区别

管理职能重点也体现在不同的管理层次上。一般说来,不同的管理层次花在不同的管理工作上的时间是不一样的。高层管理人员花在组织工作和控制工作这两项职能上的时间要比基层管理人员多些,而基层管理人员花在领导工作上的时间则要比高层管理人员多些。

即使同一管理职能,不同层次管理者所从事的具体管理工作的内涵也并不完全相同。比如,就计划工作而言,高层管理者关心的是组织整体的长期战略规划;中层管理人员偏重的是中期、内部的管理性计划;基层管理人员更侧重于短期作业计划。

不同业务领域在管理职能内容上也有所差别。比如,同为计划工作,营销部门做的是产品定价、推销方式、销售渠道等方面的计划安排;人事部门做的是人员招募、培训、晋升等安排;财务部门做的是筹资规划和收支预算,它们各自在目标和实现途径上都表现出不同的特点。

虽然管理工作和作业工作是两类性质不同的工作,但管理工作与作业工作在不同组织层次上的密切程度不同。通常,低层次的管理工作与作业工作联系紧密,而高层次的管理工作与作业工作联系相对少些。

2.5 管理的组织结构

从理论上而言,企业的组织结构形式可以有无数种,但现代组织中实际采用并占主导地位的仅仅是其中的几种。各类组织结构没有优劣之分,不同环境、不同企业、不同管理者,都有其最为适合的组织结构。

2.5.1 直线制(U型)

直线制是最古老的组织结构,如图 2-1 所示。

1. 特点

企业中所有管理工作,均由企业的厂长(经理)直接指挥和管理,不设专门的职能机构,至多有几名助手协助厂长工作。企业日常生产经营任务的分配与运作都是在厂长直接指挥下完成的。这种组织形式要求企业的领导者精明能干,具有管理专业知识和生产技能知识。

2. 优点

直线制管理结构简单,管理费用低,厂长的指挥命令系统单一,决策迅速,责任明确,指挥灵活,直接上级和下级关系十分清楚,维护纪律和秩序比较容易。

3. 缺点

一个人的精力毕竟有限,多数情况下,厂长难以深入、细致、周到地考虑到每一个问题。因此,管理工作比较简单和粗放。同时,组织中的成员只注意上情下达和下情上达,成员之间和组织之间横向联系差。另外,管理者一旦退休,他的经验、能力无法立即传给继任者,再找到一个全能型又熟悉企业情况的管理者立即着手工作也是困难的。

2.5.2 职能制(U型)

职能制是一种非纯直线型的结构,如图 2-2 所示。在图 2-2 中可以看到,厂长和车间之间为直线结构,车间直接归属厂长管理,但增加了职能部门如销售、财务等处室。这些职能部门和车间的关系不是直线结构,各职能部门无权命令各车间,只能在全厂管理制度基础上办理各种事务手续。如果手续不符合规定,他们可以不予办理,但手续合乎规定,他们必须办理。

图 2-1　直线制组织结构图

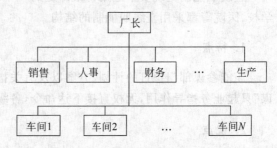

图 2-2　职能制组织结构图

1. 特点

通过在组织内部设立职能部门,采用专业分工的管理者代替直线制的全能管理者。各职能部门在自己的业务范围内,有权向下级下达命令和指示,直接指挥该部门的各项活动。

2. 优点

由于每个管理者只负责一方面的工作,因而最大程度地发挥了专家的作用,管理工作做得较细,对下级工作指导具体,减少了厂长的负担。

3. 缺点

由于职能部门更容易接近领导,因而会有代替厂长行使权力的情况发生,导致他们权力的增长,增加了车间的负担,容易造成多头管理及办事效率低下的现象。

2.5.3 直线职能制(U型)

直线职能制是对职能制的一种改进,它以直线为基础,在各级行政负责人之下设置相应的职能部门,分别从事专业管理,作为该级领导者的参谋,实行主管统一指挥与职能部门参谋、指导相结合的组织结构形式,如图 2-3 所示。

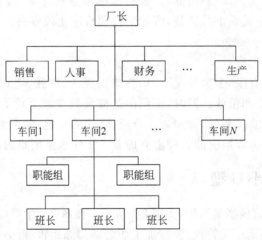

图 2-3　直线职能制组织结构图

直线职能制是现实中运用得最广泛的一个组织形态,我国目前大多数企业,甚至机关、学校、医院等都采用直线职能制的结构。

1. 特点

职能参谋部门拟订的计划、方案以及有关指令,由直线主管批准下达,职能部门中的"参谋"只起业务指导作用,无权直接下达命令,各级行政领导人逐级负责,实行高度集权。

2. 优点

分工精细,责任清楚,各部门仅对自己应做的工作负责,效率较高。既能保持统一指挥,又能发挥参谋人员的作用。组织稳定性较高,在外部环境变化不大的情况下,易发挥组织的集团效率。

3. 缺点

部门间缺乏信息交流,不利于集思广益地做出决策。直线部门与职能部门(参谋部门)之间目标不易统一,职能部门之间横向联系较差,信息传递路线较长,矛盾较多,上层主管的协调工作量大。难以在组织内部培养熟悉全面情况的管理人才。系统刚性大,适应性差,容易因循守旧,对新情况不易及时做出反应。

2.5.4 矩阵式(M型)

矩阵式组织结构是在直线职能制垂直形态组织系统的基础上,再加上一种横向的领导系统,目的是加强任务过程的负责制,避免无人对整个任务的过程负责。

1. 特点

矩阵式组织的一维是直线组织,另一维是任务,这个任务或为产品或为项目,其组织结构如图2-4所示。

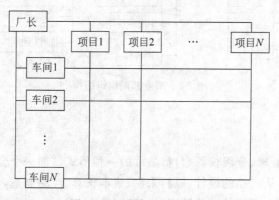

图 2-4 矩阵式组织结构图

2. 优点

采用矩阵式组织结构加强了横向联系,克服了职能部门相互脱节、各自为政的现象,专业人员和专用设备得到了充分利用,具有较大的机动性。同时,也加强了任务完成过程中的负责制,使每个阶段的任务、每个功能均有人负责。实现了组织内多元化的领导,将统一领导下的配合关系变成协调关系。

3. 缺点

成员不固定在一个位置,有临时观念,人员受双重领导,出了问题,有时责任难以分清。

2.5.5 事业部制(M型)

事业部制组织结构最早起源于美国的通用汽车公司。20世纪20年代初,通用汽车公司合并收买了许多小公司,由于企业规模急剧扩大,内部管理一时间难以理顺。当时担任通用汽车公司常务副总经理的斯隆参考杜邦化学公司的经验,以事业部制的形式于1924年完成了对原有组织的改组,使通用汽车公司的整顿和发展获得了很大的成功,成为实行事业部制的典型,因而事业部制又称"斯隆模型"。

事业部制是一种分权化的组织形式,又称为"联邦分权化"。该组织结构适用于规模庞大、品种繁多、技术复杂的大型企业,是国外一些较大的联合公司常采用的一种组织形式,近几年我国一些大型企业集团或公司也引进了这种组织结构形式,如图2-5所示。

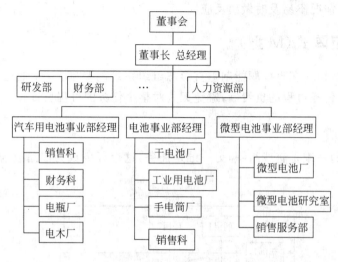

图 2-5　事业部制组织结构

1. 特点

事业部制是分级管理、分级核算、自负盈亏的一种形式。即一个公司按地区或按产品类别分成若干个事业部,从产品的设计、原料采购、成本核算、产品制造,一直到产品销售,均由事业部及所属工厂负责,实行单独核算,独立经营。

总公司只保留预算、重要的人事任免和方针战略等重大问题的决策权,其他权力尽量下放。总公司就成为决策中心,事业部是利润中心,下属企业则是成本中心。

2. 优点

采用事业部制可使总公司领导摆脱日常事务,集中精力考虑全局问题。各事业部之间有比较、有竞争,这种比较和竞争有利于企业的发展。有利于将统一管理、多种经营和专业分工更好地结合起来。

总公司和事业部的责、权、利划分比较明确,能较好地调动经营管理人员的积极性。事业部制以利润责任为核心,能够保证公司获得稳定的利润。通过各个事业部门独立进行生产经营活动,能为公司不断地培养高级管理人才。

3. 缺点

公司与事业部的职能机构重叠,造成管理人员浪费。事业部实行独立核算,各事业部只考虑自身的利益,影响事业部之间的协作。一些业务联系与沟通往往也被经济关系所替代。甚至连总部的职能机构为事业部提供决策咨询服务时,也要事业部支付咨询服务费。

总公司需要许多素质较高的专业人员来运作和监督事业部的生产经营活动。由于分权可能出现架空公司领导的现象,从而削弱对事业部门的控制。各事业部门都有本部门独立的经济利益,相互间竞争激烈,可能发生内耗,协调起来较为困难。

4. 所需条件

(1) 具备按专业化原则划分事业部的条件,并能确保事业部在生产、技术、经营活动方面具有充分的独立性,以便能承担起利润责任。

(2) 事业部之间应相互依存,而不是互不关联地硬凑在一个公司中,这种依存性可以体现为产品结构、工艺、功能类似或互补,比如,用户类同,销售渠道相近,或用同种资源和设备,或具有相同的科学技术理论基础等。这样,各事业部门才能互相促进,相辅相成。

(3) 公司可通过经济机制如奖励制度、内部价格、贷款、利润分成等进行管理,尽量避免单纯使用行政手段。

(4) 依环境而动。当经济景气,行业经济呈上升势头,企业可采取事业部制,有助于开拓新局面;一旦经济危机,公司就适当收缩,集中力量渡过难关,否则会分散资源,不利于企业整体利益与发展。

2.5.6　H型组织

无论是U型组织或M型组织,对企业顶层来说均是一个"头"的组织,"多头"只表现在中间层,多个事业部,多个项目组等。H型组织就是一种"多头"组织结构,即在公司内部组织中有了外部"头"的成分,如图2-6所示。

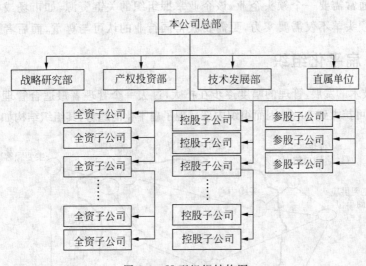

图 2-6　H型组织结构图

控投子公司就是一个典型的H型组织。它实际上只是个利润中心。公司总部对控股子公司的主要目标就是投资获利。控股子公司本身又有董事会,一切事务包括产品或服务方向、市场、财务等均由自己决定。公司总部只能通过董事会施加影响,不能直接干预。

由于公司投资多少的不同,对子公司的影响力也就不同。所以下属子公司又可分为全资子公司、控股子公司和参股子公司。各子公司根据其自身特点采用合适的组织结构,其优、缺点将不再赘述。

2.5.7　虚拟组织(V型)

H型组织的进一步发展即虚拟组织,又称为动态联盟。它是由多个企业、公司、组织机构组成的临时性的组织,是当代竞争加剧、信息技术发展的产物。

1. 特点

互联网技术的发展及电子商务应用的普及,使不同地域的企业、组织机构在逻辑上构成了一个组织。当一项任务来临,各企业组成联盟,任务完成后联盟自动解散,但仍相互保持联系,称为"没有组织的组织"。

虚拟组织所跨地区可以较小,如仅在上海市,也可很大,在全国或全亚洲甚至全世界。它甚至可将生产制造部分,过去企业必备的资源推出去,形成无制造,称为 fab-less company。

2. 优点

使企业摆脱了生产制造的机构,企业更容易变革,适应飞速变化的市场,这是该组织最大的战略优势。同时有利于快速重组社会资源,快出产品、出好产品,适应市场需要。

虚拟组织的出现使企业间相互关系由竞争演变为竞争伙伴关系,这是一个共赢的关系,共赢的企业联盟。

3. 缺点

虚拟组织通常需要一个领头企业,该企业掌握组织的关键资源,如市场或核心技术。成为某个行业的领头羊不仅需要实力,更需要获得同行业的认可与尊重,而后者更难实现。

2.5.8　扁平化组织

随着信息技术的发展,管理的幅度逐步在扩大,过去一个管理者最适合管理下属的个数为7~8个,但现在可扩大到30个,因而组织内部呈现了扁平化的趋势,其组织结构如图2-7所示。

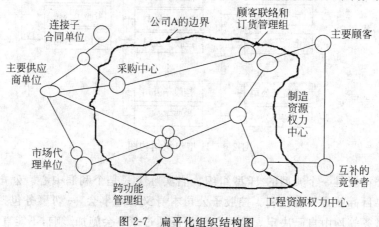

图 2-7　扁平化组织结构图

扁平化组织是在决策权下放、协调加强的前提下实现的,为了实现和运行扁平化组织,组织应满足如下条件。

1. 上级要放权

常听领导说忙,若要领导不忙,就要学会放权。扁平化组织要求减少管理层次,才能使上级管理幅度增加。适当放一些权,有些事可以不管,就可以管理更多的下级。

2. 下级要主动

上级放权,下级要接权。要在自己职权范围内敢于自己做主。为了做正确的决策,需要了解全局的方向和战略,了解环境的限制和约束。只有具备全局意识才会知道什么事情该做,做什么是正确的。

3. 信息就是命令

下一道工序的需求信息就是上一道工序的命令。比如,沃尔玛货架上的信息就是宝洁公司的供货命令。协作单位的信息也相互为命令,完全省略了送货与收货单位的上级批准程序。

2.6 重要的管理学思想

在管理学不断发展的过程中,出现了许多著名的管理科学家,他们提出的观点促进了管理学的进步和发展,现对一些重要的论点做简单介绍。

2.6.1 泰勒

虽然在泰勒之前也出现了一些管理先驱,但他们的理论并不系统,影响有限。直到1911 年,泰勒在进行了一系列工业管理实践后,发表了《科学管理原则》一书,才第一次把科学原则应用于管理领域,同时也把管理带进了科学殿堂。

1. 不平凡的经历

泰勒工作经历非常丰富,做过学徒、工人、工长、技工长及钢铁公司的总工程师。他还拥有高速切削工具的发明专利权。他毕生研究的主要领域就是如何提高劳动生产率,为此他提出了动作和时间研究、计时和计件工资、职能管理制度等创新性理论,并将这些理论积极应用于生产实践中,从而促进了劳动生产率的大幅度提高。

2. 科学管理思想

泰勒在管理生产实践中,总结出一套科学管理思想,主要观点如下:
- 凭科学办事取代粗浅经验办事。
- 集体行动要协调,避免不合拍行为。
- 相互彼此合作,摒弃个人主义。

- 追求产出最大化。
- 尽最大可能培养工人,让个人和公司都取得辉煌成就。
- 劳资双方要把注意力放在增加盈余上,而不是放在盈余分配上,主张把"蛋糕做大"。
- 雇主和工人都要思考如何对待工作,同事之间也要思考如何相互对待。

综上所述,泰勒的科学管理思想不仅是技术上的革命,也是思想上的革命,是既提高生产力又有助于改善生产关系的革命。

3. 思想的延伸

泰勒思想影响广泛,被西方广泛誉为"科学管理之父"。他也拥有众多追随者,比如甘特。甘特是一位工程师,他所创立的计划图表法至今仍广为流传。还有吉尔布雷恩,他研究砌砖动作,将砌砖动作从 18 个动作减少到 5 个,使工人在不费力的情况下,劳动生产率提高了一倍。

2.6.2　法约尔

法约尔是现代经营管理理论的创始人,他于 1916 年出版了《一般工业管理》一书,提出了许多令人耳目一新的管理理念。虽然当时他的思想不受重视,但随着时间的推移,人们才发现,现代管理的理论模式和他的思想十分吻合,而他当时的论述已达到相当全面的程度。

1. 对主管人员要求

- 体质方面:健康、有活力、有风度。
- 智力方面:具有学习、判断、适应能力。
- 精神方面:有干劲、负责心,具有坚定、忠诚、机智、尊严及创新精神。
- 教育方面:相关知识的广和博。
- 技术方面:本职工作的熟练掌握。

2. 一般管理原则

他认为对工人而言最重要的是技术,进入主管层,经营才能越显重要。同时,法约尔又提出了 14 条一般管理原则:

- 劳动分工。
- 职权、职责,权责相关。
- 纪律,尊重协议、服从、尽力、重视声誉。
- 命令统一,一个上级。
- 计划统一,指导统一。
- 个别服从总体利益。
- 报酬公平。
- 集中程度。
- 等级清晰。
- 程序,各有其位、各就其位。
- 公道公正。

- 使用期稳定。
- 首创精神。
- 团结精神。

虽然这些原则看上去零乱,但的确概括了管理工作的众多方面。

2.6.3 迈约

迈约是行为科学派的主要代表人物。最值得一提的是他在20世纪30年代和西方电气公司合作进行的"霍桑试验"。试验分为参照组和试验组。结果是,试验小组无论在照明加强或减弱的情况下,生产率都得到了显著提高。分析其原因,是因为试验小组成员因试验引人注目而内心感到自豪。

因此,迈约提出,士气、人际关系、社会因素是管理成功的重要因素。行为科学派认为:人是社会的人,企业应该为社会做贡献,应该关心职工,让职工在工作中获得乐趣,获得生活资料。

2.6.4 数学管理学派

20世纪40年代至50年代,利用数学理论对管理进行研究成为热点,典型国家是前苏联和美国。

当时,前苏联社会蒸蒸日上,工人劳动热情高涨,干部认真负责。因此,他们认为,管理的主要问题是计划,计划做得好,生产就能搞得好。

同样,在美国,由于第二次世界大战刚结束,大批运筹学家由军队来到了企业,在企业的生产、计划、市场、运输等方面大量地运用了运筹学的思想。

继1954年计算机成功地运用于工资运算后,计算机在会计、库存、计划等方面逐渐展开并掀起了研究的热潮。20世纪70年代,伴随着系统学科的发展,逐步形成各种类型的信息系统,使管理理论上的研究更繁荣、更深入。

2.6.5 各管理学派间的关系

通常,后一种学派的产生,并不是对前一种学派的否定,相反,是对前一种学派出现弱点的有利补充,使前者更好地运作。将重要的管理理论进行总结,可以看到,管理的理论出自于生产,由生产逐渐转到经营,由产品转到服务,由低层转到高层,由运营转到战略决策。

直到今天,生产方面的管理问题也未完全解决,利用信息技术解决管理问题,仍是既复杂而又有挑战性的工作。

案例分析

老钟的难题

问题的起因

2009年3月中旬,位于东北地区的浑河纸业公司负责市场营销工作的副总经理钟华成碰上一件难办的事:有一家实力雄厚的中外合资造纸公司,以月薪3500元为诱饵,要挖他的一名骨干——出口科科长史春菜到那儿去工作。

钟副总经理正考虑怎样去应付这一情况。

公司背景

浑河纸业公司是东北最大的造纸企业之一,生产纸浆和纸制品,产销配套成龙、系列完整。职工总数700余人,是造纸行业的中型企业。它的传统市场是东北与华北,产品也销往华东和西北。近年来,开始出口到东南亚、日本。虽然出口仅占业务的7.7%,但增长很快,前景喜人。

人事背景

钟华成是浑河纸业公司领导班子成员,负责举足轻重的市场营销业务。他手下领导的部门有国内销售科、出口科、广告促销科、用户服务科和市场调研科。

史春菜是出口科科长。他大学毕业后来本公司已7年,本来一直在国内销售科担任副科长,但两年前成立出口科时,考虑他具有大学文化,略通日语,自己是广东人又会说粤语,又担任过副科长,公司便任命他为出口科科长,月薪2800元。他人缘好,大家都喜欢他。

但老钟对史春菜的业务能力并不满意,觉得他恐怕越来越难担负起迎接更大竞争、扩大出口的重担。听说他已基本接受了那家公司的聘请。即使史春菜不走,老钟也考虑要撤换他,找更胜任的人来任此要职,但苦于尚无合适人选。

正巧三周前,老钟以前在关内另一造纸厂工作时的老同事老马经过本地,顺道来访。

老马是老知识分子,高级工程师,精通英语,也会些日语,海外关系多,也有从事营销工作的经验。他马上要退休,想换个地点和单位干干,尤其想回东北老家,他年届六旬,但身体健壮,精神尤佳。老钟当时就闪过一个念头:何不聘他来主持出口业务?他的能力和经验可使本公司出口业务获得巨大改进。

但继而一想,自己与老马共事多年,此公的个性可是极难对付的,常常恃才忤上、骄横无礼,万一请来之后,人人抱怨,工作也许反而受损。果真闹到那样,那就只好辞退他,但"请神容易送神难"啊。何况以他的资历,月薪不能低于3500元,成本也会随之增加…

倒是两年前分到史春菜手下的大学生小宋给老钟留下的印象很好。

这个青年谦逊稳重,积极好学,基础好,进步快,是株"好苗子"。培养锻炼一年半载,决不比史春菜差。他的月薪才1800元,提升之后,一定会更努力。只是资历太浅,难以服众,而且确实"嫩了些"。

老钟知道史春菜可能四月初就走,马上要递辞呈了。谁来接替他,主意也得马上拿定了。还有人建议最好由他本人兼任出口科科长。

问题的提出

如果你是老钟,你会选择谁出任出口科科长呢?请详细说明你选择的理由与依据。

不同方案分析

针对上述情况,老钟脑海里立刻闪出三种不同的抉择方案。

1. 留住史春菜,加薪至3500元

史春菜由于加了薪,再加上领导要留他,说明领导是信任他的,所以他可能比以前更积极,表现更好,这种可能性为60%。另一方面,史春菜对中外合资公司更感兴趣,到那里可能更有发展前途,所以他可能急于调动工作而影响本职工作,这种可能性有40%。

如果他的表现比以前好,两年内则可能使销售量等经济指标提高10%;如果表现不好,两年内则可使销售量等指标降低 5%。

2. 聘用老马,月薪 3500 元

老马是一位老同志,事业心强,有工作经验,工作能力强,身体健康,干得好的可能性有 50%。但老马骄横无礼,可能处理不好人际关系,干不好的可能性也有 50%。如果他干得好,两年内销售量等指标可以大幅度增长,估计增长 40%;如果干不好,矛盾重重,两年内经济效益指标会下降 20%。

3. 提升小宋,加薪至 2500 元

小宋缺乏工作经验,加上资历太浅,难以服众,所以他干不好的可能性较大,有 60%。但是,他积极好学,基础好,进步快,所以他干得好的可能性也有 40%。如果他干得好,经济指标增长 5%;如果干不好,可使经济指标降低 20%。

三种方案的决策树分析

如果将上述三种情况用决策树进行分析,则分析情况如图 2-8 所示。

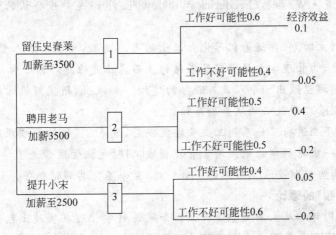

图 2-8　决策树分析图

不同方案的计算结果

如果将上述三种方案计算后,其结果如下:

1. 留住史春菜

$$0.1 \times 0.6 - 0.05 \times 0.4 = 0.06 - 0.02 = 0.04$$

2. 聘用老马

$$0.4 \times 0.5 - 0.2 \times 0.5 = 0.2 - 0.1 = 0.1$$

3. 提升小宋

$$0.05 \times 0.4 - 0.2 \times 0.6 = 0.02 - 0.12 = -0.10$$

决策结果

从短期来看,聘请老马为出口科科长,聘期两年。

让小宋当科长助理,边工作边学习边提高。如果老马工作得好,可续聘;如不好,可提升小宋当科长。

但绝不能让老钟兼任,兼职不仅增加工作量,在处理问题时,容易出现不公平现象,增加有关人员矛盾,不利于组织目标的实现。

（以上案例来源于全国工商管理硕士入学考试研究中心.2000年MBA联考考前辅导教材[M].南京：江苏人民出版社,2000：92-94)

案例启示

企业中任何一项决策都应尽量采用科学、可量化的方法及手段。

管理者所应具备的三项技能中,人际技能在任何一个管理层次都至关重要,技术技能在较低管理层次非常重要,它是衡量一名管理者是否胜任的基础。

课后阅读

"科学管理之父"——泰勒

泰勒的历史地位

凡是研究管理的人,若想掌握管理学的内涵和真谛,都无法绕开泰勒。"科学管理之父"——弗雷德里克·W.泰勒(Frederick Winslow Taylor)是举世公认的古典管理理论的主要代表人物。

在管理学的创立时期,伴随着机器化大工业的飞速发展,泰勒给世人竖起了一座丰碑。他从企业管理出发,为管理学大厦奠定了丰厚的基石。正是他搭起的平台,使众多的研究者和实践者在管理领域里做出了令人目不暇接的建树。如果说,研究经济学必须从亚当·斯密开始,那么,研究管理学就必须从泰勒开始。

泰勒于1911年在进行了一系列工业管理实践后,发表了《科学管理原则》一书,提出了科学管理思想,第一次把科学原则应用于管理领域,同时也把管理带进了科学殿堂。科学管理的思想不仅成为当时照亮人们心中的一盏明灯,至今不失其耀眼光芒。

颠覆"劳动总额"的谬论

工人对工作、同伴和雇主的义务是什么?如果说科学管理在实质上包含着对这一问题全面心理革命的话,那么泰勒首先颠覆的是深藏于广大工人脑海中的"劳动总额"的谬论。

"劳动总额"理论是一种很久以来就在工人当中广泛流传的谬论。这种理论设想:世界上的工作量是有限的,今天干得多,明天就干得少。因此,加速工作会使大批工人失业。这种谬论成为当时绝大部分工人的坚定信念,从而导致了工作有意磨洋工现象的普遍出现。而且工人对机器的引入心存疑虑:"既然一个工人提高劳动速度就可能使他本人或其同伴失去工作,那么威力巨大的机器对工人的替代作用更是不可想象。"因此,工人们本能地对先进机器的应用持抵制态度。

以棉纺织业为例,产量是传统手工织布机3倍的动力织布机早在1780—1790年间就已问世。但是,按照"劳动总额"理论的逻辑,织布工人将会因动力织布机的应用所带来的产量提高而裁减到原来工人数的1/3。

但事实上,正如泰勒所指出的:采用动力织布机后的1912年,英国曼彻斯特织布工人每天生产的棉布长度比采用手工织布机的1840年增加了8～10倍,但雇用工人数反而由1840年的5000人增加到265 000人。工人产量的增加并没有产生解雇工人的后果,相反还大幅度地增加了工人的就业机会。

这样,科学管理就从工人自身的利益出发,给"劳动总额"谬论致命一击,解除了缠绕在广大工人思想深处的桎梏。

　　值得一提的是,科学管理的这种看法其实与现代经济学的观点不谋而合。当企业劳动生产率大幅提高时,一方面,产品的生产成本下降,价格势必下降,在国外市场的竞争力将大幅提升,从而推动产品出口销售,进而拉动就业机会。另一方面,劳动生产率的提高带来工人收入的增加会拉动内需,刺激消费,从而增加就业岗位,当时的"福特制造"就是这方面最显著的例子。

通向阶级合作的金钥匙

　　科学管理诞生以前,工业革命一直显示的是机器的巨大威力,生产的进步主要靠资本力量来推动。在以李嘉图为代表的古典经济学家眼里,工人除了勤劳或懒惰、强壮或不强壮之间的分别外,其他并无差别。从劳动出发增加生产有两种手段,一种是通过延长劳动时间,另一种是提高劳动强度。因此,当时的多数企业老板见物不见人,对机器关怀备至、细心呵护,对工人粗暴残忍、漠不关心。

　　马克思创立的剩余价值学说就是对当时现实情况的理论反映。绝对剩余价值生产也好,相对剩余价值生产也罢,工作除了当牛作马,以牺牲休息时间、损害自己的健康为代价和更艰苦地劳动以外别无他法。

　　既然如此,工人寻求出路的根本办法就只有一条:通过暴力的阶级斗争使工人占有生产工具和生产资料。科学管理的出现对当时矛盾重重的生产关系提供了一把金钥匙——提高劳动生产率,从而解开了只有阶级斗争才能解决问题的死结。

　　科学管理教会工人科学合理地工作,通过提高工人的劳动生产率,为工人缩短了劳动时间、节省了无用的劳动并减轻了劳动者的困苦。在科学管理的方式下,工人能挣到更多的钱,但是花力气并不比过去多,收入的增加不再是用更艰苦的劳动换来的。因而,一个工人能年复一年正常地完成一个劳动日的最佳工作量,下班后仍然精神旺盛,为建立良好的生产关系奠定了基础。

为管理者正名

　　20世纪以来,人们越来越清楚地认识到管理的重要性及其作用。瑞士经济学家肯特(Kent)曾经说过:"19世纪是工业世纪,20世纪则是作为管理世纪而被载入史册。"。现代经济学理论认为,在整个生产活动中,管理同土地、资本、劳动三要素共同组合创造产品,管理者在把传统的生产三要素结合方面起了卓绝的作用,而掌握管理要素的管理者也由此成为社会上的特殊阶层——经理阶层。

　　然而,在科学管理诞生以前相当长的时期内事情并非如此。在制造业者中间,几乎普遍存在着这样一种信念:要讲究效益,脑力劳动者即所谓非生产者,在人数上同生产者即实际用双手干活的那些人相比,越少越好。这实际上是将管理人员视同累赘和包袱。

　　不过,平心而论,如果仔细考察一下当时的现实环境,这种认识的存在也有其道理。根据早期的文献记载,工业革命完成之初,既没有普遍适用的管理知识体系,又没有共同的管理行为准则来指导管理者的行动。企业主们常常单纯地出于可靠的考虑让亲属来担任管理职务。而这些管理者之所以对担任管理职务很感兴趣,主要是因为这可以使他们享受到诸如有权雇佣自己妻女的特权。

　　但现实中,"他们的管理知识和能力少得可怜,仅凭个人认知和经验做事,实际上是不忠诚、逃避责任和酗酒的。"。在这样的情况下,所谓"管理者"的存在不过是使企业白白地增加了一笔额外的费用开支,确切地说,其实是直接生产者在养活这些"管理者"。

科学管理的出现扭转了这一传统认识。与亚当·斯密劳动分工协作推动专业化的思路一脉相承,科学管理提倡职能管理原则、计划与执行相分离,通过改造组织方式,将计划和其他脑力劳动都集中由经过专门训练而且特别适合于从事这部分工作的管理者来承担,进一步实现劳动的专业化分工,以管理人员专业化的方式推动管理者不胜任问题的解决,并在实践中取得了显著的成效。

例如,在伯利恒钢铁公司进行砂土搬运试验中,公司实施科学管理后的第三年,费用相比实施前节省了36 417美元,搬运1吨砂土的平均费用由0.072美元降到0.033美元。而这0.033美元中已经包括了办公室、工具房费用和所有监工、领班、办事员等人员的工资费用。

可以说,始自科学管理,人们开始走出了以往简单要求压缩非生产人员的思维误区,并从实践中领悟到管理者在价值创造中所起的作用,甚至比直接生产者还要大。人们终于意识到,管理者与生产者的关系如同军队中的将军和士兵的关系一样,虽然第一线冲锋陷阵的是士兵,但是对战局起决定性作用的却是将军。

科学管理理论虽然仅是管理理论丛林中的一支,但是科学管理在管理学上却具有划时代的意义。正是从科学管理开始,管理学沿着伽利略、牛顿创立的实验科学道路,告别了单纯的经验总结和智慧技巧,由治术发展为一门科学,迄今为止仍不失其光彩。

正是出于这一原因,管理学大师彼德·德鲁克由衷地赞叹:"泰勒的科学管理思想是自联邦文献以后,美国对西方思想做出的最特殊的贡献!"

(上述资料来源于:周苏.管理信息系统新编[M].北京:中国铁道出版社,2010:17-19)

思考题

1. 通过阅读上述资料,你对管理学有了怎样的认识? 并从中受到了哪些启发?
2. 泰勒为什么被称做"管理学之父"? 对这个称呼你认同么? 请说出你的理由。

第3章
系统及其相关概念

沃尔玛制胜的秘密武器

公司背景

成立于 1962 年的沃尔玛集团,多年来一直称霸世界零售业。它的全球采购战略系统、商品配送系统、缺货管理系统、电子数据系统、天天平价战略在业界都是可圈可点的经典案例。可以说,所有的成功都是建立在沃尔玛利用信息技术整合优势资源的基础之上。

早在 20 世纪 60 年代中期,沃尔玛集团的创始人——山姆·沃尔顿只拥有几家店铺的时候,他就已经清醒地认识到,管理人员必须能够随时随地获得他所需要的数据。比如,某种商品在沃尔玛的商店里一共有多少?上周的销售量是多少?昨天呢?去年呢?各店铺订购了多少商品?什么时候可以到达?

若想回答上述问题,在管理信息系统应用之前,这样的工作只能通过大量的人工计算与处理才能得到。因此,实时、准确地控制遍布世界各地商店的想法在当时只是一个梦想而已。

信息技术的使用

1974 年,沃尔玛公司开始在其分销中心和各家商店运用计算机系统进行库存管理和控制。在信息技术的支持下,沃尔玛能够以最低的成本、最优质的服务、最快速的管理反应进行全球运作。

1983 年,沃尔玛的整个连锁商店系统都采用条形码扫描系统。

1984 年,沃尔玛开发了一套市场营销管理软件系统,这套软件系统可以使每家商店按照自身的市场环境和销售类型制订出相应的营销产品组合。

在 1985 年至 1987 年之间,沃尔玛安装了公司专用的卫星通信系统,该系统的应用使得总部、分销中心和各商店之间可以实现双向的声音和数据传输,全球 4000 家沃尔玛分店都能够通过自己的终端与总部进行实时的联系。

这一切的优势都来自于沃尔玛积极地应用最新的技术成果。通过采用最新的信息技术,员工比以往更有效地做好工作,更好地做出决策以提高生产率和降低成本。

在沃尔玛的管理信息系统中最重要的一环就是它的配送管理。20 世纪 90 年代,沃尔玛提出了新的零售业配送理论。集团管理的配送中心向各商店提供货源,而不是直接将货品运送到商店。其独特的配送体系,大大降低了成本,加速了存货周转,形成了沃尔玛的核心竞争力。

沃尔玛的配送系统由三部分组成。

1. 高效的配送中心

沃尔玛的供应商根据各分店的订单,将货品送至沃尔玛的配送中心。配送中心负责完成对商品的筛选、包装和分拣工作。沃尔玛的配送中心具有高度现代化的机械设备,送至此处的商品85%都采用机械处理,这样就大大减少了人工处理商品的费用。

2. 迅速的运输系统

沃尔玛的机动运输车队是其配送系统的另一个无可比拟的优势。沃尔玛可以保证货品从仓库运送到任何一家商店的时间不超过48小时,相对于其他同行业商店平均两周补发一次,沃尔玛可保证分店货架平均一周补两次。通过迅速的信息传送与先进的电脑跟踪系统,沃尔玛可以在全美范围内快速地输送货物,使各分店即使只维持极少存货也能保持正常销售从而大大节省了存储空间和存货成本。

3. 先进的卫星通信网络

1983年,沃尔玛花费2400万美元建立了自己的卫星通信系统。通过这个系统,沃尔玛可以每天把销售数据传输给全球5000家供应商。就拿位于深圳的几家沃尔玛商场来说,公司计算机与总部相连,通过卫星通信系统,可以随时查货、点货。任何一家沃尔玛商店都具有自己的终端,并通过卫星与总部相连,在商场设有专门负责排货的部门。

沃尔玛每销售一件商品,都会即时通过与收款机相连的计算机记录下来,每天都能清楚地知道实际销售的情况。沃尔玛各分店、供应商、配送中心之间建立的卫星通信网络系统使沃尔玛的配送系统完美无缺。

这套系统的应用,使配送中心、供应商及每一个分店的每一个销售点都能形成在线作业,在短短数小时内便可完成"填妥订单→各分店订单汇总→送出订单"的整个流程,大大提高了营业数据的高效性和准确性。

管理信息系统的应用,使得沃尔玛有关各方可以迅速得到所需货品层面数据、观察销售趋势、存货水平和订购信息甚至更多。上述技术的应用为它日后成为零售业的巨人奠定了技术基础。

(以上资料节选自 http://www.worlduc.com/blog.aspx? bid=4574088.有删改)

由此可见,信息系统不仅是沃尔玛集团的制胜法宝,也是任何一个企业不能没有的系统,它可以帮助企业在全球化商业竞争中创造新的商业机会,从而取得竞争优势。

本章我们将向大家介绍关于系统及信息系统等相关知识及概念。

③.1　系统及其概念

系统一词最早出现在古希腊语中,是指事物中共性部分在整个事物中所占据的位置,也就是部分组成了整体。从中文字面来理解,"系"是指关系,"统"是指有机的统一,"系统"则是有机联系与统一。

现实生活中，系统无处不在，比如，人们常说的人体的神经系统、自然界的生物系统、计算机系统、数据库系统、生产系统等。由此可见，系统具样多样性和复杂性。

3.1.1　系统的概念

虽然系统一词频繁地出现在社会生活及学术用语中，但不同的人在不同的场合赋予了系统不同的定义，直到现在也没有一个统一、公认的定义。

通常我们将系统定义为：系统是由处于一定环境中相互联系和相互作用的若干组成部分结合而成，是为达到整体目的而存在的集合。

3.1.2　系统的含义

上述定义可从以下几个方面来理解：

1. 系统由若干要素组成

要素是构成系统的最小基本单位，是系统存在的基础和实际载体。如果系统离开了要素，就不能成为系统。

2. 要素之间存在一定的有机联系

系统具有一定结构，是构成要素的集合，这些要素相互联系、相互制约，从而在系统的内部、外部之间形成了一定的结构或秩序。

3. 系统具有功能性

系统的功能性表现在系统与外部环境相互联系和相互作用中表现出来的性质、能力和功效。在客观世界中，不同系统拥有不同的组成部分，各个组成部分之间存在多种关系，即使组成部分相同，但各部分之间的关系可能不同。关系不同，所构成的系统结构则不同，从而形成了功能各异的系统。

3.1.3　系统的特征

虽然现实世界中存在各种各样结构及功能相异的系统，但归纳起来，各种系统也拥有一定的共性。

1. 整体性

一个系统至少要由两个或更多的可以相互区别的要素或子系统组成，它是这些要素及子系统的集合。作为集合的整体系统的功能要比所有子系统的功能总和还要大，充分发挥"1+1>2"的协同作用。

2. 层次性

层次性是系统的一个基本特征。这是因为组成系统的各要素之间的种种差异使系统在地位、作用、结构及功能上表现出等级秩序性，从而形成具有质的差异的系统等级。

3. 目的性

任何系统都有明确的目的性。所谓的目的就是系统运行时要达到的预期目标,它表现为系统所要实现的各项功能。比如,人力资源管理系统,在组织结构及各种战略目标确立的前提下,对不同岗位的人员进行招聘、培训、评估等信息进行收集、分析及汇总,从而为组织目标的实现提供人力资源依据。

4. 相关性

任何系统都不是孤立存在的,系统之间、系统内部的各子系统之间是有联系、相互影响的。如果系统中任何一个要素发生变化,则应该对其他相关联的要素做出调整,以期保持系统的最佳状态。

5. 环境的适应性

任何系统都需要在一定的环境下运行。环境本身就是一种更高层次的系统。系统与其环境相互交流、相互影响,不断地进行物质、能量或信息的交换。不能适应环境变化的系统是没有生命力的。系统只有适应不断变化的环境,才能发挥自身的作用,实现系统目标。

3.1.4　系统的分类

从不同的角度出发,系统有不同的分类方法。

1. 按复杂程度分类

系统的思想诞生于人类面对日益增加的"有组织的复杂性"的尝试。博尔丁提出了一个把系统从低到高,从简单到复杂按层次划分的系统结构框架,将系统分为物理、生物和社会三类九等,如图 3-1 所示。

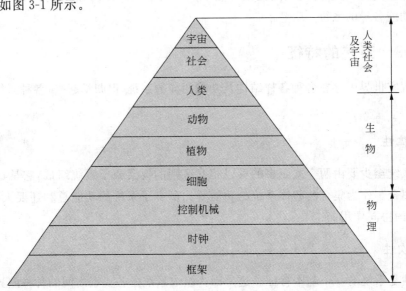

图 3-1　按系统复杂性分类

从图 3-1 中可以看出，系统的复杂性由下向上不断增大。

1）框架

框架是最简单的系统，如房子、桥梁，其目的是居住和交通，其部件是墙、窗户、桥墩等，这些部件有机地结合起来提供服务。它是静态系统，虽然从微观上说它也在动。

2）时钟

时钟按预定的规律变化，什么时候到达什么位置是完全确定的。虽动犹静。

3）控制机械

控制机械能自动调整，比如，可以把温度控制在某个上下限内或者控制物体沿着某种轨道运行。当因偶然的干扰使运动偏离预定要求时，系统能自动调节回去。

4）细胞

细胞能新陈代谢，能自我繁殖，有生命，是比物理系统更高级的系统。

5）植物

植物是由细胞群体组成的系统，显示了单个细胞所没有的作用，是比细胞更复杂的系统，但其复杂性比不上动物。

6）动物

动物的特征是可动性。它有寻找食物、寻找目标的能力，对外界是敏感的，有一定的学习能力。

7）人类

人类有较大的存储信息的能力，说明目标和使用语言均超过动物，人还能懂得知识、善于学习。人类系统泛指以人作为群体的系统。

8）社会

社会是由人类政治、经济活动等上层建筑组成的系统。组织是社会系统的形式。

9）宇宙

宇宙不仅包括地球以外的天体，还包括一切我们所不知道的东西。

2．按起源分类

按系统的起源不同，可将系统分为自然系统和人工系统。

1）自然系统

自然系统是自然进化形成的系统。自然系统的组成部分是自然物质，如：生物系统、银河系统等。

2）人工系统

人工系统是为了满足人类需求而建立的系统。人工系统种类繁多，但归纳起来，主要包括三大类：人工物理系统、人工抽象系统和人类活动系统。

人工物理系统起源于人类的某个目的，是为某个目的设计出来的，它的存在是为了服务于该目的。

人工抽象系统代表着人类有序的有意识的产品，如数学、诗歌、哲学等。它们本身是抽象系统，有了书、磁带、蓝图等人工物理系统作为载体，才能够为人们所把握。它们也是因为与某个目的有关而存在的，如为了扩大知识。

人类活动系统是有目的的人类活动的集合。这类系统起源于人的自我意识。人类活动系统与自然系统、人工物理系统的根本差别在于,后者一旦显现出来,就再也不能是别的样子,而人类活动系统往往不会有唯一的认识,观察者可根据其世界观的不同而有不同的理解。当然,人类活动系统离不开其他一些系统。如:铁路是人类活动的场所,就与人工物理系统(铁路网、火车站、铁轨、机车补给站等)联系在一起。

3. 按抽象程度分类

按照系统的抽象程度分类,可把系统分为三类,即:概念系统、逻辑系统和实体系统。

1) 概念系统

概念系统是最抽象的系统,它是人们根据系统的目标和以往的知识初步构思出的系统雏形,它在各方面都不是很完善,有许多地方很含糊,也有可能不能实现,但是它表述了系统的主要特征,描绘了系统的大致轮廓,它从根本上决定了系统以后的成败。

2) 逻辑系统

逻辑系统是在概念系统的基础上构造出的原理上可行得通的系统,它考虑到总体的合理性、结构的合理性和实现的可能性。它确信,现在的设备一定能实现该系统所规定的要求,但它没有给出实现的具体元件。所以逻辑系统是摆脱了具体实现细节的合理的系统。

3) 实体系统

实体系统也可以叫做物理系统。它是完全确定的系统,如果是计算机系统,那么机器是什么型号,放在什么位置、终端多少等,应当完全确定。这时系统已经完全能够实现,所以叫做实体系统。

4. 按系统与环境的关系分类

按系统和外界环境的关系分类,可以分为封闭式系统和开放式系统。

1) 封闭式系统

封闭式系统可以把系统和外界分开,外界不影响系统主要现象的出现。比如,在超净车间中研究制造集成电路。

2) 开放式系统

开放式系统是指不可能和外界分开的系统。比如商店,若不让进货,不让顾客来买东西就不能称为商店。

封闭式系统和开放式系统有时也可能互相转化。如果说企业是个开放式系统,但如果把全世界都当成系统后,那么总的系统就转化为封闭式系统。系统的开放与封闭是相对的,纯粹的封闭是不存在的。

3.1.5　系统性能的评价标准

1. 目标明确

每个系统均为一个目标而运动,这个目标可能由一组子目标组成,系统的好坏要看它运行后对目标的贡献。因而,目标明确、合适是评价系统的第一指标。

2. 结构合理

一个系统由若干个子系统组成,子系统又可划分为更细的子系统。子系统的连接方式组成系统的结构,要求子系统连接清晰、路径通畅、冗余少,以达到合理实现系统目标的目的。

3. 接口清楚

子系统之间有接口,系统和外部的连接也有接口,好的接口其定义应十分清楚。例如,一个瓷器厂委托铁路部门运送瓷器,按照铁路部门规定,瓷器要用木架装好,内填稻草或其他填料,铁路要保证防震指数达到一定水平。工厂有责任包装好,铁路有责任维护好。如有一方未达到要求,则损失自负。

4. 能观能控

通过接口,外界可以输入信息,控制系统的行为;也可以通过输出,观测系统的行为。只有系统能观能控,系统才会对目标做出有用的贡献。

3.2 信息系统

伴随着信息技术的飞速发展及广泛应用,各类组织及人们的思维观念早已悄然改变。在信息时代,信息系统越来越受到管理者的高度重视,甚至在某些行业,企业对信息系统的应用程度已经成为其取得成功的必要条件。

经过几十年的不断探索和发展,信息系统逐渐发展为一门实践性非常强的应用科学,并形成了独具特色的理论和技术体系,其主要研究目的是探究信息处理过程的内在规律及基于计算机等现代化手段的形式化表达和处理规律。

3.2.1 信息系统的概念

信息系统本身就是一种系统,从系统角度对其定义是:为了辅助组织决策和管理,由人、硬件、软件和数据资源组成,通过及时、正确地收集、加工、存储、传递和提供信息,实现组织中各项活动的管理、调节和控制的系统。

上述定义向我们传达以下含义:
- 信息系统是人们设计的产物。
- 信息系统与组织的特定任务或职能有关。
- 信息系统在特定的人群中传递。
- 信息系统可以收集、存储信息。
- 信息系统的信息处理由人和设备进行。

由此可见,信息系统包括信息处理系统和信息传输系统两大部分。信息处理系统通过对数据进行处理,使它获得新的结构与形态或者产生新的数据。信息传输系统并不改变信息本身的内容,只把信息从一处传到另一处。由于信息的作用只有在广泛交流中才能充分发挥出来,因此,通信技术的飞速发展促进了信息系统的发展。

信息系统的概念又有广义和狭义之分。广义的概念延伸到与通信系统等同。从狭义概念出发,信息系统存在于任何一个社会组织中,就像人体组织的神经系统分布在人体组织中一样。信息系统就是为管理服务的,它不是从事某一项具体工作,而是起关系全局并将系统中各子系统协调运行的作用。

3.2.2 信息系统的类型

1. 按处理对象分类

根据处理对象的不同,信息系统分为作业信息系统和管理信息系统两大类。

1) 作业信息系统

作业信息系统的任务是处理组织的业务、控制生产过程和支持办公事务,更新有关的数据库。通常由以下三部分组成:

(1) 业务处理系统。业务处理系统的目标是迅速、及时、正确地处理大量信息,提高管理工作的效率和水平,如产量统计、成本计算和库存记录等。

(2) 过程控制系统。主要指用计算机控制正在进行的生产过程。例如,炼油厂通过敏感元件对生产数据进行监测,从而进行实时调整。

(3) 办公自动化系统。通过先进技术和自动化办公设备(如文字处理软件、复印机等)支持人的部分办公业务活动。这种系统较少涉及管理模型和管理方法。

2) 管理信息系统

该系统是对一个组织进行全面管理的人和计算机相结合的系统,因此它不仅是一个技术系统,也是一个社会系统。它综合运用计算机技术、信息技术、管理技术和决策技术,与现代化的管理思想、方法和手段结合起来,辅助管理人员进行管理和决策。

2. 按组织层级分类

信息系统主要用于辅助管理决策。如果从管理活动层角度对辅助管理的信息系统进行分类,可将信息系统分为 4 类:即作业层系统、知识层系统、管理层系统和战略层系统。

1) 作业层系统

作业层系统的工作主要围绕组织的日常业务活动展开,记载着组织的基本活动及交易信息,如销售额、收款凭证、信用评定、工资表、某一物料流动等。这类系统记录的信息必须是当前的并且准确的,用于支持作业层管理人员的工作。

作业层系统的数据通常需要具备以下特点:

- 基础化。所搜集的数据主要描述公司资源的使用情况,面向日常管理基本事务,以代替手工作业为目的,随着业务的进行不断更改相关信息,形成诸多业务活动的历史记录,并且定期汇总。

- 标准化。对于每项业务活动,其输入和输出都是结构化的,数据精度非常高,每条记录上的数据项都有十分严格而细致的格式要求。不涉及异常处理,无论其内容、步骤,还是检验标准都是规范化的。

- 详细化。所收集的信息非常详细,如组织中每个产品的日销售量及库存等变化情况。

- 内部化。所收集的数据来源于组织内部,形成的信息也多为组织内部管理服务。

2）知识层系统

知识层系统支持组织中的知识工人和数据工人。其目的是帮助企业把知识用到经营管理中去，帮助组织管理文案工作。知识层系统，特别是工作站及办公系统得到了广泛应用。

3）管理层系统

管理层系统是为中层经理的监督、管理、决策和行政事务的开展进行服务的。它会根据管理层人员的需求定期提供各种分析及汇总数据，并以报表的形式出现。因此，管理层系统不对经营中的某一时刻的信息感兴趣，而对某一个阶段的数据更感兴趣。

有时，管理层系统也用于支持非常规决策。这时系统对信息的需求不总是明确的，因此需要组织外部的新数据，有时还需要从作业层中提取相关数据用以决策。

管理层系统中的数据应具有以下特点：

- 总结性。太详细的信息对于中层管理人员而言既无必要，又太过复杂，尤其是对于大型企业而言，巨大的数据量不仅不利于决策，反而影响了工作。因此，对他们而言，内涵更丰富的总结性信息更实用。
- 对比性。管理层系统所获得的信息不仅要具有描述性，还要有可比性。通过比较可以发现与公认标准不一致或结果超出正常范围的异常变动。此异常信息在企业管理控制过程中非常重要，根据该层信息系统所发出的警示信息，人们可以迅速采取行动，消除或降低风险。这种功能类似于反馈控制。
- 混合性。管理层系统的数据不仅来源于系统内部，而且也需要外部环境的数据，比如，国际标准、政府政策、行业状况等。一旦发现异常数据处，中层管理者可以与行业及当前经济形势结合起来考虑，从而判断产生这种异常的原因。

4）战略层系统

战略层系统主要是为组织高层管理人员处理和解决战略问题和长远规划进行服务的。这类系统更关心的是如何把外部环境的变化同目前组织的能力相结合的问题。比如，未来5年企业的发展方向如何？行业的长期成本趋势？目前组织所处的位置？因此，这类系统需要较强的预测能力，数据不仅来自企业内部也包括整个行业甚至范围更广的外部环境信息。

战略层系统的数据应具备以下几个特点：

- 外部性。由于决策者对未来的预测是不可估的，为了预测更准确，所需要的信息可能是随机性的，因此要与外部数据库进行连接，以便及时提供决策所需信息。
- 非结构化。战略决策过程中往往用到非结构化的数据，它们并不总是可计算的，有时只反映了问题的某一方面特征，而且其有效性也要经过一段时间的证实，但这种情况又非常普遍，因此对信息系统的支持能力提出了挑战。
- 概括性。战略层系统所要求的概括能力要非常强，无论内部或外部数据，都要求只反映变化趋势及特征，无需考虑细节，但这并不意味着战略层信息可以任意捏造。

3. 按组织职能分类

信息系统因职能不同而有所不同。主要的组织职能包括：市场及销售、客户关系管理、人力资源管理、会计及财务、生产及制造等，这些组织职能都有其特定的信息系统。在大型组织中，这些主要职能中的每一个职能的子功能也有它们自己的信息系统。比如，人力资源管理信息系统可能有招聘系统、培训系统、职位分析与预测系统、薪酬及福利系统等。

3.2.3　信息系统的组成

信息系统主要由人、信息资源、硬件系统和软件系统 4 部分组成。其中，信息资源是信息系统的基础；硬件系统包括计算机系统、网络系统及其他与计算机有关的设备；软件系统包括操作系统、数据库管理系统、程序语言、网络软件、通用工具及支持特定管理功能的信息系统应用软件。而上述所有设备的操作及信息的获取都是由人来完成的，可见信息系统中人的作用是至关重要的。

从管理者的角度出发，必须有一个人能够对信息系统中的各种资源进行合理组织及有效配置，将信息系统的建设与企业的目标紧密结合起来，这个管理角色就是信息主管。

信息主管(chief information officer,CIO)是信息系统中非常重要的管理角色。20 世纪 80 年代，最早出现在美国联邦政府中，通过任命副部长或部长助理官员来担任此职，从较高层面上负责该部门信息资源的开发及利用，并取得了显著的成效。

后来，其成功经验被引入美、日等国的各企业中，并赋予 CIO 这个职位明确的定义：负责制定公司的信息决策、标准、程序及方法，并对全公司的信息资源进行管理和控制的高级行政管理人员。他们不同于一般信息技术部门或信息中心的负责人，已经进入公司最高决策层。CIO 的诞生，标志着现代企业管理从传统的人、财、物三要素迈向了人、财、物、信息 4 要素管理的新阶段，从战略高度充分开发信息资源。

3.2.4　信息系统的发展

随着通信技术、计算机技术的发展，信息技术不断地与管理科学交叉相连，信息系统也随着信息技术的发展经历了由低级到高级的几个阶段。

1. 电子数据处理系统

电子数据处理系统(Electronic Data Processing System,EDPS)是面向业务的信息系统。该系统的特点是数据处理的计算机化，目的是提高数据处理的效率，经历了单项数据处理阶段(20 世纪 50 年代中期—60 年代中期)，如工资计算、产量统计和综合数据处理阶段(20 世纪 60 年代中期—70 年代中期)。

2. 管理信息系统

管理信息系统(Management Information System,MIS)是面向管理的信息系统。20 世纪 70 年代，随着网络技术、管理方法及计算机技术的发展，计算机在管理上的应用日益广泛，管理信息系统逐渐成熟起来。它最大的特点是数据的高度集中。通常 MIS 都有一个数据库中心，将组织内部各级管理通过网络连接起来，实行分布式处理。另一个特点是利用定量化的科学管理方法，通过预测、计划优化、管理、调节和控制等手段来支持管理者做出决策。

3. 决策支持系统

决策支持系统(Decision Support System,DSS)是面向决策的信息系统。20 世纪 70 年代后期,许多企业上马 MIS 后并未获得成功,成功率仅为 50%。分析其原因是,虽然 MIS 提供了大量报告,但这些信息并非经理决策所需,因此,美国的 Michael S. Scott Marton 在《管理决策系统》一书中第一次提出了"决策支持系统"的概念。

DSS 是把数据库处理与经济管理数学模型的优化计算结合起来,在人和计算机交互过程中帮助决策者探索可能的方案,为管理者提供决策时所需的信息,它是 MIS 的一项重要组成部分,是 MIS 功能上的延伸。

综上所述,EDPS、MIS、DSS 各自代表了信息系统发展的某一阶段,但实际上它们各自仍不断地发展着,而且具有相互交叉的关系。

3.3　管理信息系统

3.3.1　管理信息系统的概念

管理信息系统发展至今,其定义五花八门,有的抽象、有的具体,有的科学、有的艺术。

早在 20 世纪 30 年代,柏德著书强调决策在组织管理中的作用,就有了管理信息系统的萌芽。

20 世纪 50 年代,西蒙提出管理依赖于信息和决策的概念。同一时代,维纳发表了《控制论与管理》,他把管理当做一个控制过程,而控制主要依赖于信息。

1954 年,计算机成功地运用到会计的工资统计工作。

1958 年,盖尔写道:"管理将以较低的成本得到及时准确的信息,做到较好地控制。"

20 世纪 60 年代,美国经营管理协会及其事业部第一次提出了建立管理信息系统的设想。

在拥有上述理论基础后,管理信息系统的定义开始出现在各种场合中。

(1) 1970 年,瓦尔特·肯尼万给出了第一个定义:以书面或口头的形式,在合适的时间向经理、职员以及外界人员提供过去的、现在的、预测未来的有关企业内部及其环境的信息,以帮他们进行决策。

(2) 1985 年,管理信息系统的创始人,明尼苏达大学卡尔森管理学院著名教授高登·戴维斯给出了一个比较完整的定义:它是一个利用计算机硬件和软件,手工作业,分析、计划、控制和决策模型,以及数据库的用户-机器系统。它能提供信息,支持企业或组织的运行、管理和决策功能。

这个定义说明了管理信息系统的目标有高、中、低三个层次,即决策层、管理层和运营层上支持管理活动,也反映了当时 MIS 已达到的水平。

(3) 20 世纪 70 年代末 80 年代初管理信息系统一词出现在《中国企业管理百科全书》中,它的定义如下:管理信息系统是一个由人、计算机等组成的能进行信息的收集、传递、存储、加工、维护和使用的系统。它能实测企业的各种运行情况,利用过去的数据预测未来,从企业全局出发辅助企业进行决策,利用信息控制企业的行为,帮助企业实现其规划目标。

3.3.2　正确认识管理信息系统

管理信息系统作为一门学科,综合了管理科学、系统理论、信息科学的系统性的边缘学科。它是依赖于管理科学和技术科学的发展而形成的。作为一门新兴学科,到目前为止仍不完善。

从技术科学角度而言,涉及的学科有计算机科学、管理科学和运筹学。计算机科学涉及计算理论、计算方法及高效的数据存储和访问方法;管理科学侧重于管理方法和决策过程的模型建立;运筹学侧重于优化组织的某些参数(如交易成本、库存控制)的数学方法。

从行为科学角度而言,管理信息系统是研究各种行为问题的。比如,系统的利用程度、实施和创造性设计,不能够用技术方法中采用的规范的模型表达等。

其他行为学科也为信息系统的发展起到了重要的推动作用。社会学家重视信息系统对群体、组织及社会的作用;政治科学研究信息系统的政治影响和用途;心理学家关注个人对信息系统的反应和人类推理的认知模型。

仅从管理信息系统所涉及的学科内容上看,管理信息系统绝不是单一的技术系统,而是技术与社会相统一的系统。更何况,在任何一个信息系统中,人的因素都是影响信息系统成功与否的重要条件,因此我们认为管理信息系统是一个社会技术系统。

对企业而言,即使没有计算机也有管理信息系统,因为信息系统的出发点是信息而不是技术。如果一个企业没有计算机,但它至少可以通过电话、传真、各种媒体等手段获得信息,因此管理信息系统是任何一个企业不能没有的系统,管理信息系统只有优劣之分、适合与否之分,不存在信息系统有无的问题。

信息系统可以支持企业实现目标及长远战略,可以借助其他企业资源形成经济上的协同效应,可以帮助企业重组工作流程,推出新产品或服务,或者改变企业的经营方式。

除此之外,企业引进信息系统的时机至关重要,信息系统开发及使用的成功与否不仅与企业利用信息系统的历程及经验成正比,可以在一个时期取得发展或成功是历史上诸多因素和条件共同作用的结果。

课后阅读

宝供信息化建设的三部曲

公司背景

宝供物流企业集团有限公司创建于1994年,总部设于广州,1999年经国家工商总局批准,成为国内第一家以物流名称注册的企业集团。目前该企业已在全国40多个城市建立了6个分公司,形成了一个覆盖全国,并向美国、澳大利亚、泰国等国和地区延伸的物流运作网络,拥有先进的物流信息平台,为全球500强中的40多家大型跨国企业及国内一批大型制造企业提供物流服务。

最近,宝供被麦肯锡评价为中国领先的物流公司,又被摩根斯坦利评估为中国最具价值的第三方物流企业。在2002年美智公司在中国物流行业的认知度调查中,宝供以40%的认知度雄居中国物流企业之首。对于这家年运作货物总量超过200万吨的物流公司来说,信息化是制胜的最有力武器。

引入信息化之前的经营状况

20世纪90年代初在广东珠江三角洲一带,由于当地的服务业、电子产品比较发达,吸引大批内地人士到这里采购小额商品,但如何发回内地却是个大难题,因为这种小额货物需要往内地发零担,但做零担运输的网点少、费用高。

针对这种情况,汕头供销储运公司员工刘武却看到了商机,他认为,如果把外地客商的零担货物集中起来做整车发运,一定能大幅度地降低成本。所以,他立刻承包了亏损的广州转运站,并与各地商业储运公司合作起来,专做这种零担生意。

由于货物能相对及时到达,并提供 24 小时仓储货运服务,独立承担风险和责任,费用低廉,因此,没过多久,转运站在全国有了一定的知名度和美誉,业务量急剧上升。

当时,在广东,贮运行业占主导地位的是国企。他们不仅管理差而且货物损失率非常高。在这种情况下,刚刚进入中国市场的跨国企业宝洁公司忍无可忍,只好把目光投向小小的转运站,就这样,刘武接到了他人生非常重要——来自宝洁公司的一个订单。

宝洁公司虽然抛出了橄榄枝,但仍提出了许多非常严格的条件:其产品从出厂到销售之间的环节全部由转运站负责;转运站必须执行 GMP 标准;严格遵守时间要求,规定 5 天到达,早一天或晚一天都不行;物货要完整,存在破损及短缺都要扣罚……

面对这些困难,刘武没有退缩,他深感储运行业存在的弊端,却不知如何解决,此次与宝洁合作本身就是一个提升的过程。抱着这种信念,刘武经营的转运站合格地完成了宝洁委托的第一笔从广州到上海的业务。但这笔业务不仅没有赚到钱而且还赔进去几千元,可是刘武认为值,因为他意识到必须要建立一整套解决方案。就这样,1994 年刘武放弃了红火的整车运输业务,注册了广州宝供储运有限公司,专心做第三方物流。

根据宝洁公司的业务需求,宝供在北京、上海、成都、广州成立了 4 个分公司,以 GMP 为蓝本,结合国内和公司的实际情况制定出宝供质量管理体系和各种操作规程,向国际化物流行业标准迈进了一大步。

随着业务量的增大,刘武最不愿意看到的事情还是发生了:一个月里,宝洁连续多次向宝供投诉到货时间不准确、破损率上升的问题,并对他们不能准确及时提供库存信息极为不满。刘武看到宝洁详细的数字化收货记录后,发现与本公司人员上报的材料有很大出入,总公司获得的信息严重失真。

刘武知道这些烦琐数据的处理仅靠人工是很难完成的,如何及时、准确地了解真实的数据信息是解决问题的关键,信息化管理迫在眉睫。

信息化进程的三个阶段

就在这时,刘武遇到了管理信息系统及 Internet 应用专家唐教授,在他的引领下,宝供从此走上了信息化的道路。

作为第三方物流公司,宝供的信息化系统的建设紧紧围绕着自身业务展开,并通过信息系统的建设,推进了公司业务的发展。

其信息化进程分为以下三个阶段:

第一个阶段:1997—1998,建立基于互联网的物流信息系统。

第二个阶段:1999—2001,建立基于电子数据交换(Electronic Data Interchange,EDI)与客户实现数据对接的系统。

第三个阶段:2002—2003,自主研发以全面订单管理系统(Total Order Management,TOM)为核心的第三方物流 ERP(Enterprise Resource Planning,企业资源计划)系统。

宝供真正腾飞是在 1997 年。这一年,宝供已经发展成为一个在全国主要经济区域设有10 个分公司和办事处的网络化物流公司。由于当时宝供 IT 人员没有能力自行开发系统,而采用 SAP、ORACLE 系统需要投入的资金太高,经过调研与策划,宝供选择了第一家合作伙伴——北京英泰奈特科技发展有限公司,它为宝供开发了一套基于 Internet 的物流信息管理系统。1998 年 10 月,在公司内部全面完成运输信息系统推广的基础上,宝供通过将运输查询功能授权开放给客户,实现了运营信息与客户实时共享。

物流信息管理系统为宝供提供了一个崭新的运营模式,摆脱了过去传统的手工操作,通过数据库、网络等计算机辅助手段实现了对数据的核对和整理,使宝供的营运质量有了很大提高,时间可靠性达到 95%,公路可靠性达到 99%。

随着服务的进一步深化,客户除了要求安全、准时到达外,还要求及时准确地查找货运、库存信息,实现追踪、管理等延伸服务,以便调配生产和销售。针对这一新诉求,1999 年,宝供再度和英泰奈特合作,开发了基于互联网的仓储信息管理系统,该系统同样能够向客户授权开放,使客户坐在办公室里通过网络就能查到全国各地仓库的最新进货、出货、存货情况。

2000 年,宝洁把华南分销仓库交由宝供管理,一方面宝洁授权在宝供仓库安装了宝洁 AS/400 客户端程序,由宝供仓管员经过培训后直接操作宝洁的系统;另一方面,宝供 IT 部门开发数据导出程序,将宝洁系统进出仓数据自动导出到宝供系统中,使宝供仓管员也能够进入功能更加全面并且操作更加简便的宝供仓储系统。

随着业务的不断延伸,2000 年宝供内部出现了供应链上下游之间系统集成的问题。面对这些问题,宝供的 CIO 深为感触地说:"物流行业面临的主要挑战是跨企业的信息系统集成问题,因为物流毕竟不是一个企业内部的问题。"

宝供有很多客户,这些客户多为跨国公司,它们都有自己的内部系统,而且与它们合作的物流服务商不止宝供一家。在这张庞大的关系网中,宝供仅仅做好自己的信息化管理还不够,更重要的是推动网上的利益攸关者之间的信息集成。

EDI 是国外企业通常采用的数据交换方式,但由于投入大、实施复杂,在中国企业推广很难。为了解决这一系列问题,2000 年宝供建立了基于 VPN 和 XLM 技术的跨企业电子数据交换平台,实现了多对多、摒弃专用网络连接、支持复杂流程的信息交换。这个数据平台的实现,使宝供以更灵活的方式为客户量身订制个性化的物流信息服务。

到 2002 年,宝供已先后建成了客户订单管理系统(Order Management System,OMS),仓库管理系统(Store Management System,SMS)、运输业务管理系统(Transportation Management System,TMS)等诸多系统。在开发这些系统时,主要由各业务部门制定相应的流程。由于各部门在制订业务流程时并不以客户为中心,而是从部门实际需求出发,各部门的局限及利益纷争导致流程割裂。最重要的是,信息系统中的数据不能共享,形成了"信息孤岛"。针对这种情况,宝供决心建立一套能够起到统筹和支撑作用的物流一体化信息系统。

最初,项目组打算外购,先后邀请国际、国内等知名软件公司进行产品介绍及演示,但由于当时国内外较为成熟的 ERP 系统都是针对制造业企业,行业特性成为一道不可逾越的障碍。因此,项目组下决心自主开发以全面订单管理系统(TOM)为核心、具有中国物流业特色的第三方物流 ERP 系统。

在 TOM 系统中,以客户为中心,以订单为主线,对物流各相关环节的业务流程进行梳理和优化,建立以订单号为核心,打通了仓库与运输之间壁垒的订单管理模块,同时还增加了调度管理模块,帮助运输调度员选择能够满足客户需要的总成本最低的车辆配载方案,使重组的系统成为一个以客户为中心、简明高效、适应性强的一体化流程。

上述三次信息系统革命,造就了今日宝供的辉煌。

(以上资料来源于:仲秋雁,等.管理信息系统[M].北京:清华大学出版社,2010:2-6.)

思考题

1. 通过沃尔玛及宝供的案例,你认为一个企业是否有必要实施信息系统。如果有必要,在实施过程中应该注意哪些问题?

2. 通过宝供信息化成功的案例,你得到了怎样的启发?请简述之。

技术 篇

计算机系统

计算机网络技术

数据库及其相关技术

管理信息系统是以计算机系统、网络系统和数据库相关技术为载体来辅助人们进行管理和决策的社会技术系统。因此，掌握上述系统相关技术原理可以帮助我们更好地理解信息系统的功能。本篇主要向大家介绍计算机技术、网络技术和数据库技术等相关知识。

第 **4**章

计算机系统

案例导读

微软：iPhone 迫使我们重新设计移动操作系统

2012 年 1 月 9 日，微软负责人贝尔弗埃罗在接受《纽约时报》采访时表示："我们对其移动操作系统进行了重新设计，就是为了应对苹果 iPhone 的挑战。苹果给这个行业带来了翻天覆地的变化，他们的产品设计非常独特，赢得了消费者的青睐。我们想要对此做出回应，推出颇具竞争力但又不一样的产品。"

虽然微软进军智能手机市场时间较早，但因操作系统问题总是停滞不前，这个问题主要体现在借鉴桌面系统设计的屏幕菜单繁杂。

正如业内人士在《纽约时报》中所言，一旦 iPhone 强势崛起，微软高层将明白他们的操作系统在设计上无法与之竞争。微软工程部门总裁特里·梅尔森（Terry Myerson）后来召集移动部门管理团队举行了一次会议，商讨其操作系统的未来命运。经过长达 7 个小时的讨论，他们最终认定 Windows Mobile 已经不值得挽救。

梅尔森告诉《纽约时报》："我们已经陷入了低谷，这让你有充分的自由来尝试新设计，建立新团队，提出新的路线图"。微软移动部门最终得出的结论是，从零开始，对其移动操作系统进行重新设计是必要之举。

微软资深主管查理·金德（Charlie Kindel）将此举与美国探险家阿伦·罗尔斯顿（Aron Ralston）断臂求生的故事相提并论。罗尔斯顿曾在犹他州进行徒步登山，他的手臂被一块巨石压住，为了逃生，他强忍疼痛自断手臂。电影《127 小时》便是根据罗尔斯顿的真实故事改编。金德尔说："这个由苹果和黑莓构成的大石头压住了我们的胳膊。微软花了三四年时间，试图挣脱出来。"

事实证明，微软重新设计移动操作系统之举代价高昂，谷歌因此蚕食了微软许多市场份额。2010 年第三季度，Windows Phone 7 智能手机推出之时，微软移动操作系统的市场份额只有 9%，远低于黑莓 RIM（33.5%）、谷歌 Android（26%）和苹果 iOS（25%）。1 年以后，微软移动操作系统的市场份额更是缩水至 5.2%，而 Android 的份额则达到 46.9%。

而现在微软准备通过重新设计移动操作系统来赢得失去的市场份额。此消息一经传出便得到了众多运营商的广泛支持。瑞士信贷对全球多家移动运营商的 27 位高管进行了调查，85% 的运营商认为，他们需要第三个移动生态系统；77% 的运营商认为，这第三个平台就是 Windows Phone；调查结果还显示，在未来 12 个月，运营商对 Windows Phone 手机的补贴将提高，Windows Phone 的市场份额也将提升。

如果真如预测那样，那么 Windows Phone 将成为全球第三大智能手机平台，2012 年将经历突飞猛进的发展。

（上述资料来源于 http://tech.sina.com.cn/t/2012-01-09/08376616583.shtml. 有删改）

通过上述案例，我们不难发现，手机——所有现代人必备的通信工具，也是一个小型的计算机系统。该案例只是讨论了手机操作系统的更新换代，其实质是计算机系统不断向前发展的问题。

本章我们将向大家介绍计算机系统方面的相关知识。

4.1 计算机硬件系统

任何一个管理信息系统，都要包括多台计算机终端，每一台计算机终端都是一个完整的计算机系统。任何一个计算机系统都是由硬件系统和软件系统两部分组成，两者相辅相成，密不可分。

4.1.1 硬件系统及其组成

计算机硬件系统包括组成计算机的所有电子的、机械的、电磁的、光学方面的元件和装置，它是计算机系统的物质基础，是摸得着、看得见的实体，也是计算机完成各项工作的载体。

它通常包括 5 大组成部分，即运算器、控制器、存储器、输入设备和输出设备。这种体系结构也被称为冯·诺依曼结构，如图 4-1 所示。

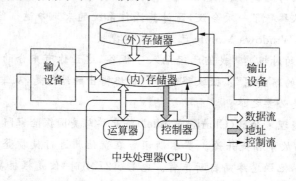

图 4-1 硬件系统结构示意图

1. 控制器

控制器是计算机的控制中心，由它向其他部件发出控制信号，指挥所有部件自动、有序地工作。

2. 运算器

运算器是对数据进行加工计算的部件，可进行算术运算和逻辑运算。运算器中每个运算单元能存储一个二进制数。运算单元的个数表示运算器的位数（即计算机字长），现代计算机一般使用 32 位或 64 位运算器。

如今,大规模集成电路技术已将运算器和控制器集成在一块芯片中,这块芯片被称为中央处理器(Central Processing Unit,CPU)。

3. 存储器

存储器是用来存放程序和数据的部件。存储器可分为内存和外存两种。

4. 输入设备

由于在计算机内部只识别二进制数,为了扩大计算机的应用领域,就需要开发出能将各种不同类型的数据、文字、图形、图像、声音等信息传输到计算机的工具,如话筒、扫描仪、键盘、鼠标、条形码扫描器、数码相机、数码摄像机等。

5. 输出设备

输出设备是将计算机内部二进制形式的信息,转换成外界能接受和识别的数字、文字、图形、声音、电压等信息形式的设备。常见的有:显示器、打印机、绘图仪、音箱等。

需要说明的是:有的设备(外存储器、触摸屏)既有输出又有输入功能,这样的设备叫输入输出设备(Input/Output devices),简称 I/O 设备。

4.1.2 计算机工作原理

针对计算机硬件系统的组成,可以将计算机工作原理概括为:根据用户的要求编制计算机运行的程序,将程序和原始数据通过输入设备转换成计算机能识别的二进制代码送入存储器中保存;然后,按照用户程序指令顺序由控制器发出相应的控制命令(即发出电脉冲信号序列),将已存入存储器中的数据取出送到运算器中进行运算;计算得出的中间结果或最后结果又由运算器送回存储器保存;如果需要显示或打印出结果,由控制器发出控制命令,从存储器中取出结果,通过输出设备将计算机内部的二进制数转换成人们习惯的十进制数、文字、图形、图像、音频、视频等信号输出。

4.1.3 微型机的硬件组成

计算机按其规模可分为巨型机、大型机、中型机、小型机及微型计算机。

微型计算机由于体积小、价格低、性能相对稳定等优点得到广大用户的喜爱。下面,着重介绍微型计算机的硬件组成及工作原理。

微型计算机的组成仍然遵循冯·诺依曼体系结构,它由微处理器、存储器、系统总线、输入输出接口及其连接的输入输出设备组成。

由于把大规模集成电路技术引入到微型计算机的设计中,使得微型计算机中的器件高度集成(运算器和控制器集成在微处理器中),器件功能相对独立。

利用总线实现器件之间的信息交互。总线包括数据总线(Data Bus,DB)、地址总线(Address Bus,AB)和控制总线(Control Bus,CB)。

这些设计特点使得微型计算机产品实现了标准化、系列化,并具有通用性。

1. CPU

CPU 是由控制器、运算器和内部总线组成的微处理器。CPU 的主要功能是控制指令的执行顺序和操作,对数据进行算术运算或逻辑运算并控制数据在各部件之间传递。

1) 衡量 CPU 的主要技术指标有以下三个

(1) 主频

主频是指脉冲信号发生器每秒发出的电脉冲次数,频率越高,同样结构的计算机运算速度就越快。

(2) 外频

CPU 必须与主板的总线相连才能与其他设备传送数据,与 CPU 相连的总线的工作频率即 CPU 外频。外频一般远远低于 CPU 的主频。

(3) 字长

字长是 CPU 在单位时间内能处理的二进制数的位数,它是由 CPU 对外的数据总线的位数决定的。CPU 字长分为 8 位、16 位、32 位、64 位。

2) CPU 新技术

(1) 双核处理器(Dual Core Processor)技术

随着 CPU 集成度的不断提高,集成电路中传输线路宽度越来越窄,已经接近纳米级。一旦传输线路宽度达到纳米数量级,每次能够通过的电子个数只有几十个甚至只有几个,这时电路将产生"量子效应",造成集成电路无法正常工作。

因此,一味降低传输电路宽度并不一定能提高 CPU 的集成度,从而提高 CPU 的速度。另一方面,当集成电路的集成个数不断提高时,单位面积的功耗和发热量也在不断上升,这是 CPU 向更高频率迈进的另一大障碍。

为了提高 CPU 的速度,一些硬件厂商提出了在一个处理器上集成两个运算核心的方案,即所谓的双核技术。

双核处理器是指在一个处理器上集成两个运算核心,从而提高计算能力。最初这项技术是由支持 RISC 的一些服务器生产商提出来的,主要基于 80x86 开放架构的技术。在这方面,起主导地位的厂商主要有 AMD 和 Intel 两家公司,但两家的思路不同。

AMD 从一开始设计时就考虑到了对多核心的支持,所有组件都直接连接到 CPU,消除系统架构方面的瓶颈问题,两个处理器核心直接连接到同一个内核上,核心之间以芯片速度通信,进一步降低了处理器之间的延迟。

Intel 公司采用将两个独立的内核封装在一起的连接方式,多个核心共享前端总线的方式与外部设备通信。

专家认为,AMD 的架构更容易实现双核乃至多核,Intel 公司的架构会遇到多个内核争用总线资源的瓶颈问题。

CPU 的内部总线包括数据总线、地址总线和控制总线。数据总线的多少与 CPU 中数据位数相对应,CPU 的数据位数已经从 32 位到了 64 位。地址总线表达了 CPU 能拖动的存储器的数量,具有 32 位地址总线的 CPU 能支持 2^{32} 字节(4GB)存储单元,而具有 64 位地址总线的 CPU 能支持 2^{64} 字节内存储器单元。

（2）超线程技术

超线程技术最早应用于 2002 年初 Intel 公司发布的为服务器提供的 Xeon 志强处理器中，在这之后的 Intel Pentium Ⅳ CPU 中也应用了该技术。

超线程技术的原理是通过在硬件上的微小改变，使得单处理器在操作系统及应用软件层面上表现为两个或更多的逻辑 CPU。增加的硬件投入包括一套独立的指令指针、寄存器别名表、返回栈指针、高级编程中断控制器等。这些增加的硬件使得两个逻辑 CPU 间能以冲突最少和耦合的方式工作。超线程技术重点在于对共享资源的利用，如 cache、总线等。

2. 存储器

存储器是用来存放程序和数据的，其分类如图 4-2 所示。

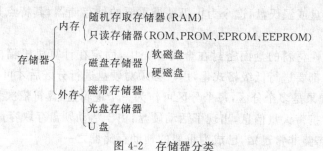

图 4-2　存储器分类

1）内存储器

内存通常是由半导体超大规模集成电路芯片组成的，它速度快、容量相对小，与 CPU 直接交换数据。内存也分为两种：ROM 和 RAM。

（1）ROM

ROM（Read Only Memory）又叫只读存储器，它只能读出数据不能写入数据，用于存放固定不变且需要反复使用的程序或数据，比如：开机引导和实时监控等 BIOS 程序。ROM 一个最重要的特点是即使断电，信息也不会丢失。

ROM 也可以进一步划分为 PROM、EPROM 及 EEPROM。

可编程只读存储器 PROM 由用户一次性写入数据，以后不能修改。

可改写的只读存储器 EPROM 由用户写入数据，可以用紫外线灯照射擦除其中数据，并再次写入数据。

EEPROM 是一种电可擦写的只读存储器。目前流行的 U 盘的存储介质 Flash 也是一种改进的 EEPROM，它在擦除存储介质内的信息时与 EEPROM 不同，Flash 是按块擦除信息，速度更快，因此称为闪存，而 EEPROM 是按单元擦除信息的。

在计算机中还有一个被称为 CMOS 的 EEPROM（容量很小），用来保存系统时钟和系统配置信息。CMOS 用电池维持其工作，其中数据不会因计算机断电而丢失。它不参与内存的统一编址，以外部端口形式表现。

（2）RAM

RAM（Random Access Memory）又叫随机存储器。之所以称其为 RAM，是因为它能直接访问随机选定的存储器的任何位置，既可以读数据也可以写数据，一旦断电，数据将会丢失。计算机主板上的存储器大多数是 RAM。

通常,内存被划分为以字节为存储单元的多个空间。每个存储单元都有一个唯一不变的地址,如同邮箱一样,标明它在 RAM 中的具体位置,计算机只需通过这些地址就可以知道数据存放在哪一个单元里。

2) 外存储器

事实上,计算机应用程序的大部分信息都保存在外存中,而不是内存中。这种在 CPU 和内存之外,通常以磁介质和光介质形式来保存数据,不受断电等限制,可长期保存数据的存储器叫外存储器,也叫辅助存储器。

常见的外存储器有磁带、软磁盘、硬磁盘、光盘、闪盘等。随着时代的发展,磁带、软磁盘几乎退出历史舞台,人们用得比较多的是硬盘、光盘及 U 盘。

(1) 硬磁盘

硬磁盘又称硬盘或温氏盘,迄今为止仍是最重要的外存储器,其特点是容量大、存储速度快、可靠性高。

将多个涂有磁性材料的盘面密封在金属外壳中,固定在计算机机箱内部,所以称固定盘。硬盘在出厂时都要进行低级格式化,用户必须对硬盘进行分区后才可以使用,硬盘盘符从 C:开始标识,如果是多个分区,每个分区可作为一个逻辑盘,盘符依次为 D:、E:、…

为了方便外出携带大量信息,出现了活动硬盘,由于活动硬盘存取容量和存储速度远远高于光盘,其发展态势非常迅猛,已成为重要的辅助存储器之一。

(2) 光盘

光盘是 20 世纪 70 年代重大的科技发明,它是一种记录密度高、存储容量大的新型存储介质。光盘的基片是一种对激光具有耐热性的有机玻璃,在基片上涂上金属合金或稀土金属化合物形成存储介质。

光盘的记录原理是将聚集的激光射在记录介质上,对其微小的区域进行加热,打出微米级的小孔,或引起几何变形,或产生结晶状态变化。用这种小孔的有无,或用记录介质上状态的变化与不变化代表二进制的 1 和 0,这样就可以在光盘上记录数据了,光盘上的数据通常可保存 60~100 年。

目前比较流行的是 DVD 光盘,它是具有更高记录密度的产品,容易可达 4.7GB,分为只读(DVD-ROM)、追记(DVD-RD)和改写(DVD-R/W)三类。

光盘驱动器简称光驱,是一种读写设备,分为只读和可读写的光驱(刻录机)。目前光驱的读出速度为 32~52 倍速(4.8~7.5MB/s)。

(3) U 盘

U 盘又称闪存,绝大多数采用 USB 接口。因其轻巧、容量大、存取速度快、即插即用、不需引导程序、掉电后仍可以保留信息、在线写入等功能逐渐被人们接受和喜爱。

闪存关键元件有 IC 控制芯片、闪存芯片、PCB 板和 USB 接口。IC 芯片是闪存的核心,是闪存能否当作驱动盘使用的关键。闪存工作时是通过二氧化硅开头的变化来记忆数据的,如果闪存芯片质量不好,很可能出现使用一段时间后闪存容量变小的情况,造成数据的丢失。

3) 高速缓冲存储器 cache

高速缓冲存储器 cache,简称高速缓存,是计算机中读写速率最快的存储设备。由于 CPU 的主频越来越高,而内存的读写速度达不到 CPU 的要求,所以在内存和 CPU 之间引入高速缓存,用于暂存 CPU 和内存之间交换的数据。CPU 首先访问 cache 中的信息,cache 可以充分利用 CPU 忙于运算的时间和 RAM 交换信息,这样避免了时间上的浪费,起到了缓冲作用,以此来充分利用 CPU 资源,提高运算速度。

3. 主板

主板也称母板或系统板,是一块印刷电路板,上面分布有微型计算机的系统总线(相对于 CPU 的内部总线,又称为外部总线)。在总线上焊接有众多的插座或插槽,通过这些插座或插槽将其他元器件组装连接在一起,为它们提供统一的时钟频率。

主板是微型计算机中最大的一块集成电路板,是高科技和高工艺融为一体的集成产品。主板的性能决定整台计算机的性能和档次。主板上有控制芯片组、CPU 插座、BIOS 芯片、内存插槽、硬盘接口等。主板的核心是主板芯片组,它决定了主板的规格、性能和大致功能。

主板芯片组通常包含南桥芯片和北桥芯片。北桥芯片主要决定主板的规格、对硬件的支持及系统的性能,它连接着 CPU、内存和 AGP 总线。主板支持何种 CPU,AGP 多少倍速的显卡及何种频率的内存都是由北桥芯片决定的。北桥芯片往往有较高的工作频率,所以发热量颇高。

南桥芯片主要决定主板的功能,主板上的各种接口(如串口、USB 接口等)、PCI 总线(如声卡等)、IDE(硬盘、光驱接口)及主板上的其他芯片都由南桥芯片控制。南桥芯片通常裸露在 PCI 插槽旁边,体积比较大。南北桥之间是通过南北桥总线进行数据传输的,南北桥总线越宽,数据传输越快。

4. 总线

1) 总线的概念

总线是微型计算机内部器件之间、设备之间传输信息的公用信号线。公用性是它的特点。总线如同从 CPU 出发的"高速公路",如果总线设计或选择不当则直接影响系统的整体性能,成为"瓶颈"。

2) 总线的分类

总线的分类有不同方法。按总线在 CPU 内、外部可分为内部总线和外部总线;按传送信息类别可分为数据总线、地址总线和控制总线。

- 数据总线。是 CPU 与输入输出设备交换数据的双向总线,64 位计算机的数据总线有 64 根数据线。
- 地址总线。是 CPU 发出指定存储器地址的单向总线。
- 控制总线。是 CPU 向存储器或外设发出的控制信息的信号线,也可能是存储器或某外设向 CPU 发出的响应信号线,是双向总线。

按总线层次结构可分为 CPU 总线、存储总线、I/O 总线、外部总线。

- CPU 总线。用来连接 CPU 和控制芯片。
- 存储总线。用来连接存储控制器和 DRAM。
- I/O 总线。用来与扩充插槽上的各扩充板卡相连接。
- 外部总线。用来连接外设控制芯片,如主板上的 I/O 控制器和键盘控制器。

5. 输入输出接口

输入输出接口又称 I/O 接口。由于目前几乎所有主板上都内置了 10 个以上的 USB 接口,具有宜插、宜拔、宜用的特点,因此只介绍 USB 接口。

USB(Universal Serial Bus,通用串行总线)接口是一种新型的连接外部设备的通用接口。它是由微软、康柏、IBM 等多家公司于 1994 年联合制订的,但直到 2000 年左右才被广泛应用。针对设备对系统资源需求的不同,USB 规定了 4 种不同的数据传输方式。

1) 等时传输方式

等时传输方式用于需要连续传输数据且对数据的正确性要求不高,但对等待时间极为敏感的外部设备,如麦克风、音箱、电话等。

这种传输方式以固定的传输速率连续不断地在主机与 USB 设备之间传输数据,在传送数据发生错误时,USB 并不处理这些错误,而是继续传送新的数据。

2) 中断传输方式

中断传输方式传送的数据量很小,但需要及时处理,以达到实时效果。此方式主要用在键盘、鼠标及操纵杆等设备的中断请求响应上。

3) 控制传输方式

控制传输方式用来处理主机到 USB 设备的数据传输,包括设备控制指令、设备状态查询及确认命令。当 USB 设备接到这些数据和命令后,依据先进先出的原则处理到达的数据。

4) 批处理方式

批处理方式用来传输要求正确无误的数据,通常用于打印机、扫描仪、USB 硬盘和数码相机等设备。

6. 输入输出设备

这部分内容与计算机系统中介绍的内容一致,在这里不再赘述。

4.2　软件系统

对于一台计算机而言,如果只有硬件设备而没有安装软件,则称之为"裸机"。没有安装软件的计算机如同一个人没有思想和灵魂。

软件是计算机运行或使用的程序和文档的统称。计算机软件系统包括系统软件、应用软件和支撑软件三大类。

4.2.1　系统软件

系统软件用于管理、监控和维护计算机硬件资源和软件资源,包括操作系统、语言处理系统和数据库管理系统等。

1. 操作系统

操作系统是控制、管理计算机硬件资源和软件资源的大型系统软件,是计算机硬件系统的组织者和管理者,它能合理地组织计算机的工作流程,控制用户程序的运行,为用户提供各种服务。

操作系统由许多具有控制和管理功能的子程序组成,典型的操作系统有 DOS、Windows 系列、UNIX、Linux、Netware、OS/2 等。

2. 语言处理系统

计算机语言按其发展特征可分为机器语言、汇编语言、高级语言和人工智能高级语言。

1) 机器语言

机器语言是计算机唯一能直接识别和执行的语言,各种计算机的机器语言都不同。其优点是程序执行效率高,但机器语言难写、难读、易出错、难移植,这些缺点影响了其推广和使用。

2) 汇编语言

汇编语言是一种通过能够反映指令功能的助记符表示二进制形式的指令代码,是符号化的机器语言。汇编语言虽然比机器语言直观、容易编写和修改,但不能在计算机上直接执行,必须用特殊的翻译程序把它翻译成机器语言后才可执行。这个翻译过程叫汇编,原来的程序叫源程序,汇编后的程序叫目标程序。

汇编语言编写的程序执行快、占用内存少,但同样难写、不易维护。机器语言和汇编语言都是面向机器的语言。

3) 高级语言

高级语言描述方法接近于人们的自然语言和数学语言,直观方便,被称为独立于机器的语言,是至今为止发展最成熟、使用最广泛的计算机语言。

高级语言的翻译程序有两种方式:编译方式和解释方式。编译方式是把源程序先翻译成目标程序再执行目标程序;而解释方式是边翻译边执行,逐句完成。常见的高级语言有 FORTRAN、Basic、Pascal、C、Java 等。

① FORTRAN 语言

FORTRAN 语言于 1954 年由创始人 Backus 提出,1956 年实现,适用于科学和工程计算。FORTRAN 语言版本有 FORTRAN Ⅱ、FORTRAN Ⅳ、FORTRAN 77 和 FORTRAN 90。1977 年,Backus 因开发 FORTRAN 语言荣获图灵奖。

② Basic 语言

Basic 语言顾名思义是一种初学者语言,它的人机对话能力强,广泛用于中小型事务处理。Basic 语言于 1964 年首次提出,1965 年实现。其版本有多个,如:Turbo Basic、Quick Basic、Visual Basic 等。

③ Pascal 语言

Pascal 语言于 1968 年由 N. Wirth 提出,1973 年正式发表,其名称来源于为纪念 17 世纪法国数学家 Pascal。1977 年,N. Wirth 因开发 Pascal 语言荣获图灵奖。

该语言是结构化程序设计语言,适用于科学计算、数据处理,尤其是系统软件开发。由该语言发展起来的 Delphi 系统和 PowerBuilder 系统,除具备面向对象功能外,还支持数据库编程和网络编程。

④ C 语言

1972 年,贝尔实验室 D. M. Ritchie 和 K. Thompson 创立 UNIX 和 C 语言,并于 1983 年获图灵奖。

C 语言具有高级语言及汇编语言的特点,简练、灵活、高效、功能强,运算符和数据结构丰富,表达式更接近人类语言,控制流先进。它适用于系统软件、数值计算和数据处理等应用。

著名的操作系统 UNIX 就是由 C 语言写成的,已成为高级语言中使用最多的语言之一。现在较常用的 Visual C++是面向对象的程序设计语言。

⑤ Java 语言

1995 年,Java 语言由美国 SUN 公司提出并发表。它是一种新型的面向对象的分布式程序设计语言。该语言具有简单、安全、可移植、面向对象、分布式和多线程处理等特点,主要应用于面向对象的事件描述、计算机过程可视化、动态画面和 Internet 系统管理等。

4) 人工智能高级语言

人工智能高级语言又称为第四代语言(Fourth-Generation Language,4GL)。该语言设计初衷是为降低程序开发工作难度和提高程序开发效率而设计的通用语言。

人工智能高级语言不要求用户给出问题求解的算法,只需要指出求解问题、输入数据和输出格式,就可得到求解结果。因此又称作面向问题的语言、非过程语言或描述性语言。

人工智能语言具有知识处理能力(包括知识表达、符号处理和推理能力)和高度并行处理能力(语言本身具有并行处理能力而不依赖硬件设施)。

3. 数据库管理系统

数据库管理系统是专门对数据记录进行综合管理的软件,对数据文件结构的定义、数据记录的更新、数据记录的查询及对数据记录的各种运算提供全面的支持,它是信息系统的主要技术基础,常用的数据库管理系统有 Oracle、Access、Visual FoxPro、SQL Server 等。我们将在第 6 章专门介绍数据库管理系统。

4.2.2　应用软件

应用软件是直接面向最终用户的具体应用软件。它以操作系统为基础,用程序设计语言编写,或用数据库管理系统构造,用于满足用户对计算机应用的各种具体要求。由于计算机应用领域十分广泛,因此应用软件种类繁多,主要包括两大类:

1. 通用应用软件

通常这类软件是由计算机软件开发商开发的商品化软件,具有较强通常性。用户购买后,根据需要进行配置或经过简单培训后就可以使用了。常见的有:Office 系列、财务核算、数值分析等软件。

2. 专用应用软件

也称用户定制软件。在许多应用场合中,用户对数据处理的功能具有很大的特殊性,通用软件无法满足,就需要由专业人员采取管理信息系统开发的方法与技术为用户单独开发具有特定功能的专用应用软件。

4.2.3 支撑软件

支持其他软件的实施、设计、开发和维护的软件被称为支撑软件。它是 20 世纪 70 年代中后期发展起来的。

由于计算机技术的飞速发展，虽然汇编程序、编译程序都有支撑软件的作用，但软件开发与维护代价越来越大，因此将环境数据库和各种软件接口统称为支撑软件。

课后阅读

我国巨型机发展之路

巨型机又称为超级计算机，是世界高新技术领域的战略制高点，是体现一个国家科技竞争力和综合国力的重要标志。

几十年来，各个超级大国均将其视为国家科技创新的重要基础设施，投入巨额资金进行研制。我国也不例外，自从 1983 年我国第一台亿级次超级计算机"银河一号"诞生在国防科技大学起，我国就以惊人的速度开始了追赶之路。

研制原因

随着科学技术的不断发展，当今世界中经济、科技、国防等领域存在的一系列复杂、大型的问题都已经建立了比较精细的物理模型，在这些问题中，最复杂的问题被称作"挑战性问题"，这些问题必须依赖同时代中速度最快的超级计算机才能求解。

比如，预测气候变化，减少给人类带来的破坏；认识和改进汽车、飞机或轮船等交通工具的空气流体动力学、燃料消耗、结构设计、防撞性，提高乘坐者舒适度、减少噪声等计算；生物学/基因学的数据密集型研究到细胞网络模拟和大规模系统建模的计算密集型研究等都需要超级计算机的超级运算才能解决。

赶超步伐

2008 年 9 月中国第一台超百万亿次超级计算机"曙光 5000A"正式下线，其运算峰值速度为每秒 230 万亿次。

2009 年，国防科学技术大学研制"天河一号"一期系统再次获得成功，运算峰值提升到每秒 1206 万亿次，在 TOP500 排名（是对全世界超级计算机进行排名的权威机构，从 1993 年起每年发布两次排行榜，排行榜包括 500 台超级计算机）世界第 5。

2010 年，经过重大技术升级与综合优化的"天河一号"二期系统，其运算峰值达到惊人的 4700 万亿次，TOP500 排名世界第一。

"天河一号"的诞生，标志着"中国制造"在超级计算机领域的脱颖而出，是中国科技迅猛发展的重要标志，扭转了由美国、日本长期垄断前 10 名的局面。同年，该历史性事件被我国两院院士评选为 2010 年度中国十大科技进步第 1 名。

"天河一号"指标解读

运算速度：4700 万亿次/秒。

存储容量：两千万亿个字节。

总功耗和能效值：满负荷运行的总功耗为 4.04MW，每瓦可实现 635.15 百万次/秒浮点运算。

安全性：采用"银河麒麟"操作系统，是目前国内安全等级最高的操作系统，国内唯一通过公安部 B2 级认证的操作系统。

体积和重量：由 140 个机柜组成，排成 13 排，方阵占地面积 700 平方米，总重量 160 吨，如图 4-3 所示。

图 4-3　"天河一号"图片

"天河一号"运算 1 个小时，相当于全国 13 亿人同时计算 340 年；运算 1 天，相当于一台双核微机不停地工作 620 年。

"天河一号"的存储容量是 2 千万亿字节，能吞进 100 万字的书籍 10 亿册。

"天河一号"绝活

除了上述可量化的数据，国际计算机界普遍认为，运算速度从百万亿次提升到千万亿次是一个质的变化，不可能通过单纯扩大规模来实现，而是需要体系结构上的改变来实现。那"天河一号"有哪些绝活呢？

在结构设计上，"天河一号"采用了通用 CPU 与 GPU 结合的构架。通过自主研制的高效互联软、硬件设备把几万颗微处理器联在一起，比国际最好的商用产品快两倍。如果没有上述高效互联方法，随着 CPU 与 GPU 增多，实用性能反而会降低。

实现上述互联通信最核心的技术是采用了两个芯片。一个芯片是路由器，由若干小的交换开关替代传统大的交换开关；另一个芯片是网络接口，用于合理分配通信接口的软硬件功能。

除此之外，曙光 5000A 采用的是微软的操作系统，"天河一号"采用的是目前我国等级最高、由国防科技大学自主研制的"银河麒麟"操作系统。

"银河麒麟"操作系统在诸多内核、接口方面拥有自主知识产权，同时又兼容国际上很多操作系统，主要是 Linux 操作系统，广泛支持第三方软件。它的安全性主要体现在：用户可以定制"私密"空间，就像租用银行保险箱一样，其他用户甚至管理员都不能访问，因此非常安全。

发展趋势

超级计算机发展遵循"千倍定律"，每隔 10 年性能就会提高 1000 倍，而实际的发展速度更快。我国近期目标是万万亿次超级计算机，有望五年内问世，中期目标是百万万亿次超级计算机。

（上述资料来源于 http://www.gov.cn/jrzg/2010-11/15/content_1745540.htm. 有删改）

思考题

1. 通过阅读以上资料，你受到了哪些启发？请简述。
2. 根据本章介绍的知识，简述一个超级计算机系统的组成。
3. 通过互联网查找资料，描述美国及日本当今最快速超级计算机的名称、世界排名及各项技术指标，并与"天河一号"进行对比，分析各自的特点。

第 5 章

计算机网络技术

案例导读

网络改变了我们的生活吗？

为了全面了解和掌握我国互联网发展状况,1997 年,经国家相关主管部门研究决定,由中国互闻网信息中心(China Internet Network Information Center,CNNIC)牵头组织有关互联网络单位共同开展互联网行业状况调查。

为了使调查正规化、制度化,从 1998 年起,CNNIC 于每年 1 月和 7 月定期发布《中国互联网络发展状况统计报告》。报告对我国网民规模、结构特征、网络应用、互联网安全环境进行了连续的调查研究,严谨客观地反映了我国互联网行业发展状况,为政府部门、企业等掌握互联网发展动态及制定相关政策措施提供了重要依据,受到各方面重视,被国内外广泛引用。

2012 年 1 月 16 日 CNNIC 发布了第 29 次《中国互联网络发展状况统计报告》。该统计报告显示:

- 截至 2011 年 12 月底,中国网民规模突破 5 亿,达到 5.13 亿,全年新增网民 5580 万。互联网普及率较 2010 年年底提升 4 个百分点,达到 38.3%。
- 中国手机网民规模达到 3.56 亿,占整体网民比例 69.3%,较 2010 年年底增长 5285 万人。
- 家庭电脑上网宽带网民规模为 3.92 亿,占家庭电脑上网网民比例 98.9%。
- 农村网民规模为 1.36 亿,比 2010 年增加 1113 万,占整体网民比例 26.5%。
- 网民中 30～39 岁人群占比明显提升,较 2010 年年底上升了 2.3 个百分点,达到 25.7%。
- 网民中初中学历人群占比继续保持增长,由 32.8% 上升至 35.7%。
- 使用台式电脑上网的网民比例为 73.4%,比 2010 年年底降低 5 个百分点;手机则上升至 69.3%,其使用率正不断逼近传统台式电脑。
- 2011 年,网民平均每周上网时长为 18.7 个小时,较 2010 年同期增加 0.4 小时。
- 截至 2011 年 12 月底,中国域名总数为 775 万个,其中.CN 域名总数为 353 万个。中国网站总数为 230 万个。

......

通过上述数据,可以看到网络在我们国家正呈现高速、迅猛的发展态势,下面这组数据也许更能说明问题:

- 网民数量 5.13 亿，普及率 38.3%，网民数量世界第一。
- 网民数量从 100 万发展到 1 亿，用了 7 年半时间；从 1 亿发展到 3 亿，用了 4 年时间；3 亿至现在规模，用了不到 2 年时间。

透过上述数据，可以看到：1/3 以上的国人都与网络亲密接触，人人都是通讯社、个个都是麦克风的时代已经到来。网络新闻、评论跟帖、论坛、博客、邮件、微博……网络新媒体迅速发展。网络不只是获取信息的途径，网民已成为信息的创造者和传播者，各种意见和建议的表达者和诉求者。

网络已经悄然地在改变世界，你认为呢？

（上述资料来源于 http://tech.sina.com.cn/i/2012-01-16/09316642358.shtml. 有删改）

网络不仅改变了现代人的生活、思维方式，作为信息系统重要的技术支撑，联网是信息系统获取最新数据及保持优势的必要手段。如果信息不能共享、不能传播，则信息系统的应用就不会成功，这样的系统也只是一座信息"孤岛"。本章将向大家介绍关于网络方面的基础知识。

5.1　网络概述

计算机网络是计算机技术和通信技术紧密结合的产物，在当今社会经济发展过程中起着举足轻重的作用。

5.1.1　网络概念

所谓计算机网络是指利用通信设备和通信线路，将地理位置分散、具有独立功能的多个计算机系统互相连接，相互约定共同遵守网络协议，实现网络中资源共享和数据通信的系统。

为了正确理解计算机网络概念需要注意以下几点。

计算机网络中的计算机虽然所处地理位置不同，但都具备"自主"功能，即这些计算机不依赖于网络也能独立工作。通常，将具有"自主"功能的计算机称为主机（Host），在网络中也称为节点（node）。网络中的节点不仅仅是计算机也可以是其他通信设备如 Hub、路由器等。

网络中各节点之间的连接需要一条通道，即由传输介质实现物理上的互连。这条物理通道可以是双绞线、同轴电缆或光纤等"有线"传输介质，也可以是激光、微波或卫星等"无线"传输介质。

网络中各节点之间相互通信或交换信息必须遵守某些约定或规则，这些规则的集合就是协议，其功能是实现各节点间的逻辑互连。如：Internet 上使用的通信协议是 TCP/IP 协议簇。

为实现网络中的数据共享，还需配备功能完善的网络软件和网络操作系统。

5.1.2　Internet 起源与发展

1. Internet 的起源

Internet 是著名的国际互联网，它最初起源于阿帕网（ARPANET），是 1969 年由美国国防部高级研究计划局（DARPA）创建的。

Internet 最初含有 4 个节点，1971 年增加到 15 个节点，23 台主机并网使用。它最初采用分布式控制与处理,1983年正式统一采用 TCP/IP 协议。

1985年,美国国家科学基金会资助创建了 NSFNET 网。NSFNET 建成后不久就与 ARPANET 互联,并取代 ARPANET 而成为 Internet 的主干网。

1989年 ARPANET 解体,NSFNET 正式对社会开放,标志着 Internet 的正式形成。

2. 中国加入 Internet 的意义

1994年4月20日,NCFC(中关村地区教育与科研示范网络)工程通过美国 Sprint 公司连入 Internet 的 64K 国际专线开通,实现了与 Internet 的全功能连接,从此我国被国际上正式承认为有 Internet 的国家。

这一历史时刻标志着中国从此在 Internet 上建立了代表中国的域名 CN,有了自己正式的行政代表与技术代表,意味着中国用户从此能全功能地访问 Internet 资源,并且能直接使用 Internet 的主干网 NSFNST。

短短18年过去了,我们国家的网民数量已经跃居世界第一,由最初的科研工作者专享,演变为普遍老百姓必不可少的生活方式,这其中不仅说明国家综合国力取得了长足进步,也充分说明网络时代正在改变着我们的生活、改变着企业的决策方式。

5.1.3 网络分类

计算机网络按覆盖的地理范围可分为局域网、广域网和城域网。

1. 局域网

局域网(Local Area Network,LAN),是指在局部区域内、距离较近的计算机互连组成的网络,一般覆盖范围在几米到几千米之间。例如,一幢大楼内各个办公室之间的计算机互连;校园内几幢大楼之间计算机的互连。局域网具有较高的传输速率(一般为 10～1000Mb/s)和可靠性,易于管理。

局域网技术有多种类型,比如:以太网、令牌网、令牌总线网、FDDI、Appletalk、100VG-AnyLan 等。其中,以太网是世界上使用最普及的局域网技术。

以太网是 Ethernet 的中文译名,遵循 IEEE 802.3 系列标准。具有可扩展、高性能、高稳定性及技术成熟等特点。此外,各种以太网技术相互兼容,速率在 10Mb/s～10Gb/s 之间,常称为百兆以太网或千兆以太网等。

以太网的核心思想是使用共享的公共传输信道,采用广播机制传播信息。所有与网络连接的工作站都可以看到网络上传递的数据包。通过查看包含在数据包中的目标地址(MAG 地址),确定是否进行接收或放弃。如果证明数据确实是发给自己的,工作站将会接收数据并将其传递给高层协议进行处理。

2. 广域网

广域网(Wide Area Network,WAN)又称远程网,是指远距离的计算机互连,一般覆盖范围可以从几十千米到几万千米,甚至更远。Internet 就是一种典型的也是全球最大的广域网。

广域网采用远程方式(如:电话线、DDN 专线、卫星通信等)进行网络连接。国内外电信公司或互联网接入供应商(Internet Service Provider,ISP)通过提供常用的公共传输系统来满足企业或个人的业务需求。

目前,常见的广域网公共传输系统的数据比较如表 5-1 所示。对于一个企业而言,可根据自己业务的需求,并结合公共传输系统的速度、可靠性、价格、传输距离和安全性等多方面进行综合考虑,选择适合自己的广域网传输方式。需要说明的是,同一网络也可能需要同时采用几种广域网技术。

表 5-1　广域网常用公共传输系统比较

类　　型	接入方式	传输速率	可靠性	费　用	适　用　范　围
PSTN 电话网络	电话线	56kb/s	差	低廉	个人、小型企业;互联网浏览
ISDN 综合业务数字网	电话线	128kb/s	差	低廉	个人、小型企业;互联网浏览
ADSL 非对称数字用户线路	电话线	下行 512Kb/s～8Mb/s;上行 16～640Kb/s	一般	中等	个人、小型企业 VOD 和宽带互联网浏览
Cable Modem 有线电视网	有线电视电缆	2～10Mb/s	一般	中等	个人、小型企业 VOD 和宽带互联网浏览
帧中继	专线	8kb/s～10Mb/s	较高	较高	中、小型企业;远程互联、互联网应用
DDN 数字数据网	专线	9.6kb/s～2Mb/s	高	高	大、中型企业;远程互联、互联网应用
ATM 异步传输模式	专线	2～622Mb/s	很高	很高	大型企业、网络公司、ISP;远程互联、高宽带服务质量、复杂互联网应用

3. 城域网

城域网(Metropolitan Area Network,MAN),是指局限于一个城市范围内的计算机网络,它是介于局域网和广域网之间的一种网络。如某个城市银行储蓄所的通存通兑网。它所采用的技术基本上与局域网类似,只是规模上要大一些。

5.2　网络系统的组成

计算机网络系统由网络硬件及网络软件两大部分组成。

网络硬件包括网络中各种计算机及各种联网设备和通信设备等。网络软件包括网络操作系统和各种网络协议。在实际计算机网络中,网络硬件和网络软件是相辅相成、缺一不可的有机整体。

5.2.1　网络中的计算机

网络中的计算机分为服务器和客户机两种。服务器是指为网络中其他计算机提供服务的计算机,客户机是指在网络中使用服务器提供服务的计算机。

5.2.2　网络的其他划分方法

根据网络应用范围不同,可将网络划分为通信子网和资源子网两大组成部分。

1. 通信子网

通信子网是将各种计算机互连起来,完成数据交换、转发和通信处理任务。它包括通信处理机、通信线路(传输介质)和其他通信设备。

通信子网可单独设计和建设,为某个机构拥有和使用,称为专用数据网。通信子网也可以是公用的,由政府部门或某电信公司拥有和运营,向公众提供数据通信服务,称为公用数据网。

2. 资源子网

资源子网由网络中所有的计算机系统、存储设备和存储控制器、软件和可共享的数据库组成。主要负责整个网络面向应用的信息处理,为网络用户提供网络服务和资源共享等功能。

需要指出的是,广域网可以很明确地划分出资源子网和通信子网,但局域网由于采用的工作原理与结构的限制,不能明确地划分出子网的结构。

5.3　联网所需通信设备

在实际联网过程中,组建局域网或广域网所需联网设备或通信介质有时是不同的。有些企业为了增加数据安全性,通常在企业内部组建局域网,通过局域网再与广域网进行相联。

5.3.1　常见组网设备

1. 网卡

网卡是将各计算机连接成网络的接口部件,是网络接口卡,又称网络适配器。它的功能是将计算机数据转换成能在通信介质中传输的信号。使用时插在服务器和客户机的主板扩展槽中,通信线路通过它与计算机相连接。

每块网卡都有一个唯一的编号来标识,该编号称为网卡地址,又称为 MAC 地址,用 12 位十六进制数表示,由生产厂家设定,一般不可更改。不同厂家生产的网卡在集成度、网卡 CPU、数据缓冲区及配置方法上都有较大的区别,价格差别也很大。

2. 集线器

集线器是一种常用于星型拓扑结构的网络设备。网络上的各个计算机之间由传输介质通过集线器互相连接在一起,每个集线器上一般有 8 个、16 个或更多的端口。因其设备生产成本低,连接性能比同轴电缆高,是目前局域网中应用最广泛的网络设备。集线器还具有信号再生放大和管理多线路通信的能力。

3．中继器

中继器是一种用来延长物理传输介质或增强网络信号的网络设备，通过中继器可扩展局域网跨接距离。

4．网桥

网桥是一种用来连接相似局域网，也可以连接不同协议或不同拓扑结构的网络，并且具有存储转发功能的网络设备。

从网络协议层次看，网桥在数据链路层对数据进行存储转发。它不同于只是单纯放大信号的中继器，也不同于在网络层进行交换的路由器。网桥接收数据帧信号，并送到数据链路层进行差错校验，然后送到物理层，通过物理传输介质到达另一个子网。

5．路由器

路由器是比网桥高一层的网络间连接设备，它工作在网络层。路由器不仅具备网桥功能，还具有路由寻址、数据转发及数据过滤的功能。它支持具有不同物理介质的网络互连如局域网之间、广域网之间及局域网与广域网之间的互连。

6．网关

网关工作在应用层，具有协议转换功能的网络互连设备。网关能实现异构型网络互连，比路由器的互连能力更强。利用网关将局域网连接到广域网上如 Internet 上，从而使用户省去与大型计算机连接的接口设备和电缆却能共享大型计算机的资源。

7．调制解调器

调制解调器是一种辅助网络设备，若计算机需要利用电话线联网，可使用调制解调器进行连接。它的主要功能是用于模拟信号和数字信号之间的相互转换。

5.3.2　常见的传输介质

传输介质是网络中传递信息的通道。它分为无线介质和有线介质两大类。无线介质包括无线电波、红外线和微波；有线介质包括双绞线、同轴电缆和光纤电缆。

1．双绞线

双绞线分为非屏蔽双绞线（Unshielded Twisted-Pair，UTP）和屏蔽双绞线（Shielded Twisted-Pair，STP）两类。UTP 采用铜质材料，性能好，价格低，可以有效减少电磁干扰，提高传输质量，适用于星型结构。STP 采用铝箔材料，抗干扰性更好，性能更高，但成本太高，并未得到广泛使用。

2．同轴电缆

同轴电缆是最早使用的一种传输介质。它抗干扰性强，但物理可靠性差。由同轴的内、外两个导体组成。内导体是金属线芯，外导体是由细金属线编织的网，内外层之间有绝缘层。可分为基带同轴电缆和宽带同轴电缆两种。基带同轴电缆用于局域网中,适用于总线结构;宽带同轴电缆用于多路有线电视网络,计算机网络中很少使用。

3. 光纤电缆

光纤电缆由光纤、塑料包层、卡夫勒抗拉材料、外护套构成。分为单模光纤和多模光纤两种。单模光纤直径小,成本高,性能优于多模光纤。光纤具有低损耗、高带宽、高抗干扰性等特点,适用于长距离、高速率、对保密性和抗干扰性要求高的领域中,现在已成为主要的传输介质。

4. 无线传输介质

无线传输介质作为有线传输介质的有利补充,通常用于不适合铺设有线传输介质的场合中,如高原、隧道等。

常用的无线传输介质有以下 3 种:

- 无线电波。其传输频率为 $30\sim330\mathrm{MHz}$,适用于局部地区通信。
- 微波。其传输频率为 $2\sim40\mathrm{GHz}$,广泛应用于不适合铺设有线介质的地区。
- 红外线。是最新被采用的通信介质,它拥有较高带宽、相对便宜,但传输距离有限,受空气状态影响严重。

5.4　网络拓扑结构

计算机网络拓扑结构是指网络中的节点与通信线路之间的几何排列形式,目的是反映网络中各实体间的结构关系。

拓扑设计是组建计算机网络的第一步,也是实现各种网络协议的基础,它对网络的性能、系统的可靠性及通信费用都有着重大的影响。

常见的网络拓扑结构有以下几种:

1. 总线型结构

该结构用单根传输线作为传输介质,所有的站点都通过相应的硬件接口直接连到传输介质上,即总线上。任何一个站点发送的信号都可以沿着该介质进行传播,并且能被总线中任何一个站点接收,类似于广播电台,如图 5-1 所示。

通常,总线型结构中的节点为服务器或工作站,通信介质是同轴电缆。由于所有节点共享一条公用的传输链路,所以一次只能由一个设备进行传送,这样就需要某种形式的访问控制方法来决定下一次哪一个节点可以发送。目前在局域网中常用的传输介质访问控制方法有以太方法、权标环法和 ATM 方法等。

图 5-1 中的端接器(末端阻抗匹配器)是总线两端连接的器件,主要与总线进行阻抗匹配,最大限度吸收传送端部的能量,避免信号反射回总线产生不必要的干扰。

总线型拓扑结构特点是:结构简单、实现容易、易于扩展、可靠性较好。但故障诊断困难。

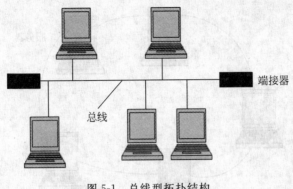

图 5-1　总线型拓扑结构

2. 星形结构

星形结构中的节点通过点到点通信线路与中心节点连接,中央节点控制全网的通信传输,任何两个节点之间的通信都要经过中心节点,其示意图如图 5-2 所示。

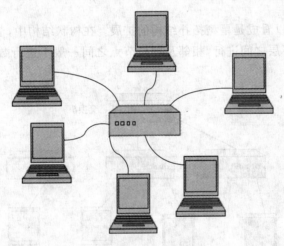

图 5-2　星形拓扑结构

星形结构的中央节点为集线器,其他外围节点为服务器或工作站,通信介质为双绞线或光纤。

星形拓扑结构的特点是:结构简单、易于实现、便于管理、网络延时短、误码率低。中心节点是全网可靠性的关键,中心节点的故障可能造成全网瘫痪,且网络共享能力较差,通信线路利用率不高。

3. 环形结构

环形结构中的节点通过点到点通信线路循环连接构成一个闭合环路。环中节点沿着一个方向,而且是单向的,逐站传送,接收或删除数据,如图 5-3 所示。

环形拓扑结构的特点是:结构简单,传输延时确定。但环中点与点的通信线路都会成为网络可靠性的瓶颈,环中任何一个节点出故障,都会造成网络瘫痪,环节点的加入和删除

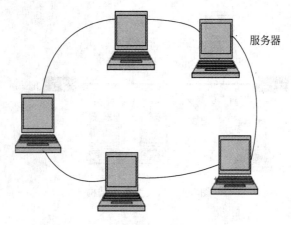

图 5-3 环形拓扑结构

都比较复杂。

4.树状结构

树状拓扑结构可以看成是星型拓扑结构的扩展。在树状结构中,节点按层次进行连接,信息交换主要在上、下层之间进行,相邻及同层节点之间一般不进行数据交换,或数据交换量小,如图 5-4 所示。

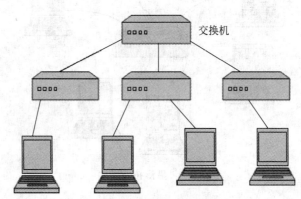

图 5-4 树状拓扑结构

树状结构特点:由于树状结构是分层结构,适用于分级管理和控制系统中。与星形结构相比,其通信线路总长度较短,因此具有成本低、易推广的优点。但树状结构比星型结构复杂,网络中除叶子节点及其连线外,任何一个节点或连线的故障均影响整个网络的运行。

5.网状结构

网状结构使用单独的电缆将网络上的站点两两相连,从而提供了直接通信途径,如图 5-5 所示。

网状拓扑结构特点:容错能力强,故障检测容易,但建网费用高,布线困难。

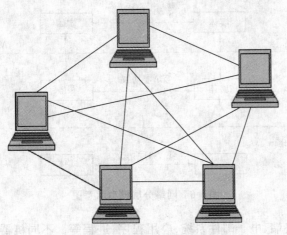

图 5-5 网状拓扑结构

6. 不规则型

不规则型结构中各个节点的连接没有一定的规则,当节点地理分散,而通信线路是设计中主要的考虑因素时,往往采用不规则型结构。

在实际组网过程中,拓扑结构不一定是单一的,通常是几种结构的混合构造。星形和树型均属于集中控制方式;环形和总线型主要是分布式控制方式,在局域网中多被采用;不规则型主要用在远程网络中。

究竟选用哪一种拓扑结构应该根据任务要求、网络操作系统和现场环境及布线的费用、组织的目标及组织结构而定。

5.5 网络结构模型

为了使不同地理分布,且功能相对独立的计算机之间实现资源共享,计算机网络系统需要解决包括信号传输、差错控制、寻址、数据交换、提供用户接口等一系列复杂问题,计算机网络体系就是为简化上述问题的研究、设计与实现而抽象出来的一种结构模型。

5.5.1 层次模型

对于复杂的计算机网络系统,通常采用层次模型。在层次模型中将复杂功能的系统按要求分成若干个相对简单的细小功能,每一项分功能以相对独立的方式去实现,从而达到分而治之、各个击破的目的。

上述分层思想如图 5-6 所示。

5.5.2 涉及的术语

1. 实体与对等实体

每一层中,用于实现该层功能的活动元素被称为实体(entity),包括该层上实际存在的

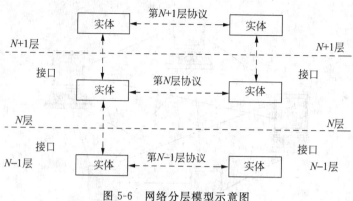

图 5-6　网络分层模型示意图

所有硬件与软件,如终端、电子邮件系统、应用程序、进程等。不同机器上位于同一层次、完成相同功能的实体被称为对等(Peer to Peer)实体,简称 P2P。

2. 协议

为了使两个对等实体之间能够有效地通信,对等实体需要就交换什么信息、如何交换信息等问题制定相应的规则或进行某种约定。这种对等实体之间交换数据或通信时所必须遵守的规则或标准的集合称为协议(Protocol)。

协议由语法、语义和语序三大要素构成。语法包括数据格式、信号电平等。语义指协议语法成分的含义,包括协调用的控制信息和差错管理。语序包括时序控制和速度匹配关系。

3. 服务与接口

在网络分层结构模型中,每一层为相邻的上一层所提供的功能称为服务,N 层使用 $N-1$ 层所提供的服务,向 $N+1$ 层提供功能更强大的服务。N 层使用 $N-1$ 层所提供的服务时并不需要知道 $N-1$ 层所提供的服务是如何实现的,而只需知道下一层可以为自己提供什么样的服务,以及通过什么形式提供。N 层向 $N+1$ 层提供服务是通过 N 层和 $N+1$ 层之间的接口来实现的。

5.6　网络体系结构

引入分层模型后,计算机网络系统中的层、各层中的协议及层次之间接口的集合就称为计算机网络体系结构。

但是,即使遵循了前面提到的网络分层原则,不同的网络组织机构或生产厂商所给出的计算机网络体系结构也不一定相同,关于层的数量、各层的名称、内容和功能都可能会有所不同。

目前计算机网络体系结构主要有 ISO/OSI 参考模型和 TCP/IP 分层结构模型。

5.6.1　ISO/OSI 参考模型

国际标准化组织 ISO 于 1979 年成立专门委员会,并于 1984 年正式提出了著名的开放系统互连参考模型，即 ISO/OSI RM（Open Systems Interconnection Reference Model）模型。该模型结构如图 5-7 所示。

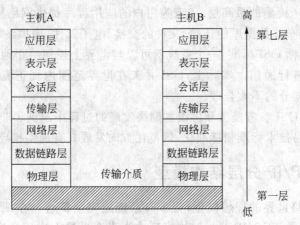

图 5-7 ISO/OSI 参考模型

ISO/OSI 参考模型只是描述了一种计算机标准体系结构，但目前还没有实际的网络是建立在 OSI 七层模型基础上的，OSI 仅作为理论的参考模型被广泛使用。

OSI 各层功能如下：

1. 物理层

利用物理传输介质为数据链路层提供物理连接，以便透明地传输以比特为单位的数据。

2. 数据链路层

在物理层提供数字信号传输服务的基础上，在通信实体之间建立数据链路连接，传送以帧为单位的数据。采用差错控制、流量控制方法，使有差错的物理线路变成无差错的数据链路。

3. 网络层

通过路由算法和通信子网，为报文分组选择适当的路径。网络层要实现路由选择、阻塞控制与网络互联等功能。

4. 传输层

向用户提供可靠的端到端服务，透明地传送报文。它向高层屏蔽了下层数据通信的细节，因而是计算机通信体系结构中最关键的一层。

5. 会话层

组织两个会话进程间的通信，并管理数据的交换。

6. 表示层

用于处理在两个通信系统中交换信息的表示方式，包括数据格式变换、数据加密与解密、数据压缩与恢复等功能。

7. 应用层

该层是 OSI 参考模型的最高层,负责为用户的应用程序提供网络服务。应用层包含大量的应用协议,如分布式数据库的访问、文件的交换、电子邮件、虚拟终端等。

理论上,只要遵循 OSI 标准,一个系统就可以与世界上任何一个地方、同样遵循同一标准的其他任何系统进行通信。实际上,OSI 并未在世界范围内真正流行,主要原因是 OSI 模型太复杂且层次划分的不太合理。

不可否认的是,OSI 参考模型和协议在网络发展的过程中起到了非常重要的指导作用,并且仍对今后的网络技术标准朝标准化、规范化方向发展具有现实指导意义。

5.6.2 TCP/IP 分层结构模型

由于 OSI 是网络世界的理想模型,很少有系统能完全符合。在现实世界中,由于互联网的发展和崛起,使得 TCP/IP 分层结构模型成为当今世界上应用最广泛的网络互联协议体系结构。

1. TCP/IP 各层功能

TCP/IP 模型最初是由美国国防部创建的,只有 4 个层次,显得非常简单,而且它是从因特网上发展起来的协议,目前已成为网络互联的事实标准。

TCP/IP 从下至上共分为网络接口层、网际层、传输层、应用层,各层主要功能如下:

1) 网络接口层

网络接口层是 TCP/IP 模型的最低层。主要负责接收从网际层传来的 IP 数据报并将 IP 数据报通过底层物理网络发送出去,或者从底层物理网络上接收物理帧,抽出 IP 数据报,交给网际层。

网络接口层使得采用不同技术和网络硬件的网络之间能够互连,包括属于操作系统的设备驱动器和计算机网络接口卡,以处理具体的硬件物理接口。

2) 网际层

网际层负责独立地将分组从源主机送到目标主机,涉及为分组提供最佳路径的选择和交换功能,并使这一过程与它们所经过的路径和网络无关。如同人们邮信时并不需要知道它如何到达目的地,只需知道是否到达即可。该层类似于 OSI 参考模型中的网络层。

3) 传输层

该层的功能类似于 OSI 参考模型中的传输层。即在源节点和目的节点两个对等实体间提供可靠的端到端的数据通信。为保证数据传输的可靠性,传输层协议也提供了确认、差错控制和流量控制等机制。

4) 应用层

该层为用户提供网络应用,并为这些应用提供网络支撑服务。因为 TCP/IP 将所有与应用相关的内容都归为一层,所以在应用层要处理高层协议、数据表达和对话控制等任务。

2. TCP/IP 协议簇

TCP/IP 事实上是一个协议系列,目前包括 100 多个协议,用来将各种计算机和数据通信设备组成实际的 TCP/IP 计算机网络。TCP/IP 模型各层的重要协议如图 5-8 所示。

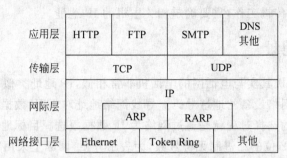

图 5-8 TCP/IP 模型各层使用的协议

1）网络接口层

这层包括各种物理网协议，如 Ethernet、令牌环、帧中继、ISDN 和分组交换网 X.25 等。当各种物理网被用做传送 IP 数据包的通道时，就可以认为是属于这一层的内容。

2）网际层

这层包含多个重要协议。互联网络协议（Internet Protocol，IP）是其中的核心协议。IP 协议规定了网际层数据分组的格式。另外，IP 协议还包括提供网络控制和消息传递功能的因特网控制消息协议（Internet Control Message Protocol，ICMP）；提供 IP 地址和 MAC 地址之间转换的地址解释协议（Address Resolution Protocol，APR）和反向地址解释协议（Reverse Address Resolution Protocol，RARP）。

3）传输层

该层提供了两个协议。分别是面向连接并提供可靠传输服务的传输控制协议（Transport Control Protocol，TCP）和面向无连接的不保证可靠传输服务的用户数据包协议（User Datagram Protocol，UDP）。

4）应用层

该层包括众多的应用与应用支撑协议。常见的应用协议有：文件传送协议 FTP、超文本传送协议 HTTP、简单邮件传送协议 SMYP、虚拟终端 TELNET。常见的应用支撑协议包括域名服务 DNS 和简单网络管理协议 SNMP。

5.7 IP 地址和域名

TCP/IP 协议采用分组交换通信方式，在分组交换网络中，两台计算机之间要交换的（信息）数据不是作为一个整体进行传输，而是划分成大小相同的许多数据报。每个数据报被放在一个“电子信封”中，称作“信息包”，或简称“包”。

信息在网络内部或者网络之间传递时要打包，TCP 相当于数据包上的包装清单，而 IP 则相当于数据包上的收、发件人姓名和地址，TCP 和 IP 之间要进行相互配合才能完成数据的传输。

TCP/IP 协议中的 IP 主要负责在计算机之间搬运数据包，而 TCP 主要负责传输数据的正确性。总的来说，IP 协议主要负责为计算机之间传输的数据包寻址，管理数据包的分片过程,确定数据包的路由(即决定数据包发送到何处)以及在路由出现问题时更换路由。为完成上述这些数据传输工作,需要确定相关主机的 IP 地址。

5.7.1　IP 地址

连入因特网的主机其实与电话网的电话机非常相似,IP 地址类似于电话网中的电话号码,它是每台主机和网络设备的地址号码。寻找网络地址对于 IP 数据报文在网中进行路由选择非常重要,地址的选择过程就是通过网络为 IP 数据报选择目标地址的过程。

IP 地址是一个 32 位的二进制无符号数,为表示方便,国际上采用"点分十进制表示法"将 32 位地址按字节分为 4 段,高字节在前,每个字节用十进制数表示出来,并且各字节之间用点号"·"隔开。于是 IP 地址表示成了一个用点号隔开的 4 组数字,每组数字的取值范围只能是 0～255。

IP 地址采用层次结构,共分为三部分。第一部分:指定网络的类型;第二部分:指定网络的地址;第三部分:指定主机的地址。三部分的长度不是固定的。

IP 地址可以按照逻辑层次分为 5 种不同类型,IP 地址的最左边的一个或多个二进制位通常用于指定网络的类型,如图 5-9 所示。

0				网络地址(7bit)	主机地址(24bit)	A类地址
1	0			网络地址(14bit)	主机地址(16bit)	B类地址
1	1	0		网络地址(21bit)	主机地址(8bit)	C类地址
1	1	1	0	多点广播使用(28bit)		D类地址
1	1	1	1	0	保留将来使用	E类地址

图 5-9　IP 地址的分类

A 类地址:表示网络类型的最高位必须是 0,网络地址长度有 7 位,因此允许有 126(2^7-2)个不同的 A 类网络(其中的 0 和 127 用于特殊目的)。主机地址长度有 24 位,表示 A 类网络中可包括 16777214($2^{24}-2$)台主机。A 类 IP 地址结构适用于有大量主机的大型网络。A 类 IP 地址范围为 1.0.0.1～126.255.255.254。

B 类 IP 地址:网络地址长度为 14 位,则允许有 16384(2^{14})个不同的 B 类网络。主机地址为 16 位,因此每个 B 类网络可以包含 65534($2^{16}-2$)台主机。B 类 IP 地址适用于一些国际性大公司与政府机构等。B 类 IP 地址的范围是 128.0.0.1～191.255.255.254。

C 类 IP 地址:网络地址为 21 位,允许有 2097152(2^{21})个不同的 C 类小型网络。主机地址 8 位,因此每个 C 类网络可包括 254 台主机。C 类 IP 地址特别适用于一些小公司与普通的研究机构。C 类 IP 地址范围是 192.0.0.1～223.255.255.254。

D 类 IP 地址:用于其他特殊用途,如多目的地址广播。D 类 IP 地址的范围包括 224.0.0.1～239.255.255.254。

E 类 IP 地址:暂时保留,用于某些实验和将来扩展使用。E 类 IP 地址的范围是 240.0.0.1～255.255.255.254。

IP 地址的唯一性指 Internet 中的一个 IP 地址只能对应一台主机。通常一台主机只有一个 IP 地址。但是,如果一台主机连接到两个或两个以上的物理网络中,那它就有两个或两个以上的 IP 地址,这样的计算机称为多归宿主机。

5.7.2　域名

由于 IP 地址由数字构成,不利于记忆和使用。TCP/IP 向用户提供一种容易记忆且与 IP 地址相对应的域名管理系统 DNS。该管理系统为每台主机分配一个特定的标准名称,并由分布式命名体系自动翻译成 IP 地址,这种翻译过程叫"名称解析"。

每台主机的标准名称包括域名和主机名。完整的 Internet 主机域名是由主机名、单位名、类型、国家代码 4 部分组成,各部分之间用"。"分隔,总长度不超过 254 个字符。如辽宁大学的 WWW 网站域名为 WWW. LNU. EDU. CN。其中 CN 代表中国;EDU 代表教育部门;LNU 代表辽宁大学;WWW 代表提供 WWW 信息查询服务。域名的命名规则与 IP 地址相反,自右向左越来越小。

在 2010 年 6 月举行的第 38 届互联网名称与编号分配机构(Internet Corporation for Assigned Names and Numbers,ICANN)年会上,表决通过了"。中国"域名入根的国际申请,中文顶级域名正式纳入全球互联网根域名体系,并且预计于 2010 的 8 月开始正式启用,这意味着全球华语网民在世界任何角落可使用纯中文域名后缀访问互联网。

5.8　互联网及其相关技术

互联网(internet)是世界上最大的计算机网络,是成千上万条信息资源的总称。这些资源以电子文件的形式,在线分布在世界各地的数百万台计算机上。互联网上开发的许多应用系统,供上网的用户使用。

常见的互联网技术有如下几种:

5.8.1　万维网 WWW

万维网 WWW 是 word wide web 的简称,它集文本、声音、图像、视频等多种媒体于一身,是互联网上重要的组成部分,它可以用链接的方法从一个站点访问另一个站点,最初是由欧洲原子核委员会于 1989 年提出的。它的出现,是互联网发展过程中的一个里程碑。

万维网是一个分布式的超媒体(hypermedia)系统,它是超文本(hypertext)系统的扩充。使用超文本置标语言 HTML 来编辑页面,并在超文本传输协议 HTTP 支持下运行,通过超链接使用户从一个网页跳到其他网页上,而无需关心这些网页的位置。

万维网将大量信息分布在整个互联网上,每台计算机上的文档都独立进行管理。它使用统一资源定位符 URL(Uniform Resource Locator)来标识万维网上的各种文档,并使每一个文档在整个互联网的范围内具有唯一的标识符 URL。

HTML 是一种标记语言,其页面由诸多标识(tag)组成的文本文件,它将专用的标记嵌入文档中,用来创建与系统平台无关的文档。可对一段文本的语义进行描述,经解释后产生多媒体效果,并可提供文本的超链接。

5.8.2　电子邮件 E-mail

E-mail 是互联网上应用最广泛的一种服务。用户只要与互联网相连就可以自如收、发邮件。电子邮件涉及各种类型的文件,除文本外,还包括声音、图像、应用程序等。此外,用户还可以以邮件方式在网上订阅电子杂志,参加有关公告及讨论,甚至可以浏览 WWW 资源。

收发电子邮件必须有相关的软件支持,常见的客户端电子邮件软件有 Outlook Express 和 Foxmail 等,这些软件都提供接收、编辑、发送及管理功能。有些门户网站也提供免费的电子邮件服务。

为使电子邮件安全、准确地到达,必须使用相关邮件协议。常见的有简单邮件传输协议 SMTP;电子邮件扩充协议 MIME 和邮局协议 POP。POP 服务需要一个邮件服务器来提供,用户必须在该邮件服务器上取得账号才能使用这种服务。目前,使用最普遍的是 POP 协议的第三版,简称 POP3 协议。

5.8.3　文件传输 FTP

FTP(File Transfer Protocol)协议是互联网上文件传输的基础,通常所说的 FTP 是基于该协议的一种服务。FTP 文件传输服务可将互联网上用户计算机的所有类型的文件从一台计算机传到另一台上。当然,若想实现 FTP 文件传输,必须在相连的两端都装有支持 FTP 协议的软件。装在目的机器上的叫 FTP 客户端软件,装在另一端服务器上的叫 FTP 服务器端软件。

FTP 最大的特点是可以使用互联网上众多的匿名 FTP 服务器。所谓匿名服务器是指不需要专门的用户名和口令就可以进入的系统。用户连接匿名服务器时,都可以用 anonymous(匿名)作为用户名、以自己的 E-mail 地址作为口令登录。登录成功后,用户可以从匿名服务器上下载文件。现在 FTP 的客户端软件大多采用多线程方式。

5.9　下一代互联网——物联网

5.9.1　物联网的研究与发展

物联网被称为下一代互联网。物联网这一理念最初是由学术界(美国麻省理工及卡内基梅隆大学)于 20 世纪 90 年代末提出的,直到 2005 年 11 月 17 日,在突尼斯举行的信息社会世界峰会上,国际电信联盟发布了《国际电信联盟互联网报告 2005:物联网》,正式提出了"物联网"的概念。

所谓物联网(Internet of Things,IOT)即人与人、物与物互连的网络。由于物联网与互联网、移动通信网、传感网联系紧密,且应用领域广泛,被称为继计算机、互联网之后深刻影响人类思维和行为的第三次信息产业变革。

由于历史原因,我国在互联网快速发展的过程中没有参与制定重要的协议标准,但随着我国科技实力和综合国力的增强,中国政府高度重视物联网研究,花大力强占第三次信息浪潮的制高点,经过多年努力,在物联网研究方面拥有较大话语权。

2009 年,温家宝总理在无锡物联网研究中心视察后鼓励大家要尽快建立"感知中国"的"芯"。因此以"感知中国"为战略规划代名词的物联网产业标准正在紧锣密鼓制定之中,预计 2010 年中国物联网产业市场规模将达到 1800 亿,2015 年将达到 7000 亿。

不仅在中国,世界各个发达国家均把物联网的研究当作本世纪战略发展的重点。

5.9.2　物联网概念

虽然物联网研究早被世界瞩目,但直到目前还没有形成公认的精准的定义,国际上比较公认的概念是:所有物品通过信息传感设备或射频识别技术(Radio Frequency Identification,RFID)包括条码与二维码、全球定位系统和其他基于物-物通信模式(Machine to machine,MTM)等技术将各种物体接入互联网形成一个巨大的智能网络,使其除了进行信息交换外,还可以实现智能化识别、定位、跟踪、监控和管理,其示意图如图 5-10 所示。

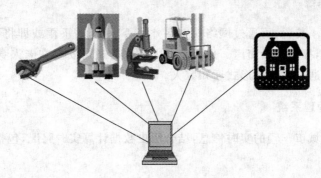

图 5-10　物联网示意图

5.9.3　物联网的分类

将物联网所连接的物体或者实体统一看做物理节点,按照连接的物理节点的多少,可将物联网划分成 4 种类型:

1. 小规模系统

100 个节点左右。如一套智能住宅内相互连接的照明、空调、炊具等家用电器和设备。

2. 中规模系统

上万个节点左右。如一个生态环境监控区域内的空气质量监测仪、水质监测仪及被观察的植物和动物状态等。

3. 大规模系统

上百万个节点左右。如一个城市智能电网系统,包括发电系统、输电系统、配电系统和最终用户设备。

4. 超大规模系统

百万个节点以上。如全球流行病监测网、地球观测系统和全球性物流系统等。

5.9.4　物联网的应用

根据物联网的概念可知,其应用领域相当广泛,几乎覆盖生活、生产中的各个方面。目前在航天、通信、智能建筑、娱乐多媒体、交通运输、物流、食品溯源、保险和回收利用等方面都已有了成熟的案例。

1. 医疗辅助系统

可以通过让病人身穿带有射频识别和传感器的衣物,就可以得到病人的心跳电压等健康信息并上传到网络上,医生可通过 PDA(Personal Digital Assistant,个人数字助理)等设备进行远程即时诊断并安排护士帮助病人治疗。

2. 信息提醒系统

在雨伞上安装小装置,可通过网络获知室外是否下雨,若下雨或即将下雨,则在用户出门时自动发出声音,提醒带伞出门。也可在老人摔倒时通过安装在老人身上的加速度与重力传感器提醒系统通过发短信形式通知家人。

3. 智能交通管理系统

通过收集某一城市车辆的实时信息,结合历史数据计算实时路况,包括最优路径及公交到站时间等。

4. 商品信息系统

通过扫描某类商品的电子标签,利用手机或其他智能手持设备可以在网络上寻找并显示这一类商品的详细介绍和价格对比,方便用户采购。

5. 对象识别系统

通过摄像进行街头取景,可以辨识出所拍摄景物并进行相关详细信息描述,主要用于在旅行和迷路情况下。

由此可见,物联网的应用多基于对物体的表示和传感信息的记录,它是规模化的信息整合,通常还需要人的参与和主动搜索。但它带给我们的影响将是划时代的,深深地改变我们生活及思维方式。

5.9.5　物联网中数据的特点及分类

由于物联网支持各种复杂的应用,以一个大型智能交通实时监控系统为例,每天处理的数据可达到 TB 以上,1 年的数据将达到 PB 量级,因此被称为海量数据。而且这些数据通常以流(stream)的形式实时存在,有时是高速产生的,并且是不断变化的,具有显著的动态性及不确定性。

通常我们将数据进行如下划分:

1．按基本格式划分

可将数据划分为数据(数值型、文本型等)格式、科学文本格式及 XML(Extensible Markup Language,可扩展标记语言)格式等。

2．按结构划分

可将数据划分为结构化数据(如标准的数据纪录)和非结构化数据(如视频、音频等多媒体数据)等。

3．按数据语义划分

可将数据划分为采集于底层的原始数据或者划分为聚合后的高层概括性数据。
上述数据的分类导致了数据的另一个特点即多态性,由多态性又导致其异构性。

5.9.6　物联网的关键技术

由于射频识别技术、普适计算、云计算和实时系统等信息技术的飞速发展,使得物联网思想得以具体实现。物联网涉及的关键技术主要有如下几种:

1．射频识别技术

该技术是物联网的核心技术之一,用于标识物体和对客观环境的物理属性的传感。目前尚待解决的技术难题是全局标识。由于现有的射频识别标准各异且不统一,如果要全部接入互联网则需要有统一的标准。

2．通信与网络技术

单个标识的意义不大,必须实现大规模的标识,因此通信与网络技术成为必不可少的关键技术。该项技术的目的是将标识和传感信息接入自织网络或互联网。由于现有的网络技术并不是针对物联网开发的,当大量的标识和传感信息要接入网络时,需要研究更多的 IP 需求与分配,有针对性的传输协议及更灵活的频谱分配等问题。

3．硬件技术

为了支持所有传感设备、计算设备、通信设备和控制设备的要求,在硬件方面要求终端设备是嵌入式集成系统,这样才能满足低功耗、低延迟、小型化、易安置和低成本的要求。在服务器方面则要求面向高性能集群及云计算过渡的要求。

4．软件技术

基于上述硬件要求,在操作系统、应用软件及控制软件方面必须是嵌入式的。同时良好的用户体验要求采用虚拟现实技术,分布或集中的运作方式,延迟小的实时系统及可靠性高、自适应调整能力强的软件。统一的语义体系也是达到大规模实际应用的必备条件。

5. 数据处理技术

如果地球上所有的物体均被联网，它们的所有属性信息都转变为数据在互联网中流通，如此海量的数据给现有的网络在数据管理与处理上带来了诸多新的挑战。建立大规模的数据中心，由数据运营商来运作在市场上流通的数据，开发针对物联网的搜索引擎等刻不容缓。

6. 安全隐私保障技术

目前在互联网上病毒和垃圾邮件肆虐，在涉及面更广、利益更高的物联网层面上，安全保障尤为重要。同时，物联网的目的是将事物及属性均连到互联网中，但是人们不愿意把自身行为完全暴露，两者存在明显的矛盾，如何找到一个平衡点是重中之重，这样才能让物联网真正地普及。

5.9.7　物联网技术体系

各国学者虽然在物联网关键技术方面的研究并未达成一致，但目前公认的物联网主要技术体系分为感知层、传输层、支撑层和应用层 4 个层次。

1. 感知层

物联网的感知主要通过各种类型的传感器对物质属性、环境状况、行为态势等静、动态信息进行大规模、分布式的信息获取与状态辨识，针对具体感知任务，采用协同处理的方式对多种类、多角度、多尺度的信息进行在线计算，并与网络中的其他单元共享资源进行交互与信息传输，还可通过执行器对感知结果做出反应，对整个过程进行智能控制。

由于感知层的设备如传感器的计算能力有限，通常采用轻量级的嵌入式软件系统与之适应，目的是采集信息和处理信号。有时还要通过自组织网络技术以协同工作的方式组成一个自组织的多跳网络进行数据传递。

2. 传输层

传输层的主要功能是直接通过现有的互联网或移动通信网、卫星网等基础网络设施对来自感知层的信息进行接入和传输。目前的接入设备多为各种异构通信网，将传感网与公用通信网、卫星网等联通。

3. 支撑层

支撑层可以在高性能计算技术的支撑下，对获取的网络内大量或海量的信息资源进行实时管理和控制、大规模的高速并行计算、智能信息处理、信息融合、数据挖掘、态势分析和预测计算、地理系统计算及海量数据存储等，并为上层应用提供一个良好的用户接口，最终整合成一个可以互联互通的大型智能网络，为上层服务管理和大规模行业应用建立起一个高效、可靠和可信的支撑技术平台。

4．应用层

应用层可根据用户需求，结合不同行业的专业知识和业务模型构建面向各类行业实际应用的管理平台和运行平台。为了完成更加精细和准确的智能化信息管理，根据各种应用的特点集成相关的内容服务，构建面向行业实际应用的综合管理平台，综合管理平台通常以综合管理中心的形式存在，也可分解为多个子业务中心。

5．各层之间的关系

上述 4 层既相对独立又紧密联系，为了实现整体系统的优化功能服务于某一具体应用，各层间资源需要协同分配与共享。以应用需求为导向的系统设计也千差万别，不一定用上所有层次的技术。即使是同一层，可选择的技术方案也可按需配置。但是，优化的协同控制与资源共享首先需要一个合理、优化的顶层系统设计来为应用系统提供必要的整体性能保障。

5.10　企业组网注意事项

一个企业若想成功建立一个管理信息系统，组建网络是必不可少的一步。由于建网涉及多个部门，复杂且技术性强，需要配备专门的网络系统设计人员并结合企业预定目标，按照系统工程的方法统一规划和建设，并且在建成后花大量时间和精力对网络进行管理和维护，以保证系统的正常运行。

5.10.1　网络建设遵循的原则

为确保企业网络建成后能够提供高效服务，长时间稳定运行，在短期内不会出现技术落后，网络建设的规划设计应遵循以下原则：

1．实用为本原则

建网的目的是满足企业实际需求，在组建过程中应坚持实用为本的原则，充分利用现有资源，尽量发挥现有设备的效率。

2．适度先进原则

网络建设不仅要满足企业当前的需要，还要有一定的技术前瞻性和需求预见性，要充分考虑未来几年内企业网络功能和带宽的需要。所谓适度，就是要考虑企业的投资实力，针对网络基础设施等不容易更新的构成部分，在规划中选择适度超前的技术方案和产品。

3．开放性原则

采用开放技术、开放结构、开放系统组件和开放用户接口，以方便将来的维护、扩展、升级和外部网络的互联。

4．可靠性原则

可靠性是指网络系统要有容错能力,能在各种环境下保证系统的可靠运行。

5．可扩展原则

可扩展是指网络规模和带宽的扩展能力。一旦新技术诞生或企业出现新需求,可在保护原来投资的情况下,方便地将新技术和新产品融合到现有网络中,以提供更高水平的服务。

6．可维护性原则

组建网络只占整个网络系统周期的一小部分,大量的工作将花费在网络维护方面,因此网络管理和维护越来越受到重视,因为它关系到网络系统的运行效率、资源的共享效率等多个方面。

7．安全保密原则

为了保证网上信息的安全和各种应用系统的安全,在规划时就应考虑一个周全的安全保密方案。

5.10.2　网络规划和建设过程

网络规划就是对即将建立的网络系统提出一套完整的设计方案,它包括以下步骤:

1．确定目标

任何企业组建网络系统都要有明确的目标,这是出发点同样也是终点。这一阶段的任务是根据企业提出的要求,明确其地理布局、用户设备类型、网络服务、通信类型、网络容量和性能要求等。

2．可行性研究

可行性研究包括技术可行性及经费可行性两部分。技术上,要根据实际需要,考虑所选的网络技术本身是否能得到技术和基础条件的保证,其传输通道、用户接口、服务器及网络管理是否能得到满足。

在进行经费可行性分析时,要仔细进行成本/效益分析。成本要包括软硬件费用、安装费用、培训费用及运行、维护费用。其中,不要忘记对软件的投入。

可行性分析应不止一个方案,其实施效果及可靠性也不应相同,以供高层决策者从中选择最优的可行性方案。如果要建设的网络规模较大,自己无力完成,也可以考虑请网络系统集成商来完成网络系统的规划和建设。

3．需求分析

在组网之前,应从多方面(如:各级管理人员、技术骨干、基层员工等)进行调查和分析企业的实际需求。调查内容可围绕以下几部分展开:网络的物理布局、用户设备的类型和配置、通信类型及通信负载、网络提供的应用服务、网络所需的安全程度等。

4．网络方案设计

了解需求后，网络系统分析员可从网络协议选择、互联模型设计、网络产品选型、综合布线设计、系统集成方案设计等角度进行具体的设计。

5．网络方案评审

网络设计完成后，需要组织专家及用户对方案进行评审，目的是对方案不妥之处提出修改意见，最终达到组网目标。在评审过程中，其宗旨是考虑该方案的合理性、先进性、风险性、可扩充性及可维护性，要大胆地指出不足，避免日后犯类似错误。

6．网络工程施工

按最终设计方案施工。

7．网络工程验收

根据网络建设方案，对工程的实施过程进行监理，按期、分段对工程质量进行验收，以保证工程按期完成。

5.10.3 网络安全策略

由于企业拥有大量的资源和重要的数据，企业网络安全建设更为重要。威胁企业网络安全的因素主要有：非法入侵、计算机病毒入侵、拒绝服务攻击、网络软件的漏洞、数据监听、内部网络安全及内部管理的缺失。因此，企业采取必要的措施维护企业网络安全势在必行。

1．预防为主

首先，列出企业在网络上所有的有形资产（各种软、硬件）及无形资产（数据、密码、数字签名、品牌、公司信誉等）并确定上述资产的价值及重要性。

其次，识别网络威胁及漏洞。对曾经发生过的网络攻击事件，利用多种工具和方法来清查各种漏洞，以此来进一步评估风险，包括某种类型数据丢失的潜在成本、重新创立的时间成本、所损失的竞争优势及可能涉及的法律责任等。

再次，根据评估结果，有针对性地定义安全策略。制订需要防范的措施、如何保护、谁来负责及各种管理制度。

最后，企业安全策略最终通过企业安全规则制定出来，重要的是员工在日常工作中必须严格遵守。同时也要建立审查和监督机制，以保证安全策略的有效性及长期性。

2．采取必要的网络安全技术

企业不可能与外界切断联系，因此在传输数据过程中必须考虑采用必要的安全技术，以提高网络的安全性。常见的有：加密技术、数字认证、防火墙和 VPN 等。

使用加密技术可以对敏感的信息在传输时进行加密，接收时进行解密，是网络安全的基础技术。加密技术有单密钥密码术和公共密钥密码术两种。

数字认证可用电子方式证明信息发送者和接收者的身份、文件的完整性。人们使用一个可信的第三方认证中心,以便对有关数据进行数字认证。

防火墙是一个安全防护系统的统称,常位于企业内部网络与外部网络之间,防火墙可以根据预先制定的一套规则监视、控制流入和流出网络的信息流。通常,防火墙是一个路由器,也可能是一个运行在 PC 上的专用软件或是两者的结合。

虚拟专用网络 VPN 技术是指利用公共的网络平台如互联网,安全传输用户私有数据的技术。用户一般在互联网的两端分别接入 VPN 路由器来搭建私用逻辑隧道,从而使得在不安全的互联网上传输的私有数据得到安全保证。

课后阅读

达特茅斯与思科共建未来校园

案例背景

创建于 1769 年的达特茅斯大学,在美国历史最悠久的大学中排名第 9,在 2011 年美国大学综合性排名第 11,拥有超过 5000 名学生和大约 1900 名教职员工,是著名常春藤联盟成员之一。

长久以来,位于新罕布什尔州汉诺威的达特茅斯大学一直高度重视在科研和教学方面追求创新和保持领先优势。从 1985 年开始,它的整个占地 200 英亩的主校园已经全部联网,为学生、教师和职工提供对校园 LAN 的访问。该 LAN 将校园内外的所有宿舍、教学楼、管理办公室和大型机连接到了一起。几乎所有的本科生和大部分的研究生都生活在一个联网的校园建筑物中。

当达特茅斯大学准备利用更先进的技术为他们的学生、教师和职工提供一个未来校园时,他们决定求助于思科系统公司。当思科希望更好地了解怎样在高等教育环境中发挥技术的作用时,他们把目光投向了达特茅斯大学。

达特茅斯的目标

除了保持自己在严格的教学标准方面的杰出声誉以外,达特茅斯大学还希望利用先进的技术大幅度地改善他们的学生、教师和职工的生活环境,从而成为高等教育领域的创新领导者之一。对于思科 IT 部门来说,这个目标可以细分为用户移动、网络融合、IP 通信和网络安全 4 个任务。

1. 用户移动

在 20 世纪 90 年代后期,尽管整个校园通过超过 1900 个端口建立了全面的连接,但是这些位置固定的接入端口已经无法再满足学生、教师和职工的需要。"与校园用户过去获得的服务相比,我们的以太网系统无疑是一个重大的改进。但是,我们不久就发现,我们需要将其升级到更高水平",该大学的 CIO Larry Levine 表示。"今天的社会具有很高的流动性,人们希望能够随时随地开展工作。人们总是需要处理很多任务 —— 尤其是学生。您可以看到他们在校园里做作业或者开展研究、与他人交流,或者访问信息。我们的目标是通过在整个校园中提供无线接入服务,满足这个移动群体的要求。"

2. 网络融合

在 2003 年,达特茅斯大学将它所关注的焦点转向了网络融合。当时,该校拥有三个独立的网络,分别用于数据通信、话音通信和校园有线电视网络。"我们过去只担心如何融合采用各种协议——包括 AppleTalk、IP 等数据网络,最终 IP 取得了胜利。今天,我们所要做的是集成所有这些网络,这样我们可以将所有信息整合到同一个融合网络中"。

3. IP 通信

达特茅斯与他们的长途电话运营商签署了一个每月最低使用量的协议。当学生从宿舍拨打长途电话时,达特茅斯大学将会按照通话时间向学生收取一定的费用。近几年来,大部分学生实际上已经不再用宿舍里的电话拨打长途电话,而是用他们自己的手机。但是达特茅斯仍然需要向他们的长途电话运营商交纳最低使用费用。通过部署一个包含 IP 电话的 IP 通信战略,达特茅斯大学将能够充分地利用他们的融合网络,降低对于传统电话服务供应商的依赖。

4. 网络安全

作为一个教育机构,达特茅斯大学致力于为学生、教师和职工提供开放的、随时随地地网络访问。但是,他们也非常重视不断增加的安全威胁(包括蠕虫、病毒和黑客)。它们往往会威胁网络的稳定性。因此,要实现他们成为创新领袖的目标,一个关键的因素就是网络必须能够为合法用户提供方便的访问,同时制止可能的攻击者,消除病毒和蠕虫所导致的风险。

思科的解决方案

为了帮助达特茅斯大学实现他们的目标,思科和思科金牌认证合作伙伴——Networked Information Systems(NIS),为其提供了一个全面的解决方案,其中包括一个灵活、永续、具有集成安全的融合基础设施,一个重叠的无线网络以及 IP 电话和 IP 视频服务。

2001 年春季,达特茅斯大学成为常春藤联校中第一所在整个校园都部署无线网络的学校。又过了两年,达特茅斯大学开始融合他们的话音和数据网络,并且整合他们的有线电视网络。

1. 用户移动

达特茅斯大学提供了一个非常开放的环境。班级并不仅限于固定的教室,但项目团队的学生之间必须保持密切的交互,这些都是达特茅斯大学教学理念的重要组成部分。因此,达特茅斯必须让他们的用户能够享受到不受拘束的网络访问能力。为此,在校园中安装了一个由 560 多个 Cisco Aironetò 接入点组成的重叠网络,其中包括大约 150 个建筑物。"无论您在建筑物内部或外面,在康涅狄格河上泛舟,在体育馆观看橄榄球比赛,或者在 Skiway 滑雪,您都可以获得无线连接能力",达特茅斯大学的 CTO Brad Noblet 表示。

2. 网络融合

为了建立一个不仅能满足达特茅斯大学对于未来网络融合的需求,而且可以保持他们在技术应用方面领先优势的网络平台,他们部署了一个强大、永续、适应能力很强的网络基础设施。这个基础设施包括 Cisco Catalystò 3550 智能以太网交换机和 Cisco Catalyst 6500 系列交换机。这两款产品都采用了独特的设计,可以最大限度地提高带宽的管理效率。"加强带宽管理能力对于我们非常重要",Noblet 表示,"我们希望充分地利用这些交换机系列所提供的功能。"

智能交换可以在网络边缘提高带宽可用性。通过将网络智能从核心拓展到网络边缘,人们可以在网络边缘获得高可用性、高级服务质量(Quality of Service,QoS)和加强的安全性。用户可以在来源处区分数据流量的类别,确定流量的优先级,让网络管理人员可以针对每个用户制定策略。

3. IP 通信

为了充分发挥融合网络的作用,达特茅斯大学最近利用两个 Cisco CallManager 和 700 部 IP 电话部署了一项 IP 话音(Voice over Internet Protocol,VoIP)战略。通过结合这项 VoIP 战略和无线网络,达特茅斯大学还找到了一种为学生提供无线电话服务的方法。为此,达特茅斯大学购买了 1100 份思科软电话使用许可证。从 2003 年秋季开始,学生可以利用他们的笔记本电脑上安装的思科软电话,在校园中的任何地方不受限制地拨打本地和长途电话。

该校还向一些教师和职工发放了软电话使用许可。当教师和职工携带着笔记本电脑出行时,他们可以连接到达特茅斯大学的网络,利用他们的思科软电话拨打电话。

达特茅斯大学最近还将它的有线电视网络整合到它的话音、数据融合网络中,并且开始部署可以通过无线网络提供增强的多媒体服务的技术。"利用我们的融合架构,您将能够在校园中的任何地方拨打电话、观看视频、参加多媒体活动以及浏览互联网",Nobler 表示。

"我可以在全世界任何地方,通过我所能找到的任何一个互联网连接,利用安装在我的笔记本电脑上的软电话程序拨打电话——就像坐在我的办公室中一样。"

4. 网络安全

与今天的大部分网络一样,安全也是达特茅斯大学的 IT 部门的关注焦点。高等教育界在这方面面临着一些独特的挑战。与企业环境不同,因为高校一直试图营造开放的网络环境,不能有效地控制校园中的各种计算平台。

在网络边缘,达特茅斯大学正在使用思科 PIX 防火墙,它支持最多 50 万个并发连接和接近 1.7Gbps 的总吞吐率。另外,达特茅斯大学开始部署 Catalyst 的一些集成安全功能,例如 DHCP 监听和速率限制,以消除开放接入网络带来的风险。对于出行的学生、教师和职工,对达特茅斯大学网络的远程访问由一个思科虚拟专用网(VPN)3030 系列集中器提供保护。

取得的成效

目前,达特茅斯大学正在全力建设一个可以从校园内任何地方访问的、安全的数据、话音和视频融合网络。达特茅斯大学相信,通过部署和使用先进的技术(例如无线和 IP 电话),他们可以提高对学生的吸引力。它还可以帮助学生为未来的职业生涯做好更加充分的准备,因为他们可以体验到校园中采用的各种先进技术,而且其中很多人已经参与了与这些技术有关的研究工作。

下一阶段目标

达特茅斯大学对它所取得的进展非常满意,但是并没有停步不前。为了扩大无线网络的覆盖范围,它将在未来 12 到 18 个月内将无线接入点的数量增加一倍,以满足用户对于带宽的更高需求。达特茅斯大学正在开始部署 Cisco Aironet 1200 系列。将来,所有现有的 Cisco Aironet 350 系列接入点都将被更换为 1200 系列。

在未来的 24 到 36 个月中,达特茅斯大学还将拓展他们的 IP 通信系统,把剩余的话音网络升级到 VoIP。在安全方面,达特茅斯大学正在与思科合作,继续研究哪些安全装置、产品和功能最符合他们的需要。达特茅斯大学正在考虑的一种方案是使用思科安全代理

(Cisco Secure Agency,CSA)。它可以发现和制止网络终端(例如笔记本电脑)上的恶意行为。

达特茅斯数字化宿舍

为了利用技术手段改善校园生活,达特茅斯大学还启动了一个名为"数字化宿舍"的项目。数字化宿舍,实际上是一种宿舍社区,它的最终设计方案将采用最先进的通信技术,实现多种服务,例如监控洗衣机和烘干机的可用性,实时测量宿舍的能耗和用水量以及即时跟踪住户目前所在的位置。

大学研究计划(URP)

大学研究计划(URP)的目的是征寻、评审、资助和协助全球的重要大学和其他一些研究机构的科研人员的研究项目,以推广和支持思科目前或者未来重视的技术领域的研究工作,同时帮助思科(和其他技术公司)更好地了解高等教育客户及其需求。达特茅斯大学光荣地获得了三笔思科 URP 研究奖金,分别用于研究校园无线网络的使用模式和 VoIP 用户在无线网络上的使用模式以及研究无线安全,尤其是数字证书和 802.1x 的使用。

就这样,达特茅斯携手思科完成了共建未来校园的美好愿望。

(上述资料来源于 http://www.edu.cn/use_example_1660/20060323/t20060323_132736_1.shtml. 有删改)

思考题

1. 通过互联网查找关于物联网方面的最新研究成果及应用领域。并对世界上物联网研究处于领先地位的中国、美国、日本、欧盟及韩国的物联网研究规划进行比较,找到不同国家在物联网研究方面的战略规划。

2. 你认为互联网改变你的生活了么? 请举出具体实例与同学们一起讨论。

第6章 数据库及其相关技术

数据库技术是计算机领域的一个重要分支,尤其在商业社会中,数据查询、处理的使用频率呈逐年上升趋势,对任何一个管理信息系统而言,没有强大的数据库技术做保障则很难成功实施。

IBM DB2 助中国银联成为国际知名品牌

中国银联自 2002 年成立以来,短短三年时间快速成长为受理网络遍布全国、发卡机构快速增长、国际受理成效卓著的民族银行卡品牌企业。但中国银联没有就此满足,他们远大的战略目标是成为国际知名品牌。

一方面,电子商务逐渐深入人们生活的各个领域,以电子支付为主要支付形式的电子商务将给银行卡业务带来更多的机遇;另一方面,中国加入 WTO,银行卡产业 2006 年对国际资本的进一步开放将为本土银行卡品牌带来巨大挑战。

面对机遇和挑战,中国银联当务之急是着手提高银行卡信息转接处理能力,以便为包括商业银行、大型商户、持卡个人和公共事业部门在内的诸多客户提供更加优质的专业银行卡服务,进而打造国际知名的银行卡品牌。

要想成为国际品牌,与国际银行卡组织巨头进行正面竞争,其业务能力和服务水平是决定胜负的关键因素之一。对于依赖信息系统开展业务、视数据资源为生命的银行卡组织,核心业务数据平台的性能对提升业务能力和服务水平起着至关重要的作用。但是,随着业务的迅速扩张导致业务数据量呈爆炸式增长,与此同时,银联的持卡用户对于交易的安全性、稳定性和便利性也提出了更高的要求,为了满足新的诉求,大幅度提高核心业务数据平台的数据处理能力成为当务之急。

其次,提供跨行、跨地区的银行卡交易需要一个集中交换、统一清算的全国处理中心,这些都是建立在区域数据大集中的基础之上,必然要改变先前数据分布、异构的状况。此前,中国银联内部分布着多个品牌的数据平台,内部数据资源分布异构,性能参差不齐,难以应对高质量跨平台交易的要求。针对出现的问题,要想实现远大的战略目标,中国银联需要对先前陈旧的数据库平台进行改造,全面提高数据库平台的业务数据处理能力、可用性和容灾性能。

因此,从 2004 年开始,中国银联就着手考虑改造先前的核心业务数据平台。经过多方考证和对比，中国银联将目光聚焦在 IBM DB2 上。一方面是因为 IBM DB2 是商业数据库领域的翘楚、具有超强的技术实力，在联机交易、数据库的可扩展性和可用性以及容灾能力等性能上处于领先地位，特别是 IBM DB2 在金融领域积累了丰富的经验，能保障项目的顺利进展；另一方面，IBM 作为一个国际品牌具有良好的知名度和美誉度。

2004 年中，中国银联决定将先前的全部业务数据平台统一到 IBM DB2 UDB 8.1 上。在 IBM 技术团队的支持和帮助下，中国银联的数据迁移工作得以顺利进行，并于 2004 年底完成 DB2 数据库平台的部署。

IBM DB2 UDB 8.1 上线一年多以来，中国银联建立了跨行、跨地区银行卡交易的网络和处理平台，其业务正在发生着可喜的变化。

在核心业务数据平台的性能方面，以联机交易为例，交易的峰值达到 3000T/s，单笔交易处理时间甚至不足 1 秒；因为拥有强有力的数据交换能力做保障，现在每天可进行多场次的清分清算，5200 万笔清算业务在 2 小时内即可完成；同时，新的数据平台能至少保存 6 个月的历史交易数据，并保证 200 个并发查询，Web 查询响应时间低于 10 秒。

在可用性方面，新的数据平台采用了一个活动的备用数据库来准备接管联机交易数据库的工作，形成联机交易数据库的高可用性方案，当主用数据库或主机故障时，借助运行管理平台的自动监控和发布切换命令，联机交易处理可在 5 分钟内切换到备用数据库上进行处理，由此保障了 7×24×365 的业务支持力度。

在容灾性能方面，新的数据平台一方面通过存储异步复制的方式将安全管理数据库复制到北京信息中心，另一方面通过容灾应用的参数同步工具实现北京信息中心与上海信息中心参数同步修改，有力地保障了业务数据的安全性。

随着核心业务数据平台的数据处理能力、可用性和容灾能力的全面提升，中国银联的业务量也得以迅速扩展。预计 2005 年，中国银联全年实现跨行交易 22 亿笔，交易金额 1.1 万亿元，分别比 2004 年增长 40%和 58%，境内外银联卡受理商户达到 42 万户、POS64 万台、ATM38.6 万台，受理环境进一步改善；开通香港、澳门、新加坡、泰国、韩国、美国、欧洲、日本等 15 个境外国家和地区的受理业务，基本覆盖了中国人最经常到达的境外地区；银联卡累计达到 5.5 亿张，其中银联标准卡 8600 万张，在与国际银行卡组织巨头在国内市场的竞争中始终保持稳固地位。

同时，随着中国银联客户服务能力的稳步提升，客户满意度也在节节攀升。最新调查显示，在中国有接近 90%的持卡人将"银联"视为"最受欢迎的银行卡组织"，有接近 60%的商户将"银联"视为"最受欢迎的银行卡组织"。

在 IBM DB2 UDB 8.1 的帮助下，中国银联创建具有国际竞争力的民族银行卡品牌的目标正一步步得到实现。

（上述资料来源于 http://www.db2china.net/club/thread-2877-1-1.html.有删改）

6.1 数据库技术的发展

人类利用计算机进行数据管理经历了人工处理、文件管理和数据库管理三个阶段。在 20 世纪 60 年代后期发展起来的数据库管理阶段使计算机处理数据进入了一个全新阶段，更重要的是它提出了数据库管理系统（Data Base Management System，DBMS）的概念。

DBMS 是数据库系统的核心,通过它对数据进行集中管理,并可以被多个用户和多个应用程序共享,由此减少了数据冗余、等待时间,也节省了存储空间,避免了数据之间的不相容性和不一致性。

自从数据库技术诞生至今,已经历了三代。

第一代:是指 20 世纪 60 年代所使用的层次和网状数据库系统。其代表是 1969 年 IBM 研制的基于层次结构的商品化软件 IMS(Information Management System)。

第二代:是指利用关系模型建立的数据库系统。1970 年,IBM 公司 San Jose 研究实验室的研究员 E. F. Codd 发表了题为"大型共享数据库的数据关系模型"的论文。在文中,他提出了数据库的关系模型,从而开创了关系数据库的研究领域,奠定了关系数据模型的理论基础,他本人于 1981 年也因此获得了图灵奖。20 世纪 70 年代后期,关系型数据库系统逐渐取代了层次和网状数据库系统。其代表是 IBM 开发的 System R 和加州大学 Berkley 分校开发的 INGRES。

自此以后,数据库技术成为计算机科学技术中发展最快的领域之一,也是应用最广泛的技术之一,成为计算机信息系统和应用系统的核心技术和重要基础。

第三代:是指面向对象数据库系统。20 世纪 80 年代,程序设计进入了面向对象的时代。面向对象的程序设计方法(Object Oriented Programming,OOP)与面向过程程序设计思想不同,不再将问题分解为过程,而是将问题分解为对象。数据库管理系统也开始了采用面向对象的数据模型。目前,由于面向对象数据库还不如关系型数据库成熟,更多的企业在建立信息系统时仍采用关系型数据库系统。

如今,数据库技术与网络通信技术、分布处理技术、人工智能技术、多媒体技术、并行计算技术等相互渗透、相互结合,成为当前数据库技术发展的主要特征。

6.2　数据模型

客观世界中的各种事物是彼此联系的。客观事物中的这种普遍联系性,决定了作为事物属性记录符号的数据与数据之间也存在着一定的联系。我们把反映客观事物之间联系的数据逻辑组织结构和形式称作数据模型。

从理论上讲,客观事物是千变万化的,表现各种客观事物的数据结构和形式也应是千差万别的,但在设计数据模型时还应把握事物的共性,并遵守以下原则:一是能较真实地模拟现实世界中的事物;二是容易被人们所理解和接受;三是便于在计算机上实现。

6.2.1　数据模型描述的内容

数据模型是对现实世界数据特征的抽象,是将具体事物转换成计算机能够处理的数据的一种工具,包括以下三部分:数据结构、数据操作和数据约束。

1. 数据结构

数据模型中的数据结构主要描述数据的类型、内容、性质及数据间的联系等。数据结构是数据模型的基础,数据操作与数据约束均建立在数据结构上。不同的数据结构有不同的操作与约束,因此,一般数据模型的分类均以数据结构的不同来划分。

2. 数据操作

数据模型中的数据操作主要描述在相应数据结构上的操作类型与操作方式。

3. 数据约束

数据模型中的数据约束主要描述数据结构内数据间的语法、语义联系,它们之间的制约与依存关系以及数据动态变化的规则,以保证数据的正确性、有效性及兼容性。

6.2.2 数据模型的分类

数据模型按不同的应用层次分为三种类型,即概念数据模型、逻辑数据模型及物理数据模型。

1. 概念数据模型

概念数据模型简称概念模型,它是一种面向客观世界、面向用户的模型。它与具体的 DBMS 无关,与具体的计算机平台也无关。它着重于对客观世界复杂事物的结构描述及它们之间的内在联系的刻画,是整个数据模型的基础。常用的有 E-R 模型、谓词模型等。

2. 逻辑数据模型

逻辑数据模型又称数据模型。它是一种面向数据库系统的模型,着重于数据库系统一级的实现。概念模型只有转换成数据模型后才能在数据库中得以表示。目前,逻辑数据模型的发展很成熟,更多地被人们所使用,如层次模型、网状模型、关系模型。

3. 物理数据模型

物理数据模型又称物理模型,它是一种面向计算机物理表示的模型,给出了数据模型在计算机上物理结构的表示方法。它涉及逻辑数据的存储方式和存取方式,是保证数据库效率的重要因素。物理数据模型既与 DBMS 有关,也与操作系统有关。

6.2.3 E-R 模型

E-R 模型属于概念模型,它是面向世界的,其出发点是有效、自然地模拟现实世界,给出数据概念化的结构。最初由 Peter Chen 于 1976 年率先提出。该模型将现实世界的要求转化成实体、联系、属性等几个基本概念及它们间的两种基本联接关系,并可以用一种图直观地表示出来。

1. E-R 模型基本概念

1) 实体(entity)

客观存在并可相互区分的事物叫实体。实体可以是具体的人、事、物,如一个病人、一张处方或一种药品等。

2）属性(attribute)

实体所具有的某一特征叫做属性。一个实体可以由若干个属性来刻画。如病人实体：具有病历号、姓名、性别、出生年份、就诊日期、病情诊断等属性；药品实体：药品名称、单位、数量、单价等属性。

3）联系(relationship)

联系是指实体之间的相互关联。如医生与病人间的治疗关系,医生与医院间的所属关系。联系的种类包括一对一(1∶1)、一对多(1∶N)、多对多(M∶N)三种。

- 一对一：如果对于实体集 A 中的每一个实体,实体集 B 中至多有一个(也可以没有)实体与之联系,反之亦然,则称实体集 A 与实体集 B 具有一对一联系,记为 1∶1。

- 一对多：如果对于实体集 A 中的每一个实体,实体集 B 中有 N 个实体($N \geqslant 0$)与之联系,反之,对于实体集 B 中的每一个实体,实体集 A 中至多只有一个实体与之联系,则称实体集 A 与实体集 B 有一对多联系,记为 1∶N。

- 多对多：如果对于实体集 A 中的每一个实体,实体集 B 中有 N 个实体($N \geqslant 0$)与之联系,反之,对于实体集 B 中的每一个实体,实体集 A 中也有 M 个实体($M \geqslant 0$)与之联系,则称实体集 A 与实体集 B 有多对多联系,记为 M∶N。

2．E-R 模型图示法

E-R 模型可用非常直观的图的形式来表示,这种图称为 E-R 图。

1）实体集表示法

可用矩形表示实体集,在矩形内写上该实体集的名字。如有实体集学生(student)、课程(course),可用图 6-1 表示。

2）属性表示法

可用椭圆形表示属性,在椭圆形内写上该属性的名称。如学生有学号(S♯)、姓名(Sn)、年龄(Sa),可用图 6-2 表示。

3）联系表示法

可用菱形表示联系,上面写上联系名称。如学生与课程间的联系 SC,可用图 6-3 表示。

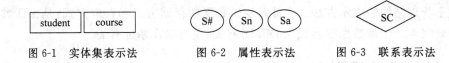

图 6-1　实体集表示法　　　图 6-2　属性表示法　　　图 6-3　联系表示法

4）实体集与属性间的联接关系

属性依附于实体集,它们之间也有联接关系。在 E-R 图中,可用直线表示,如图 6-4 所示。

5）实体集与联系间的联接关系

实体集与联系间的联接关系可用联接这两个图形间的直线表示,有时为了说明实体间的联系,可在线段边上标明其对应的 1∶1、1∶N 或 N∶M 等关系,如图 6-5 所示。

例如,病人、医生、病历和处方分别是 4 个实体,病人有

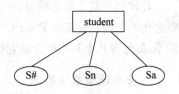

图 6-4　实体集的属性间的联接

姓名、年龄、性别等属性。病人与病历之间是一对一的联系；医生与处方之间是一对多的联系；病人与医生之间是多对多的联系。这4个实体之间的联系用E-R图表示如图6-6。

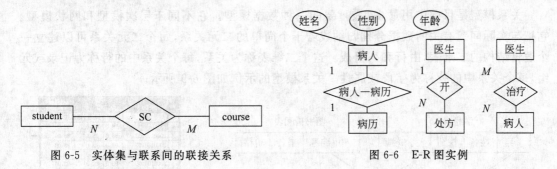

图 6-5 实体集与联系间的联接关系

图 6-6 E-R 图实例

6.2.4 层次模型

层次模型(hierarchical model)表示数据间的从属关系，如家谱。它是一种以记录某一事物的类型为根节点的有向树结构，像一棵倒置的树，根节点在上，层次最高；子节点在下，逐层排列。其主要特点如下：

- 仅有一个无双亲的根节点。
- 根节点以外的子节点，向上仅有一个父节点，向下无或有若干个子节点。

层次模型表示的是从根节点到子节点的一个节点对多个节点，或从子节点到父节点的多个节点对一个节点的数据间的联系。层次模型的示例如图6-7所示。

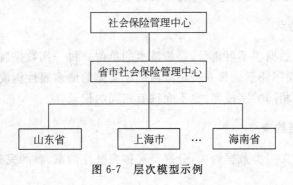

图 6-7 层次模型示例

6.2.5 网状模型

网状模型(network model)是层次模型的扩展，表示多个从属关系的层次结构，呈现一种交叉关系的网络结构。其主要特点如下：

- 有一个以上的节点无双亲。
- 至少有一个节点有多个双亲。

网状模型可以表示较复杂的数据结构，很好地反映了数据间的横向及纵向关系。这种数据模型在概念上、结构上都比较复杂，操作上也有诸多不便。网状模型的示例如图6-8所示。

6.2.6　关系模型

关系模型是目前应用最多、最重要的一种数据模型。它不同于层次模型和网状模型。它把与实际问题有关的数据分别归纳成若干个简单的二元关系,每个二元关系可以建立一个逻辑结构的二维表,由行和列组成。这个二维表称为关系,每个关系中的行称为记录或元组,每个关系中的列称为字段或属性。关系模型的示例如图 6-9 所示。

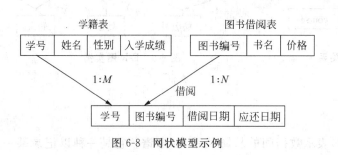

图 6-8　网状模型示例　　　　　图 6-9　关系模型示例

1.关系模型的主要概念

1)主键
在二维表中凡能唯一标识元组的最小属性集称为该表的主键。
2)候选键
二维表中可能有若干个键,它们称为该表的候选键。

2.关系模型的特点

关系中的每一个数据项不可再分,是最基本的单位。每一列数据属性相同,列数根据需要设置,各列的排列顺序任意。每一行记录由一个实体的诸多属性构成,各行的排列顺序也是任意的。不允许有相同的字段名,也不允许有相同的记录。

3.关系中的数据约束

关系模型允许定义三类数据约束,分别是实体完整性约束、参照完整性约束及用户定义的完整性约束。

实体完整性约束要求关系的主键中属性值不能为空值,这是数据库完整性的最基本要求,因为主键是唯一决定元组的,如为空值,则其唯一性就成为不可能的了。

参照完整性约束是关系之间相关联的基本约束,它不允许关系引用不存在的元组,即在关系中的外键要么是所关联关系中实际存在的元组,要么就为空值。

用户定义的完整性约束是针对数据环境与应用环境由用户具体设置的约束,它反映了具体应用中数据的语义要求。

实体完整性约束和参照完整性约束是关系数据库所必须遵守的规则,在任何一个关系数据库管理系统中均由系统自动支持。

6.3　数据库系统的组成

　　数据库系统是以数据库为核心的信息处理系统,它既能处理数据,也能开发、维护应用系统程序。一个完整的数据库系统包括硬件部分、相关软件及其数据库管理系统、用户、数据库管理人员和数据等几部分,如图 6-10 所示。

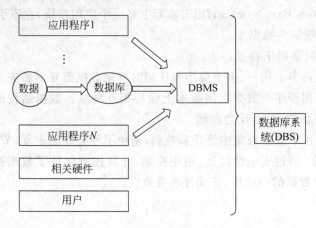

图 6-10　数据库系统组成

6.3.1　数据

　　数据(data)实际上是描述客观事物的一种物理符号序列,通常用型(type)和值(value)来表征。数据有多种表现形式,如数字、文字、图形、图像、视频等。它们都可以经过数字化后存入计算机中。

6.3.2　数据库

　　数据库(Data Base,DB)是存储数据的"仓库",通常是指存储在计算机外部存储器上的、能为多个用户共享的、结构化的且与应用程序彼此独立的相关数据的集合。

　　数据库的性质是由数据模型决定的。在数据库中,数据的组织结构如果满足层次模型的特征,则该数据库为层次数据库;如果数据的组织结构满足网络模型的特征,则该数据库为网状数据库;如果数据的组织结构满足关系模型的特征,称该数据库为关系数据库。

6.3.3　数据库管理系统

　　数据库管理系统(Data Base Management System,DBMS)是数据库系统的核心,它位于用户和操作系统之间,负责数据存储、维护和管理。数据库的所有操作都在数据库管理系统的统一管理下进行,通过数据库管理系统提供的管理和控制功能,使数据与应用程序隔离,保证数据的独立性;使数据结构与数据存储具有一定的规范性,减少了数据冗余,有利于数据共享;提供安全性和保密性措施,使数据不被破坏、不被窃用;提供并发控制,保证多个用户共享数据时的数据一致性；提供恢复机制，当出现故障时，数据恢复到一致性状态。

由此可见，数据库管理系统的功能强弱是衡量数据库系统性能优劣的重要标准，通常由软件公司提供。

6.3.4　数据库系统

数据库系统(Data Base System,DBS)实际上是一个应用系统，在不引起混淆的情况下，有时也把数据库系统称为数据库。

数据库系统应具备以下特点：

- 共享性：允许多个用户、多个应用程序同时存储数据而互不影响。
- 独立性：应用程序与数据之间基本上保持相互独立。数据结构的改变对应用程序没有影响或影响不大，反之亦然。
- 冗余度低：由于数据被集中管理和控制，避免了不必要的重复，节省了存储资源。
- 控制能力强：通过安全性控制、集中控制、并发控制保证了数据被多个用户或应用程序共享时数据的一致性、正确性和有效性。

1．硬件部分

包括足够的内存(以运行 OS、DBMS 及应用程序和提供数据缓存)，足够的存取设备(提供数据存储和备份)，足够的 I/O 能力和运算速度(保证较高的性能)以及其他设备。

2．软件部分

包括数据库和 DBMS。

- 数据库：按照一定方式组织起来的有联系的数据集合。所有的数据集中存放在数据库，并按照一定关系将它们组织起来。数据库里除存放数据外，还存放了数据之间的关系。
- DBMS：以数据库信息进行统一管理和统一控制的专门软件。它的功能包括：数据定义功能、数据操纵功能、数据库的运行管理和数据库的建立与维护功能。

3．用户

包括数据库管理员、数据库设计者、系统分析员和程序员、最终用户。

6.4　数据库系统的体系结构

数据库系统可从不同角度对其体系结构进行划分。

6.4.1　从最终用户角度划分

从最终用户角度看，数据库系统的体系结构分为单用户结构、主从式结构、分布式结构和客户机/服务器结构。

1. 单用户结构

整个数据库系统，包括应用程序、DBMS、数据都装在一台计算机上叫做单用户结构。在单用户结构中，整个数据库系统由一个用户独占，不同机器之间不能共享数据。

2. 主从式结构

一个主机带多个终端。数据库系统集中存放在主机上，所有处理任务都由主机来完成叫做主从式结构。在该结构中，各个用户通过主机的终端并发地存取数据库，共享数据资源。

3. 分布式结构

是指通过网络将若干个计算机系统连接起来，每个节点都可以独立地处理本地数据库中的数据，执行局部应用。同时也可以同时存取和处理多个异地数据库中的数据，执行全局应用。

4. 客户机/服务器结构

服务器专门用于执行 DBMS 功能，客户机安装外围应用开发工具，支持客户的应用。由客户端向服务器发出请求，服务器处理后将结果返回。通常，客户机与服务器一般都在多种不同的硬件和软件平台上运行，可以使用不同厂商的应用开发工具，应用程序具有更强的可移植性，同时也减少了软件维护开销。

6.4.2 从数据库系统角度划分

从数据库系统角度来看，数据库系统分为三级模式及两级映射，三级模式分别是概念模式、内模式和外模式，二级映射是概念级到内部级的映射及外部级到概念级的映射，其相互关系如图 6-11 所示。

1. 概念模式

概念模式(Schema)是对数据库系统中全体数据的逻辑结构和特征的描述，是所有用户的公共数据视图。它是数据库系统模式结构中的中间层，即不涉及数据的物理存储细节和硬件环境，也与具体的应用程序、应用开发工具及高级程序设计语言无关。

概念模式实际上是数据库数据在逻辑级上的视图。一个数据库只有一个概念模式。概念模式以某一种数据模型为基础，不仅要定义数据的逻辑结构，而且要定义与数据相关的安全性、完整性及上述数据之间的关系。

2. 外模式

外模式(External Schema)也称子模式或用户模式，它是数据库用户能够看见和使用的局部数据的逻辑结构和特征的描述，是数据库用户的数据视图，是与某一应用有关数据的逻辑表示，也就是用户所见到的数据模式，它由概念模式推导而出。

外模式通常是概念模式的子集。一个数据库可以有多个外模式。由于它是各个用户的

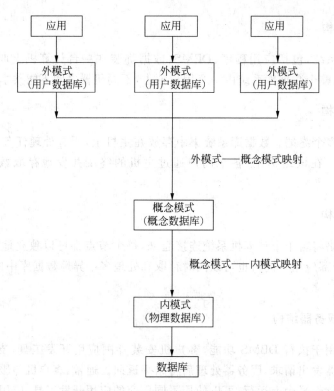

图 6-11 三级模式、二级映射关系图

数据视图,如果不同的用户在应用需求、看待数据的方式、对数据保密的要求等方面存在差异,则其外模式描述就是不同的。即使是模式中同一数据,在外模式中的结构、类型、长度、保密级别等都可以不同。另一方面,同一外模式也可以为某一用户的多个应用系统所使用,但一个应用程序只能使用一个外模式。

外模式是保证数据库安全性的一个有力措施。每个用户只能看见和访问所对应的外模式中的数据,数据库中的其余数据是不可见的。

3. 内模式

内模式(Internet Schema)也称存储模式或物理模式,一个数据库只有一个内模式。它是数据物理结构和存储结构的描述,是数据在数据库内部的表示方式(如记录的存储方式是顺序存储、按照 B 树结构存储还是按 Hash 方法存储等;索引按照什么方式组织;数据是否压缩存储,是否加密;数据的存储记录结构有何规定等)。

内模式的物理特征主要体现在操作系统及文件级上,还未深入到设备级上。它对一般用户而言是透明的,但它的设计直接影响数据库的性能。

6.4.3 两级映射

数据库系统的三级模式是对数据的三个抽象级别,它把数据的具体组织留给 DBMS 管理,使用户能抽象地处理数据,而不必关心数据在计算机中的具体表示方式与存储方式。为了能够在内部实现这三个抽象层次的联系和转换,DBMS 在这三级模式之间提供了两层映射即外模式——概念模式映射和概念模式——内模式映射。正是这两层映射保证了数据库系统中的数据能够具有较高的逻辑独立性和物理独立性。

1. 概念模式——内模式映射

该映射给出了概念模式中数据的全局逻辑结构到数据的物理结构间的对应关系,通常由 DBMS 实现。

2. 外模式——概念模式映射

概念模式是一个全局模式而外模式是用户的局部模式。一个概念模式中可以定义多个外模式,而每个外模式是概念模式的一个基本视图。外模式到概念模式的映射给出了外模式与概念模式的对应关系,这种映射也是由 DBMS 来实现的。

6.5　数据仓库

6.5.1　OLTP 与 OLAP

数据的处理分为操作型和分析型处理两种。

1. OLTP

操作型处理指在线事务处理(On-Line Transaction Processing,OLTP),即普通的日常操作,侧重于组织业务职能的自动化,典型处理形式是统计报表和数据查询,比如:ATM 机的取款、查询等。

由于应用于 OLTP 的传统数据库是面向应用、事务驱动的,数据常常被分散在多个子系统中,为了将这些零碎且结构各不相同的数据统一起来,需要为各种数据类型定制相关转化程序,最终将所有数据集成以供分析之用,这是一项复杂且繁重的任务。

而且随着数据量的增大,查询问题变得越来越复杂,事务处理逐渐出现了许多难以克服的问题。比如:查询效率低下,数据难以转化为有用的信息。

2. OLAP

分析型处理主要是在线分析处理(OLAP),也称联机分析处理。

OLAP 委员会对 OLAP 的定义为:使分析人员、管理人员或执行人员能够从多种角度对原始数据中转化出来的、能够真正为用户所理解的、并真实反映企业多维特性的信息进行快速、一致、交互地存取,从而获得对数据更深入了解的一种技术。

该技术侧重于信息的分析,能直接仿照用户的多角度思考模式,预先为用户组建多维数据模型,这里的"维"是指用户的分析角度。比如,对销售数据的分析,时间周期是一个维度,产品类别、分销渠道、地理分布、客户群类也分别各是一个维度。一旦多维数据模型建立完成,用户可以快速地从各个分析角度获取数据,也能动态地在各个角度之间切换或者进行多角度综合分析,具有极大的分析灵活性。

OLAP 技术主要用来分析数据以供决策之用,通常涉及对信息的切分、前推、回溯及回答 what-if 问题。典型操作如银行对顾客信用的评估等。

6.5.2　数据仓库的提出

在分析处理方面,人们要求信息系统具有对多方面数据进行综合性分析的能力,这就要求建立一个面向分析、集成保存大量历史数据的新型数据管理机制,这一机制就是数据仓库(Data Warehouse,DW)。

数据仓库最早于 20 世纪 80 年代初由 W. H. Inmon 率先提出。它是以关系数据库、Internet、并行处理和分布式技术为理论基础,通过相关技术将数据从异构数据源中抽取并整合到统一平台上,最终将数据转化为辅助管理层决策的有用信息。

6.5.3　数据仓库的定义与特征

W. H. Inmon 对数据仓库进行了如下定义:数据仓库是一个面向主题的、集成的、稳定且随时间不断变化的数据集合,用于支持经营管理中的决策制定过程。

作为一种信息管理技术,数据仓库能够将分布在企业内、外部的各种数据进行再加工,从而形成一个综合的、面向分析的环境,为决策者提供各种有效的数据分析,起到决策支持作用。

根据数据仓库的定义,可以看出数据仓库具有如下 4 个特征:

1. 面向主题

主题是一个在较高层次将数据归类的标准,每一个主题基本对应一个宏观的分析领域。比如,保险公司基于主题的数据仓库可能是:客户、政策、保险金、索赔。基于应用的数据仓库则可能是:汽车保险、生命保险、健康保险、伤亡保险。

由此可见,基于主题的数据被划分为各自独立的领域,每个领域有自己的逻辑内涵,互不交叉。而基于应用的数据只是为处理具体应用而组织在一起的,它对数据内容的划分未必适用于分析所需。

主题在数据仓库中是通过一系列列表来实现的,相当于关系数据库中的表,但主题以多维数组形式存储数据,而且大多数多维数据库在数据量超过 10GB 时效率不佳。

2. 集成统一

数据进入数据仓库之前必须经过加工和集成,这是数据仓库建设过程中最关键最复杂的一步。首先,要统一原始数据中所有矛盾之处,如字段的同名异义、异名同义、单位不统一、字长不一致等,还需要将原始数据结构从面向应用向面向主题进行大转变。

3. 相对稳定

数据经集成处理进入数据库后极少或根本不需要更新,所以,数据仓库反映的是历史数据而不是处理联机数据。

4. 随时间变化

数据仓库内的数据时限远远长于操作型环境中的数据时限,前者一般在 5~10 年,后者只有 60~90 天。数据仓库保存数据时限较长的目的是为了适应决策支持系统进行趋势分析的要求。而且,操作型环境包含的数据在存取的一刹那是正确、有效的数据,而数据仓库中的数据都是历史数据。因此,数据仓库的数据都包含时间项,从而表明该数据的历史时期。

6.5.4　数据仓库的构建

数据仓库的构建是一个经过不断循环、反馈而使系统不断增长与完善的过程,它处于分析型环境中,设计人员要在与用户不断交流的基础上逐步明确与完善系统的需求,因此它不同于一般操作型环境中的系统设计。

操作型环境系统的设计人员清楚地了解应用的需求和数据流程,采用的是系统生命周期法(System Development Life Cycle,SDLC)。而数据仓库建构采用的是(Cycle Life Development System,CLDS)。

该方法将需求分析的构成贯穿于整个数据仓库系统设计过程中,因此数据仓库开发步骤并不是绝对的。通常可将其构建步骤分为总体分析设计阶段、数据建模阶段、数据仓库生成阶段和应用维护阶段这 4 个步骤,其构建步骤如图 6-12 所示。

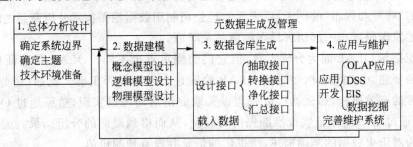

图 6-12　数据仓库构建步骤

6.6　数据挖掘

6.6.1　数据挖掘的起源及定义

随着信息技术的日新月异及经济全球化的飞速发展,存储信息的成本不断下降,企业中的数据也在以惊人的速度飞速地增长。虽然这些数据都是企业重要的资源,但目前大部分企业并没有对其充分利用,诸多决策都是在没有充分信息支持的情况下做出的。面对这些“堆积如山”的数据集合,如何有效地利用这些数据,如何在海量的数据中发现隐藏在其后的规律,人们迫切需要一种新的技术,这种新技术这是数据挖掘(Data Mining,DM)。

数据挖掘是信息技术逐渐演化的结果,它使数据库技术进入了一个更高级的阶段,不仅能对过去的数据进行查询和遍历,并且能够找出数据之间的潜在联系,从而促进信息的传递。

数据挖掘也称数据开采、数据发掘,也有的称为知识发现(Knowledge Discovery in Databases,KDD)。但两者有明显的区别。KDD 是指在数据中发现有用的知识过程,常用于科学研究领域；数据挖掘是指从数据中萃取模式的有用程序算法，多用于工程及商业领域。

在数据挖掘中，所处理的数据可以是结构化的，如关系数据库中的数据，也可以是半结构化的，如文本、图形、图像，甚至是分布在网络上的异构型数据。因此，数据库、数据仓库、Web 及各种数据文件都是其挖掘对象。

从技术角度定义数据挖掘，其概念如下：数据挖掘是从大量的、不完全的、有噪声的、模糊的、随机的实际数据中发现并提取隐藏在其中的有用知识或信息的过程。

从商业应用角度定义数据挖掘，其概念如下：数据挖掘是一种崭新的商业信息处理技术，根据企业既定业务目标，对大量的企业数据进行探索和分析，提示隐藏的、未知的或验证已知的商业规律，并进一步将其模式化的数据处理方法。

6.6.2　数据挖掘与其他数据分析的区别

数据挖掘与传统数据分析是有区别的。数据挖掘是在没有明确假设的前提下挖掘信息、发现知识，目的是发现那些不能靠直觉发现的信息或知识，甚至是违背直觉的信息或知识，而且挖掘出的信息越是出乎意料，就越可能有价值。比如，我们曾在第 1 章的阅读与思考中介绍的"啤酒与尿布"的例子，后来沃尔玛公司利用数据挖掘技术分析商品之间的关联，同样惊人地发现跟尿布一起销售最多的商品是啤酒。

数据挖掘与 OLAP 同为分析工具，但它们的侧重点也不同。OLAP 是验证型分析，分析时用户需要建立一个假设，然后用 OLAP 验证这个假设是否正确。比如，企业希望找到提高销售额的有效措施，那么就可以先假设采取促销活动可以实现，然后通过 OLAP 进行验证，最后通过 OLAP 来证实或推翻先前的假设，从而得到最终的分析结果。因此，OLAP 可以理解为对历史数据的准确描述，所提供的信息并没有预测价值。

数据挖掘却是个发现过程，它利用各种分析方法主动地从大量的数据中挖掘隐藏在数据中的模式和关系，其实质是个归纳过程。因此，数据挖掘获得的通常都是预测性信息，通过历史数据发现某种事物的发展趋势，是对未来的一种预测。

数据挖掘与 OLAP 具有一定的互补性。OLAP 可以帮助人们提出假设，也可以验证数据挖掘预测出的结果；数据挖掘可以得到某种结论，这个结论正确与否，可以用 OLAP 来验证。无论采用何种方式，上述两种技术手段都对数据进行了深层次的分析，为决策者提供了决策依据。

6.6.3　数据挖掘的过程

数据挖掘的过程可以概括为以下几个步骤：问题的定义、数据准备和预处理、数据挖掘、结果的评估与分析。

1. 问题的定义

数据挖掘的目的是在大量数据中发现有用的且令人感兴趣的信息，因此发现何种知识就成为整个过程中第一个也是最重要的一个阶段。在问题定义过程中，数据挖掘人员必须和该领域专家及最终用户紧密协作，一方面明确实际工作对数据挖掘的要求，另一方面通过对各种学习算法的对比进而确定可用的学习算法,对后续学习算法的选择及数据集的准确奠定基础。

2. 数据准备和预处理

数据准备又分为三个子步骤:数据选取、数据预处理和数据变换。

数据选取的目的是确定发现任务的操作对象,即目标数据。根据用户的需要从原始数据库中抽取一组数据。

数据预处理包括消除噪声、推导计算缺值数据、消除重复记录、完成数据类型转换等。如果数据挖掘的对象是数据库,那么预处理在生成数据仓库时已经完成了。

数据变换的目的是消减数据维数或降维,即从初始特征中找出真正有用的特征以减少数据挖掘时要考虑的特征或变量个数。

3. 数据挖掘

数据挖掘阶段根据问题的定义明确了挖掘的目的及任务后,就要决定使用什么样的算法。选择算法时要考虑不同的数据有不同的特点,不同的用户或运行系统要求也不相同,因此选择的算法可能会不同。比如,有的用户希望获取描述型、容易理解的知识,采用规则表示的挖掘算法要比神经网络之类的算法更合适。

4. 评估与分析

评估根据某种兴趣度量度,识别表示知识的真正有趣模式。知识表示阶段可用可视化和知识表示技术,向用户提供挖掘知识。在数据挖掘阶段发现的某种模式,经过评估可能存在冗余或无关模式,这时需要将其剔除;也有可能该模式不满足用户的要求,这时需要整个发现过程退回到前续阶段,重新选择数据、采用新的数据转换方法、设定新的参数,使用另一种算法等。因此,数据挖掘过程是一个不断反馈的过程。

数据挖掘质量受两个因素影响,一是所采用数据挖掘技术的有效性;另一个是用于挖掘的数据质量和数量。如果选择了错误的数据,或是不适当的属性,或对数据进行了不适当的转换,那么挖掘的结果不会优质。

6.6.4 数据挖掘模式

数据挖掘的任务是从数据集中发现模式。模式是用某种语言形成的表达式,用来描述集中数据的特征,表达式所描述的数据是数据集的一个子集。

模式有多种类型,按模式的实际作用可将其分成两大类:预测型模式和描述型模式。

1. 预测型模式

预测型模式是根据数据项的值精确确定某种结果的模式。预测型模式所使用的数据都是可以明确知道结果的。在建立这些模式时,使用一部分数据作为样本,另一部分数据来检验、校正模式。

预测型模式可划分为以下三种:

1) 分类模式

分类模式是按一定标准把数据对象划归到所属类别中,它是一个分类函数,能够把数据集中的数据项映射到某个给定的类上。

2）回归模式

回归模式的函数定义与分类模式相似,差别在于分类模式的预测值是离散的,而回归模式的预测值是连续的。

3）时间序列模式

时间序列模式是根据数据随时间变化的趋势预测将来的值。

2. 描述型模式

描述型模式是对数据中存在的规则做一种描述,或根据数据相似性把数据分组。描述型数据不能直接用于预测。这类模式建立之前是未知的,模式产生不受任何监督。

描述型模式可划分为以下三种:

1）聚类模式

聚类是识别一组数据对象的内在规律,从而将对象分组构成相似对象类。聚类模式与分类型模式不同,聚类不包含预定义的或隐藏的关系及模式,所有对象的类属关系都是未知的。

2）关联模式

关联模式是数据项之间的联系规则。联系是事件驱动的,即联系存在于两个共生的事件之间。

3）序列模式

序列模式表示数据之间的时间关联性。与关联模式类似,序列模式也是事件驱动的。

课后阅读

淘宝网的数据仓库

成立于 2003 年的淘宝网稳踞亚洲购物网站的第一名,会员数超过 4000 万人,每年成交额皆以几何倍数快速增长,早在 2006 年就已突破 169 亿元人民币。随着业绩的持续攀升,不期而至的惊人数据量与计算量远远超出原有环境的负荷,进而对数据库的运行速度造成了显著的影响。同时,连年增长的海量数据对系统的延展性也提出了更高要求。上述需求使淘宝网在收获巨额交易量的同时面临着诸多挑战。这些挑战分别来自业务层面与技术层面。

从业务层面看,如何设计出更多、更好的促销活动,吸引更多的客户,是首要的业务目标。从技术层面看,基础架构的提升及强化将是关键。另一方面,基础架构的建置仍缺乏整体且完善的规划与考量,这是淘宝网最主要的隐忧。

虽然原有的数据库只使用了两、三年,但由于快速增长的数据量,再加上激活了许多新项目,上述变化对数据库提出了更高的要求。同时,淘宝网希望能从庞大的数据中挖掘出更有用的信息,以此作为业务决策与网站运营的依据。

结合上述因素,淘宝网决定投资建置数据仓库。对于即将建置的数据仓库,最大的技术挑战在于效率及速度。

2007 年初,淘宝网找来了 Oracle、NCR、IBM、HP 与 Sybase 进行解决方案评估,最后只留下 Oracle 与 NCR 进行对战。第一道关卡是概念验证(Proof of Concept, PoC),进行大批量的特殊查询与并行查询;第二道关卡则是性能价格比。

就性能而言,Oracle 在多项标杆测试里领先竞争产品数倍。更重要的是,运行于开放系统的 Oracle 数据仓库,相较于采用专属软硬件的竞争产品,不仅初期建置成本更低,维护运行及升级也更为容易,而且针对企业未来需求还能以更低投资、更弹性地扩充 IT 基础架构。就这样,淘宝网最终选择了性价比最高的 Oracle。

Oracle 通过网格运算(Grid Computing)技术重新打造并强化淘宝网的基础架构环境,再进行数据仓库的建置,短短半年之内就完成了上线工作。值得一提的是,整个建置及导入作业都由淘宝网一手包办,显见其强大的技术实力。在项目进行过程中,Oracle 主要协助执行概念验证与技术问题的排除。

新建的数据仓库主要提供商业智能(Business Intelligence)分析与数据挖掘(Data Mining)两大功能,同时,也会根据业务需求,提供所需的企业级报表,或进行用户行为模式分析。

除了建置数据仓库之外,强化基础架构同样名列本次项目的重点。Oracle 则以网格运算技术 Oracle Real Application Clusters 与 Oracle Cluster Ready Services,结合自动化管理方案 Oracle Automatic Storage Management 与 Oracle Partitioning,为淘宝网打造高延展性且自动化的基础架构环境。

Oracle Automatic Storage Management 主要是一种取代原本必须以人力手动操作及调整的主机工具。由于 Oracle Automatic Storage Management 是高度自动化的解决方案,绝大多数的作业都能自动进行管理,无需人力介入操作,因而大幅减轻了人们工作负担。

举例来说,要为服务器增加磁盘时,过去必须先由 IT 人员做好规划,涵盖设定、安装到分散数据,才能行动。但现在,IT 人员只需下指令,后续作业就由 Oracle Automatic Storage Management 自动接手完成,通盘考量最佳的安装及建置做法,完全无需 IT 人员的介入。使得过去必须耗费两小时才能完成的工作,Oracle Automatic Storage Management 只要五分钟就能完成,不仅效率更高,管理负担也相对减轻许多。而且,Oracle Automatic Storage Management 还能随时自动进行监控调整,确保系统环境的优化。

针对淘宝网所需的并行处理系统,Oracle Real Application Cluster 先以 4 个节点来建构底层环境,但也预留了后续扩充至 8 个节点、16 个节点的成长空间,满足淘宝网对系统效能及延展性的重视,同时也大幅提升了数据仓库的性能。

数据仓库上线之后,搜寻及查询数据的效能比原有环境提升两倍以上,整体系统的效能表现游刃有余,使用上也更为迅速便利,高达八成以上的员工都会使用数据仓库系统。比如,针对"十一长假",淘宝网设计了许多促销活动上线,为了确认活动是否达到预期目标,需要使用数据仓库计算及分析活动的效果。此外,市场部门也能根据往年的历史数据,找出效果最好的活动并重新包装推出。

数据仓库的效益,在于分析历史、预测将来,以及看到所有活动的历史轨迹。它同时也是最佳指针,有效规范最终决策,不致太过偏离现实。由于以前淘宝网使用的数据库系统也是 Oracle,通过数据仓库的建置,增强了 IT 部门的效率,同时也培养了一批专业技术骨干。

针对数据仓库的未来应用方向,淘宝网也有许多规划与期望,例如:增加"推荐引擎",强化对消费者的服务,让数据仓库的应用不只局限在传统领域,而是让更多人使用。

　　(上述资料来源于 http://www.tbdata.org/archives/11.有删改)

思考题

1. 请说明数据仓库与数据挖掘之间的区别与联系。
2. 请说明数据挖掘与传统数据分析之间的区别。
3. 请说明数据、数据库、数据库管理系统、数据系统之间的关系。
4. 请说明数据模型的分类。
5. 请说明数据库系统的三级模式、二级映射的含义。

系统 篇

人力资源管理信息系统
营销管理信息系统
供应链管理信息系统
企业资源计划管理信息系统
客户关系管理信息系统
面向智能的管理信息系统

管理信息系统按不同的管理职能及管理层次可划分为不同的管理信息系统。无论何种管理信息系统,在设计之初应以提高事务处理的自动化为基本原则,同时兼顾以下4个目标:

- 效率。效率是衡量系统性能的重要指标。
- 预期判断。利用信息系统中存储的数据量巨大及处理速度快的特点,对相关业务通过复杂的数学模型进行求解,从而为决策者提供决策依据。
- 研究开发。研究开发是企业的创新之源,由于需要将以住大量数据、信息、知识进行反复试验,所以研究开发是信息系统必不可少的功能目标。
- 业务流程重组。在管理实践中,随着环境改变会带来管理模式的改变,从而带来业务流程的重组,而信息系统作为一个开放系统必须具备改变原有业务模式的功能,随时接受改变,随时进行业务流程重组。

在系统篇中,将为大家重点介绍人力资源管理信息系统、营销管理信息系统、客户关系管理信息系统、供应链管理信息系统、企业资源计划(Enterprise Resource Planning,ERP)及智能管理信息系统。其中,人力资源和营销管理是按职能划分的信息系统;供应链、ERP及客户关系管理是按流程划分的信息系统;智能管理信息系统属于决策支持系统的范畴。

在介绍每个管理信息系统功能的同时,也将知识进行延伸,逐一向大家介绍不同职能、不同流程的相关理论知识,并通过案例向大家进一步展示各种管理信息系统的应用为企业带来的成功与挑战。

第7章
人力资源管理信息系统

宝洁公司的人力资源管理

始创于 1837 年的宝洁公司,是世界上最大的日用消费品公司之一。2010 年度净销售额同比增加 3‰,达到 789 亿美元,多年来一直排在世界 500 强的前 100 位。

宝洁公司全球雇员近 10 万,在 80 多个国家设有工厂及分公司,拥有专利 2500 项,其中 250 项技术受保护,7000 位科学家任职于 17 个研究中心,其中有 1250 个博士级科学家,数量超过哈佛大学、麻省理工学院、斯坦福大学、东京大学及伦敦帝国大学的科学家的总和,每年投资在研发上的费用超过 13 亿美金。

这个产品行销 160 多个国家和地区的日化帝国,面对不同的种族和文化,它是如何找到开启不同市场的金钥匙? 究竟是什么构成了这个百年日化帝国的"常青术"?

如果是一家只有 10 年历史的公司,我们可以从技术领先、成本领先、渠道领先等多个角度去分析。但是,仅仅靠这些就能常青 100 多年吗?

显然不是,100 年的时间足以让所有的厂房都老旧不堪,而唯有人、人的精神却世代相传、生生不息。正是在这个意义上,探求宝洁在人力资源上的特色或许能揭开它常青的奥秘。

一、别具一格的招聘管理

在中国,宝洁公司只招应届大学生,多年来都被中国大学生评为心目中的最佳雇主。

在宝洁,有位前任首席执行官曾经说,在公司内部,他看不到比招聘更重要的事,如果时间许可,他会亲自参加一些比较重要的面试。Richard——宝洁公司前任董事长也说过:"如果你把我们的资金、厂房及品牌留下,把我们的人带走,我们的公司会垮掉,相反,如果你拿走我们的资金、厂房及品牌,而留下我们的人,十年内我们将重建一切。"

由此可见,宝洁对人才的高度重视。他们把招聘当做人力资源工作的起点,并且认为,如果起点的质量不高,那么后续的事情比如培训等工作将会事倍功半,而且会影响到公司各项决策的执行情况。

1. 招聘时遵循同一条准则

宝洁公司招聘员工最看重的是员工素质。这些素质包括:诚实正直、领导能力、勇于承担风险、积极创新、团结合作、不断进取及发现问题和解决问题的能力。有些部门,如产品供应部、研究开发部、信息技术部和财务部,要求学生最好有一些基本的专业背景,但并不要求专业一定对口。

2. 寻找人才的 7 个标准

1) 强烈的进取心

工作中遇到任何困难都要坚韧不拔、独立自主地以极大热情做好自己的工作。

2) 卓越的领导才能

与同事保持良好的工作关系,并努力帮助下属发挥其最大的潜能。

3) 较强的表达交流能力

以客观开放的态度、简明有力地表达自己的观点并吸取别人的建议、意见。

4) 较强的分析能力

要有较高的才智,全面思考工作中的问题,得出合理结论,在瞬息万变的商业竞争中快速做出反应。

5) 创造性

不断寻找新的工作方法及达到某个目标的最佳途径。

6) 优秀的合作精神

懂得如何激发他人热情,从而成功地领导一个集体取得最佳效果。

7) 正直的人格

按照宝洁的"公司信条"来工作。在每天的工作中都努力遵循诚实和正直的原则。

3. 标准化的招聘面试流程

1) 设计统一招聘表,采用机器读码方式读取应聘者的信息

通过上述方式在建立招聘人才库时只需要输入少量的个人信息,就可以在应征者招聘表中快速、准确地筛选出合适的人选。上述手段也是人力资源管理信息化的重要体现。

2) 问题的设计很讲究,涉及应征者的学习能力、动机个性等多个方面

由于不同部门需要的人员素质不同,比如:市场部在招聘员工时对销售能力和领导能力等要求比较高,通过标准测试题库和对比结果,就可以非常方便地寻找出较为优秀的员工。

3) 招聘表分为主表和附表

如果从主表中选出符合基本要求的应征者,进一步的判断就要从附表中应征者对问题的回答来决定了。

附表中的 8 道问题涵盖了对应征者相关素质方面的详细考察,问题设计思路基于对应征者过去行为的分析,每道题都要求应征者用实例来回答。

4) 宝洁的招聘过程

- 公司介绍和现场交流;
- 招聘表发放;
- 招聘表选择;
- 第一次面试;
- 疑难问题解答;
- 第二次面试;
- 发放录取通知。

5) 宝洁的面试

第一轮为初试,由一位面试经理对一个求职者进行面试,一般都用中文进行。面试人通

常是具有一定经验并受过专门面试技能培训的公司部门高级经理。这个经理通常是被面试者申报部门的经理,面试时间大概在30～45分钟。

通过第一轮面试的学生,宝洁公司将出资请应聘学生来广州宝洁中国公司总部参加第二轮面试,也是最后一轮面试。为了表示宝洁对应聘学生的诚意,除免费往返机票外,面试全过程在广州最好的酒店或宝洁中国总部进行。

第二轮面试大约需要60分钟,面试官至少是3人,为确保招聘到的人才真正是用人单位(部门)所需要和经过亲自审核的,复试都是由各部门高层经理来亲自面试。如果面试官是外方经理,宝洁公司还会提供翻译。

6) 宝洁的面试过程

第一步,相互介绍,并创造轻松交流气氛,为面试的实质阶段进行铺垫。

第二步,交流信息。这是面试中的核心部分。一般面试人会按照既定的8个问题提问,要求每一位应试者能够对他们所提出的问题做出一个实例的分析,而实例必须是过去亲身经历过的。

这8个问题由宝洁公司的高级人力资源专家设计,无论您如实或编造回答,都能反应您某一方面的能力。宝洁希望得到每个问题回答的细节,高度的细节要求让个别应聘者感到不能适应,没有丰富实践经验的应聘者很难完美地回答这些问题。

第三步,随着讨论的问题逐步减少或合适的时间一到,面试就引向结尾。这时面试官会给应聘者一定时间,由应聘者向主考人员提几个自己关心的问题。

第四步,面试评价。面试结束后,面试官立即整理记录,根据求职者回答问题的情况及总体印象作评定。

7) 宝洁的面试评价体系

宝洁公司在中国高校招聘采用的面试评价测试方法主要是经历背景面谈法。即根据一些既定考察方面和问题来收集应聘者所提供的实例,从而来考核该应聘者的综合素质和能力。

宝洁公司的面试题目由8个核心问题组成:

第一,请你举一个具体的例子,说明你是如何设定一个目标然后达到它的。

第二,请举例说明你在一项团队活动中如何采取主动性,并且起到领导者的作用,最终获得你所希望的结果。

第三,请你描述一种情形,在这种情形中你必须去寻找相关的信息,发现关键的问题并且自己决定依照一些步骤来获得期望的结果。

第四,请你举一个例子说明你是怎样通过事实来履行你对他人的承诺的。

第五,请你举一个例子,说明在完成一项重要任务时,你是怎样和他人进行有效合作的。

第六,请你举一个例子,说明你的一个有创意的建议曾经对一项计划的成功起到了重要的作用。

第七,请你举一个具体的例子,说明你是怎样对你所处的环境进行一个评估,并且能将注意力集中于最重要的事情上以便获得你所期望的结果的。

第八,请你举一个具体的例子,说明你是怎样学习一门技术并且怎样将它用于实际工作中的。

8) 评分标准

根据以上几个问题,面试时每一位面试官当场在各自的"面试评估表"上打分:打分分

为三等:

1~2(能力不足,不符合职位要求;缺乏技巧、能力及知识。)

3~5(普通甚至超乎一般水准,符合职位要求;技巧、能力及知识水平良好。)

6~8(杰出应聘者,超乎职位要求;技巧、能力及知识水平出众。)

具体项目评分包括说服力/毅力评分、组织/计划能力评分、群体合作能力评分等项目评分。在"面试评估表"的最后1页有1项"是否推荐栏"有3个结论供面试官选择:拒绝、待选、接纳。

在宝洁公司的招聘体制下,聘用1个人,必须经所有面试官一致通过方可。若是几位面试官一起面试应聘人,在集体讨论之后,最后的评估多采取一票否决制。任何一位面试官选择了"拒绝",该候选者都将从面试程序中被淘汰。

二、高度重视人才培养

1. 很少采用试用期

尽管国家法律规定,企业可以对员工有一个试用期。一些公司会利用试用期招聘远远超出用人指标的试用者,然后让他们互相竞争甚至"自相残杀",这些情况在宝洁公司是绝对不会发生的。宝洁认为与员工的雇用合同就像一纸婚书,希望可以像婚姻的关系牢固而稳定而不是随时可以互相不负责任地走掉。

2. 高度重视人才培养

1) 独具特色的培训计划

所有员工从迈进宝洁大门的第一天开始,培训课程将贯穿职业发展的整个过程。所有培训课程,都会针对每一名员工个人长处、待改善地方,并配合业务需求来设计,也会综合考虑员工未来的职业兴趣和未来工作需要。

员工进入公司后通过正规培训以及工作中直线经理一对一的指导,让宝洁员工迅速地成长。通常在新员工入职两年后给他调动岗位,这等于又为他描绘了新的学习曲线,自己也能找到新的动力和方向。

由于宝洁公司的业务遍布全世界,公司的目标是尽快实现员工本地化,希望在不远的将来,逐渐由国内员工取代外籍人员担当公司的中高级领导职位。

2) 培训内容

① 入职培训

新员工加入公司后,会接受短期的入职培训。目的是让新员工了解公司的宗旨、企业文化、政策及公司各部门的职能和运作方式。

② 管理技能和商业知识培训

公司内部有许多关于管理技能和商业知识的培训课程,如提高管理水平和沟通技巧、领导技能培训等。它们结合员工个人发展的需要,帮助新员工在短期内成为称职的管理人才。同时,公司还经常邀请宝洁其他分部的高级经理和外国机构的专家来华讲学,以便公司员工能够及时了解国际先进的管理技术和信息。公司独创了宝洁学院,通过公司高层经理讲授课程,确保公司在全球范围的管理人员参加学习并了解他们所需要的管理策略和技术。

③ 海外培训及委任

公司根据工作需要,通过选派各部门工作表现优秀的年轻管理人员到美国、英国、日本、新加坡、菲律宾和香港等地的宝洁分支机构进行培训和工作,使他们具有在不同国家和工作环境下工作的经验,从而得到更全面的发展。

④ 语言培训

英语是公司的工作语言。公司在员工的不同发展阶段,根据员工的实际情况及工作的需要,聘请国际知名的英语培训机构设计并教授英语课程。新员工还要参加集中的短期英语岗前培训。

⑤ 专业技术在职培训

从新员工加入公司开始,公司便派一些经验丰富的经理悉心对新员工的日常工作加以指导和培训。公司为每一位新员工都制定其个人的培训和工作发展计划,由其上级经理定期与员工进行总结回顾,这一做法将在职培训与日常工作实践结合在一起,最终使他们成为本部门和本领域的专家能手。

3. 新员工同化制度

很多企业领导者的心态往往是:"离开谁地球都照样转"。一些中层干部甚至认为:人才培养那是人力资源部门的事,企业文化是老板的事。但是,在日常工作中,与基层员工发生最为密切联系的是部门经理,人力资源及企业文化的最强有力的执行者也是部门经理。

宝洁公司就是通过主管对部属的持续指导,类似师徒制的运作方式,要求主管将自己的一身功夫与经验传授给部属,并不断地从旁指点与扶持,这是宝洁公司得以持续传承强势文化与经营知识的关键之一。

4. 坚持内部提拔,尽量不用"空降兵"

作为一家国际性的大公司,宝洁有足够的空间让员工描绘自己的未来职业发展蓝图,是当今为数不多采用内部提升制的企业之一。宝洁公司所有高级员工都是从内部提升的,不会从外面招入一个人做上司。公司提升员工的唯一标准是员工的能力和贡献,国籍并不是影响提升的因素。

宝洁公司也很少请猎头公司,而是坚持内部培养、内部提拔的传统。这是基于以下原因:

首先,宝洁公司相信自己招聘的员工质量,相信在公司内部是有大量人才的。

其次,宝洁希望每个员工都能看到自己的上升空间,而不是一出现职位空缺,就由"空降兵"占领,这样的话,员工可能对公司没有归属感。

5. 内部提拔的方式

宝洁公司的招聘程序与众不同之处在于:它不是由人力资源经理招聘,而是直接由需要人才的部门经理去招聘。由于这些部门经理对需要的人才都有一个基本的目标,所以对人才潜力等方面也有着他们自己的认识。

在宝洁,上下级之间拥有良好的关系,这种好不是拍马屁的好,而是无顾忌沟通的好。

曾有位员工策划的方案经常被顶头上司批驳得体无完肤,到了年底,他认为需要卷铺盖走人的时候,上司却意外地在绩效考核的分数上给了他高分。后来,上司对他说:批评是因为提出的方案前瞻性不足,但并不妨碍他当年做得非常出色的工作。这位员工的思考、努力获得了上司另外一种形式的肯定,而且这种肯定让他终生难忘。

三、良好的薪酬福利制度

宝洁公司承诺提供给员工"具有竞争力的薪酬保障"。为此,宝洁每年从市场上选择50家相同行业和相近行业的公司作为比较对象,了解其薪酬水平在50家中的相对位置,一般以中间位置决定它的薪酬水平。此外,宝洁的福利体系也别具一格。

1. 住房政策

除了提供国家规定的住房公积金政策外,还对员工实行每月的房租补贴(600~1500元)。大力资助员工购房,对工作年限达到一定年份的员工提供无息贷款,并给员工办理户口。

2. 保护性福利

1) 医疗保险计划

可以报销员工大部分门诊及住院费用。

2) 人身和意外伤害保险计划

员工发生意外伤害最高赔付72倍月薪。

3) 全球差旅保险计划

为了保证差旅途中的安全,一旦发生意外,最高赔付额为3倍平均年薪。

3. 奖励性福利计划

1) 一般奖励计划

使用期满,员工将得到公司免费赠予的普通股一股,5年后员工可按市场价格兑现股价和红利。

2) 宝洁周年服务纪念计划

每满5年,公司赠予一定价值的纪念品。

3) 股票选择计划

公司授予每位员工一定数量的普通股的增值权益。在授予后的5~10年间,员工可以得到其增值部分。

4) 节日补贴

如在节日期间需要加班可以得到数倍的工资。

4. 假期

1) 探亲假

每年17天。

2) 公众假期

每年14天(10天国家法定假期,4天圣诞节)。

3) 员工假

员工在公司服务1~5年间,每年可享受10个工作日的员工假;满5~10年,每年可以享受15个工作日的员工假;满10年,每年享受20个工作日的员工假。

5. 其他福利

为了减少员工出行成本,公司推出了弹性工作日,无论你何时来上班,只要上满8小时即可,这使得员工不必赶早、晚高峰上班,节约了时间,同时也方便了一些需要照顾小孩子的妈妈们在时间安排上更充裕、更自由。

同时,为营造一种轻松、无压力的工作环境,公司开辟了各种休息、聊天、健身、放松的区域。目的是希望员工不要疲于奔命,在工作几个小时后适当减减压,在喝咖啡的时间进一步加强沟通,感受生活之美好、工作之美好。

(以上资料来源:http://www.foodmate.net/hrinfo/xinchou/10229.html.有删改)

通过宝洁的人力资源管理案例可以看出：对任何一个企业而言，虽然按职能划分，可将众多的管理工作分为市场营销、财会会计、生产制造、人力资源等多个方面。但由于企业是由不同的人组成的集合，根据以人为本的现代管理理念，企业中每个人的素质、能力、认知、信念等多种因素组合在一起构成了该企业的总体人力资源。

据有关数据资料显示：对企业而言，人力资源方面的支出占用其总运营支出的最大比重，大约为 40%～60%，尤其对于服务性组织，工资支出可能占总运营成本的 85% 左右。由此可见，仅从成本方面考虑，人力资源管理是否高效都是构成企业成功与否非常重要的因素。

另外，企业中雇员的技能、知识结构及工作态度构成了企业中的人力资本，而且越来越多的企业在界定企业价值时不仅仅包含所获得的利润，还兼顾了员工的成长性和满意度、对环境保护程度及对社会发展的贡献等诸多要素。所以，无论从哪个角度衡量企业的价值，人都是最宝贵的资源。这一点，从宝洁公司的百年成功经验中已经得到了最好的诠释。

人力资源管理是指影响组织中雇员的行为、态度以及绩效的各种政策、管理实践及制度。人力资源管理的目的就是发挥雇员最大主观能动性从而带动企业发挥最高绩效水平。为了实现这一目标，拥有一套完善的人力资源管理信息系统是必不可少的辅助工具。

通常，一套完整的人力资源管理信息系统包括三个模块，分别对应着企业人力资源管理人员的不同层次的不同需求。

7.1 人力资源基础信息系统

人力资源基础信息包括人事档案、劳动合同、员工考勤和培训等信息。由于人力资源基础信息拥有组织成员非常完备的信息，未经授权使用和传播就会违反相关法律的规定，组织及相关责任人就要承担严重的法律责任，因此，信息系统的安全维护就显得极其重要。

人力资源基础信息系统应包括以下几个方面的内容：

1. 人事档案信息系统

该系统包含人事基本信息和人事变动信息两部分。主要功能包括对所有在职员工、解聘员工、离退休员工的基本信息、任职情况、组织变动情况、奖惩情况等基础档案数据的维护、统计和分析；晋升、降职、辞职、辞退、退休等人事变动业务的处理；并提供各类员工信息卡片、信息报表等。

2. 劳动合同信息系统

随着我国劳动法规不断健全与完善，劳动合同信息系统可以全面管理员工劳动合同的签订、变更、续订、终止、解除这一系列全过程。并针对不同时期、不同的合同版本，提供不同的版本管理，还具有对到期的合同自动提示的功能。

3. 考勤管理信息系统

员工考勤作为月薪、年薪、年假、培训、晋升等诸多事情的重要参考依据必须精确、完善，因此考勤管理信息系统不仅支持手工考勤同时支持考勤机考勤两种方式。先由人事专员根据企业的相关制度、规定预先设置考勤项目、班别、工作日历、考勤规则等,对员工的出勤、休假、加班等情况进行自动处理,按不同的时间段自动生成清晰的员工出勤报告,并转入薪资管理系统中,使考勤数据与薪资计算直接挂钩。

针对已保存的考勤数据,系统还提供了灵活的统计、分析和查询功能。除此之外还包含假期管理功能。企业根据实际情况设置假期种类、假期规则,并针对提出的休假申请,在审批处理中自动参照假期规则进行检验,还可以为员工的休假情况提供各种统计分析。

4. 培训管理信息系统

很多企业将自己的组织定位于学习型组织,这是一种强调学习、适应、创新以及变革能力的组织。为此企业需要对不同岗位、不同层次、不同部门的员工提供各种各样行之有效的培训。

培训管理信息系统提供了制定培训计划、发布培训信息、维护培训档案、评估培训结果等一系列过程。该系统也可以对培训资源进行管理,比如建立教师库、课程库等,并对培训情况提供查询、统计、分析功能,从而将培训信息和人力资源信息有机结合起来,为企业人力资源的配备和员工的升迁提供科学依据。

7.2　人力资源管理信息系统

人力资源管理信息系统不仅是简单的数据收集和整理,在此基础上它的功能更为复杂和多样,包含工作分析与设计、招聘、绩效考核及员工薪酬与福利等多个管理功能。

7.2.1　工作分析与设计子系统

1. 工作分析与设计子系统的组成

该子系统由工作描述与工作说明两部分组成。
- 工作描述:具体说明每项工作的目的、任务、义务与责任,以及工作环境、聘用条件等。
- 工作说明:又称职务要求,主要说明从事某项工作的人员必须具备的技能、知识结构、工作经验及其他特征。

2. 工作分析与设计子系统优点

(1) 有助于提高工作和组织的设计和重新设计的灵活性。

企业中存在不同的工作岗位,在比较岗位职责时可以发现很多工作具有相同或相似的工作任务,这样就可以把多个岗位中相似的部分合并成一个新岗位,不同的部分可根据职位相关性划到其他岗位中去。

这样既有效地简化了公司的组织结构,又有利于管理人员对此职位上员工的调动,也简化了招聘、测试和职位安排等工作。

(2) 与职务控制系统相连,从而使职务更开放。

(3) 为人力资源管理信息系统其他方面的决策提供基础平台。

7.2.2　招聘子系统

如果企业有着比较好的发展态势就需要不断向外扩张，这就需要招聘大量的适合的人来从事相关工作。另外，在某些行业、某些企业客观存在高流失率，招聘甚至是一种工作常态。

招聘子系统可以编制招聘计划、发布招聘信息，标准化地收集应聘者信息后根据应聘职位和相应的任职条件自动甄选应聘人员，对符合要求的人员批量发送电子邮件或打印通知单，录用人员的数据也可以直接转入员工信息库。

7.2.3　绩效考核子系统

绩效管理是指管理者为了保证在激烈的市场竞争中赢得优势，使雇员的工作活动和工作产出与组织的目标保持一致的过程。绩效管理分为三个部分：绩效的界定、绩效的衡量及绩效信息的反馈。为了实现绩效管理可采用绩效考核系统。

该子系统根据职务分析将企业员工纵向分为经营决策层、中层管理层、基层管理层、基本操作层、辅助运作层；横向分为研究开发系列、行政人事系列、生产系列、市场营销系列、财务处理系列、售后服务系列、质量控制系列、技术支持系列、秘书辅助系列等。再根据工作分析来制定对组织而言哪些员工是最重要的。有效的人力资源管理应该通过将雇员和顾客的满意度、创新、生产率等指标结合起来对不同层次、系列人员设计考核标准。

考核过程中针对员工的业绩、能力、态度等方面按月份、季度、年度考评，对考核数据提供统计分析功能，为薪酬、奖惩、培训、开发等方面提供重要的参考依据。

7.2.4　薪酬子系统

从雇主的角度看，有竞争力的工资是推动企业战略目标实现的强有力的工具，它不仅决定着雇员的态度和行为，而且关系到优秀的雇员是否被吸引到企业并被企业留住的问题。

从雇员的角度看，工资、奖金等各种劳动报酬总和不仅决定着个人的生活质量，更是衡量一个人成功与否的重要标准。除了考虑工资总和外，在企业内部，工资标准的制定是否公平也是影响员工士气的非常重要的因素。雇员在评价他们与企业之间关系的紧密程度时，工资往往作为一个非常重要的衡量因素。

一个组织薪酬方案可以有多种形式：计时工资、计件工资、激励工资、绩效工资、月工资、佣金及利润分红等。

通过薪酬子系统可以对企业员工薪资标准进行设定，也可以自动调整工资，自动计算社会保险等代扣代缴项目。还可以通过动态的会计平台，与财务系统的总账连接，直接生成总账凭证。

7.2.5　福利管理子系统

福利是员工总报酬的一部分，大约占工资总额的 29%。福利范围比较宽泛，如购买股票选择权、健康保险、人寿保险、医疗服务、日常料理服务、培训机会、退休福利等。

针对福利内容设计有价值的组合不仅可以减少员工的后顾之忧、减少部分税金、树立企业形象、制造与其他企业差异化,还是留住人心的重要举措。表 7-1 展示了部分企业比较特别的福利计划。

表 7-1　不寻常的福利计划

公 司 名 称	福 利 计 划
CMP 媒体公司 (CMP Media)	为治疗雇员不育或收养儿童而支付 3 万美元的福利总额
特洛伊 & 道奇公司 (Deloitte&Touche)	对于介绍新人进公司且被介绍者获得雇用的雇员支付 1500~10 000 美元
范尼.梅公司 (Fannie Mae)	一个月 10 个小时的带薪自愿工作时间
联邦快递公司 (FedEx)	免费搭乘公司飞机上的活动坐椅
洛杉矶隐匿者公司 (Los Angeles Dodgers)	处在第一位的班组及排名向前移动的班组成员获得免费的哈根达斯冰淇淋
慕格公司 (MOOG)	在企业中工作的第 10 年有 35 天的额外休假,此后每逢一个 5 年,则在第 5 年享受 35 天的额外休假
J. P 摩根公司 (J. P. Morgan)	对于在华尔街 60 号工作的所有雇员每天提供免费的午餐
SAS 研究所 (SAS Institute)	每月支付 200 美元的儿童看护费用
壳牌石油公司 (Shell Oil)	每年自动往雇员的储蓄账户中存入最高数额达工资 10% 的福利总额,而无论雇员是否往此账户中存钱
斯蒂尔科斯公司 (Steelcase)	供雇员使用的 120 英亩露营地和娱乐设施
西诺瓦斯公司 (Synovus)	每年用 50 美元为雇员进行体检,如果关键指标均正常,则额外再支付 200 美元作为奖励
施乐公司 (Xerox)	建立 1 万美元的生命周期账户,用来帮助雇员们度过第一次购房或给孩子交大学的学费等此类比较困难的关口

(以上资料来源:雷蒙德.A.诺伊著、刘昕译.人力资源管理:赢得竞争优势.北京:中国人民大学出版社,第 13 章 576-577)

　　福利管理信息子系统主要提供员工各项福利基金的提取和管理功能,包括定义基金类型,设置基金提取条件,进行基金的日常管理,提供相应的统计分析,向管理机关报送相关报表。通过动态会计平台,与财务系统的总账进行连接,直接生成总账凭证。

7.3　人力资源战略信息系统

　　为了确保组织在激烈的竞争中始终保持优势,使组织机构设计与人力资源规划具有战略性的意义,对人力资源进行战略规划必不可少。人力资源战略信息系统处于最高层级的模块,通常为企业的高层主管服务,主要包括以下几个子系统:

1．组织机构管理子系统

对于规模庞大的跨国企业而言，通过该子系统可以管理集团下属的各级子公司、部门的新建、合并、撤销业务，并根据变化情况输出组织结构图。

2．职位管理子系统

该子系统包括职位分析和职位控制两部分。主要负责职务分析后每个职位的职位描述、任职资格、后备人员以及职位的任职情况、超编、空缺情况，并按部门生成职位表和空缺职位表。

3．人力资源预测子系统

企业为了实现长期战略目标需要开拓新市场、开发新产品等，这就需要对劳动力的供需进行合理预测，包括劳动力的素质、数量、价格等方面的估计。由于预测时条件的不确定性，靠个人的主观臆断可能偏差太大。在历史资料齐全的情况下，可以采用预测子系统中多元回归技术根据以往公司的库存水平、销售量、雇佣人数及利润水平建立一个预测模型来判断某一类人的需求数量。

除此之外，预测子系统也支持企业在其他方面的战略决策。无论企业面临重组、规模扩大或缩小、分拆或合并等情形都需要了解这些决策会给企业带来哪些变化和影响，尤其是人事总成本、福利总成本、劳动力结构等方面的变化。比如，企业想在某一个城市投资建厂，这时就可以运用系统提供的预测数据与当地政府进行有理有据争取，以期获得政府某些方面的妥协。

课后阅读

现代企业管理职位的名称及职能

在人力资源管理的工作中，有一项重要的职能是对不同职位及其职能的界定，不同的职位被冠以不同的头衔，那你知道CEO、COO、总裁、董事长之间的区别吗？请阅读如下材料，相信你会对各种称谓有进一步的了解。

一、CEO和总裁

这是最容易产生混淆的一对概念，有关的论述也有很多。CEO是英文Chief Executive Offer的简称，中文译为首席执行官，有时也称行政总裁。最初并没有这样一个头衔，它是伴随着企业规模扩大化，业务复杂化和经营全球化而出现的一个崭新的称谓，基本可以理解为一个企业的老大，握有大部分的最终决策权力。

总裁是一个相对古老的职位，在CEO没出现之前，企业日常事务基本是由总裁说了算，重大战略决策是董事会说了算。但一个公司两者并存的时候，之间的区别还是很明显的。简单来讲，就像在一个家庭里，所谓重大事务的决策权，比如涉及是不是该买房、添置什么样的车子、投资理财、孩子教育问题等，这是CEO的决策范畴；而像今天该吃什么、请小时工打扫房间、家里的被子是不是该晒一晒了，则属于日常事务，是总裁的职责。如果一张名片上印着"CEO兼总裁"，那么就意味着这位"老大"是大事小事一把抓，精力极其充沛。如果两个职位由不同的人担任,一般情况下总裁是要向 CEO 汇报的。再直观一点,CEO 类似总书记,总裁相当于总理。

二、COO

COO 是 Chief Operation Offer 首席运营官的简写。有的公司叫做运营总监,或者把运营总监译为 COO,但实际上两者是有差别的。从职位定义看,COO 肯定是核心高管之一,而总监的称谓则是低一个层级了。在一个企业中,有 COO 则一般也会有 CEO,两者之间的分工和上面提到的 CEO 和总裁差不多,一个负责重大决策,一个负责日常管理,所以有的大公司不设总裁,而设 COO,也有 COO 兼任总裁的,意思也都差不多。COO 一般在 CEO 的领导下开展工作,向 CEO 负责。

三、董事长

董事长英文是 Chairman of Board。在中西方的企业实践中,董事长的职能有很大不同。改革开放 30 多年,中国企业一般还都由第一代创业老板来实际掌控,企业的所有权和经营权还处于合二为一的状态,所以不管公司中有 CEO 也好,还是总裁也好,企业的最终话语权大多都在董事长手中。而在西方,很多的老牌企业都经过了几代的权力交接,第一代创业者的子孙们基本上都已经淡出了实际经营,而作为企业的股东独立存在。企业的具体运营都是由职业经理人团队来打理,所以我们才会说在那样的公司中,CEO 的权力是很大的。董事长更像英国女王,一个权力的象征,而不过问具体的事务。

就像国美电器黄光裕和陈晓的交锋中,是对企业实际控制权的争夺。陈晓的职务虽然是国美董事局主席,其角色更像是 CEO,总裁是向以他为首的董事会汇报的,也因为他的股权比例很低,其职业经理人的色彩就会更浓一点。而黄光裕虽然是第一大股东,因为身在狱中,不得担任公众职务,也无法干预企业的日常运营,所以只能通过往董事会中安插自己的代言人来完成对企业的控制,其角色更像是西方现代企业意义上的董事长。

比尔·盖茨在前几年退出微软的具体管理职能后,仍保留了董事长的职位,这是一个明确的退居二线的举动,从具体的分工上,他不再插手实际的运营。如果他对现有微软的发展不满,只能通过正常的董事会程序罢免 CEO,换上自己中意的人选来执行自己的意志。但因为比尔盖茨是第一代创业者,他对企业的影响力和那些经过了几代权力交接后产生的董事长还是不可同日而语的。

四、CFO、CTO 以及其他 C 某 O

CFO 是 Chief Finance Offer 的简称,译为首席财务官,CTO 是 Chief Technology Offer 的简称,俗称首席技术官,其他如 CMO、CIO 等,都是指在某一领域的主要负责人。CFO 是财务方面的老大,直接向 CEO 汇报,CTO 是技术方面的老大,也向 CEO 汇报。这些职位都是企业多元化和全球化的产物。以 CFO 为例,如果一家企业的业务遍布全球,在世界各地都有分公司,那么按照垂直管理的原则,这些公司的财务负责人首先要向总部的 CFO 负责,在有关财务领域的决策权,CFO 是要高于分公司的总经理或总裁的。CFO 在很多的公司中是位高权重,在 CEO 退位后,CFO 在不少的案例中都是当然的接替者。

有些时候我们还会看到 CFO 兼执行副总裁,或 CTO 兼高级副总裁,为了不至于混淆,我们可以大致认为一个是职能属性,一个是级别属性。

五、EVP、SVP 和 VP

EVP 是执行副总裁 Executive Vice President 的简称,也可称作常务副总裁;SVP 是高级副总裁或资深副总裁 Senior Vice President 的简称；VP 就是副总裁 Vice President 的简称。同为副总裁，个中蕴含巨大差别。在小公司中，一般没有所谓 VP、SVP 或 EVP，统称副总裁，但在大公司中，人多业务多，层级也多。通常，我们记住 EVP＞SVP＞VP 就行了，很多 VP 并不直接向 CEO 或总裁汇报，他的直属上级可以是 SVP 或是 EVP。也就是说，你干到了 VP，仅仅是登堂入室，再过几年，时间长了，功劳多了，升 SVP，再努力些，升 EVP，才能称为政治局常委。曾经有个人，原本是诺基亚中国区的 SVP，后来跳到爱立信中国做 EVP，算是升了半格。

六、执行董事和独立董事

执行董事和独立董事都是董事会成员，只不过一个参与公司日常事务，一个不在公司担任管理职务，只是参与提建议、表决等，不算是公司的正式成员。有时我们看到一位业界资深的人士可能在几家公司担任独立董事，相当于战略顾问角色。执行董事有时会翻译为 Managing Director，在公司规模不大时，可能就是公司的一把手。

七、总经理、总裁和总监

这几个概念经常被滥用。一个十几个人的公司，名片上印着总裁的职务；一个小年轻，下面总共带了 2 个兵，头衔也是总监，未免有点贻笑大方。应该说，各种职位的名称不同，是为了方便工作，但在我们"官本位"的土壤中，谁都怕因为头衔不够显赫而引不起别人的重视，也会有公司怕头衔不够无法吸引人才，把总监啊副总啊什么的打包批发，让我们的浮躁无孔不入地变本加厉起来。

其实职位可以很简单，如果是单一公司，公司老大就是总经理，下属部门老大就是部门经理。只有规模扩大，变成了集团公司，下面有若干分公司，为了区别集团总部和子公司的不同称谓，这时分公司的主要负责人称总经理，而集团主要负责人称总裁，集团职能部门首脑是总监，下属分公司的部门领导是部门经理。就像我们的政府机构，省一级的叫公安厅，老大是厅长，国家级就是公安部，首脑叫部长。没有规矩不成方圆，如果我们的部长也是满天飞，那么就一定要仔细问问到底是公安部部长，还是小卖部部长了。

（以上资料来源：http://www.bnet.com.cn. 有删改）

思考题

1. 在宝洁人力资源管理过程中，采用了哪些人力资源管理信息系统的相关模块，请简要说明。

2. 宝洁的人力资源管理中哪些部分是你最为赞赏的，为什么？请从管理信息系统的角度进行分析。

营销管理信息系统

从看不见到挡不住

如果一个企业成为行业的领先者,在业内享有广泛知名度,并被人羡慕地称为"成功企业"的时候,也就是越来越多的竞争者向你发起挑战的时候了。

纵观20世纪70年代美国航空产业,美联航(United Airline)、大陆航空(Continental Airline)等老牌劲旅已经取得了霸主地位,但随着航空管制的解除,刚刚建立的西南航空(Southwest Airline)抓住了一个快速发展的绝好机会。这时候,一个有趣的问题产生了,对于这些刚刚起步的竞争对手,行业领先者们的态度是怎样的呢?

当新的竞争对手处于刚起步的时候,行业领先者们首先是看不见这些新的竞争对手的,即所谓"不在雷达范围内"。他们会想:我如此成功,占有市场这么多份额,哪有什么竞争对手存在啊!

但是总有人在默默地想办法,试图从你那边挖走一块奶酪,你最初是"看不见",等到竞争对手开始成长起来的时候,行业领先者们的态度是"看不起"。他们会说:西南航空有什么了不起的,不就做了一个小的支线直航,德州就让给你玩嘛,可能也玩不出什么花样。

就在行业领先者们"看不起"的时候,这些竞争者在默默地努力。5年、10年,总有一些挑战者会发展起来。这时候,领先者们的态度从"看不起"变成了"看不懂"。他们无法理解,这些快速崛起的企业所采用的商业模式,为什么会被市场接受?为什么突然间一下子就壮大了?他们成功的原因是什么?

作为行业领先者,此时心情只能用"痛苦"一词来描绘,甚至开始恐惧。恐惧之后想学习、去模仿,但发现自己根本学不会,只能看着竞争者异军突起,成为新的行业领先者。

所以,领先者与挑战者交替的周期是紧密相连的。关键是:作为企业的领军人物,你是不是能看见这些新的挑战者?或是当他们崛起后,你能否尽早地把他们扼杀在摇篮里?至少可能看得懂、挡得住?领先者与挑战者交替的周期也是商界优胜劣汰的残酷规律的真实写照。连续31年赢利的业界奇迹,在高度动荡不安的航空界,是一项无人能及、难以超越的记录,这就是美国西南航空(Southwest Airline)的傲人成绩。不仅如此,即使在"9·11"事件后,当其他航空公司纷纷裁员及停飞亏损航线之际,西南航空仍旧坚持不裁员,并继续拓展经营据点及航线。

2002年,西南航空公司的总市值(约90亿美元)大于所有其他美国主要航空公司的市值总和,因此被《财富》杂志称为"有史以来最成功的航空公司"。

创造市场

西南航空首次引起人们关注是在 1990 年至 1994 年期间。当时航空业受到海湾战争影响陷入不景气，但此时，当其他航空公司纷纷收缩经营时，西南航空却继续扩张，开始走出美国西南部，进入其他地区航空领域。

鉴于西南航空对其他航空业者的影响，美国运输部于 1993 年将其称为"主导美国航空业的航空公司"，并新创了一个名词"西南航空效应"，意为当西南航空进入一个市场后，该市场的航空票价与客流量就开始发生变化。根据美国运输部的报告，据统计，美国航空业 90％的价格战都是由西南航空发起的，并在美国前 100 个大城市"点对点"航线居领导地位。这使得许多人以为西南航空的"点对点"航线只适合于高密度市场。但事实上，西南航空是以低费率和密集航班提高了这些市场的密度，而在西南航空进入以前，这些市场并不是高密度市场。驱动西南航空成长的主要动力之一，是其可靠而廉价的产品增加了航空市场的需求。今天，低价位、低成本的战功已经使西南航空成为美国最赚钱的大型航空公司。

目标顾客及营销策略

1990 年，由于经济低迷，许多企业严格控制员工的商务差旅费用，因此消费者对价格的敏感度大幅提高。当大多数航空公司面对这种不景气的市场不知所措时，西南航空却从容地在这些对价格越来越敏感的顾客身上获利，创造为这种类型的顾客市场。

它在中型城市和大都市的次要机场之间提供短程、低价和"点对点"的服务。它避开了大机场及长距离的飞行，其顾客包括商务旅客、家庭、学生等群体，以频繁的班次与低价来吸引那些对价格敏感的顾客。当时，有的企业对员工这样指示：尽可能搭乘西南航空，因为我们不需要豪华的装饰，只要服务好、价格好、准时到达就行。

西南航空还避免与各大航空公司正面交手，专门寻找被忽略的国内潜在市场。在《北美自由贸易协定》签署后，人们普遍认为总部位于得克萨斯州的西南航空最有条件开辟墨西哥航线，但最终，西南航空还是抵御了这种诱惑。它遵循"中型城市、非中枢机场"的基本原则，在一些公司认为"不经济"的航线上，以"低票价、高质量、高密度"的手段开辟和培养新客源，取得了巨大的成功。

在西南航空公司的大多数市场上，它的票价甚至比城市之间的长途汽车票价还要便宜。正如公司创始人凯勒尔所言："当初他们告我恶意竞争，结果我用事实证明，即使压低票价，西南航空仍在赢利，法院只能判我胜诉。今天，西南航空的竞争对手不在空中，而是在洲际高速公路上行驶的汽车。我想让所有美国人明白：其实你可以不必开车，因为坐飞机更快、更省钱。"

低票价的秘诀

西南航空成功的方法在于其低价位、低成本战略。但有趣的是，西南航空员工的工资水平并不低于业界水平，因此西南航空的低成本并不是靠低工资维持的。

美国媒体曾广泛宣传过西南航空的航班记录：8 时 12 分，飞机搭上登机桥，2 分钟后第一位旅客下机，同时第一件行李卸下前舱；8 时 15 分，第一件始发行李从后舱装机；8 时 18 分，行李装卸完毕，旅客开始分组登机；8 时 29 分，飞机离开登机桥开始滑行；8 时 33 分，飞机升空。两班飞机的起降，用时仅为 21 分钟。但是，这个纪录实际上却遭到了西南航空总部的批评，因为飞机停场时间比计划长了将近 2 分钟。

"飞机要在天上才能赚钱。"这是凯勒尔的名言。西南航空专门算过：如果每个航班节省地面时间 5 分钟，每架飞机就能每天增加一个飞行时间。

这个故事揭示了西南航空低票价的秘诀：高效地使用其最重要的资产——飞机。

西南航空主要经营短途航班，但业内人士都知道：短途航班的成本比长途航班要高。这使得西南航空的高获利能力更加引人注目。此时，幅状营运系统一直被视为航空公司最具获利能力的经营模式，大多数航空公司都设立转运中枢，这样不仅可以只设立一个维修中心，降低人员与存货的成本，而且还可以融合飞行班次，集中运输量形成经济规模。一般情况下，一个转运中枢大约可以使每架飞机产生的营业收入比"点对点"航线飞机所产生的营业收入高出20%。

但是西南航空却以创新的方法降低了短途航班的成本，改变了航空生产逻辑，实现了飞行里程越短、单位成本越低。西南航空以其高速转场闻名。所谓高速转场，指尽快使飞机离开登机门，以使飞机停留在地面的时间减至最少。因为飞机是航空公司成本最高的资产，一架飞机停留在地面上的时间越少，这架飞机每天赚取的收入就越高。从飞机本身价值来衡量，即使是把每一班机的转向起飞时间缩短5分钟，其收益就已经相当可观了。

为了实现高速转场，30多年来，西南航空用各种方法使他们的飞机尽可能长时间地在天上飞。

第一，该公司只使用单一机型——波音737飞机。由于机型单一，所有飞行员随时可以驾驶本公司的任何一架飞机，每一位空乘人员都熟悉任何一架飞机上的设备，因此，机组的出勤率、互换率及机组配备都始终处于最佳状态。另外，全公司只需要一个维修厂、一个航材库，一种维修人员培训、单一机型空勤培训学校，从而始终处于其他任何大型航空公司不可比拟的高效率、低成本状态。

第二，尽可以使用不拥挤的机场，以避免由于飞机起降流量管制影响航班起降时间。在大城市，西南航空多选择较旧的机场或者和市区交通便利的小型机场，以减少机场使用费。

第三，为了减少飞机停留地面的时间，西南航空在飞机上提供有限的服务，西南航空的航班不供应餐点，也不受理指定座位、跨航线行李转运或高级舱位的服务。它在登机门前设置自动售票机，让旅客可以不必通过旅行社来购买机票，也为西南航空节约了中介费。西南航空的登机时间通常不超过15分钟。多种方式不仅降低了成本，而且通过提高飞机使用率最大限度地获得利润。

同时，西南航空采取的是点对点的短途航班，完全放弃幅状营运系统的经营模式，不像其他大型航空公司那样有转运中枢，可以将飞机集中飞到某个航空中心再从该中心起飞，它既无转运中枢，也没有定价权，它通过提高飞机利用率的高速转场向消费者提供低成本的空中旅行。西南航空的飞行计划是全行业最简单的，它以更少的飞机执行更频繁的班次。西南航空的每架飞机一天平均有12个小时在天上飞，30年来，它的飞机日利用率一直名列全美航空公司之首。

（以上资源摘自曾鸣所著《领先与挑战的两个周期》，有删改；朱蒂·吉泰尔《美国西南航空之谜》，《商学院》.2004年第6期，P58-63，有删改）

通过上述案例，我们不难看出，企业要想在竞争激烈的环境中生存发展，成为行业的"常青树"，开拓市场、不断推出满足市场需求的新产品和服务必不可少。同时，我们也必须承认，目前世界上有很多国家面临着战争、高失业率、通货膨胀和日益下降的购买力；市场权力已从制造商手中转向零售巨人；品牌深入人心，零售新形式不断涌现；消费者价格和价值意识不断增强；大众化营销、广告作用、品牌忠诚度每况愈下……

为保持利润率,许多公司不得不通过重组生产过程和裁员降低成本。但是,如果公司缺乏营销远见和营销专业知识即使成本降低了,也不能增加收入。而那些最能适应现行环境的成功者,异军突起,因为它们向真正需要购买的人群提供了适合的商品。

不仅普通公众,许多高级经理对营销知识也不甚了解。他们认为:营销就是通过降价或硬性推销来处理过剩的商品,促使不情愿的购买者购买他们不需要的商品,所以他们很难成功。因此,在讲授营销管理信息系统各模块功能之前,有必要对营销相关知识进行阐述。

8.1 营销及其相关概念

8.1.1 营销过程

营销是一种有序和深思熟虑地研究市场及策划的过程,该过程始于市场调查,目的是认识某种动态规律。营销者通过调研确定机会,寻找没有被满足的个人或群体,或对某些产品或服务有潜在兴趣的人们。

营销过程包括细分市场的选择,找到让公司能够提供最好满足其需求的目标市场。因此公司必须形成一整套的战略,制定特定的营销组合方案和行动方案,使公司的长期业绩最优化。公司还要建立一套控制方法,以评估操作结果。同时,公司还必须是一个不断从市场上学习并不断提高自身营销专业技能的学习型组织。

营销过程不仅适用于商品或服务也适合于创意、事件、组织、地点和人物。营销的目标并非是提供某个商品或服务而是在寻找市场机会。除此之外,营销人员还应担负起使公司的其他人员具有顾客导向和市场驱动的责任。

8.1.2 营销的概念

将上述思想进行归纳,可以得出营销的概念:营销是个人和集体通过创造、提供出售,并同别人交换产品和价值,以获得所需的一种社会和管理过程。

该定义包含一些核心概念:需要、欲望、需求;产品(商品、服务与创意);价值、成本和满意;关系和网络;营销者和预期顾客。

8.2 营销核心概念间的区别

为了正确理解营销的含义,我们先对几组概念加以区分。

8.2.1 需要、欲望和需求

1. 概念

需要:是指没有得到,未满足的感受。比如:人们为了生存,需要食品、衣服、安全、归属等。这些需要不是社会和营销者所能创造的,它们存在于人的生理要求之中。

欲望:是指对具体满足物的愿望。比如:需要食品,可能会想到一块烤肉或一个面包。

人类的需要并不多,但人们的欲望却很多。

需求:是指对有能力购买并且愿意购买的某个具体产品的欲望。

2. 错误认识

营销者创造需要或营销者劝说人们购买并不想要的东西。实际上,人的需要存在于营销活动之前,营销者只是影响了人们的欲望。比如:营销者可以向消费者建议,一辆奔驰汽车可以满足人们对社会地位的追求,然而营销者并不能创造人们对社会地位的需要。营销者可以通过制造更富吸引力的产品,让有支付能力的目标消费者容易得到,从而影响需求。

8.2.2　产品

1. 产品的组织

人们靠产品来满足他们的需要和欲望。产品由三个要素组成:商品实体、服务和创意。不同的企业由于性质不同,它们提供的产品也不同。比如:

快餐店:提供汉堡包、饮料(商品);销售过程、烹调、座位安排(服务);为您节省时间(创意)。

教堂:提供水(商品,较少);布道、唱赞美诗、教育(服务,较多);社团组织、救济(创意)。

2. 正确认识产品

在考虑实体产品时,其重要性不在于拥有它们,而在于它们所提供服务(如汽车、微波炉)的方便快捷程度。

服务的传递还可以通过其他途径,如人、地方、活动和创意等。比如,如果感到烦闷,可以去夜总会看一场演出(人、活动、地点);加入孤独者俱乐部(组织);接受另一种生活哲学(创意);进行体育运动(活动)。因此服务性产品已占美国国民经济的 75% 以上。

如果制造商关心产品甚于关心产品所提供的服务就会陷入困境。人们不会为了产品的实体而买产品,产品实体只是服务的外壳。营销者的任务是推销产品中所包含的利益或服务。如果只把注意力集中在产品上而不是顾客的需要上,则患了"营销近视症"。

8.2.3　价值、成本和满意

在可能满足某一特定需要的一组产品中,消费者如何进行选择?比如,上班有以下几个选择:四轮滑冰鞋、自行车、摩托车、汽车、公交、出租……,这些产品构成了可供选择的产品组。如果我们设定的目标是:速度、安全、便利、经济。这样,每进行一种选择就意味着不得不放弃其他许多东西(这叫机会成本)。

人们在选择之前既要考虑价格又要考虑价值。通常倾向于选择每一美元能给予他最高价值的产品。即用最低的获取、拥有和使用权成本之下所获得的最大的顾客满意。

8.2.4　交换、交易和市场

交换就是通过提供某种东西作为回报,从某人那里取得所需东西的行为。如果双方正在谈判,并趋于达成协议,这就叫交换。

一旦达成协议,即发生了交易行为。交易分货币和实物交易两种。交易包括至少两个有价值的事物、买卖双方所同意的条件、协议时间和地点，并通过合同法等来支持和强制交易双方执行。

交换概念来自市场。在营销者眼中：卖主构成行业，买主构成市场。每个国家及地区的经济都是由各种市场组成的复杂体系。这些市场之间通过交换过程彼此连接在一起。

8.2.5　关系和网络

精明的营销小组都会努力地同有价值的关系成员（如顾客、供应商、分销商）建立长期、相互信任的"双赢"关系。这种关系是靠不断地承诺给予对方高质量的产品、优良的服务和公平的价格来实现的。这样做的好处是减少交易成本和时间，每次交易由协商变为惯例化。这种类型的营销叫关系营销。关系营销的最终结果是建立起公司的最好资产——营销网。

因此，对公司而言，竞争不是在行业之间进行，而是在整个网络间进行，一个建立了更好关系网的公司将获胜，利润会滚滚而来。

8.3　不同的需求及营销者的任务

营销的首要任务是了解目标市场的真正需求，从而制订适宜的营销策略。

8.3.1　负需求

1．概念

绝大多数人对某个产品感到厌恶，甚至愿意出钱来回避它，该产品的市场需求就是负需求。比如：各种手术；雇主对不讲理及嗜酒成性的雇员也感到是一种负需求。

2．营销者的任务

分析不喜欢这种产品的原因，是否可以通过产品重新设计、降低价格和更积极的营销方案来改变市场的信念和态度。

8.3.2　无需求

1．概念

目标消费者对产品毫无兴趣或漠不关心。比如：个别大学生对学外语兴趣索然；部分农场主对新式农具无动于衷。

2．营销者的任务

把产品的好处与人的自然需要和兴趣联系起来。

8.3.3　潜在需求

1．概念

相当一部分消费者可能对某一事物有一种强烈的渴求，而现成的产品或服务却无法满足这一需求。比如：节油汽车、无害香烟、安全的食品等。

2．营销者的任务

衡量潜在市场的范围，开发有效的商品和服务来满足这方面需求。

8.3.4　下降需求

1．概念

任何组织迟早都会面临市场对一个或几个产品需求下降的情况。比如：教会的信徒逐渐减少。

2．营销者的任务

分析需求衰退的原因，是否能开辟新的目标市场，改变产品的特色或采取更有效的沟通手段来重新刺激需求，即通过创造性的产品再营销来扭转需求下降的趋势。

8.3.5　不规则需求

1．概念

许多组织面临每季、每天不同时段的变化需求，这种情形导致生产能力不足或过剩的问题。比如：平时去博物馆不多，周末却门庭若市。

2．营销者的任务

通过灵活定价、推销或其他刺激手段来改变需求的时间模式。

8.3.6　充分需求

1．概念

当组织对业务量满意时就达到充分需求。

2．营销者的任务

通过保证产品质量、不断衡量消费者的满意度，努力维持现在的需求水平。

8.3.7　超饱和需求

1．概念

有些组织面临的需求水平会高于其能够或想要达到的水平。比如：美国黄石公园(非常危险)在夏季拥挤不堪。

2．营销者的任务

设计暂时地或永久地降低需求水平，采取低营销策略。所谓低营销，就是不鼓励需求，通过提高价格、减少推销活动或服务。低营销不是杜绝需求而是降低其需求水平。

8.3.8 不健康的需求

1. 概念

某些需求是不健康的,比如:烟、酒、毒品、手枪、暴利、色情电影和老鼠等。

2. 营销者的任务

劝说喜欢这些产品的消费者放弃这种爱好。通过大力宣传其有害信息,大幅度提价,减少供应等措施来实现。

8.4 5 种竞争理念

任何组织的营销活动都应该在效率、效果和社会责任等方面经过深思熟虑后采用某种哲学思想来平衡组织、顾客和社会三者之间的利益关系。目前存在 5 种竞争理念,即生产观念、产品观念、推销/销售观念、营销观念和社会营销观念。任何企业或组织都在其中某一个观念的指导下从事其营销活动。

8.4.1 生产观念

1. 观点及行为

生产观念是由福特公司创始人首创的哲学理念。其观点是:消费者喜爱那些可以随处得到、价格低廉的产品。其行为致力于获得高生产效率和广泛的分销覆盖面。

2. 典型例子

诸多日本企业尽全力扩大生产量、改进技术、降低成本,利用低成本来降低售价、扩大市场规模。

8.4.2 产品观念

1. 观点及行为

持产品观念的人认为:消费者最喜欢高质量、多功能和具有某些特色的产品,他们能够鉴别产品的质量和功能,并愿意多出钱购买质量上乘的产品。其行为致力于生产优质产品、并不断地改进功能使之日臻完善。这些公司在设计产品时不让或很少让顾客介入,甚至不考察竞争者的产品,陷入一种"更好的捕鼠器"的错误之中。

2. 典型例子:乔布斯和 NeXT 电脑

20 世纪 80 年代末,乔布斯在苹果电脑的基础上设计了名为 NeXT 的个人电脑,这种电脑性能非常出色、界面友好、自带高保真喇叭和光驱。在目标客户选择上,他首先推荐给学者,但没有一个人能承担高昂的价格。他又推销给工程师,但工程师更喜欢 SUN 的工作站和硅谷的绘图仪。而且它与当时主流机 IBM 不兼容,不支持其他软件。基于上述原因,在1993 年投资 2 亿元出厂 1 万台后停产了。

8.4.3　推销/销售观念

1. 观点及行为

如果听消费者的话,他们不会足量购买某一组织的产品,因此必须主动推销和积极促销。这种理念适用于推销那些非渴求的商品如保险、坟地等。所以,这些行业善于使用各种推销技巧来寻找潜在顾客,并用高压式的方法说服他们接受其产品。

2. 坚持强行推销的后果

为什么有人喜欢强行推销呢? 是因为他们基于下面的假定:

听了几句好话就去购买的顾客,会喜欢这种产品;如果不喜欢,他们也不会向朋友述说或向消费者组织抱怨;他们也许会忘记自己对产品的不满意,又去购买产品⋯⋯

事实上,这些假设都是站不住脚的。有研究表明:上当的顾客会对 10 个或更多的熟人讲该产品的坏话,而坏消息总是传得很快的。

8.4.4　营销观念

彼德·德鲁克曾说:可以设想,某些推销工作总是需要的,然而营销的目的就是使推销成为多余。

1. 观点及行为

通过创造、传送及所有与消费者有关的事情满足顾客所有的需求。营销的目的在于深刻地认识和了解顾客,从而使产品或服务完成适合他需要而形成产品自我销售的过程。理想的营销会产生一个已经准备来购买的顾客,剩下的事就是如何便于顾客得到产品或服务⋯⋯

营销观念基于以下 4 个主要支柱即:目标市场、顾客需要、整合营销和盈利能力。

2. 目标市场

任何一个强大的公司不可能满足每个市场的需求,只有仔细定义目标市场才会制定适当的营销方案从而取得成功。

3. 顾客需要

认清顾客的需要与欲望并不是件易事。有些顾客对自己的需要有清醒的意识,有些顾客自己都不能说清楚他们真正的需要。比如:一位木匠进了一家五金商店,想要能把玻璃固定在窗框上的密封胶。木匠需要的是把玻璃粘在窗框上的解决办法,而不一定是密封胶。因此,营业员可以建议比密封胶更好的解决办法如胶带。

作为营销者对任何一种顾客的需要都要进行细分。比如:想买一辆"不贵"的汽车。表明的需要：一辆不贵的汽车；真正的需要：是运营成本低，而不是首次购买的价格；未表明的需要：顾客期望从销售商处得到好的服务；令人愉悦的需要：在购买汽车时意外地得到了交通地图册。秘密的需要：想找一个以价值导向理解顾客心思的朋友。了解上述情况后，营业员就有针对性地满足了顾客的真正需要而不是表述上的需要。

要想识别出顾客的欲望和真正的需要，必须通过探索和调查以得到更多顾客的赏识。专业营销就是满足顾客真正的需要并比竞争者做得更出色，让目标客户满意。为什么说顾客满意度至关重要呢？因为每个公司的顾客群都有新、老顾客两种。福龙公司评估过：每吸引一个新顾客的成本是维持一个满意老顾客的5倍。从盈利率角度来看，吸引一个新顾客与丧失一个顾客相差15倍。反过来，一个高度满意的顾客会如何？忠诚公司更久；购买更多公司新产品和提高购买产品的等级；对公司和它的产品说好话；忽视竞争品牌和广告对价格不敏感；向公司提出产品/服务建议；由于交易惯例化而比新顾客降低了服务成本……

如何了解顾客是否满意？精明的公司会经常通过打电话来测试顾客的满意程度。测试结果分为：高度满意、一般满意、无意见、有些不满意、极不满意。公司也可以进一步了解满意或不满意的原因。利用这些宝贵的信息改进它下一阶段的工作。如果出现不满意，95%的顾客不会投诉而是停止购买，只有5%的人选择投诉。对于投诉的顾客要方便其投诉；店里可以放提建议的表格或设立"热线"；但光倾听还不够，必须使投诉得以快速解决。研究表明：54%~70%的投诉顾客如果投诉得到解决，他们还会再次同该企业做生意；如果解决很快，数字上升至95%；每成功解决一件投诉，顾客会把处理情况告诉5个人。

4. 整合营销

当公司所有部门都为顾客利益服务时，其结果是整合营销。然而，并非所有的公司员工都被训练或被激励来共同努力争取顾客。曾有一位工程师抱怨销售员：经常保护顾客而没有考虑公司的利益！他甚至批评顾客"经常要求太多"。这主要反映了公司各部门的协调问题，长此以往，公司的竞争力会大打折扣。

5. 盈利能力

营销观念的最终目的是帮助组织达到其目标，比如利润。但关键在于不是追求利润本身，而是把获得利润当做卓越工作的副产品。

8.4.5 社会营销观念

1. 观点及行为

持社会营销观念的人认为：在公司利润、消费者需求及公共利益三者中要平衡其关系，多考虑社会和道德问题。

2. 典型例子

现在，越来越多的公司在一个比较有限的领域实践关联营销。比如，某家居企业承诺：

每售出一个毛绒玩具,将捐出一美元用于世界贫困地区的温饱行动⋯⋯

通过学习上述知识,我们得出以下结论:一个企业若想在激烈的市场竞争中占据优势,树立正确的营销管理理念势在必行,真正的营销是了解你所在细分市场顾客的真正需求,并提供比竞争对手更令他满意的产品及服务。

有了正确的营销理念,为了进一步提高市场的反应速度,扩大企业竞争优势,选择适宜的营销管理信息系统势在必行。

随着 IT 技术的快速发展,企业的营销管理人员面临着前所未有的挑战,比如:市场由同质化需求转向差异化需求;技术与管理的发展使订制营销化成为可能;顾客由单纯功能性需求的满足转向追求全方位的价值实现;顾客不是买产品而是买概念⋯⋯这些新的诉求迫使企业必须建立以客户信息为基础的营销管理信息系统。该系统从层次上划分为销售管理子系统、营销管理子系统和营销战略管理子系统。

8.5　销售管理子系统

营销是个体或群体通过创造产品、并提供产品的价值用于跟别人交换等一系列活动来获得需要与欲望的一种社会过程和经营过程。由此可见,营销的基础是销售。对企业而言,销售首先是一项管理经营活动,是企业持续经营的重要环节,是完成企业目标的重要手段。

销售管理信息系统的主要功能包括记录、采集、处理销售活动过程中产生的大量信息,这些信息包括:

- 产品库存信息、订货信息、价格信息。
- 货款回收信息。
- 物流信息。

围绕上述信息的处理,销售管理子系统的基本功能包括:

- 建立和管理产品由生产到销售货物流转程序和渠道。
- 按营销进度、合同和协议安全、准确、及时地将产品运送到位,并及时反馈货物流转信息。
- 客户信用管理,对延迟付款查明原因,填写报告单。
- 建立客户档案,记录客户使用本公司产品的评价和抱怨意见。
- 做好产品售后服务,寻找消除抱怨的改进措施,处理特殊的退货要求,与客户建立良好的合作关系。
- 销售订单的处理。

虽然销售是营销的基础,在接受订单之前还要对订货单位的经营状况、规模、付款能力、销售能力等方面事先进行详细调查、考证。即使得出肯定结论,也要权衡本公司的生产及供应能力能否满足对方要求,再决定是否受理订货。

销售工作是企业生产经营最重要的环节之一,与其他部门工作紧密相连、环环相扣。比如:订单的生效(评审)需要考虑实际可用量,可以参考计划部门综合计划子系统的可签约量和仓储部门的库存情况等信息;订单下达后,计划部门根据企业情况,安排生产计划;在生产阶段,需要及时跟踪生产部门的产出情况;车间完工入库,需要向仓储部门下达销售出货单,然后开具销售发票,还要和财务部门对账,及时跟踪应收款。

　　为了实现对销售过程的记录、控制及对销售单据的有效管理,销售管理子系统以订单(合同)为核心来管理整个销售业务。具体包括:客户档案管理、销售报价管理、销售订单管理、客户订金管理、客户信用检查、提货单及销售提货处理、销售发票及红冲发票处理、客户退货及货款拒付处理等一系列销售管理事务,如图 8-1 所示。

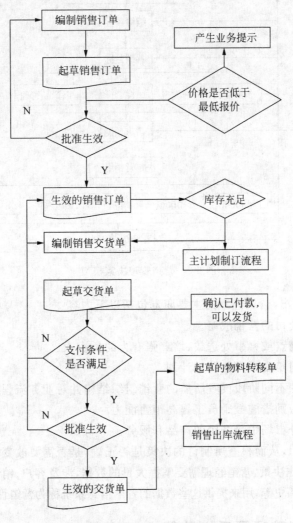

图 8-1　销售业务管理流程

8.6　营销管理子系统

　　营销活动的目的是满足目前和潜在顾客的各种需求。为了达到营销目标,营销经理必须做出一系列计划工作。而这些计划工作最终生成营销组合,即产品、服务、广告、促销、价格及最终给顾客提交产品的交付办法,如图 8-2 所示。

　　营销管理子系统不同于销售业务子系统。后者提供常规基础性信息,如期望产出、描述性、细节性信息等,处理客观性数据。而前者在此基础上,还可以输出特殊报表,如意外产出,比较性或总结性信息,它不仅包含了内、外部数据资源,而且能够处理主观性数据。

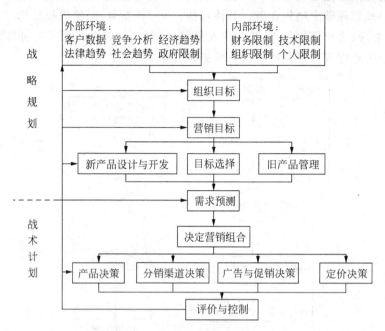

图 8-2　营销管理决策模型

通过上图可以看出,营销经理的主要职责包括以下内容:

- 研究和制订公司的营销战略。
- 为各个销售网点或办事处选拔、培养强有力的负责人。
- 编制营销公司年度或月份营销计划。
- 在营销实施的不同阶段设置所需的营销组织结构并对业务流程进行调整与重组。
- 采用适当的激励措施鼓励员工提高销售能力。
- 了解每个细分市场中最畅销的产品和服务。
- 监控销售过程,从而检查所制订的决策是否正确,是否需要改变管理控制计划。

为了更有效地做出决策,营销经理需要掌握大量的数据,涉及客户、销售人员、销售区域、产品和细分市场的销售历史等,用来提供这些数据的各个信息系统称为营销管理子系统。

8.6.1　营销管理子系统功能

1. 控制目前商业活动信息

(1) 获得日报、周报或月报,提供每个销售人员的销售额及整体销售人员的平均值。

(2) 根据掌握的信息,评价销售人员的绩效,测定销售薪酬系统的激励能力,检验销售区域划分的合理性。

(3) 把一个部门的各种信息与外部成功范本如公司整体或行业平均水平进行比较,通过比较改变版图的设置,对销售员进行培训、制定市场的拳头产品或其他改进措施。

2. 计划未来商业活动

（1）根据公司年度规划目标，确定本年度的营销目标。根据营销目标制订的营销策略，如目标市场、产品定位、规格品种数量、价格、销售网点设置、销售队伍结构、售后服务方式、广告促销、研究和开发及市场调研。

（2）进一步制订月营销计划，并用营销过程优化模型来改进年度或月营销计划，编制年度财务预算、货款回收计划和营销业务费用计划。

8.6.2 营销管理子系统发展趋势

1. 利用数据仓库进行数据挖掘

无论销售子系统或是营销子系统都包含大量的客户信息、销售人员信息以及组织内部数据，把各种信息汇集在一起称之为数据仓库，简称数据库。通过数据仓库，我们可以导出关于版图、产品和细分市场的信息，还可以获得从外部数据库中导出的关于客户、竞争者和经济环境的信息。这样，针对某一细分市场的某种产品，从数据仓库中对过去客户数据进行关联查询就可以得到想要的信息。

2. 典型例子：销售尿布

1）传统销售

通常，销售人员会选择一个比较感兴趣的地区，通过超市拿到这个地区符合条件的商业数据。比如，年龄在25～35岁之间购买了婴儿车的客户的详细信息。通过上述信息，与顾客取得联系并邮寄资料。这是一种非常简单的直邮广告，虽然比普通广告经济有效，但还处于比较初级的阶段。

2）数据发掘

通过数据挖掘，可以发现更多信息，比如：买婴儿尿布的消费者是男性还是女性？学历、收入如何？有什么爱好、是什么职业？还可以发现：不同的人会在购买婴儿车后多长时间开始买尿布，以及什么样的人购买什么型号的尿布。甚至还可以得到：具有什么职业特征或收入状况的人会购买什么型号的尿布？甚至通过数据挖掘证明表面看起来不存在关联的数据但结果却证明了他们之间有联系，如买啤酒与尿布关系。

因此，通过数据挖掘使得再次提供直邮广告的有效性及回应率都得到了大幅度的提高，营销经理可以通过广告媒体、促销计划、电话销售等销售途径，向狭隘的细分市场大力推销特定的产品，从而达到销售额最大化。

3. 基于不充分的信息做出决策——市场营销决策支持系统

1）企业销售风险管理模拟系统

该系统要求用户将营销环节的基本数据录入模拟软件，包括单笔销售额、销售时间、销售量（金额）、还款额、还款时间、客户名称和客户信用等级。统计用户交易的次数、单笔销售额、销售次数、还款比率、还款客户个数的观察频数，并显示统计结果。进入销售过程模拟后，就可以获得销售风险模拟结果。

2) Assessor 系统

这是一个对新上市商品进行预先测试评价的系统,也可以对新产品的期望市场份额进行预告和诊断。

3) Promotion Scan 系统

这是计算促销效果的系统。通过给定一个适当的基本销售量,或者可能对促销结果产生影响的其他变量的调整来计算促销活动带来的短期销售增量。

4) GIS(Geographic Information System)地理信息系统

GIS 并不是指一个具体的系统,而是一个软件。它有两种应用形式。一是直接利用GIS 系统来处理用户的数据;二是在 GIS 基础上,利用它的开发函数库,二次开发用户的专用信息系统软件。比如,营销经理可利用 GIS 管理不同地区的销售信息。

虽然通过营销管理子系统可以帮助营销经理利用历史信息来规划目前或未来短期的活动,但为了制订全面、长期的营销计划,还需要使用营销战略子系统。

8.7　营销战略子系统

营销战略活动包括:基于共同特征、需要或需求,把市场细分为潜在顾客目标组;选择公司希望进入的细分市场;规划产品和服务以满足消费者的需要;预测细分市场或产品的销售量。

为了满足上述要求,营销战略子系统提供了以下两个功能模块:战略级的销售预测系统、产品规划和研发系统。

8.7.1　战略级销售预测系统

战略级销售预测系统包括:预测行业整体销售额、整个公司销售额、每种产品或服务的销售额、新产品或服务的销售额以及细分市场的销售额等。

为公司预测未来的销售额是一项重要任务,公司会根据预测结果对其他一些职能机构做出战略性调整。比如,根据销售预测,公司决定是否保留现有营销组合中的某种产品或服务;研发人员会设计和研发新的产品或服务;营销经理会配置营销人员,划分销售版图、策划广告和促销活动;财务经理会准备充足的资金,设计今年的利润目标,规划现金流的使用方案等。

可见,许多活动都以销售预测为基础,如果预测失误(结果低于期望值),则会给公司带来库存积压、人员闲置、增加运营开支等损失。

为了防止预测失误,可采取以下措施:

1. 缩短预测区间

预测区间越长,出错的可能性越大。

2. 使用一系列信息系统支持预测

比如采用财务会计数据库和顾客数据库。

3．进行市场调研

小公司可聘请专业顾问公司来完成，大公司通常设立调研部门来组织和管理市场的调研活动）。也可以通过发放顾客问卷、网络在线调查来收集竞争对手和外部环境信息。

4．使用查询语言对数据进行挖掘

使用统计、绘图、预测、电子表格和其他软件进行深度数据挖掘，找出数据间的潜在关联。

8.7.2 产品规划与研发系统

该系统是把市场调研和顾客问卷收集到的有效信息形成新的创意和详细的产品说明，交给研发部门进行开发。在研发过程中，需要聘请了解有效信息、合适的工作人员。他能保证全面、准确地处理好新产品的专利和版权、消费者安全及其他法律关系。待新产品研制成功后，要根据客户和目标群的意见进行修订。之后，再细分市场进行产品测试。最后，注册新产品的法律关系。

案例分析

汰渍新产品的营销流程

宝洁的诞生

1837 年 10 月 31 日，两位来自欧洲大陆的移民，威廉·波克特（William. Procter）和詹姆斯·甘保（James Gamble）在美国辛辛提那市正式签订合伙契约成立了宝洁公司（Procter. Gamble），该公司主要生产销售肥皂和蜡烛。

传奇汰渍

截止 2011 年，宝洁公司的全球销售额超过了 830 亿美元，全球雇员超过 10 万，在全球 160 多个国家和地区经营 300 多个品牌产品，而汰渍是众多品牌中颇具传奇色彩的一个。汰渍（Tide）是世界上第一种合成洗衣粉，自从 1946 年推出以来，结束了人类历史上长达 2000 余年的皂洗时代，把人类从繁重的洗衣工作中解放出来，为机洗时代的到来提供了条件，素有"洗衣世界的奇迹"的盛名。60 多年来，汰渍经过了 60 多次技术革新及市场开拓，一直稳持洗涤世界的牛耳，引领世界洗涤技术的发展和产品的潮流。

汰渍在中国

汰渍进入中国市场已有近 17 年的历史，仅从 2002 年至 2007 年，汰渍先后在中国市场上推出三重功效洗衣粉系列、汰渍净白去渍洗衣粉系列、汰渍 360 度全能洗衣粉及最近上市的含舒肤佳皂粒的汰渍洗衣粉。

看起来不起眼的洗衣粉，凭借其日常销售量大的特点，在宝洁的销售布局中占据着举足轻重的地位。宝洁公司一直对洗衣粉的期望很高，在很长一段时间内，宝洁的洗衣粉在包括美国本土在内的许多国家的销售额，都占到宝洁公司在当地整体销售额的一半。早在进入中国的第 5 个年头，汰渍已经成为中国第一洗衣粉品牌。年销售额 20 亿元左右，是中国洗衣粉市场的龙头品牌之一。

出生前——严谨的品类规划

宝洁对于任何市场,要么选择不进入,一旦选择进入,就一定要最终占领这个市场。在中国,宝洁早将洗衣粉品类的结构、规划和分阶段实现目标的时间计划得一清二楚,可以说汰渍是在宝洁严谨的品类规划的指导下产生的,因此汰渍先天就有取得成功的优势。

在中国,宝洁公司最早推出的洗衣粉其实是定位为高档品牌的碧浪(Ariel)。碧浪1993年在中国上市时,提出了免搓洗概念,凭借其出色的洗涤效果和高尚的品牌形象,专攻高端用户,销售额很快过亿元。尽管碧浪利润率相对较高,然而价格因素使其销售量受到很大限制。宝洁当时还一口气买下了北京的熊猫、广东的高富力等几个中国本地品牌,这些品牌尽管在各自地区有很大的销售,但不能给宝洁带来更大的利润。

宝洁的计划是,用碧浪满足高端市场,用本地品牌满足低端市场,同时占领货架。前者是形象品牌,后者是货架品牌,在这中间宝洁需要一个真正的利润品牌。这个利润品牌,宝洁选择了汰渍,汰渍被计划成具有较强的功效、合理的成本和价格的良好的品牌形象。

1993年底,宝洁在中国的汰渍品牌小组成立,小组从消费者需求与习惯研究中得到的数据显示:消费者关心的洗衣粉前三个基本功能是日常清洁、去油及衣领、袖口清洁。再通过概念开发座谈会和消费者深度访问后,宝洁确定了两个待选概念:一个是油迹去无痕,另一个是领干净、袖无渍。在随后的概念测试阶段,由产品研发部开发配方,进行匿名产品测试,通过将品牌总体评价、功能评价、购买意向的测试分数与白猫和活力28进行比较,得出两个概念皆有上市成功可能的结论。最终品牌小组选择了"去油污"的概念。

然而,汰渍在"去油污"概念下销售了一段时间后,发现品牌生长并不理想,概念未能明显胜过竞争对手,真正打动消费者。于是汰渍品牌小组决定,全国推广暂缓,重新选择概念。汰渍再次进行了大量调研发现,领子、袖口是消费者对他人形成印象的一个信号(signal),而当时并没有别的厂家想到这个概念。因此,这次他们选择了"领干净,袖无渍",这一概念一经推出就获得了很大的成功,宝洁随后推出了柠檬汰渍,来推动销量。

国内许多企业通常都是先做产品再找不同的卖点。在宝洁,永远是先有概念后有产品。宝洁推出的其实不是一个产品而是一个概念,一个说法。

宝洁先把汰渍要卖什么,再解决什么问题这些概念确定下来后再交给产品研发部门。产品只是概念的载体,如果调研发现消费者确实需要这个产品,宝洁就去开发这个产品。这就是为什么在某些国家,汰渍定位比碧浪低档,而在另一个国家,汰渍定位比碧浪高档。在不同的国家,汰渍定位甚至产品本身都可能不一样,一样的只是"汰渍"这个牌子。

成长——消费者需求研究

汰渍多年畅销背后也依赖于宝洁长期监控消费者需求的体系。消费者需求不是一成不变的,凭借科学的市场研究模型,宝洁持续性对消费者需求进行了观察、研究并做出反应。权威统计数据显示,全球市场研究模型中的50%是宝洁发明的。

但是作为厂商应该关注消费者哪种层次上的需求呢? 宝洁认为,人们需要的东西都是现时现刻重要而未能得到满足的需求。这种需要可以作为长期发展产品的信息。汰渍推出三重亮白,就是因为这是消费者当前最主要的需求。对洗衣粉这种使用性强的产品来说,消费者价值需求中精神层面的东西最为宝洁所看重。

所以正如我们看到的那样,汰渍一贯宣传洗衣效果,而不多在价值层面上做文章。然而,很多曾经辉煌的洗衣粉品牌如活力28、白猫被汰渍击垮之后,汰渍却被雕牌打了个措手不及。雕牌"只买对的，不买贵的"这一口号，以及下岗女工的形象从精神层面打动了消费者。因为宝洁注重以利益为基础的宣传，而雕牌宣传则以价值为基础，雕牌正是在价值需求层面上突破了宝洁，尽管这跟产品本身没有关系。

由此可见，消费者受到社会文化的影响，价值理念不光存在，而且已蔓延到生活的各个领域，但事实又证明，宝洁从管理上将汰渍定位为一个利益需求为基础的品牌是正确的。尽管在短期内雕牌给了汰渍很大的压力，但最终对于洗衣粉来说，消费者看重的还是产品，洗干净和洗白是最重要的。这就是为什么后来汰渍一降价，便大量收复失地的原因。

持续竞争力——产品不断创新

在中国，汰渍平均每14个月就推出一项产品创新或升级。它采用管道式新产品开发模式。一个产品一上市，其升级产品就开始研究了，等这个产品在市场上成长到一定阶段，新产品就出来了。可以说，宝洁对消费者的研究从未停止过，这种升级无休无止，像螺旋一样不断往前走。宝洁知道，一个产品好卖不等于能卖千秋万代。要做好品牌，只有不断前进才能保证持续竞争力，因为今天再新的东西，到了明天可能就很普通了，与其等待着那一天的到来，不如主动去否定和推翻自己。

宝洁新产品营销工作流程

1. 前期概念的筛选过程
- 访谈
- 开座谈会
- 拿出概念原型
- 量化的调研测试
- 设计多个不同概念，让消费者进行评价
- 预测消费者的购买情况
2. 确认产品和概念匹配
3. 标准化产品测试，确认将概念变为真正要宣传的东西

思考题 1

1. 通过阅读西南航空公司的案例，你认为西南航空赢得市场的原因是什么？从中获得了哪些启示？请从营销学的角度加以分析。

2. 针对汰渍新上市营销流程，请你和同学们进行讨论，假设大学毕业后，你们选择自主创业，开家餐饮店，请写出你们开店前的营销流程规划。

课后阅读

我贵我值——采用营销理论获取高薪职位的方法

虽然在座的同学还是在校大学生，但许多同学在高考结束的那个暑假，为了丰富自己的阅历，很多人卖过旧书、当过报童、做过家教或小餐馆的服务员……那么请你回忆一下，当你被别人挑来挑去，完全处于被动状况时，你感觉舒服吗？很多人感觉不舒服。

那你有没有想过要吸引他们的注意，在众多应聘者中脱颖而出，让他们在你面前败下阵

来？其实这是每个人的心愿。无论你将来从事的工作是否是一名销售人员，你一生总要经历一次销售的过程，那就是推销你自己。即使是推销自己，也是大有方法的，本案例就是告诉大家如何用营销理论知识获取高薪职位的方法。

某国际著名猎头公司曾对中国职场进行过调查，研究发现：25～28 岁是跳槽的关键年龄段。该年龄段跳槽的特点是希望找到一个职位较高或收入较高的工作。在中国，这类职位的空缺是大量存在的，但是符合这类空缺职位的人却很少。

有数据显示：职场中高薪职位的空缺率达 67%；在中国的跨国企业中，高层次人才每年流失率达 27%；某些职位的空缺时间长达三年之久；一个适合高薪职位的候选人一年内可被猎头公司推荐更换三个职位，年薪从 25 万元到 32 万元，最后到 40 万元；跨国企业对目前在任的高薪职位人员的工作效率满意度很低…基于上述原因，中国的高薪职位被列为人力成本昂贵的国家之一。

为什么会存在上述问题呢？最重要的一点是：供需双方存在严重的信息不对称。企业不了解未来的员工，无法鉴定你可以为这个职位产生多大效益。员工也不清楚自己能为企业做什么，无法展示自己具备这个职位的能力。

怎样才能获得想要的工作？可以借鉴营销理论的 4P（Produce/Price/Place/Promotion）。Prouduce 研究作为产品的你；Price 给自己定价；Place 找到推广自己的有效渠道；Promotion 为自己进行有效的宣传。

一、研究作为产品的你(Produce)

你自己就是一个产品，按照一个价格向未来的雇主进行销售。因此，在开始销售之前，应充分了解产品本身是一个技术领先型的、还是一个忠诚、可靠、敬业，但技术含量比较低的，或是一个时尚的、有着领先意识的产品。

1. 从简历开始树立产品的概念

目前，在中国各个领域竞争的产品中，同质化的现象非常严重，众多产品除了品牌不同，功能几乎相同。求职时，同质化的一个显著表现就是简历。简历就是产品的说明书，实质就是对自己进行包装。

大多数人的简历基本包括三个部分：教育经历、工作经历及自己的特长。只有第三部分才是体现差异化，成为在成百上千份简历中脱颖而出的关键。

人力资源部是如何阅读简历的呢？在收到的 500 份简历中挑选 10 个候选人，在 10 个人中再挑选一个，这些工作一天内完成。假设中午都不休息，一天工作 10 小时，一小时阅读 50 份，每份大约一分钟，如果简历类似，基本上只看第一页。

挑选候选人并没有固定的标准。通常先看学历，比较硬指标；学历相同，看年龄；年龄相同，看在校时的职务；职务相同，看组织活动的级别及次数；这些也相同，看其他社会活动经验；如果也相同，看爱好及特长；如果与挑选的人喜好一样，机会就大增，如果不一样，就又类同了；最后只能看长相，如果顺眼就有机会，不顺眼就没什么可相比的了。

因此，你的差异化从第一页就要开始进行精心设计。

2. 如何设计第一页

应聘企业前，你要了解该企业的困难是什么，通过招聘这个职位需要解决的问题是什么。这种信息的获得可通过销售的产品来了解。这样，第一页要写如下两方面内容：

第一，指出贵企业在寻找××职位时遇到××困难，这样的人可以为贵企业解决如下困难。第二，我就是来解决这个困难的最佳候选人，因为我曾经做过类似的××职位，解决过类似的××困难，取得过让人仰慕的××成绩……

某北大 MBA 应聘某公司海外营销总监时在简历第一页写道：贵公司招聘的是海外营销总监，说明贵公司一定要开拓海外市场，而开拓海外市场一定需要一个既懂中国企业运营特点又懂海外市场规则和竞争方式的人，这样的人在中国确实非常难得。我是一个北大国际 MBA 的学生，学习的就是国外的市场营销理论，并结合了中国的具体情况，既了解中国企业的习惯、规则也熟知海外竞争的手段和方法，所以，我强烈自荐自己是这个职位的最佳人选。以上陈述用较大的字体，提醒对方注意。

由于人们只对自己关心的问题感兴趣。他的简历让人眼前一亮，获得了优先考虑的机会，还获得了面试机会，而且是优先获得的面试机会，是在企业准备长谈的清单上。

3. 简历结尾的处理

由于您看到我前面指出贵企业存在的问题，我的结论是：我是这个职位的最佳候选人。我的学习教育经历证明我符合您要的职位的要求，我的工作经验符合我说的结论和我做过的成绩。通常中国产品在海外会遇到渠道问题，是因为我们的产品没有品牌，别人就会怀疑有质量问题，因而渠道不容易接纳。由于贵企业存在这样的问题，因此我建议解决方案是这样的，一、二、三、……

4. 在简历中恰当地描述你的优势

假如你数学成绩优秀，你应该怎样描述呢？针对这个优点，有些人可能会想：这个人肯定是个书呆子，也可能认为这个人的思维能力非常好。但如果你说我数学好，在工作中可以用擅长的逻辑思维为企业解决实际遇到的问题，这种描述近似王婆卖瓜，也许会引起面试官的反感。

遇到这种情况，可以尝试运用营销理论描述。在实际产品销售中，优点描述法具有相当的优势，但在销售个人产品时应尽力回避。推销个人，可以采用利益描述法，由于简历就是描述自己的，结合上述情况可以概括为：

第一，在首页指出对方公司急需解决的问题，目的是引起他的兴趣。

第二，描述自己就是解决这个问题的最佳候选人。

最后，告诉他我对企业的利益是什么，这样就获得了更高的面试机会。

仔细思考一下，如果人人都用此种方法写简历，是否陷入另一个同质化呢？事实上，这种同质化的可能性非常小。因为不同的人对所应聘职位的认识是不同的。这样在首页就获得了差异化的体现，就已经给对方留下了深刻的印象。

二、给自己定价(Price)

企业在招聘初级员工时，他的价值是固定的，没有议价的可能性，如果初级员工的定价都不一致的话，企业就会有问题。但目前，高薪职位并没有明码标价，这就增加了自己报价的难度。

企业不标明价格有两个原因，一是不希望有些人是冲着薪水来的；还有不希望有更高需求的人被排斥在外。因此开放薪酬，目的是找到合适的人，如果有实力，在这个岗位上贡献率高，企业通过你会获得更多的利益，可以考虑提供更高的薪水。

1. 如何报价

通常企业要求你在简历中写明对这个职位的薪酬待遇的期望。从营销学角度，让你先报价,这样做对企业而言可以获得挑选的优势。对你而言则处于被选择的位置,这时应对方法两种:一种根本不报,就当忽视这个问题,但前提是相信企业一定会面试你;第二,高于市场平均价格的 20%～30%。

不用担心由于报价太高,初选时被淘汰,只要对自己产品利益进行了准确的描述,这样企业才会对你有兴趣,才会进一步看你想要的价格。在真正买卖或谈判时,从没有人把对方第一次报价当做最后成交价。由于你的报价很高,会引导他进一步考虑你的报价值不值,不自觉地思考前面简历部分留给他的印象,对你产生深度好奇,从而赢得面试机会。

面试中回答价格问题时一定不能直接告诉他价钱,而应加上一点策略。第一句话:由于我接受教育的时间很长,我学习到今天付出了相当高的成本,再说,我也是一个坚信可以为企业解决实际问题的最佳候选人,所以我期望的待遇比较高。在真正回答要多少钱之前一定要加上这句话。

面试官听到这些话,心理就会想:为什么会比较高,到底有多高? 听完你的报价后,通常有两种反应。第一种反应,面试官觉得的确高,通常他会去翻简历,证明你确实符合所报的价格。另一种反应,你报得还可以,在我们承受范围内,只要你物有所值,我们愿意支付。中国的企业,通常是第一种反应;跨国企业,通常是第二种反应。对你而言,无论哪一种反应都有利。

这种报价方式可运用营销学理论进行解释,其实质是把报价问题的焦点从价格转移到价值问题上。从企业角度,支付更高价格意味着成本的增加,企业必然会考虑获得的回报,从而会认真思考你的潜力。

对求职者而言,坚定地落实自己的有效定价,不要含糊,对以后取得高薪职位至关重要。有时这种回答后,会意外地获得该职位的报酬底线。通常,求职者是无法得知一个职位的薪酬定价范围的。有时人力资源部会这样说:我们为这个职位设计的薪酬待遇是 18～25 万元,我们不能做最后决定,因为我们企业找这个职位合适的人选已经找了很久了,我会介绍你找部门经理谈。

2. 如何获得市场平均价格

首先,做前期调研,收集相关信息。在跨国企业中,百万年薪指的是中国区总监,华东区总监就没那么高。在研究职位薪酬时也要看它的产品利润和产品占有率。如果占有率较高,待遇也较高;如果占有率低,则待遇也较高;如果占有率处于中等水平,这时待遇最低。

为什么会发生这种情况呢? 占有率高,企业要维持这个占有率,你的作用非常大;占有率低,企业要扩大占有率,你的作用也很大。这种预测法是从客户角度分析预测值的多少的。

如果求职者完全没有信息,可通过价值比较法来判定。比如:应聘某一职位,我给你做这个产品,会带给你多大的收入,假设可以为企业带来比现在多 15% 的年收入,多挣 2000 万,那么我要 100 万,即利润的 5%。当你这样报价后,对方会认为你一定有经验、有把握、愿意给你机会尝试,你再往前走的机会就会更大。

三、找到推销自己的有效渠道(Place)

如何找到高薪职位? 通过公开的招聘信息? 不都是。对于一个要寻找目标客户的产品的你来说,至少要通过三个主要的渠道:

- 猎头公司
- 人际关系

- 公开的信息

1. 利用猎头公司

猎头公司分两种,一种数量较多,专做通常职位、常见职位;另一种只做高薪职位,数量较少。对于第一种,采用上述方法,有些大材小用,因为这些职位没有那么多谈判空间,企业需要的不是你的能力,而是通过较好的培训体系,把员工打造成符合企业需要的人。对于第二种,首先要把这些猎头公司的清单搞到手。

首先要记住,不需要用上述方法包装,因为猎头公司会给求职者进行包装。你只需在猎头公司那里注册保留一个档案,一旦有好的职位空缺,你就有可能在数据库中脱颖而出。求职者只有通过猎头公司给企业提交简历时才需要使用相关策略,如报价策略、产品利益策略等。

猎头公司的主要职责是替用人单位筛选初选者。通常猎头公司把求职者的简历输入数据库,一旦有一个高薪职位出现,猎头公司会用关键词进行匹配,当关键词匹配上以后,就会给你一个面谈的机会。为了扩大自己发现高薪职位的可能性,应该给多个猎头公司投简历。

2. 寻找隐藏的高薪职位

在中国,大约30％的高薪职位企业并没有花时间、打广告去寻找候选人。之所以没有公开招聘,是因为企业对这个部门的架构及整个发展没有考虑好,但该职位确实存在。

一种情况是:企业内部任该职位的人提升了,出现空缺,但还没找到合适的人,而由原来的人兼职。但提升后新职位会更忙,只能用较少的时间来做原职位的工作,这种情况,空缺的职位是隐藏的。

另一种情况是:企业内部结构出现变化。一种是重组,导致这个部门消失;另一种是合并,产生一个新部门。无论哪种情况都会产生一个新职位。如果部门消失,会有一个重要的职位就是安抚、处理消失掉的人,通常由人力资源部代办,但代办并不专业。如果成立一个新部门,就一定需要一个领导者,需要一个符合这个职位的人。

因此,如何去找30％隐藏的高薪职位,要动脑子。

1）主动出击

在中国,找到适合的人,付出的成本是比较高的,其中有广告费用、人力资源的时间、精力等。如果你采取有效的渠道主动出击,对企业来说感到方便,有人才主动上门不是一件坏事。

对求职者而言,第一步要锁定目标企业。先不要急于递交简历,将这个企业情况熟悉后,再发出一份携带企业问题为首页的简历,才有机会提高命中率,否则自信心会受打击。出击后的结果要么静候佳音,要么为你创造一个职位。因为你指出的问题很对,而解决该问题后为企业带来的效益很大,你所提出的价格及待遇是可以弥补的,那么,企业为什么不给你创造一个职位?

2）提高曝光率

有一个北大学生想到叶茂中公司工作,他给叶茂中写了简历,但没有下文。叶茂中没时间看,即使看到了,一看是求职信,也就交给了人力资源部。人力资源部说现在没有空缺职位,然后就束之高阁了。

他的创意是:首先和《中国经营报》联系,打算登一个求职广告,这种广告通常是50元,由于他是北大学生,给他一个优惠,20元就发布了。广告内容如下:"叶茂中,我要找的工作就是到你公司旗下,去做伟大的创意",然后写上姓名及联系电话。第二天下午,叶茂中给他打电话:"你到我公司来,我跟你谈谈"。

不是叶茂中本人看到这条广告,而是他的客户看到的。对叶茂中而言,怎么还会有人这样做,这本身不就是一个很好的创意吗?比起三个月前传统投简历的方式,这次他成功了。他为叶茂中工作了 18 个月后在上海创建了自己的创意工作室。

四、为自己进行有效的宣传(Promotion)

宣传自己,相当于 4P 中的促销。通过降价等方式促销,可让企业积压的产品都卖出去。作为产品的你,应该如何有效地促销自己呢?促销是通过媒体、活动,有组织、有策略地实现的。对自己进行全方位的策划,让企业感觉从来没有见过这样找工作的人。

1. 试用

先把自己的眼光放长远些,比如设定 6 个月内找到一份好工作,这样就可以找到 1~2 个月的试用机会。

有一个人想成为奥迪车行的销售人员,连续被三家经销商淘汰了,他不甘心,又回到了第一家,与老板进行协商。协商的结果是:他不要钱为其工作三个月,期间如果他的销售业绩达不到已有 6 名销售人员中最低的一位,他会自动离开。现在这个人是该车行的销售冠军。

2. 在报刊上发表文章

将自己对这类职位在企业中遇到的问题写出来,在报刊上进行发表。目前这类文章不是太多而是太少。如果你发表了相关文章,是对自己最好的宣传,是体现差异化最好的证明。这等同于告诉企业,我对这方面有研究,对这个行业存在的问题进行了总结、归纳,因此说我是贵企业的最佳人选。

3. 获得介绍人推荐

高校的就业辅导机构,可以批量地向用户推荐自己学校的产品——学生。从用户的角度考虑,这种促销就演变为沟通。如何发现目标客户的沟通方式呢?

首先要了解他们到底喜欢什么,参与哪些活动,这才是最佳促销方法的一个思路。有一个中国银行金融信息技术部的软件工程师很想去 IBM 做销售,他的策略是参加金融行业的计算机应用研讨会。通过研讨会,他有计划地向 IBM 硬件工程师请教问题,进一步讨论了很深入的金融领域中信息系统的常见问题、流行的解决方法及银行体系中决策信息系统的过程特点。这些讨论让他获得了 IBM 的关注,不到一个月就成功跳槽,成为一名相当资深的工程师。

掌握上述技巧后,你将有很大几率获得面试机会。以下 6 个问题,是面试中时常被人提及的,你是否认真思考过如何回答?

- 我是谁?
- 我有什么经验?
- 我做过什么?
- 我可以提供什么给企业?
- 我面对过什么苦难和障碍?
- 我期待什么样的职场生涯?

五、我是谁

这并不是一个容易回答的问题,它涉及的不是一般人都有的技能、经验、知识、热情而是那些让你非常出众的特点。回答这个问题,首先要挖掘你的强项。

你可以说:我的同学有在国企工作的,也有在世界 500 强企业工作的,他们都非常有成就。同学们都说,要看我会找到一个什么样的企业。

这种说法突出了同学关系,用别人的角度暗示自己的与众不同。

你也可以这样说:我一直收集《中国经营报》有关基金方面的报道,发现所有报道中几乎都忽视了这个行业基础营销人才的培养,因此,我写了一篇这方面的文章,结果第一次投稿就获得了发表。

这样表白,说明自己决定做一件事情的决心、行动及成就。

你还可以这样说:在过去的同事中,我最擅长的是:发现其他人自己都没有发现的长处,这使我成为一个支援型的人,同事们有事情都想听听我的意见(个人的素质质量)。

或者说:我喜欢桥牌,虽然没有什么比赛成绩,但每次参加完比赛后,我们的团队就更加有凝聚力,更加团结,成绩也明显提高(应用兴趣发展才能的能力)。

如果你没有什么经验也可以通过有技巧的自我介绍提升自我价值。你可以说:在处理自己旧书的时候,晚饭后在食堂门口摆一块布,铺满我4年学习过、读过的图书,试图销售给低年级的同学。在销售过程中我发现,有一些人直接就问价格,也有一些人则先仔细翻书,然后看书背后的价格,最后才问价钱。我觉得,那些翻过书才问价钱的人,一定会在我给了价钱以后还价的,但是,他们还价的数量有限,这让我通过市场体验理解了信息沟通的作用。如果客户对产品的信息掌握得比较全面,那么他就很容易衡量其价值;如果客户不掌握产品的信息,那么他们就会用尽量还价的方法来保护自己对价值的认识,因为他们对价值的认识比较低,所有还价特别狠。这也让我知道,如果我尽量多介绍这些书的用途以及我得到的体会和启发,就更容易销售出去。一个星期的时间,我就将4年读过的200多本书都销售出去了,大约每本书的售价为书原价的30%左右。许多同学也在做同样的事情,但他们销售的速度及销售的价格都不如我。后来,有同宿舍的同学专门委托我替他们销售用过的书,这让我觉得戴尔公司的创造人早期的商业行为并不是什么灵感的闪现,而是实实在在对市场直接体验的感触。

以上叙述相当有吸引力,比单纯陈述自己是学生会主席还要有说服力。给面试官的印象会有如下几个方面:

第一,是一个鲜活的实践,甚至比到外面公司打工兼职的实践还生动有效,未来的市场竞争需要的就是这样的举动。

其次,看到了一个人在为自己的目标努力过程中的思考,善于运用自己学到的知识提高实际工作的产出,企业需要这样的人。

第三,除了思考以外,运用到实践中以后还会向纵深发展,延伸到商业社会的运行道理,这比你讲学过曼昆《经济学原理》对企业还有吸引力。而事实上,这些内容恰是曼昆著作可以引发的行为。

以上段落,表明求职者不仅在面对高薪职位时要时刻关注自己的价值,即使非高薪职位,寻找工作时也要努力用自己学习、生活中的细节来展示自己,而不是落入俗套的一种所有人都使用的有限的方法。

六、我有什么经验

从企业角度,其实不是筛选什么经验,而是通过这些经验,可以看到企业想看到的品质。通常面试官针对候选者过去的经验,常做出如下判断:

1. 这个人过去的经验能否运用到未来这个职位?

2. 如不能，那么他获得这个经验的过程是否可能延伸到对新工作有帮助的方面？

3. 或者，通过这个经验，可以看出他还有什么潜质，可以向未来这个职位要求的技能转移。

4. 这个人经验可借鉴的范围是狭窄还是宽阔。

5. 从这个人获得经验的时间范围来判断，其掌握技能的速度如何？

根据上述判断，你应该准确地调整介绍自己经验时的策略，不一定非要向未来应聘的这个职位要求的经验靠拢，甚至可以完全忽视。

比如：惠普前 CEO 费奥瑞纳在面对董事会这个问题时是这样回答的。

董事会：你了解 IT 技术吗？有相关经验吗？

费奥瑞纳：我应聘的是 CEO，我想他们这里懂 IT 的人已经很多了，有相关经验的人也相当杰出，不是吗？

七、我做过什么

简历中最常见的就是罗列一个自己工作过的清单，显示自己做过哪些事情。面试官希望看到的不是辉煌公司的名字，而是看到你过去为企业承担过什么责任，从事过什么负责的事情，或者更准确地说，他们希望知道你是否有工作的短期目标，并为这些短期目标做过什么样的努力，是否达到了预期的结果。

假设你想应聘培训经理这一职位。但你初出校门，可能没当过培训经理，但拥有参加培训的经历。你可以这样说：

在参加卡内基组织的赞扬他人的培训中，我的目标是回到宿舍后，将听过的内容讲给同宿舍的同学听。于是，在培训中，我不仅大量地记笔记，而且还尽量将其他同学的反馈也记录下来。结果回到宿舍后，准备给同学讲的时候，发现由于记笔记，忽略了听讲，结果反而不会讲了，而且收获也并不大。所以，我调整了思路，再一次交费，重新去听，并结合第一次的笔记，似乎是豁然开朗。后来，我不仅给同学讲这方面的内容，而且还被邀请到别的班去讲，并受到了好评。这使我体会到，只要有心，持之以恒，目标一定会达到。

这种回答方式，并没有直接说是否做过培训经理，但却将培训经理需要做的事情都表达出来了。而且，表明自己有目标，并愿意为目标而努力，结果还达到了目标，这种回答肯定是差异化的，没有任何人同你竞争。

另外，企业也知道现代社会转型如此快速，许多职位根本就没有现成的有经验的人可以立刻录用，因此，企业真正需要的是具备获得经验能力的人。通过如此沟通，可以立刻判断这个人是否是具有学习及掌握新知识和技能的人。

八、我可以提供什么给企业

首先应把自己定位为不是一个简单的劳动者，而是企业问题终结者的身份，是一个有额外价值、有特殊专长的人，是一个了解企业遇到的问题，清楚企业发展所需要的实用技能，而不是华丽的知识。

方法一：着重自己的强项

你可以在简历中强调自己的长项。比如：有特别敏感的成本意识，或对他人的优势有一种特殊的快速挖掘的才能，或具备商业敏感性。也可以对大家熟悉的一些商业现象做出不同一般的解释和看法，并结合自己的逻辑能力预见到可能的结果。这些都是可以特别强化的技能。

方法二：罗列心目中特别认可的人物名单

在这份名单上，所有的人都是你以往结识的，不同类型，不同工作的人，你可以通过对名单上的前三位特别有意义的人进行描述。通过描述,可以展示你识别人、观察人的独特技能。这个名单也可以向面试官透露出你的生活价值观,甚至透露你的生活关系网。

这是一种特别有效地展示自己社会圈子和评价他人能力的方法。可以让面试官通过这个名单及你对其中人物的评价,充分了解你那些不太容易快速了解到的分析问题的思路,深刻的社会价值观等重要信息。

方法三:对变革的独到认知

有时,面试官也会询问你对于企业变革的态度。事实上,任何人都在内心深处都不喜欢变革,你应该强调你与大多数人一样,在遇到变革的时候也会有特殊的情绪,也会有特别的心理状态来接受变革。但你与别人不一样的是:在变革中,你会特别注意变革结果受个体认知的影响,不同的认知会导致不同的变革结果。

这样在承认与多数人一致的心态后,强调你的独特认识,就是一种有效展示自己身上有哪些可以被企业用到的技能的独特方法。

所以,与其简单地罗列自己的学习成绩、工作经验,不如增加一个对于企业现在面对的挑战,你有哪些独特的技能,有哪些特别的长项可以为企业做贡献。

美国总统肯尼迪曾说:"不要总是问国家可以给我什么,应该问问自己,你可以为国家做些什么。"同样思维,你可以为企业的成长做什么,可以在企业竞争中贡献什么,有什么特别的技能可以让企业用上?

由此可见,看似简单的描述,实质映射着一种对社会的认识,一种商业社会中深刻的思想,那就是从对方的现状出发,来展示他需要的才能。

九、我面对过什么苦难与障碍

简历中不要过多写获得的荣誉,这都是结果,而应把关注点放在你是如何获得的。细化获得的过程,描述在追求时遇到的困难,而你又是如何克服的,来赢得希望的结果,周围的人又是如何看待的。追求细节,描述过程,让面试官在过程与细节中了解你。

比如,没有如愿考上第一志愿的大学,你的心情如何?

面试官想要的是你在这个问题中思考的过程,而不是具体的难受、沮丧等心情的描述。你可以这样回答:虽然很难过,但自己仍要追求完美,虽然人生有许多自己不能控制的事情,但可以控制自己的努力。

这些思考过程才是简历中最珍贵的部分。

十、我期待什么样的职场生涯

这是经常被问及且无法回避的一个问题。他们可能对你很长一段时间没有工作有疑惑;可能对你过去工作时的低报酬有疑惑……那么你该如何解释呢?其实,这些问题都反映了你对职场生涯的看法和观点。

对于长时间没工作的回答,应该强调的是,不是你没有工作,而是一般的工作你不愿意接受,因为你自己对职业发展进行了规划,与其将就一份普通的工作,不如等待一个好的时机。一份理想的工作可以让自己更加投入,追求的是一个有发展前景的事业,而不仅仅是为工作收入而做的工作。这种回答,展示了自己对职业发展的思考与态度。

回答低报酬的问题,其实是在阐述有关职业发展的看法。你可以强调在职业发展中,每个人都在意金钱以外获得的收获。什么是你在意的?是这个问题最应该详细阐述的部分。你可以说:在意一个难得的经验;在意结识某个领域有成就的人的机会;在意是否符合自己的兴趣；在意对未来事业的影响……

强调这些问题的同时，其实就是在展示自己内心深处的想法，对事物的看法与见解。曾经不了解你的面试官，通过你的见解可以准确地、迅速地了解你、可以感受你的喜怒哀乐，把你当作一个有灵魂、有血肉、有个性的人，而不是一个机械的、需要一份工作的人。

既使你没赢得一个眼前的职位，只要按上述方法做，你其实得到的是一个对你的能力的认可，这比一个简单的工作更重要。当你得到 10 个以上的面试官对你的认识、印象后，符合你追求的事业的工作已经离你不远了。

通过以上 6 个问题，从不同的角度来剖析自我，从一个全新的角度，深入地了解自己，在重新认识自己后，你会更有信心，这个信心会通过你的语言、行为有效地传递给你周围的人。这时的你，已经具备获得理想的高薪职位的潜在能力。祝贺你，你可以上路了。

（以上资料载自孙贵泓.我贵我值.北京：机械工业出版社，有删改）

思考题 2

1. 结合本案例内容，在学习和生活中寻找一个细节故事，写下来，讲给周围的同学们听，聆听他们的感受和反馈。

2. 假设你想应聘一家企业，参照本文内容，请试着回答面试官提出的以下 6 个问题：我是谁？我有什么经验？我做过什么？我可以提供什么给企业？我面对过什么苦难和障碍？我期待什么样的职场生涯？

3. 请结合本次课内容回答在第 7 章中我们曾介绍过的宝洁人力资源管理招聘中的 8 个问题：

（1）请你举一个具体的例子，说明你是如何设定一个目标然后达到它的。

（2）请举例说明你在一项团队活动中如何采取主动性，并且起到领导者的作用，最终获得你所希望的结果的。

（3）请你描述一种情形，在这种情形中你必须去寻找相关的信息，发现关键的问题并且自己决定依照一些步骤来获得期望的结果。

（4）请你举一个例子说明你是怎样通过事实来履行你对他人的承诺的。

（5）请你举一个例子，说明在完成一项重要任务时，你是怎样和他人进行有效合作的。

（6）请你举一个例子，说明你的一个有创意的建议曾经对一项计划的成功起到了重要的作用。

（7）请你举一个具体的例子，说明你是怎样对你所处的环境进行一个评估，并且能将注意力集中于最重要的事情上以便获得你所期望的结果的。

（8）请你举一个具体的例子，说明你是怎样学习一门技术并且怎样将它用于实际生活中的。

具体要求：

- 认真思考上述问题，运用本节课所学的知识，从细节入手，突出差异性及内心真正的感受来说服别人、打动别人。
- 一定要结合自己亲身经历回答上述问题，不要虚构，实事求是，目的在于通过上述问题的回答让别人更好地了解你。

第 9 章
供应链管理信息系统

如果把产品或服务产生的过程按时间顺序划分可分为上游、中游、下游三个流程。相应地,管理信息系统面对不同的流程也有配套的系统。通常把上游称为供应链管理系统(SCM);中游称为企业资源计划系统(ERP);下游称为顾客关系管理系统(CRM)。

众多软件供应商可以提供 SCM、ERP、CRM 的成套软件,通常他们以这三种软件中的一种为基础,根据用户的需求增加了其他两种软件的功能。

本章将向大家介绍流程的上游——供应链管理系统。著名供应链专家马丁·克里斯多弗曾说:市场上只有供应链没有企业,真正的竞争不是企业与企业之间的竞争,而是供应链和供应链之间的竞争。这预示着 21 世纪的市场竞争将从企业之间的竞争上升到更高层次的“扩展的企业”供应链之间的竞争。

新日电动车:离散型制造业的供应链协同之道

历经 10 年发展,电动自行车已经形成一个产值过千亿元、各种生产和配套企业数十万家的完整产业。但是,电动自行车产业在 2011 年却经历了一轮过山车似的市场动荡。

2011 年年初,四部委(国家公安部、工业和信息化部、国家工商行政管理总局、国家质量监督检验检疫总局)联合下文,因交通事故隐患问题,要求整改电动自行车产业,限期淘汰在用“超标”车,这让大量车企面临生存压力。下半年,国家实施家电下乡政策,电动自行车又被纳入“下乡产品目录”,导致该产品又出现供不应求的状况。

过山车似的市场剧烈波动,考验的是电动自行车企业快速、有效的外部供应链协同管理能力以及灵活、高效的内部供应链管控能力。作为离散型制造业,电动自行车企业的产品生产需要紧密依赖上游 300 多家零部件供应商的协同供应,一旦任何一个零部件缺失,就无法生产出一台完整的电动自行车,因此如何协同管理数百家供应商,就显得尤为重要。

另外,电动自行车市场个性化需求多,产品品种多样,市场需求变化快,一旦形成库存积压,就意味着数百、上千万元资金的占用,提高供应链效率的关键是如何有效地预测生产、如何降低库存、提高资金周转。

位于江苏无锡的江苏新日电动车股份有限公司(以下简称“新日”)每年以远超过同行业的增长水平快速成长。新日如何实现供应商协同管理?如何有效预测生产?又是如何布局全国仓储体系的?请看本期案例。

零部件采购——核心联盟＋风险分散的供应商管理策略

在内部零部件的库存管理上,新日对每个零部件设置了"安全库存"警报点,比如螺丝钉的库存数量不能低于 1000 个。当某个零部件的库存达到"安全库存"的警戒数量时,仓储部门会通知采购部门及时备货。

在一辆电动自行车的 300 多个零部件中,电池是电动自行车 4 大核心部件(电池、电机、控制器、充电器)之一。2011 年 8 月,受到国家整治稀土政策的影响,电动自行车的核心部件之一——铅酸蓄电池开始出现供不应求的情况,不少品牌企业受此影响而业绩下滑,但新日却保证了市场的正常供应。

为了避免单一供应商缺货引发的零部件供应风险,新日在核心零部件方面一般都会选择 2～3 家供应商进行平衡,而且一般会选择行业内排名前列的品牌供应商。目前新日的上游零部件供应商共有 400 多家,除了通过多家供应商分散风险,新日提供的订单会在这些供应商的业务中占据较高的比例,一般为 40% 不等,以此保持与核心供应商的长期战略合作关系。

按照这种"核心联盟＋风险分散"的供应商管理策略,新日圈定的核心供应商有 100 多家,并与他们保持战略合作伙伴关系,从而在类似电池缺货等关键时刻,双方能够彼此相互支持。

尽管如此,一些未知的突发风险也会让电动自行车企业应对不及。比如随着国家对稀土资源的整治,稀土价格翻番,电池市场的行情也将水涨船高,电池价格一日三变似的上涨,从而加大了企业的生产成本。为此,新日通过增加几个月的备货量等方式来解决。新日电动车公司副总裁胡刚说:"为了避免日后受制于人,同时也为了掌控核心部件的生产,占据更多主导权,新日正计划通过控股或收购小型电池工厂的方式涉足上游市场。"

为了提高零部件的采购效率,新日在江苏无锡、天津、湖北襄阳三个厂址的选择上颇有讲究:无锡是全国摩托车的重要生产基地,天津是全国自行车的重要生产基地,襄阳是全国汽车的重要生产基地。这三个基地都具有成熟的零部件供应产业,在这三个地方建厂,无疑缩短了零部件的采购半径,提高了采购效率。比如,在 2 小时之内,所订零部件就能送达新日工厂,新日的采购周期是每周 3 次,平均每个月采购 12.5 次。

除了考虑采购效率,品质的把控也是电动自行车零部件采购的一个重要问题。电动自行车产业是一个新兴市场,其核心部件的技术成熟度有待提高。由于市场上存在大量杂牌、贴牌产品,这些产品往往难以保证核心部件的产品品质,造成电动自行车的返修率较高。这不仅使消费者的维修成本较高(比如:换一块电池动辄就要花费数百元),也使得厂家的维修成本上升,如提供大量配件、建立维修队伍、培训维修服务能力等。

因此,电动自行车核心部件的技术能力和质量,往往影响到电动自行车的品质和维修成本。为了保证核心部件的品质,也为了降低售后的返修率,新日对于核心部件的采购除了选择与品牌供应商进行合作,在与任何一家品牌商合作关系之前,新日还会经过细致的实地考察。比如,在与博士牌电池确定合作关系之前,新日曾经花了一年时间检测其电池的续航时间、爬坡能力等技术能力。

新日技术管理部设置有专门的实验室,24 小时不间断地测试电池等核心部件的技术能力。技术人员还专门生产了一台安装有博士电池的样机,开着这台样机跑到附近一个具有一定坡度的山坡上进行测试。

　　由于电动自行车的零部件供应商大多数规模不大,不少供应商具有"小富即安"的心态,缺少品牌经营思路和规模化发展意愿,这难免影响到下游生产商的品牌经营。因此,新日还通过输出管理的方式,主动派遣技术人员上门指导核心零部件的生产,以提升零部件的质量。

　　为了与供应商保持更紧密的协同关系,新日正计划把目前在建的离散型供应链管理的供应链管理系统延伸到上游供应商,从而可以通过信息化手段实时地对供应商下单,进一步提升采购效率。

生产装配——按订单生产

　　按订单组织生产的模式,销售预测至关重要。在传统的生产管理中,生产计划主要是根据以往的生产经验和销售部门提出的预测数据来提交,而销售预测往往根据销售部门和区域总代(包括各地代理渠道)、专卖店的个人经验和判断进行汇总和统计。其中,区域总代提交的销售预测数据再由下属二三级代理提交,因此,数据来源不够准确,而且逐层上报的数据存在失真情况,从而让销售预测数据与市场需求产生较大误差。

　　相对于传统的按计划进行生产的管理模式,新日采取的是按订单进行生产的模式。按订单组织生产模式,对新日的生产管理提出了更高的挑战,即准确的销售预测、快速的订单反应能力和高效的生产管理能力。

　　准确的销售预测是科学生产的前提。新日的销售预测由销售部负责。不同于传统的总部——区域总代——二三线代理模式,新日是通过"品牌＋扁平化渠道布局"来进行市场推广的,目前已经在全国32个省市、500多个二三线城市直接建立1000多家县市级代理,取消了传统中间卖场环节和区域代理环节。

　　渠道扁平化能够让新日快速灵活地直接面对市场需求,因为各经销商对于当地的市场需求一般都很清楚。但是,也使新日对全国1000多家代理商的订单管理的难度加大。因此,新日在内部设置了一个近200人的销售管理部,并通过设置大区经理对分销商进行分区域管理。为了统一管理分销商的订单,新日还专门设置了一个订单调度中心,对全国各地的订单进行统一分配和管理。

　　如今,全国各地1000多家分销商的订单会实时地输入到新日的供应链管理系统中,由销售部进行统计汇总,销售部门首先按区域、库存量等信息,把订单进行分配,如天津周边地区分销商的订单会转给天津工厂和仓储进行生产或调拨;无锡周边的分销商订单会在无锡总部进行处理等。

　　尽管从理论上来说,按订单生产的库存应该是零,但是从实际运作来说,为了保证经销商和消费者能够最快地拿到货,新日在生产上一般会提前备货,以便分销商在下订单之后的2天之内就能拿到货。

　　至于备什么样的货,考验的是新日的市场预测能力。对未来市场需求的把握越准确,备的货就越符合市场需求,从而就能够对订单及时响应,并降低库存,减少供应链上的资金占用。

　　新日的供应链管理系统在准确预测市场需求方面发挥了重要作用,比如,当分销商的订单经过供应链管理系统处理之后,ERP中的库存数据会自动减少,并显示当前天津、无锡工厂的库存量是多少;销售部门依据这些数据来分析是否要追加生产,该生产哪些车型,生产多少等。

　　新日生产计划的制订,也会参考往年或前几个月的销售数据,新日销售部门会利用供应链管理系统对往年或前几个月的销售情况进行统计分析,如果某款或某几款车型一直畅销,在生产计划的安排中,会加大这些畅销车型的生产量等。

　　除了对销售部提交的订单进行统计,一些创新的车型也会被安排进生产订单中。因为新日一向重视研发设计,经常会设计一些创新的车型,如折叠式电动车、微型电动汽车等,这些新车型在经过一系列研发、测试、小批量生产之后,就会进入批量生产阶段。

　　在经过对库存量、往年销售数据、创新车型安排等综合分析和按照一定算法计算之后,销售部门最后制定一个比较准确的销售预测数据,提交给生产管理部门安排生产。

　　为了进一步提高销售预测的准确性,新日正计划把供应链管理系统延伸到下游各家分销商,实时地了解各分销商每天的销量和库存,从而有利于分析当地的消费情况,也方便分销商更加准确地预测未来销售情况,提交的订单更有效,使新日的销售预测更准确。胡刚预计,到2012年,在ERP项目全部实施之后,新日的库存周转能够翻一番。

生产优化——多样化的生产线

　　作为离散型制造业,电动自行车的生产过程是一种介于自行车和摩托车之间的零部件组装过程,其生产组装过程需要大量手工作业。在新日的生产车间,一条“一字形”的流水线上,30多个工人位列在流水线的两侧作业,300多个零部件被分门别类地顺序摆放在工人的两侧,按照顺序,不同的工人熟练地操作着不同的环节。

　　不同于摩托车的“顺装”,电动自行车以“倒装”方式一个个地把零部件组装成车。在流水线的上方,悬挂着一些电焊等机械工具。这些电动自行车的生产线全部由新日自己设计而成。

　　在经过了大约75个半手工作业的装配环节之后,一辆电动自行车就完整下线了,整个过程大约花费20分钟。每天,一条流水线大约能生产100辆电动自行车,涉及的车型一般会有10多种。新日具有10多条类似的生产线,每周的产量在一万辆左右。

　　作为大众消费品,电动自行车的个性化需求较多,不同消费者可能喜欢不同的款式、颜色、图案等,目前,新日研发的车型多达100多种,包括定制化车型和大众用车,定制车型如邮政用车、城管用车、户外车等,大众用车则包括简易款、豪华款以及不同颜色、图案等。100多种车型,意味着新日需要建立更加多样化的生产线和多样化的零部件供应体系。

　　由于一条流水线生产的车型有10多种,不同车型需要不同的零部件,这意味着在不同车型的生产过程之间存在切换,需要进行零部件的更换等动作(简称“换料”)。在换料时,生产线会停止运行40多分钟,降低了生产效率。

　　为了降低多样化车型对新日生产线带来的挑战,新日正通过供应链管理系统统计以往销售数据,总结出“经典车型”,通过增加和优化经典车型的库存来提高生产效率。现在切换不同车型时,生产线停止运行10多分钟就可以正常生产,从而提高了每天的生产效率。为了进一步提高生产效率和组装的精准度,新日还计划在湖北襄阳新厂的生产线上安装机械手。

　　由于电动自行车的生产装配过程属于半手工作业,工人的熟练操作能力影响到生产效率,因此,对工人进行大量操作培训在新日已经成为一项日常化的工作。新员工在上岗之前会有一个月的培训,上岗之后,还会定期进行培训。

配送——分造分销＋中转仓储

　　未来,新日仓储部门会通过供应链管理系统实时看到该分销商的库存缺货情况,可以主动而及时地向分销商供货,进一步提高仓储效率。经销商头天下订单打款,第二天上午就能将货生产完并发出去。我们从下订单到交货的平均时间是 1.3 天。"1.3 天"正是新日把电动自行车从工厂配送到全国 1000 多家代理商门店的配送时间。

新日如何完成对全国各个区域货品的快速配送?目前,新日在仓储建设方面主要通过两种布局完成配送:一是分造分销、就近配送,在无锡、天津、襄阳等工厂周边建立大型仓储中心,然后向周边地区进行配送,一般一天多就能送货到门店;二是为了保证充足的库存满足周边地区的需求,以便在 2 天之内把货品送达门店,新日还在沈阳(辐射东北三省和内蒙等地)、成都(辐射西南五省)、西安(辐射甘肃、山西等地)等地设立了中转仓储,比如在沈阳建立了一个 5000 平方米的中转仓储,能够库存 7000 辆车,方便向东北三省和内蒙等地供货。

不同于书籍、服装等小件商品的配送,通过成本较低的快递就能完成,电动自行车的体积大、不易搬运,其配送必须要货车运输,而且通过货车运输一台电动自行车的成本大约是 100 元。为了降低配送成本,新日充分利用自身的供应商资源,在供应商把零部件运输到新日工厂之后,再通过其货车把产品运回到当地代理商门店,从而实现"双向物流",这不仅提高了供应商物流的利用率,也降低了双方的配送成本。此外,新日还开创性地利用海运的方式运输电动自行车,业内至今还无人做过尝试,而海运能够降低至少 20% 的配送成本。

由于物流部门还建立了完善的信息化系统,不仅可以通过 GPS 实现对货车等运输车辆的实时调配和监控,从而保证货品的安全运输,也可以通过信息系统对全国各个仓储中心进行有效的库存管理,比如,北京仓储的某种车型只剩下 200 辆(安全库存数),仓储系统会自动提示新日的仓储管理部门及时进行调配货。

同时,物流系统也可以了解到几天之后的所有发货情况。目前,新日正计划把供应链管理系统扩展到下游几千家分销商,当全国各家分销商的订单通过新日供应链管理系统传递到物流系统,物流系统可以及时供货。举例来说,目前北京某分销商向新日订货 50 辆车,订单进入新日供应链管理系统之后,新日仓储部门会及时调配北京仓储在 2 天之内向该供应商发货。未来,新日仓储部门会通过供应链管理系统实时看到该分销商的库存缺货情况,当发现该分销商的库存达到一定数量时,可以主动而及时地向分销商供货,进一步提高仓储效率。

由于电动自行车技术的不成熟性,零配件更换尤其是电池的更换是售后服务的重点,更换一块电池的费用在几百元不等。为了降低售后维修成本,新日一方面通过对核心电池部件的质量进行严格把控,比如,新日电机采用的是中科院下属三环公司研发的一种无刷电机,其使用寿命是普通有刷电机的三倍以上,从而降低了售后维修成本;另一方面是对零配件及时备货,由于使用了分造分销、就近配送的物流体系,使得新日的零配件配送成本低于同行,从而降低了备货成本。

(以上资料来源于 http://www.cb.com.cn/1634427/20120225/340544.html,胡敏,有删改。)

不仅在中国,在机械加工行业,在世界各地各行业,供应链管理的好与坏都是企业成功的关键因素之一。2005 年 1 月 1 日,美国物流协会更名为美国供应链管理协会,标志着全球进入供应链时代。美国 PRTM 咨询公司曾对汽车、家电、化工、计算机、药品等行业 225 家企业进行调查,发现供应链管理成功的企业比其他企业节省的成本要占到销售总收入的 3%～7%。所以,有效地实施供应链管理是提高企业盈利水平的有效举措。

本章将为大家介绍供应链及供应链管理的相关理论知识。

9.1 供应链的起源及其相关概念

9.1.1 供应链的起源

供应链(supply chain)的思想起源于 20 世纪 80 年代,是美国政府为了重新夺得制造业领域的竞争优势而提出的一种新型管理模式。最早供应链研究从物流领域开始,但很快扩展到其他行业多种领域。现在,它已不再是一种简单的运营策略,而是一种企业战略,无论在理论界还是在实业界都引起了广泛关注。

当时,许多传统企业在内部采取"纵向一体化"的模式来解决原材料供给、产品生产和销售等问题。然而,随着 IT 技术的不断发展,经济环境快速变化,个性化需求不断增强,使得企业在快速复杂变化的市场中难以做出快速响应,单个企业不能以有限的资源应付庞大的业务领域形成自身竞争优势,因此,原材料供应商、制造商、分销商、零售商和运输商等一系列企业开始形成战略联盟,组成价值增值链,通过优势互补获得集体竞争的优势,达到双赢甚至多赢的效果。就这样,供应链理念应运而生。从商品的价值在业务连锁中逐渐增值的角度看,供应链可称为"价值链";从满足消费者需求的业务连锁角度看,供应链也可称为"需求链"。

早期观点认为供应链是生产企业中的一个内部过程,是指把从企业外部采购的原材料和零部件,通过生产转换和销售等活动,再传递到零售商和用户的一个过程。这种观点局限于企业内部操作层次,注重企业自身资源的利用,并没有注意与之相关的企业。后来人们意识到,供应链是一个更系统的概念,它通过链中不同企业的制造、组装、分销、零售等过程将原材料转换成成品,再到最终用户的转换过程。

供应链中的物流是指从供应商到客户之间的物质产品流动。

信息流是指包括客户需求、订单的传递、交货状态及库存等信息的流动。

资金流是指包括资金转移、信用条件、支付方式等信息的流动。

信息流、物流、资金流统称为"三流",它们往往是跨部门、跨行业、跨企业流动的。通常,供应链是由自主或半自主的实体企业组成的网络,这些实体企业共同负责与一类或多类产品相关的各项活动。实体企业主要由供应商、制造商、仓库、配送中心和零售商等组成,处于核心地位的企业称为供应链的核心企业。

9.1.2 供应链的定义

供应链是国际上广泛使用的一个术语,包括从生产到交付最终产品和服务所付出的一切努力,范围从供应商的供应商到客户的客户。但是截止到今天,供应链也没有一个统一的定义,下面介绍几种常见的定义。

1. 史迪文斯(美国·Stevens)

供应链是通过增值过程和分销渠道控制从供应商的供应商到用户的用户的流。它始于供应的源头,结束于消费的终点。

这个定义体现了供应链的完整性,考虑了供应链中所有成员的一致性。

2．哈理森(Harrison)

供应链是执行采购原材料,将它们转换为中间产品和成品,并且将成品销售到用户的功能网链。

这个定义强调了供应链的战略伙伴关系。通过建立战略伙伴关系,可以更有效地开展工作。

3．中华人民共和国国家标准《物流术语》

根据中华人民共和国国家标准《物流术语》(GB/T 18345—2006)的定义,供应链是生产及流通过程中,涉及将产品或服务提供给最终用户所形成的网链结构。

这个定义强调了围绕核心企业,通过对信息流、物流、资金流的控制,从采购原材料开始,制成中间产品及最终产品,最后由销售网络把产品送到消费者手中,将供应商、制造商、分销商、零售商,直到最终用户连成一个整体的功能网链结构模式。

9.1.3　供应链的特点

根据《物流术语》中的定义,供应链具有以下特点。

1．是一种企业结构模式

供应链结构模式,其覆盖范围更广,相互之间关系错综复杂,关联往来和交易多,比单个企业模式更复杂。包括所有加盟的节点企业,从原材料的供应开始,经过链中不同企业的制造加工、组装、分销等过程直到最终用户。

2．是一条增值链

供应链不仅是一条连接供应商到用户的物料链、信息链、资金链,还是一条增值链。物料在供应链上因加工、包装、运输等过程而增加其价值,给企业带来收益。

3．是一条动态链

供应链的形成、存在、重构,都是基于一定的市场需求发生的,而用户的需求是不断变化的,因此链中的节点企业需要具有动态的更新和调整能力,这就使得供应链具有明显的动态性。

4．贸易伙伴具有双重身份

在整个供应链中,每个贸易伙伴既是其客户的供应商,又是其供应商的客户,他们既向上游的贸易伙伴订购产品,又向下游的贸易伙伴供应产品。这种性质使得大多数的供应链形成交叉结构,增加了协调管理的难度。

5．链中隐含巨大风险

并非建立了供应链就一劳永逸、永无风险。事实上,供应链的需求匹配是一个持续性的难题,供应链上的消费需求和生产供应始终存在着时间差和空间分割。链中各种决策直接影响到整个系统的生产、仓储、配送等功能的容量设定及相关成本构成。因此,供应链中隐含着巨大的财务风险和供应风险。

9.1.4　供应链设计原则

供应链的设计包括成员的构成、原材料的来源、生产设计、分销任务能力设计、管理信息系统设计和物流系统设计4个方面。在设计时需考虑以下原则:

1. 自顶向下和自底向上相结合

由于供应链的设计工作并不容易,一方面设计过程需要考虑较多的因素,这些因素可变性也强,给设计工作带来了困难,所以必须关注要素的情况;另一方面,供应链是多个企业之间的战略联盟,需要统一规划行动、步骤和利益关系。结合这两方面原因,设计时采用自顶向下和自底向上相结合的原则可以更好地满足上述需求。

2. 互补协调

由于供应链上各企业都具有各自的核心竞争力,在组成供应链后也应该像独立单元一样,只专注于所擅长的业务,这是建立供应链的基本原因。但这并不意味着伙伴之间丧失了企业联系,实际上,供应链的绩效在很大程度上取决于伙伴间的合作情况。所以,建立供应链时必须寻找业务上具有互补性的企业,而且在决定利益分配和采取非利益激励措施等方面都要考虑伙伴之间的合作的重要性。

3. 简洁创新

加快响应速度是供应链出现的背景,如果所设计的供应链又长又呆板,无疑将会违背当初人们的意愿,因此简洁和灵活对供应链而言是非常重要的。而且为了实现供应链的整体战略目标,从市场角度出发,发挥成员的创造性,才能设计出良好的供应链,如果没有创新性思维,这种供应链是可望而不可即的。

4. 以信息化为支撑

供应链管理离不开IT技术,告别是网络技术和信息系统,这是进行信息共享的基础。另一方面,信息化也带来了供应链的安全问题。在设计时,既要依靠信息化提高供应链的绩效,也要防止信息灾难的发生。

9.2　供应链的分类

供应链的分类方法多种多样,每种划分都有其对应模式。

9.2.1　按研究对象划分

史蒂芬·纽(Stephen New)将供应链按研究对象划分为三种类型,分别是:企业供应链、产品供应链和基于供应链合作伙伴关系的供应链。

1. 企业供应链

企业供应链就是单个公司所提供的含有多个产品的供应链。该公司在整个供应链中处于主导者的地位,对整个供应链起关键性作用,不仅考虑与供应链上其他成员的合作,也更多地关注多种产品在原料购买、生产、分销、运输等技术资源的优化配置问题,拥有绝对主导权。生产企业主导的供应链(如海尔公司供应链),大型零售企业主导的供应链(如沃尔玛供应链)都属于企业供应链。

2. 产品供应链

产品供应链是与某一特定产品或项目相关的供应链,如某种品牌汽车的供应链。基于产品的供应链是对特定产品的顾客需求所拉动的整个产品供应链动作的全过程的系统管理。采用信息技术是提高产品供应链的运作绩效、新产品开发及完善产品质量的有效手段之一。在产品供应链上,系统的广告效应及行业的发展会引起对该产品的需求。但在物流运输、分销领域进行相关改进是收效甚微的。

3. 基于供应链合作伙伴关系的供应链

供应链合作伙伴关系也称为供应链契约关系,是指针对各职能成员间的合作进行管理的过程。供应链的成员可以定义为广义的买方和卖方,只有当买、卖双方组成的节点间产生正常的交易时,才发生物流、信息流、资金流的流动和交换。表达这种流动和交换的方式之一就是契约关系,供应链上的成员通过建立契约关系来协调买方与卖方的利益。

9.2.2　按分布范围划分

1. 企业内部供应链

在每个公司内部,不同的职能部门在物流中参与了增值活动。比如,采购部门是资源的来源;制造部门将原材料加工成产品,使其进行了增值;产品的个性化设计通常由工程设计部门完成,同样参与了增值活动⋯⋯这些部门被视作供应链中业务流程的内部顾客和供应商。

2. 集团供应链

一个集团可以在不同的地点进行制造、配送,并且对全部过程实现集中控制,这种由于业务活动涉及许多企业或部门的情况称为集团供应链。集团供应链中每个公司都有自己的位置,大量的信息快速地流向上流和下游企业,同时也要做到业务流程的集成。

3. 全球网络供应链

互联网和电子商务的发展改变了供应链的形态,基于 Internet 的、开放式的全球网络供应链已成为当前供应链领域的新成员,在这种情况下,供应商和客户之间信息交流与沟通体现的是一种交互、透明的协同工作环境。例如,交易代理、信息检索服务是这种供应链模式下的新兴业务,这也将导致传统的电子订单和经销商角色会被部分替代。成本下降和反应时间的速度将把 IT 和供应链的优势发挥到极致。

9.2.3　按动力因素的来源划分

供应链的动力因素来源可分为推动式和牵引式两种。

1. 推动式

推动式的供应链出发点从原材料到产成品,以制造商为核心,产品生产出来后从分销商逐级推向用户。分销商和零售商处于被动接受地位,各个企业之间的集成度较低,通常采用提高安全库存量的办法应付需求变动,因此整个供应链上的库存量较高,对需求变动的响应能力较差,其运作方式如图 9-1 所示。

图 9-1　"推动式"供应链示意图

2. 牵引式

牵引式供应链的出发点以客户及客户满意为中心,以客户需求为原动力。由于内在动力产生于最终用户,因此整个供应链的集成度较高,信息交换迅速,可以根据用户需求实现定制化服务。比如,增加产品的可替换形式;缩短订货间隔期;改进质量、降低单元成本;提高运作优势;设立执行评估系统。采用这种运作方式的供应链系统库存量较低,其运作方式如图 9-2 所示。

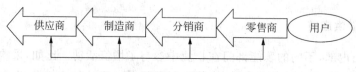

图 9-2　"牵引式"供应链示意图

9.2.4　按网状结构不同划分

供应链按网状结构划分为发散型(V 型)、会聚型(A 型)及介于两种模式之间的 T 型供应链。

1. V 型供应链

V 型供应链是最基础的结构。物料以大批量的方式存在,经过企业加工转换为中间产品,提供给其他企业作为他们的原材料。生产中间产品的企业往往客户多于供应商,呈发散状。相关行业如石油、化工、造纸及纺织企业。

V 型供应链在产品生产过程中的每个阶段都有控制问题。在这些发散网络上,企业生产大多是指多品种产品,使其业务非常复杂。为了保证客户需求,需要库存作为缓冲,这些缓冲是用来确定满足不确定性需求和确保工厂有能力生产而设定的,这样做无疑会占用大量资金。

V 型供应链的成功计划和调度主要依赖于对关键性的内部能力瓶颈的合理安排,它需要供应链上成员制订统一详细的高层计划。

2. A 型供应链

当核心企业为供应链网络上的最终用户服务时,为了满足相对较少的客户需求和客户订单,需要从大量的供应商手中采购大量的物料,这是一种典型的会聚型供应链,即 A 型。相关行业如航空工业、汽车工业、重工业等。这些企业受服务驱动,精力集中放在重要装配点的物流同步,企业资源计划(Enterprise Resource Planning,ERP)成为这些企业进一步发展的阶梯。通常,这类企业拥有策略性的、由需求量预测决策的公用件、标准件仓库。

这种结构的供应链在接受订单时需要考虑供应提前并且能保证按期完成,其关键之处在于精确地计划和分配满足该订单生产所需的物料和能力,考虑工厂真实可用的能力、所有未分配的零件和半成品、原材料和库中短缺的关键性物料及供应时间。另外,还要辨别关键性的路径。所有供应链节点都必须在供应链系统中有同样的详细考虑,这就需要关键路径的供应链成员紧密地联系和合作。

3. T 型供应链

介于上述两种模式之间诸多行业的供应链为 T 型,比如医药保健品、汽车配件、电子产品、食品及饮料等行业。

这种 T 型企业根据现存的订单确定通用件,并通过对通用件的制造标准化来降低复杂程度。由于 T 型供应链是最复杂的结构,企业往往投入大量的资金用于供应的解决方案,需要尽可能限制提前期来稳定生产而无须持有大量库存,预测和需求管理是 T 型供应链成员重点考虑的问题。

和上述两种结构不同,T 型供应链的多点控制因素变得很重要,例如在哪里生产最好,在哪里促销最有效,如何降低分销成本等。从控制角度来说,按相似产品系列进行汇集的办法是最容易获得成功的。处理这种结构的最好办法是减少产品品种和运用先进方法或计划工具维护和加强供应链控制水平。

9.3 供应链管理及其相关概念

9.3.1 供应链管理定义

由于供应链涉及两个以上通过物流、信息流和资金流联结在一起的法律上独立的组织,这些企业通过供应链的方式谋求自身利益,但也不可避免地存在利益上的冲突,对其进行设计、选择、优化、管理和控制的过程就是供应链管理(Supply Chain Management,SCM)。

目前,国际上对供应链管理的定义还没有统一的认识,美国供应链协会认为:供应链管理是对供应链中的信息流、物流和资金流进行设计、规划和控制,从而保证在正确的时间把正确的产品和服务送到正确的地方。

根据中华人民共和国国家标准《物流术语》(GB/T18345—2006)中的定义,供应链管理是对供应链涉及的全部活动进行计划、组织、协调和控制。上述概念可以这样理解,供应链管理是对整个供应链中各参与组织、部门之间的物流、信息流与资金流进行计划、协调与控制等,其目的是通过优化提高所有相关过程的速度和确定性,使相关活动的价值增值最大化,以提高组织的运作效益和效率。

9.3.2　供应链管理的性质

供应链管理具有复杂性、动态性、交叉性和面向用户需求的特征。它以供应链上企业和它们之间的"流"为管理对象,应用集成和协同的方法,来迅速全面地满足用户的需求,体现了系统的思想、主动管理的思想和协同运营的思想。供应链管理并不是简单的供应商管理,在注重合作和协调的同时,将不同企业集成起来,以便提高整条供应链的效率。

9.3.3　供应链管理的作用

供应链管理在企业的生存和发展中起着至关重要的作用。具体来说,供应链管理的作用主要表现在以下 4 个方面。

1. 规避风险,提升竞争力

由于供应链包括了在企业内、外部制造产品和提供用户服务增值链中的全部功能,是多个企业形成的利益共同体,每个企业不必承担很大的风险投资,但又获得了竞争优势。因此,其绩效远远好于单独经营。

同时,供应链管理的根本出发点就是提高客户的满意度,这就要求供应链中各环节的信息流、物流和资金流更好地配合运作,力求做到"在正确的时间、正确的地点以正确的数量向特定的客户提供正确的产品和服务",最大限度地减少无效作业、消除浪费,为客户创造最大的价值,从而提高企业竞争力。

2. 缩短响应时间

供应链上的企业通过 JIT(Just In Time,准时制)和即时销售等手段实现了对消费者需求的快速反应,减少了物流时间;同时也简化了企业的组织结构,缩短了获取信息的时间。

3. 削减库存,降低成本

低库存一直是企业不断追求的目标,但降低库存的困难在于既要不经常存储现货,又要在货品短缺时具有快速补充货品的能力。供应链管理可以有效减少库存,降低整体成本,是削减库存的有效途径。

9.3.4　供应链管理的内容

最初供应链管理仅局限于库存管理,现在已扩展到供应、生产计划、物流和需求 4 个方面。其中产品生产、技术保证、采购、生产计划控制、库存控制、仓储管理和分销属于职能领域;客户服务、产品设计、财务会计和人力资源则属于辅助领域。

此外,以下内容也属于供应链管理范畴:

- 战略性供应商和用户合作伙伴关系的管理。

- 供应链产品需求预测和计划。
- 供应链的设计包括节点企业、资源、设备等的评价、选择和定位。
- 企业内部和企业之间物流供应和需求管理。
- 基于 SCM 的产品设计和制造管理、生产集成计划、跟踪和控制。
- 基于供应链的用户服务和物流管理,包括包装、库存、运输等的管理。
- 企业之间资金流的管理如成本、汇率等。
- 基于 Intranet 的信息资源管理。

9.3.5 合作伙伴的选择

合作伙伴的选择也是建立供应链管理的一个重要问题,它不仅是建立供应链的第一步,也是供应链运作过程中需要不断更新的重要步骤和内容。良好的伙伴关系可以缩短新产品的上市时间,降低相关的成本,有利于提高客户的满意度,反之,则有可能导致企业走向衰败。

合作伙伴的选择可以遵循以下几个步骤:

(1) 从企业战略角度来检验是否需要建立合作关系。

(2) 评估建立这一关系的收益与风险。

(3) 确定遴选合作伙伴的准则,评估候选企业潜在的价值(最重要的一步)。

(4) 正式与适合的企业建立合作关系。

(5) 进一步审查决策的正确性,为错误的决策估算成本。

上述 5 个步骤中,第二个步骤最为重要,因为它将关系到所建立的供应链是否令人满意。在这里,需要考虑的因素很多,按照评估进度大致可分为 5 个阶段因素,即全局阶段、战略分析阶段、候选企业评估和遴选阶段、合作伙伴关系建立阶段和运行维护阶段。每个阶段又包含诸多因素,例如,评估与遴选阶段,可考虑的因素有管理水平、诚信水平、赢利能力、财务稳健性、企业文化等。而选择的方法可分为初步筛选、仔细筛选、确认和跟踪评价。

9.4 供应链集成

9.4.1 供应链集成的内容

从管理角度来看,供应链的集成包含以下三方面的内容:

(1) 成员企业业务流程的集成。

(2) 供应链上资金流、信息流和物流的集成。

(3) 成员企业管理和文化的集成。

通过企业内部和外部供应链的集成和管理,目标是实现供应链的全局动态最优化,以适应新的竞争环境下,市场对生产和管理过程所提出的高质量、低成本的要求。

9.4.2 供应链集成过程中出现的问题

企业在供应链集成过程中常常面临以下问题:

(1) 供应链的成本过高。

（2）库存水平过高。

（3）部门之间经常发生冲突。

（4）用户需求易变。

（5）经济环境条件不断变化。

为此，对于准备建立集成化供应链的企业而言，首先应该从内部的组织结构化出发，摒弃封闭式经营思路，通过建立透明的信息共享机制，与在业务上存在密切联系的、具有某种优势的其他企业建立伙伴关系，来共同承担风险、分享经营收益。

9.4.3　供应链集成的步骤

集成化供应链的建立是一个循序渐进的过程，它需要经过基础建设、职能集成、内部供应链集成、外部供应链集成和集成化供应链动态联盟 5 个步骤。

1．基础建设阶段

对于处在基础建设阶段的企业，其生产制造和经营成本较高，部门之间相互脱节，导致经常性的部门合作和业务集成失败。因此，对于这类企业而言，应在原有供应链基础上分析市场环境，改进经营状况，对市场特征和不确定性做出判断，从而完善自己的供应链。处于这一阶段的企业应采用短期计划，逐个解决问题。

2．职能集成阶段

在职能集成阶段，业务流程再造是这一阶段企业的主要任务。这时分销管理和运输环节被集成到物流管理中来，制造和采购集成到生产职能中来。在计划和控制领域，由于MRPⅱ系统的应用，使制造环节效率大增，但需求预测技术和工具匮乏，不能将生产和需求有效连接起来，导致不能将"尽可能满足用户的需求"很好地实现。

3．内部供应链集成阶段

当企业开始进行内部供应链的集成后，其业务流程的梳理工作已经完成，这时企业的计划和决策任务就可以由 ERP 系统完成，包括订单管理、财务管理、库存管理、生产制造管理和采购管理。企业进行内部供应链的集成目的是为了实现对直接控制领域的集成，主要从战术上考虑，也为了进一步提高企业的运营效率。

4．外部供应链集成阶段

企业在这一阶段可以与其他企业共同预测市场需求，进行产品的设计、生产、仓储、运输和销售。当然也要求企业具有更高的柔性系统，能够按照订单生产和组装，而这一切都离不开 IT 技术的支持。

5．集成化供应链的动态联盟阶段

这一阶段的主要目标是占据市场有利地位。由于对企业适应性提出了更高的要求，所以存在企业被淘汰出供应链的可能，此时整条供应链表现出动态特征，需要核心企业具备重构供应链的能力。

9.5 供应链管理中的技术问题

9.5.1 供应链管理的数据处理

供应链管理作为信息系统,面临着大量的数据问题,特别是在集成化供应链环境下,有效地实施数据的采集、处理、传输对供应链管理系统来说极为重要,它覆盖了供应链管理的所有功能,也是供应链赖以维系的基础。

1. 数据采集

是完成系统运行的第一步,实施方法有自动标识条形码、磁卡与智能卡、射频数据通信和语音识别等。它们都能快速准确地获取相关数据,此后,由系统进行格式转换、编码、校验和存储,最后等待处理。

2. 数据处理

实现数据处理的系统有多种,但都包括计算、排序、检验等环节。上述环节完成之后,将它传输到相关人员手中。

3. 数据传输

供应链管理中的数据传输有两种,一种是采用 EDI(Electronic Data Interchange)技术,另一种是基于互联网进行的,采用 XML(扩展标识语言)技术。

采用 EDI 技术,传输线路一般是专用或固定的,优点是稳定、缺点是费用较高、缺乏灵活性。

采用 XML 技术,使得不同企业之间的数据可以实现动态共享,强化了数据使用者与服务器系统之间的聚合性。

XML 相比于 EDI 而言,大大降低了数据管理和交换的成本,也易于管理,并且 XML 在服务器与客户端之间建立了中间层,将 C/S 的两层系统结构拓展为三层结构。

9.5.2 供应链管理系统的功能构架

这里所说的供应链管理系统是上文提到的基于互联网的系统,它着重于整个供应链和供应网络的优化以及贯穿于整个供应链计划的实现。完善的供应链管理系统可以支持从订单输入到产品交付等并行于制造业务流程的全部业务过程,主要功能有需求预测、生产计划编制、分销管理、运输计划及各种形式的业务智能,它与企业其他的生产经营活动的关系如图 9-3 所示。

下面简单介绍采购管理、供应商管理、高级生产计划与排序、销售管理和运输管理 5 个主要模块:

1. 采购管理模块(EPS)

该模块的主要功能是:通过对原材料库存和生产计划进行自动跟踪,在保证生产的前

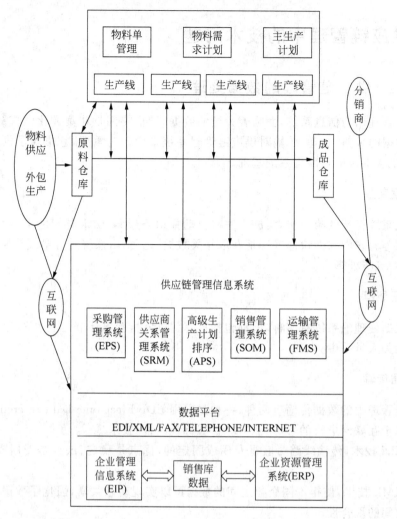

图 9-3　供应链管理与其他管理系统的关系

提下,计算出原材料的最佳采购时间和最优采购数量,从而实现采购成本最小。

2. 供应商管理模块(SRM)

该模块主要功能是:对原材料供应商进行评价、选择和改进,并通过数学规划对供应商组织等进行科学决策,减少选择供应商时的人为因素。

3. 高级生产计划与排序(APS)

该模块是支持系统进行供应链各环节的计划和协同的最主要手段,主要功能是:分析企业内部与供应商生产设施的物料和能力约束,编制满足物料和能力约束的生产进度计划,还可以按照给定条件进行优化。

4. 销售管理模块(SOM)

SOM 利用统计工具、Internet 和协同引擎等技术,帮助生成最新和实时的市场预测,避免牛鞭效应。所谓牛鞭效应是指在以顾客为中心的供应链管理中,每个成员在决策时,都在利用来自下游企业直接的信息进行预测并向上游企业订货,每个企业都面临着前趋和后继间的订货问题。然而当下游需求发生变化时,由于供应链固有的属性必会产生信息曲解,而且曲解的信号会沿着供应链自下而上(顾客→分销商→制造商→供应商)逐级放大,这种现象称为供应链中的牛鞭效应。

SOM 还能在保证产品畅销和盈利的基础上,制订市场计划和分销计划,利用数学规划方法来确定最优分销成本,或者根据生产能力和成本提高客户服务水平。

5. 运输管理模块(FMS)

该模块能确定将产品送达客户的最好途径,它分为配送管理和交付管理两部分。由于配送管理是 SCM 中最为重要和成本最高的环节,所以直接关系到 SCM 的效率;交付管理是采用线路时间表、线路计划和行程执行管理等功能,帮助用户管理货物从计划到执行的交付过程。

9.5.3 供应链管理系统的物理组成及关键技术

目前,多数供应链管理系统都是基于 J2EE 系统平台的三层 C/S 架构,使用 EJB 和 JSP 技术来建立和部署可重用的、多层的、独立于平台和供应商的应用系统。同时,都具有开放的标准基础架构,以供不同的内部应用和第三方软件的无缝衔接。其次,通过用户信息管理工具,确保系统的安全性。

除此之外,供应链管理的实现也依赖两项关键技术的支撑,即集成技术和协同技术。

1. 集成技术

集成技术是对所建立描述的供应链动态特征的经营过程模型、产品结构模型、资源利用模型和组织管理模型的集成和优化。目前,大多采用统一建模语言(Unified Modeling Language,UML)来建立这样的集成化模型。

2. 协同技术

协同技术是以网络技术、过程标定技术和高级生产计划与排序技术为实现基础的。当前,以协同技术为代表的网络技术和传统的 Web 技术相辅相成,既把大量非结构化数据组织起来,以简单统一的方式提供给最终用户访问,又能对分布式的结构化数据进行逻辑上复杂的交互式操作。而 Java 和 XML 等技术的出现,更进一步加强了供应链系统的可扩展性。

协同技术能够统一和协调企业间的长、中、近期计划,是供应链管理的核心。协同技术的关键是各种算法,比如线性规划、整数混合规划、启发式算法和仿真等。

课后阅读

精确计算供应链上的隐含成本

洛杉矶的长滩港是美国的一个重要港口,大约有一半的外国货物从这里进入美国。2004 年圣诞节前夕,这里陷入僵局:约 100 艘货船在四周徘徊,它们关闭发动机,等待卸货——这一过程耗费的时间比平常多出一倍。

码头阻塞造成了严重的后果,波及众多公司。如今,各家公司纷纷提早订货,储备更多库存,延长计划期,并将急需的产品和零件交付空运。欧洲的情形也差不多。主要港口中的大部分都已接近其最大吞吐能力,并且越来越多地碰到堵塞、劳动力短缺、网络紧张等问题。

不幸的是,这些制约因素在未来几年内不会消失。随着越来越多的消费品公司将生产外部化,本国运输产成品的能力已接近极限。在美国,从洛杉矶到芝加哥的铁路运输服务迅速恶化。去年的港口运输量之大超出了任何人的预计。这一趋势使成本急剧提高。

零售商生存的规则很简单:拥有好卖的东西,拒绝不好卖的东西。供货商和零售商在同一条船上。而快速、有效和高效率的供应链正是承载这条船的基础。

为了追求低廉的单位生产成本,生产商和零售商纷纷涌入中国——以及其他遥远的国度,或许他们正在步入一个战略陷阱。如果不能认真估算外部采购对整条供应链最终成本的影响,公司将在竞争中落败。

隐含成本的实质

外部采购需要考虑的问题很复杂,单位生产成本仅是其中的一部分。随着供应链的延长,会带来直接成本和隐含成本。直接成本包括运输、存货、采购和融资成本。隐含成本则是由交易过程中生产负荷与存货流的低效率造成的。一件产品虽然成本低,但如果降价出售,那么你就亏了;如果在顾客需要时没有存货而无法出售,那么你也亏了。

这些成本可能有多大? 为了知道答案,可以将典型的北美本土供应链与基于中国的供应链二者的经济效益进行比较。这样的比较可能会使问题马上变得很复杂,所以为简化起见,我们先做一些假设:

- 单位价格为 10 美元。
- 本土单位生产成本为 4 美元,因而总利润为 6 美元。
- 中国单位生产成本为 3 美元,因而总利润为 7 美元。
- 假设需求稳定,两种情况下,供应链成本均为每单位 2 美元(这对基于中国的供应链其实是一个保守估计),于是本土生产的运营利润为 4 美元,从中国外购的运营利润为 5 美元。

为了反映顾客需求信息的传递模式,我们假设供应链有两种不同的复杂程度:

- 非一体化供应链:供应链上的每一层都从下一层那里获得需求信息。
- 一体化供应链:供应链上每一层都能清楚地看到最终顾客的需求。

我们将不同的复杂程度分别运用于一个完全的本土供应链和一个以中国为一端、以芝加哥为另一端的供应链。首先进行第一个比较。我们假设两条供应链的信息流均为非一体化,并允许每周需求量在均值基础上有上下 30% 的随机波动。

在这样的需求情况下,零售存货会在过量和缺货之间摇摆。存货过量时,为了出清不得不打折出售多余存货。缺货时,由于没有货物,失去获得利润的机会,我们也将其算作成本。计算结果显示,不稳定性增加了本土供应链的成本。运营利润平均值将低至 0.77 美元,而不是稳定状态下的 4 美元。由于周期更长,而信息流又不充分,基于中国的供应链稳定性更差。虽然单位生产成本较低,但最终运营利润只有 1.02 美元,而非稳定状态假设下的 5 美元。但是因为单位生产成本低,基于中国的供应链依然具有优势。

假设本土供应链能让信息流更加一体化,同时将周转期缩短一半(对许多公司来说这依然只能是假设),那么基于中国供应链的优势将不复存在。随着反应能力的加强,本土供应链的运营利润将从每单位-0.16美元增加到2.19美元。现在它成为更有优势的一方。不过,竞争驱使,基于中国的供应链也应变得更加一体化,周转期也将缩短一半。这样,优势重新回到基于中国的供应链,因为它的单位生产成本更低。

在外部采购的浅滩安全行驶

显然,在中国采购对许多公司都很有意义,但也有些例外,所有公司都应当认真权衡外部采购可能的收益及其将会带来的现实和潜在的成本与风险。从全球范围来说,中途外部采购常常不失为有价值的选择,但也并非一直如此。我们建议那些正在考虑以及已经开始外部采购的公司采取以下步骤:

- 确保自己充分理解与之打交道的每一条基于中国的供应链的动态特征。
- 将信息流纳入——至少部分地纳入——现有供应链。
- 尽快减少最低起订量,缩短周期。
- 对自身及供应商的采购行为进行详细检查,包括供应链中各级供应商的关系,以便发现可能产生隐含成本的地方,避免隐含成本的发生。
- 以订货的可预测性和需求的变动程度为基础,划分需求链。
- 利用竞争对手供应链过长、不可靠且依赖中国的特点,在适应的时候提供其顾客需要的产品。

如果决定在中国采购或生产,那就想方设法让负面影响最小化,包括采取一些看起来可能会花钱,但实际上降低总成本的做法。包括:

- 空运。
- 点到点运输。
- 与本土运输者,特别是铁路,建立更好的关系,因为其运输能力越来越受到制约。

(以上资料经波士顿公司授权,Harold L. Sirkin George Stalk JR.商学院,2005(7):74-75)

思考题

1. 简述供应链管理过程中的牛鞭效应及其产生的原因。
2. 简述供应链及供应链管理的关系及区别。
3. 简述供应链管理的作用。

第10章

企业资源计划管理信息系统

　　企业资源计划(ERP)是建立在信息技术基础上,以系统化的管理思想,通过对企业中的各种资源,如人力、资金、材料、设备、方法、信息和时间等诸多要素实行综合化的管理,使企业在激烈的市场竞争中,全方位发挥其效能,取得最好的经济效益和社会效益的一种手段和方法。它体现了国际先进的企业管理思想和模式,旨在全面提升企业管理水平和整体竞争力。因此,全面理解 ERP 思想及理论对提高管理信息系统的认识和应用水平是至关重要的。

重庆渝江压铸有限公司的 ERP 之路

公司背景

　　重庆渝江压铸有限公司(以下简称"渝江压铸")创立于 1992 年,现有员工 4800 余名,厂区占地面积 20 万平方米,厂房面积超过 6 万平方米,固定资产 3 亿元,拥有国内外先进设备 1300 余台(套),具有年产 4 万余吨铝合金压铸产品和机械加工年产 2000 余万件各类发动机铝合金零件的生产能力,是集设计、开发、铝合金压铸、机械加工、表面处理、模具设计与制造为一体的综合性企业。

　　渝江压铸主要生产汽车、摩托车、通用汽油机、高速艇等发动机上的铝合金压铸产品 300 余种,除供国内大中型主机厂装机外,相当一部分产品远销世界各地。2004 年,公司年销售收入已达 12 亿元。公司在管理方面于 2002 年取得了 ISO9001:2000 国际质量体系认证,已建成了先进的计算机网络系统,确保了公司产品质量和整体效能。

　　为了适应市场需要,近几年公司加大了技改资金投入,购进国内外先进设备,建成数条汽车和通用汽油机铝合金零件专业生产线,走专业化、高水平、大规模生产道路,进一步提高了铝合金压铸产品的质量和生产能力。

上马 ERP 的动因

　　相对于发展初期的渝江压铸来说,公司现在的规模实现了几百倍的增长,财务经理龚建谊回忆起来感慨万千。公司刚刚成立时总共不过十几个人,所有的产品大多依赖于手工完成。而现有拥有 5000 多名员工,已经发展成为目前为止国内规模最大的摩托车配件厂商,国内知名摩托车厂所用的压铸产品有 40% 来自渝江压铸。

　　由于渝江压铸从事的是多品种、大批量的生产模式,各类原材料、半成品、产成品达数万种,而且每天物资的进出、生产的协调、财务数据的汇总的工作量都是巨大的,同时仓库多(厂内和外部仓库共 30 多个),库管人员多(100 个左右)且素质参差不齐。此外物料领用的随意性,也导致了库存物资的积压和库存资金的居高不下。仅仅通过严格的制度和大量的手工劳动,辅以简单一些的计算机管理手段,已经很难保证数据的及时性和准确性,物流问题越来越成为制约公司发展的瓶颈,信息化到了不得不做的地步。

于是在 2004 年底,渝江压铸开始考虑实施 ERP,并用了半年时间对公司内部组织结构进行分析、梳理和重新规划。在选型这一问题上,公司非常慎重,根据自身的行业类别和特点,渝江压铸找到了神州数码管理系统有限公司,因为神州数码的 ERP 产品更专注于制造行业,对物流等制造业的特殊流程有比较深入的理解和把握,产品也更加贴近客户的实际需求。在详细分析了公司现状和 ERP 项目的大致构想后,双方顺利签约。

在项目实施过程中,神州数码从领导到顾问的全力配合和支持为项目顺利实施提供了有力保障。神州数码西南区前总经理张振清对项目高度重视,亲自参与了项目的前期调研、项目上线驻厂、充分满足项目实施过程中对资源的需求(如在关键点增派顾问,在二次开发个案中优先处理等),并且在项目实施期间与渝江压铸高层进行多次良好的沟通,为项目的顺利实施起到了重要作用。

项目实施过程

渝江压铸 ERP 项目的上线范围包括进货、销售、库存、生产、应收账款、应付账款、成本核算、人事薪资等多个模块。在项目实施过程中,经历了以下几个阶段。

1. 实施计划的制订

在项目实施之初,公司成立了渝江压铸 ERP 项目领导委员会,由总经理周道伦亲自挂帅,负责整个项目的领导决策,并制定工作方向、安排项目资源、审批项目计划和验收工作成果等。项目领导委员会下属项目实施执行小组、项目实施督查小组和项目顾问小组。项目实施执行小组由财务总监龚建谊担任组长,负责指导、安排、协调、推动整个项目的实施运行。项目督查小组负责整个项目的督促、检查工作。顾问小组主要由神州数码的实施顾问组成,主要负责对实施需求的处理、确定实施计划及各阶段的工作内容和时间。

2. 调研需求

2005 年 7 月,神州数码顾问对渝江压铸的业务展开了详细的调研,以事先向各业务部门下发的调研问卷为基准,与具体业务人员进行了详细的沟通,对仓库、生产现场进行了细致的参观,根据调研所得的实际情况以及该行业的行业特征,神州数码顾问进行了详细的分析,为渝江压铸量身订制了 ERP 实施方案。

3. 产品培训

为了保证项目的顺利进行,对进货、销售、库存、生产、应收账款、应付账款、成本核算、人事薪资几个模块进行了相关知识的培训,并针对系统管理员提供了产品的高阶应用培训。渝江压铸 ERP 项目执行小组在黄忠厚组长的带领下,深入学习了易飞 ERP 系统的功能后,编写了用户使用手册,又在顾问的指导下开展了多次内部操作人员培训与考试,为后期的正式上线奠定了坚实的人员基础。

4. 基础数据收集与录入

ERP 编码原则和数据收集与整理是易飞 ERP 实施过程中较为重要的阶段。渝江压铸在 ERP 导入前,并没有比较完整的产品数据和编码数据,所以神州数据顾问首先对相关部门进行了物料编码原则、物料 BOM 断阶原则的培训,并结合的实际情况,对物料的编码原则和 BOM 断阶进行了充分的讨论与论证,最终建立起渝江压铸自身完整与规范的编码原则体系,制定了文本规范,顺利地进入了基础数据的收集阶段。

5. 流程讨论

在后续的分系统培训和流程讨论中,神州数码顾问以渝江压铸的实际业务流程为例,在易飞系统中进行功能演示,使公司人员能够充分地将系统功能与实际业务联系起来,体会出系统功能的实际应用效果。同时,顾问师还针对目前实际业务流程中的弊端详细描述了 ERP 系统的解决方式,并对可以优化的流程提出建议。ERP 项目小组针对目前流程和存在的问题,进行了积极的讨论,对于讨论出的新流程、重点流程,由顾问师在系统中进行演示,检验效果,最终达成共识,形成了有效的、可执行的 ERP 系统下的业务流程。

6. 试运行

试运行的作用一方面是让各相关人员进一步深入体会系统功能、进一步熟悉操作,另一方面就是全面检验前期的基础数据、业务流程、系统设置、人员操作等准备工作的情况。企业本身存在的各种问题,前期准备工作中的漏洞和问题都在这一阶段得以充分体现。

经过 2 个月的运行调整,项目组及各部门相关人员,加班加点、解决问题、攻克难关,问题一旦暴露,力争在最短的时间内予以讨论和解决,为系统的正式上线排除了种种障碍。

7. 正式运行

2006 年 1 月 1 日开始,ERP 系统在渝江压铸开始正式运行,经过了前期 2 个月的试运行阶段,现在的系统已经比较顺畅。正式运行后,渝江公司项目小组的成员不断总结和深入优化 ERP 系统,不断提高公司的管理水平,为公司的可持续发展起到了举足轻重的作用。

良好的成效

渝江压铸 ERP 项目实施一期总共实现了物流的采购、销售、仓储、工单委外、BOM 结构、应收应付、薪资管理、工艺管理、成本核算等 11 个模块的顺利上线。ERP 项目的成功运行为渝江压铸创造了一系列价值。主要表现在:

以前公司高层下达任务目标时,因为没有建立具体的监督和考核机制,执行情况很差。上了 ERP 之后,生产的计划性显著增强,库存也得到了大幅度的降低。

以前员工从仓库领件时非常随意,库存数量往往难以控制。实现了规范化管理之后,流程得到了优化,库存量几乎为零。这样明显的效果还仅仅是在公司没有刻意控制的情况下系统操作的直接结果。所需的原材料数量也比以前降低了将近 20%。

以前数据的计算和统计仅仅使用了计算机的一些基础功能来实现,及时性、准确性、完整性方面都很差,数据难以核实。并且按照公司管理规定,对出现差错的人员将采取严厉的惩罚措施,有些员工采取一些非常规的手段作弊,影响数据的真实性。系统上线后,在规定的时间内及时关账,在数据统计上杜绝了人为因素的影响,准确率得到了大幅提高。

除此之外,系统对工作效率的提升起到了很明显的作用。以前报表在关账后半个月才能出来,现在 3 单占用的时间相当于以前手工出 1 单的时间,节约时间 3~5 倍,成功地解决了很多以前无法解决的一系列问题:

- 彻底解决委外加工货款结算问题。
- 彻底解决数据稳定性问题。
- 彻底解决模块互斥问题,提高工作效率。

- 可以实现系统限额领料,并可以分析超领异常状况。
- 可以根据订单归集直接材料成本,在提高计算结果可信度前提下简化计算过程。
- 各个模块管理报表基本上涵盖了日常工作中所需的资料。
- 根据生产进度表、请购状况表、采购状况表等可以初步判断物流阻滞方向,从而改善相关环节。
- 细化的权限管理在不影响操作及数据共享前提下为实现相关内部控制提高了可操作性。
- "倒扣料"制简化了生产发料程序,真正体现成本效益。
- ERP成为客户订单与厂内(委外)工单、采购单之间的纽带,为缩短交货周期、减少无效作业时间提供了可能。
- 可以根据4种料件分类提供实时统计,极大提高了物料管理水平。

在2005年9月21日到12月7日的78天内,库存量下降了30万件,降低比例达28.3%;资金周转次数比原来提升了42%,生产成本也由原来的7.83亿元降低到7.28亿元,降低了7%,利润增加10%。

(以上资料来源:工业与信息化部中小企业.《中国中小企业管理信息化发展报告(2009)》.2010年5月,P244-248.有删改)

10.1 ERP 的起源

ERP思想的提出与完善是伴随传统制造业的发展逐渐提出来的,每一种新方法的提出不仅解决了制造业出现的问题,也意味着向ERP思想迈进了一大步。归纳起来,ERP的发展历程经过了以下几个阶段。

10.1.1 订货点法

1. 订货点法的思想

生产管理过程中最突出的问题就是保证生产活动的不间断,如何实现呢? 最初的方法是监视库存,当库存量降低就及时补货。这种方法一直沿用到20世纪初期。

但是,采用这种方法会造成库存积压过多,资金占用过高。因此,20世纪40年代,为解决库存问题,人们提出了订货点法(当时计算机系统还没有出现)。它是一种与经济订购批量(Economic Order Quantity,EOQ)法相结合的库存控制技术,着眼于"库存补充"的原则,即保证任何时候仓库都有一定数量的存货,以便在需要时随时取用。

2. 订货点的计算方法

有两个概念需要了解。

库存储备是指库存量与已订货量之和。

订货点是指单位时区的需求量×订货提前期+安全库存量。

当库存储备低于订货点时,立即订货以补充库存。例如:某种零件以往的平均消耗是85件/周,提前期5周,保证1周的安全库存,则订货点为:85×5+85=510。

3. 订货点法的缺点

(1) 所有计算全部依靠手工,管理控制流程不稳定,需要专人负责解决缺料及生产延误问题。

(2) 由于实际生产中需求的多变性,上述假设与生产管理的实际情况出入很大,假设的不合理造成问题的解决模型本身存在着不可弥补的缺陷,使该方法不具有实际价值。

10.1.2　MRP 的提出

1. MRP 的概念

20 世纪 60 年代,随着计算机的出现,短时间内对大量数据进行复杂运算已成为可能。为了克服订货点法的缺陷,提出了 MRP(Material Requirements Planning)理论,即物料需求计划。

此阶段的 MPR 可定义为:利用主生产调度(MPS)、物料用量清单(BOM)、库存(inventory)和未交货单(open order)等各种数据资料,经计算得到未来的物料需求数量,并进行订单的补充和修改。

2. MRP 与订货点法的区别

(1) MRP 将物料需求分为独立与非独立两类并加以处理。
(2) MRP 对库存状态的数据引入了时间分段概念,即时段式的 MRP。

3. 时段式 MRP 的分类

按物料需求来源,企业物料需求分为独立需求和相关需求两种类型。

- 独立需求物料:不依赖企业内其他物料的需求量而独立存在的物料。比如:客户订购的产品、科研试制需要的样品、售后维修需要的备品备件等。其需求量与需求时间通常由预测和客户订单、厂际订单等外因决定。
- 非独立需求物料:由企业内其他物料的需求量来确定,或称相关需求量。比如:对半成品、零部件、原材料的需求等。其需求量与需求时间由 MRP 系统而定。

4. 时段式 MRP 公式

若想正确理解时段式 MRP 公式,需要了解以下几个概念。

时间分段是指给库存状态数据加上时间坐标,按具体的日期或计划时区记录并存储库存状态数据。

需求量是指由客户订单决定或来自市场预测,也可按非独立需求推算出来。当可供货量为负值时,意味着库存不足,需要组织订货。

时段式 MRP 的库存状态公式是:库存量+已订货量-需求量=可供货量

5. 时段式 MRP 目标

根据需求掌握每项物料的未来库存状态信息,确定每项物料在每个时区内的需求量,对生产中的变化做出灵敏反应,正确地进行库存管理提供必要信息,使库存投资降低最低。

6．时段式 MRP 缺点

（1）库存状态记录的数据项较多。比如,对 25000 项物料按周划分时间段,计划期为一年,则处理的基本数据有 500 万个,计算过程中既要处理数量关系又要处理时间关系,非常繁杂。

（2）没有考虑到生产企业现有的生产能力和采购的有关条件的约束。只知道各种物料的需要量和需要时间还是不够的,如果不具备足够的生产能力,计划是无法执行的,缺乏根据计划实施情况的反馈信息对计划进行调整的功能。

7．闭环 MRP 的提出

20 世纪 70 年代,随着人们对计算机系统认识的进一步普及,在考虑了生产能力后,管理研究人员发现:向车间、供应及设备等部门提供信息的同时必须及时获得反馈信息,才能得出切实可行的物料需求计划。

基于这种双向信息交互和反馈的考虑,为解决采购、生产、库存及销售的管理,发展了生产能力需求计划、车间作业计划及采购作业计划理论,进入了闭环(Closed Loop)的 MRP 阶段。

伴随闭环 MRP 思想的提出,也涌现了众多典型的管理方式及技术,比如丰田生产方式(看板管理)、TQC(全面质量管理)、JIT(准时制生产)及数控机床等支撑技术。

8．闭环 MRP 思想和流程

闭环 MRP 理论认为:主生产计划与 MRP 物料需求计划应该是可行的,即考虑能力的约束,或对能力提出需求计划,在满足能力的前提下,才能保证物料需求计划的执行和实现。在这种思想要求下,企业必须对投入与产出进行控制,即对企业的能力进行校验、执行和控制。闭环 MRP 流程图如 10-1 所示。

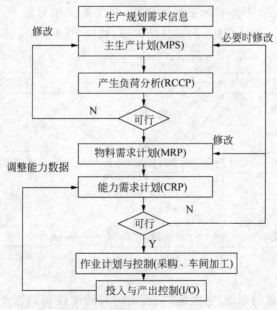

图 10-1 闭环 MRP 流程图

9. 闭环的 MRP 实质

通过流程图可看出：闭环的 MRP 的基本目标是满足客户和市场的需求,因此在编制计划时要优先保证计划需求,然后再进行能力负荷的平衡。经过多次反复运算、调整核实,才能转入下一个阶段。因此,闭环的 MRP 系统中各个环节是相互联系的,反馈功能尤为重要。所以说,它不仅是一个订货系统,更是一个完整的生产计划和控制系统。

10. MRP 的意义和局限性

无论是时段式 MRP 或是闭环 MRP 都提供了一种保证既不出现短缺也不积压库存的方法,解决了制造业缺件和超储的主要矛盾。同时,我们也注意到：在制造部门应用物料需求计划构建自己的信息系统的同时,各部门也都建立了自己的信息系统,这些系统早期都是相互独立的,彼此缺少关联,形成了信息孤岛,不但没有发挥 IT 手段的作用,还造成了企业管理的重复和不协调。

10.1.3　MRP ⅱ 的提出

随着计算机网络的发展,企业内部信息得到充分共享,MRP 各子系统得到了统一。这时,人们开始意识到企业资源不仅是材料,人力、资金、设备和时间也是重要的企业资源,并且可以加以控制。1977 年 9 月,美国著名生产管理专家奥列弗·怀特提出了 MRP ⅱ 理论(集采购、生产、销售、财务、工程技术为一体的子系统)。

1. MRP ⅱ 的含义

这时的 MRP ⅱ 的英文已不是物料需求计划,而称之为制造资源计划(Manufacturing Resources Planning),为了和以前的名称区别,加了一个后缀 ⅱ。

一般 MRP ⅱ 均由 10 个左右的子系统组成,各子系统相对独立,但实现时必须有先有后,各子系统之间的联系叫 MRP ⅱ 的系统结构图,如图 10-2 所示。各子系统按运行顺序连接起来叫系统的流程图,如图 10-3 所示。

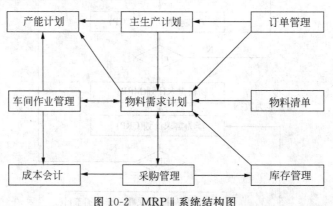

图 10-2　MRP ⅱ 系统结构图

MRP ⅱ 是对内管理的系统,它围绕"在正确的时间制造和销售正确的产品"的理念,将企业的人、财、物进行集中管理。随着这一新的管理思想的出现,也产生了一些典型技术如

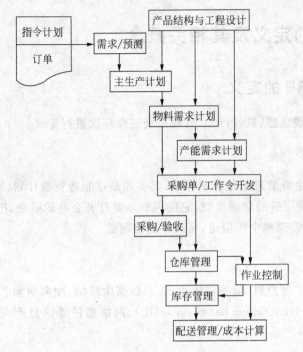

图 10-3 MRPⅡ系统流程图

CIMS(Computer Integrated Manufacturing System,计算机集成制造系统)等。

2. MRPⅡ与 MRP 的主要区别

MRPⅡ运用管理会计的概念,用货币的形式说明了执行企业"物料计划"带来的效益,实现了物料信息同资金信息的集成,保证了物流(实物账)与资金流(财务账)的同步和一致,改变了资金信息滞后于物料信息的状况,便于实时做出决策。

10.1.4 ERP 的提出

进入 20 世纪 90 年代,市场竞争进一步加剧,企业竞争空间与范围进一步扩大。总体而言,MRPⅡ主要面向企业内部资源管理,在战略规划、市场营销、高层决策等方面的功能较弱。为了解决有效利用和管理整体资源的问题,ERP 理论随之产生。

ERP 概念由美国著名的计算机技术咨询和评估集团加特纳公司 Carter Group Inc. 在20 世纪 90 年代初首次提出。当时的解释是:根据计算机技术的发展和供应链管理思想,推动制造行业在信息时代管理信息系统的发展和变革。

如今,ERP 有了更深层次的内涵,除了传统的制造、财务、销售等功能外,还增加了分销、人力资源、运输、仓储、质量、设备、决策支持等功能,并支持集团化、跨地区、跨国界运行。

ERP 的宗旨是将企业各方面的资源充分地调配和平衡,使企业在激烈的市场竞争中取得更好的经济效益。伴随 ERP 思想诞生的典型的理论及技术包括精益生产、约束理论(Theory Of Constraint,TOC)、先进制造技术、敏捷制造、网络技术等。

10.2 ERP 的定义及其相关概念

10.2.1 ERP 的定义

ERP 可以从管理思想、软件产品、管理系统三个层次进行定义。

1. 管理思想

ERP 是一整套企业管理系统体系标准，其实质是在制造资源计划（MRP ⅱ）基础上进一步发展而成的面向供应链的管理思想，它的内涵是要打破企业的壁垒，把信息的集成范围扩大到企业的上下游，管理整个供应链，实现供应链制造。

2. 软件产品

ERP 综合应用了客户机/服务器体系、关系数据库结构、面向对象技术、图形用户界面、第四代语言（Fourth-Generation Language，4GL）、网络通信等信息产业成果，是以 ERP 管理思想为灵魂的软件产品。

3. 管理系统

ERP 是整合了企业管理理念、业务流程、基础数据、人力物力、计算机硬件和软件于一体的企业资源管理系统。

综上所述，不同的 ERP 定义对应着管理界、信息界、企业界等不同的表述要求，代表着不同行业特定的内涵和外延。

10.2.2 正确认识 ERP

企业中所有资源都可以用三大流来表示，即：物流、资金流和信息流，ERP 就是对这三种资源进行全面集成管理的信息系统。

ERP 首先应该是管理思想，其次才是管理手段与信息系统。ERP 只是管理者解决企业管理问题的一种工具。ERP 本身不是管理，也不能取代管理，不能解决企业的管理问题，企业的管理问题只能由管理者自己去解决。很多企业错误地将 ERP 当作管理本身，在实施 ERP 之前未能认真地分析企业的管理问题，过分地依赖 ERP 来解决问题，很多旧的问题没有解决，又产生了许多新的问题，最终导致 ERP 实施的失败，企业也因此伤了元气。

10.2.3 ERP 的突破

（1）将系统管理核心从"在正确的时间制造和销售正确的产品"转移到"在最佳的时间和地点，获得企业最大的增值"。

（2）管理范围和领域从制造业扩展到其他行业和企业。

（3）在功能和业务集成上引入了商务智能的概念，使以往简单的事物处理变成了真正智能化的管理系统。

10.2.4　国内外 ERP 厂商及产品

如果把 ERP 当做一个软件产品,国内外很多软件公司都花了大手笔进行研究,表 10-1
列出了国内外比较有影响的厂商及产品。

表 10-1　国、内外 ERP 厂商及产品

国　　外	国　　内
SAP 的 R/3	北京和佳 ERP
Oracle 的 Oracle Application	神州数码易飞 ERP
J. D. Edwards 的 Oneworld XE	上海启明 CMRP ii
Fourth Shift（四班）的 MSS	用友 U8 ERP
SSA 的 BPCS	金蝶 K/3 ERP
Scala	浪潮国强 ERP
Baan	安易 Anyi2000
奥林岛（GrapeCity inc.）的 Intuitive ERP	新中大 PowerERP
QAD	速达 ERP

10.3　ERP 的特点及功能目标

10.3.1　ERP 的特点

1. 产生了供应链

1）形成供需流

供应链(supply chain)实际上包含供和需两方面,可理解为供需链。物料(在 ERP 系统中,是
所有制造计划对象的统称)从供方开始,沿各个环节(原材料→在制品→半成品→成品→商品)向
需方移动。各种物料在供应链上移动是一个不断增加其市场价值或附加值的增值过程。

2）产生信息流

在供应链上除了物料的流动还有信息在流动。信息分为需求信息和供给信息。需求信
息:如预测、销售合同、主生产计划、物料需求计划、加工单、采购订单等,同物料流动方向正
好相反,需求信息是从需方流向供方。供给信息:如收货入库单、完工报告、可供销售量、提
货发运单等,从供方流向需方。

3）形成资金流

正因为市场有需求才会出现各种企业活动,而任何活动都消耗一定资源,导致资金流
出,只有在消耗资源生产的产品或服务售给需求方后,资金才会重新流回企业,产生利润,因
此,供应链上还有资金流动。为合理利用资金,加快资金周转,必须通过财务成本控制供应
链上的各项生产经营活动,即通过资金来控制供应链的流动。

2. 促进了信息集成

信息集成是 ERP 的另一个特点,体现了管理信息的高度集成,这是 ERP 同手工管理的

主要区别。信息集成的标志是:

- 信息必须规范化(名称、定义、标准和字段的要求;信息之间的关系也有明确定义)。
- 信息处理程序规范化(处理信息有一定的规程,不因人而异)。
- 信息采集、处理、报告有专人负责,保证信息的及时、准确和完整性。
- 范围上:集成了供应链各方面信息。
- 时间上:包括历史、当前和未来预期信息。
- 实现信息共享。

由此可见,在激烈的竞争环境中,管理信息集成是企业在生产经营中必不可少的手段。通过信息集成促进了企业管理水平提升和人员素质的提高,体现了企业的规范化管理,而规范化管理不仅是 ERP 运行的结果,也是运行的条件。

10.3.2　ERP 系统的功能目标

ERP 管理体系作为支持企业谋求新形势下竞争优势的手段,涉及面包含了企业内的所有资源。同时,其应用又起到了"管理驱动"的作用。ERP 在原有功能的基础上使 MRP ⅱ 向内和向外两个方向延伸,向内主张以精益生产方式改造企业生产管理系统;向外则增加了战略决策功能和供应链管理功能,这样构成了 ERP 系统的 6 大功能。

1. 支持企业整体发展的战略信息系统

该系统的目标是:在多变的市场环境中实现外网与内网连接的战略信息系统。具体地说,就是实现 Internet 和 Intranet 相连接的战略信息系统;完善决策支持服务体系,为决策者提供全方的信息支持;完善人力资源开发与管理系统,做到既面向市场又注重培训企业内部的现有人员。

2. 实现全球大市场与集成化市场营销战略

这是对市场营销战略的扩展。它的目标是:在市场规划、广告策略、价格策略、服务、销售、分销、预测等方面进行信息集成和管理集成,以便顺利执行"顾客永远满意"的经营方针;建立和完善企业商业风险预警机制和风险管理系统;进行经常性的市场营销与产品开发、生产集成性评价工作;优化企业的物流系统,实现集成化的销售链管理。

3. 完善企业成本管理机制,建立全面成本管理

目前我国企业所处的环境是一个不完全竞争的环境,价格在竞争中占据重要地位。ERP 在这部分的作用和目标是建立和保持企业的成本优势,并由成本领先战略体系和全面成本管理系统予以保障。

4. 应用新的技术和工程设计管理模式

ERP 的一个重要目标是通过对系统各部门持续不断的改进,最终提供给顾客满意的产品和服务。从这个角度出发,ERP 致力于构筑企业核心技术体系;建立和完善开发与控制系统之间的递阶控制机制;实现从顶向下和从底至上的技术协调机制;利用互联网实现企业与外界良好的沟通。

5．建立敏捷后勤管理系统

ERP 的核心是 MRP ii，而 MRP ii 的核心是 MRP。很多企业存在着供应链影响企业生产柔性的情况。ERP 的一个重要目标就是在 MRP 基础上建立敏捷后勤管理系统（Agile Logistics），以解决制约新产品推出的瓶颈——供应柔性差，缩短生产准备周期；增加与外部协作单位技术和生产信息的及时交叉；改进现场管理方式，缩短关键物料的供应周期。

6．实施精益生产方式

由于制造业的核心仍是生产，通过精益生产方式对生产系统进行改造，不仅是制造业的发展趋势，而且也将使 ERP 管理体系更加牢固和顺畅。

作为 21 世纪企业获得竞争优势的先进管理手段，ERP 系统所涉及的各方面预期目标是不断扩大和发展的，相信会涌现更多新的管理方法和管理模式，使企业立于不败之地。

10.4　ERP 中各子系统功能

一个企业想要实现某种目标，需要在 ERP 软件上加载需要的子系统模块。通常一套完整的 ERP 系统包括主生产计划子系统、库存控制子系统、成本计划与控制子系统、采购管理子系统、指令发放子系统、仓储管理和工厂维护子系统等。虽然 ERP 的厂家不同、软件不同，但万变不离其宗，ERP 系统不过是这些功能的组合。

10.4.1　主生产计划子系统

该系统通常包括两部分，一是总量计划子系统，另一部分是主生产调度子系统。

1．总量计划子系统

总量计划是关于总体水平的计划，它不做细的要求。为了制订一年的计划，通常采用经验图表法、管理系统法和最优化方法来充分利用企业的人力资源和设备。

2．主生产调度子系统

如果说总量计划的目的是进行宏观调控，则主生产调度计划的目的就是用微观的方法安排可执行的年度计划。它是企业高层管理与整个系统的主要界面。为了使管理人员做出正确决策，系统提供了多种形式的模拟功能。比如，讨论空调的生产计划。起初系统显示原预测的情况，讨论中大家认为随着国民收入的增加及国家各种利好政策的扶持，空调的销售将比原来的预测有所增加，于是通过终端将此意见输入系统，显示结果见图 10-4。考虑到这是一个季节性的需求，生产部门希望维持均衡生产，系统显示出平均需求，见图 10-5。如果产品需求量增加 50%，那么劳动力够么？装配线负荷如何？系统将针对不同资源分别显示出需求变化的情况，见图 10-6。管理人员再通过计算机系统查明调整的可能性，做出决定。同样，当某种资源发生变化并对计划的落实造成冲击时，系统将提醒管理人员进行分析、裁决。

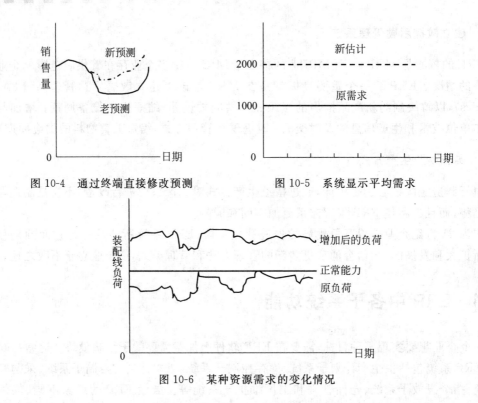

图 10-4   通过终端直接修改预测   图 10-5   系统显示平均需求

图 10-6   某种资源需求的变化情况

10.4.2   库存控制子系统

1. 库存控制子系统的功能

该子系统利用主生产计划(MPS),物料清单(BOM)、采购、生产等订货资料计算出相关需求的状况,该系统的主要功能有:

(1) 计算各种原材料和零部件的需求时间、需求数量和需求地区。

(2) 配合作业控制,使仓库和车间管理人员对物料运送、设备和工具需求等事宜及早安排准备。

(3) 及时采购原材料,避免库存积压。

(4) 计划和控制产品加工的全过程,确保准时交货。

2. 库存控制的方法

对库存控制有两种方法即订货点技术(即统计库存控制)和物料需求计划法(MRP)。

对于统计的方法,计算机可以根据消耗的历史数据自动统计出消耗的均值与方差,不断修正订货点。如果对前导期也作均值和方差的统计,可使订货点更为精确。但订货点法的前提是消耗平稳,每次消耗量小,而且适用于独立需求。对大多数相关需求行为,而且是突发性的批量需求,必须用物料需求计划法来处理。

物料需求计划法要求处理大量数据,一般制造厂大约需要几十万个记录,只能借助计算机来解决。当某种物料资源需求既来自独立需求,且消耗平稳,又来自相关需求,且消耗是批量的情况,系统将把两种控制方法结合起来。

3．库存计划的控制机制

库存计划是通过一个循环机制实现的,步骤如下:

(1) 库存计划首先确定各个周期的产品总需求,初始是根据主生产计划确定的产品需求量和备品备件需求,试验用需求等。

(2) 根据历史统计资料和生产上的要求,确认安全存储量。

(3) 根据安全库存的要求和当前可用的库存量求得净需求量。

(4) 考虑经济批量。

(5) 确定订货的开发日期。一个产品要求某个日期交货,一般要往前推一个安全前导期。对于独立需求,通常考虑了安全库存量,就不再考虑安全前导期;而对相关需求,一般考虑安全前导期。两者的目的均是为了考虑生产缓冲。安全前导期准备充分后,再往前推一个生产制造前导期,即得到这个产品的订货开发日期。

(6) 将产品结构用 MRP 的方法展开,展开是逐级进行的。每展开一级,下一级的组件需求又作为"总需求"的一部分来对待,返回到第(1)步由系统汇总后继续处理,一直展开到原材料、元件为止。

10.4.3　成本计划与控制子系统

成本系统与生产信息系统共享数据,生产系统及工厂监控系统可以向成本管理系统直接提供数据。

1．直接劳动成本的计划与控制

某项计划的直接劳动成本可以估算,也可以从直接劳动标准推导而得,即用劳动标准和操作数求得。每项记录中都存放该项计划的直接劳动成本。计算机每运行一次,可根据产品的结构对每个组件的各个组成部分的标准直接劳动成本进行累加,得到该组件的标准直接劳动成本。

随着生产方法和费用的变化,直接劳动成本的标准要经常改变,每隔一定时间对利润进行预测时要重新复核一次。标准直接劳动成本的变化情况可用来分析成本的偏差。

实际的直接劳动成本的基本信息来自工厂监控子系统,这些信息包括车间工作令号、机器标识、工作令开始结束时间等。系统分析了实际直接劳动成本与标准直接劳动成本之间的偏差,通知有关成本中心,督促管理人员调整不合理偏差。

2．材料成本计划与控制

标准材料成本是按标准材料消耗和标准材料单价来计算的。标准价格要由采购部门经常审核。对每项的合理需用量和合理损耗量定期进行复查,按产品结构逐层累加可以得到最终产品的标准材料消耗。

实际材料成本偏差来自于采购价格波动、工艺过程变更、加工废品和额外消耗等多个方面,材料使用的情况来自于仓库控制系统。系统分析了材料成本变动情况后向有关成本中心提供报告。

3．管理费的处理

管理费用的计划和控制对成本管理有很大影响。为了有效控制管理费用,要求做到:

(1) 对每类开支项目都赋予会计编码。

(2) 划分成本中心,其目的是使开支按职能区域汇总。对成本中心而言,它对某一项成本的上升与下降要负有责任;成本中心与部门划分要一致;为了使较低层管理人员也参与成本管理,一般把成本中心划分的非常细致。

管理费用在处理时的最大困难是分摊。使用计算机进行管理费分摊时,每个成本可以认为是独立的,每个成本中心赋予分摊编号。它决定分摊次序,越是非直接的成本中心它的分摊编号越小。它的成本先分摊到其他非直接成本中心和直接成本中心,然后再来分摊编号高的成本中心。每个成本中心还制定一个分摊因子,它提供一个分摊基准,比如人数、占地面积、标准劳动工时、标准机器工时等。

由于计算机强大的功能,分摊的分组和分摊的因子数目不受限制。生产部门或成本中心总的管理费用可按生产输出进一步分摊,比如铸造——铸件的重量;热处理——工件数目;机油工——直接机时等。这样就可以把整个管理费分摊到每个加工操作上,又从每个操作的管理费汇总到每个产品的管理费用上。

4．计划和控制资产消耗

无论是考虑收入和支出的平衡,还是做长期的利润规划,都要考虑资产和投资项目的问题。系统在计划和控制资产消耗时自动执行一些计算。比如:一旦设置固定资产,系统就会根据某种方法自动按期进行折旧,并计算每一个周期的变化。在一个项目开发的过程中,系统不断重复计算项目投资对将来产品成本的影响。在长期计划范围中反映利润的情况,还可用关键路径方法及一切可用资源,加速工程完成,减少投资。

10.4.4　采购管理子系统

该系统是适时、适量地提供原材料和外购件,以减少资金支出和库存,它保存众多行情数据,而且不断更新,如质量、价格、信用等。还保存供应商和供应商的报价管理等。

10.4.5　指令发放子系统

该系统是计划与执行间的桥梁,任何计划只有通过指令发放才能执行,它能发出工作令报告、工作令卡等。

10.4.6　仓库管理系统

从物流方面指挥仓库,使仓库达到合理的利用,东西安放在合适的地方,如先用的放在外面。

10.4.7　工厂维护子系统

该子系统负责维修,包括维修期的确定、维修计划的安排,维修材料的准备及维修费用的管理,有时还包括事故的应急计划等。

10.5　ERP 的实施

典型的 ERP 实施进程如图 10-7 所示。

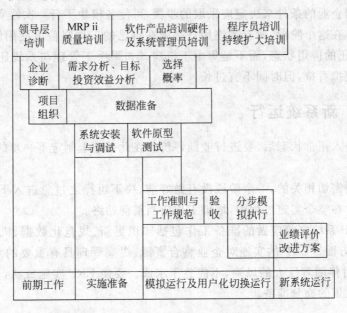

图 10-7　ERP 实施进程图

10.5.1　前期准备阶段

前期准备阶段是指安装软件之前的阶段,其实该阶段事关项目的成败,但经常在实际操作中被忽略。本阶段的主要任务是使企业的中上层领导干部理解 ERP,用 ERP 思想对企业现有的管理业务流程及存在的问题进行评议和诊断,寻求解决方案。用书面形式明确预期目标,并规定评价实现目标的标准。要完成需求分析和投资效益分析并做出正式书面报告和正确决策。同时,要根据企业自身的生产类型,选择适合的软件。

10.5.2　实施准备阶段

该阶段工作包括数据和各种备战参数的准备和设置。其中,有些静态数据可以在选定软件之前着手准备和设置。对软件功能的原型测试(也称计算机模拟),实际上也是一种实施准备工作。该阶段还要在原型测试的基础上提出解决企业管理问题的方案。

10.5.3　模拟运行及用户化

该阶段在基本掌握软件功能的基础上,选择代表产品,将各种必要的数据录入系统,带着企业日常工作中经常遇到的问题,组织项目小组进行实践性模拟,提出解决方案。模拟可集中在机房进行,也称会议室模拟。在完成必要的用户化工作、进入现场运行之前要经过企业最高领导的审批和验收工作。工作准则与工作流程要在这个阶段初步制定出来,并在以后的实践中不断完善。

10.5.4　切换运行阶段

该阶段根据企业的条件来决定应采取的步骤,可使各模块平行一次性实施,也可以先实施一二个模块。在这个阶段,所有最终用户必须在自己的工作岗位上使用终端或客户机操作,使其处于真正的应用状态,而不是集中于机房。如果手工管理与系统还有短时平行,可作为一种应用模拟看待,但时间不宜过长。

10.5.5　新系统运行

项目实施进入正常状态后,要进行业绩评价。在此基础上制定下一步的工作方向,运行新一轮的系统。

这些阶段是密切相关的,一个阶段没有做好前,决不可操之过急进入下一个阶段,否则只能事倍功半。在整个实施过程中,培训工作应当贯彻始终。

在实施 ERP 系统之前应做的准备工作包括知识更新、规范化数据、机构重组、全员动员、风险控制等方面。ERP 的实施对企业整合资源、提高管理具有重要的意义和价值。但 ERP 的实施同时伴随着巨大的风险,不能急于求成。要使 ERP 实施成功,企业必须做好资源、管理变革、认识的充分准备。

10.6　ERP 系统的集成——CIMS

10.6.1　CIMS 的概念及意义

一些制造业行家预言:总有一天,工厂中生产的计划、控制、设计和运作将被一体化,并且几乎完全计算机化。现在,一些主要生产 MRP、CAD、CAI、CAT、CAM 及相应的信息系统的软、硬件公司,通过合并、收购或合作等手段,把目前生产的软、硬件产品进行集成,形成了计算机集成制造系统(Computer Integrated Manufacturing/Management System, CIMS)。ERP 与其他技术集成到一起,如图 10-8 所示,目的是对生产进行合理计划和有效控制,全面增强企业的竞争力。

CIMS 是工厂自动化的新模式,它面向整个工厂,可以覆盖工厂的各种经营活动,即从产品报价、接受订单开始,经过计划、设计、制造直到产品出厂及售后服务等全过程,是自动化程度不同的多个子系统的集成。

CIMS 是一种集计算机化、信息化、智能化、集成化的制造系统,其核心是"集成",它不仅是一个工程技术系统,更是一个企业整体集成优化系统。其集成性包括人员集成、信息集成、功能集成和技术集成等。

现在越来越多的制造型企业开始使用 CIMS 或者大部分是 CIMS 的系统来管理它们的工厂。实施 CIMS 可以使企业的成本显著下降,质量改进,而且灵活快速地响应客户的需求。

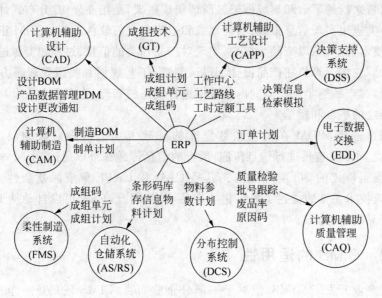

图 10-8　ERP 与其他技术的关系

10.6.2　几种常见系统简介

1. CAD 系统

CAD(Computer Aided Design)计算机辅助设计系统包括产品结构的设计、定型产品的变型设计及模块化结构的产品设计。CAD 系统能够根据产品开发任务书的要求,进行方案设计、外形设计、三维实体造型和工程图纸绘制,并通过建立参数化的产品零部件、标准件、通用件仓库来提高设计效率。

2. CAM 系统

CAM(Computer Aided Manufacturing)计算机辅助制造系统依据零件的三维实体模型和工艺规程,生成 NC 代码,并组织生产。该系统包括刀位文件生成与仿真、后处理、制造与检验等功能模块。通常将刀具路径的规划、刀位文件的生成、刀具轨迹仿真和 NC 加工等工艺指令送给制造自动化系统。

3. CAPP 系统

CAPP(Computer Aided Process Planning)计算机辅助工艺设计系统按设计要求用计算机将原材料加工成产品所需要的详细工作指令的准备工作的系统。CAPP 系统能在工艺文件编辑器和工艺设计资源库的支持下,实现计算机辅助工艺设计、工艺设计过程管理、工艺文件与资源的管理,以便方便、快捷地编制工艺文件。

4. PDM 系统

PDM(Product Data Management)产品数据管理系统是指为在 CIMS 环境下各个分系

统之间的集成带来新的平台和集成框架。所谓集成框架，是指在异构、分布式计算机环境中能使企业内各类应用实现信息集成、功能集成和过程集成的软件系统。PDM 正是这样的系统，它以软件技术为基础、以产品为核心，实现对产品相关的信息、过程和资源进行一体化集成管理的技术。它将计算机在产品设计、分析、制造、工艺规划和质量管理等方面的信息孤岛集成在一起，对产品整个生命周期内的数据进行统一的管理，为实现企业全局信息的集成提供了信息传递的平台和桥梁。

为了做到这一点，PDM 在关系型数据库的基础上加上面向对象的层，使得 CAD、CAPP、CAM 之间不必直接进行信息传递，所有的信息传递都可以通过 PDM 这样的中间层进行，从而克服了传统的 3C 系统之间尤其是 CAD 和 CAPP 集成的复杂性。同时，由于PDM 用计算机技术完整地描述了数字化的产品模型，因此，ERP 可以自动从 PDM 系统得到所需要的产品信息，如 BOM 等。

10.6.3　CIMS 的适用性

尽管有些企业开发了 CIMS，但对于一部分企业而言，CIMS 还只是一个理想的概念。对于机械制造类企业而言，进行大量的重复生产或生产标准产品时更适合实施 CIMS。其他的企业最好根据生产过程的各个阶段，限制它们的自动化程度。事实证明，有些企业很难实施和集成这么多技术，其他企业则因没有很好地理解其内涵而遭受了重大的挫折。

课后阅读

联想集团实施 ERP 的台前幕后

2009 年 9 月 24 日，上海，由哈佛《商业评论》主办、用友软件股份有限公司特别支持的第三届哈佛《商业评论》"管理行动奖"的颁奖典礼于上海锦江文华大酒店隆重举行。在此次颁奖典礼上，联想的 ERP 系统获得了最佳管理奖。

实施 ERP 存在巨大风险，在业界成功率不到 20% 的情况下，联想是如何成功的？且让我们仔细研读其不平凡的信息化之路吧！

一、成长历程

1984 年，中科院计算机所投资 20 万元人民币，包括柳传志在内的 11 名科技人员共同创办了最初的联想。成立伊始，联想就确立了宏伟且明确的目标：为中国用户提供与计算机相关联的信息产品，在世界信息化的浪潮中打造中国信息产业的名牌。

联想集团的最初业务主要涉及个人电脑、服务器、主板、外设、信息家电等产品。伴随着市场需求和企业自身的发展，联想的业务快速地拓展到信息服务、软件、系统集成以及以电子商务为核心的网络产品等方面。

1994 年，联想已经成为我国信息产业领域内名副其实的领头羊，当年即在香港联合交易所挂牌上市。联想在北京、上海、成都、西安、沈阳、深圳等地设有地区总部，在全国各地建有数千家代理分销网点，在欧洲、美洲、亚太地区设有海外平台。

2002 年，联想电脑的市场份额达 27.3%，营业额达到 202 亿港币，2002 年第二季度，联想台式电脑销量首次达到全球第 5 名，其中消费电脑世界排名第三。截止 2003 年，联想拥有员工 12000 余人，自 1996 年以来联想集团连续 7 年位居国内市场销量第一，至 2003 年 3

月底,联想集团已连续12个季度获得亚太市场(除日本外)第一。

没出国门就成为世界级企业,联想固然占尽天时地利,但联想之所以能在"外强"林立的中国IT市场称霸,与其对管理信息化的重视与实践密不可分。在很长一段时间里,联想都认为,管理能力是中国企业竞争力的核心,而管理信息化又是企业提升管理能力的核心。

二、前ERP时代

1. 财务电算化时代

联想的管理信息化建设起步于1991年。1990年以前,联想的规模只有几百人,财务不是特别复杂,手工账就能应付,但手工账最大的缺点是慢,由于联想的业务发展非常快,十几家分公司分布在全国各地,当时财务非常混乱,总公司派了好几个财务人员都查不清账务。同时,库存和生产管理也依赖手工操作,速度既慢又容易出错。

1991年,联想购买了第一套财务软件,实行简单的财务电算化,开始了艰难的信息化之路。在财务不断规范的过程中,财务核算的速度提高了,但数据不准的问题却日益突出。因为账本上的数据主要来自于销售和库存——最容易出错的两端,当时使用的软件只能在入账、出账、开票等财务行为发生的时间点才开始记录,而且仅仅是在财务系统内的账面上产生一个值而已。比如库存,从账面上看,进了200万元的货,但财务并不知道进的是哪些货。这种财务管理仍然是一种很被动的方式。

2. MIS系统时代

针对这种情况,从1992年开始联想开发了自己的MIS系统。当时的MIS主要是以财务为核心,包括销售软件、库存管理系统,这些在今天看来多少有些"原始"的信息化管理软件,为当时联想的信息化管理起到了很大的作用,使得财务能够掌握采购计划的全部信息,不仅提高了效率,很好地计划资金和付款,而且有效地减少了漏洞,初步建立起采购和财务之间相互制约和监督的机制。

尽管开发了这些系统,财务能够了解来自于销售、库存的前端信息,但从管理的角度看,财务还是在后端,并没有和业务紧密联系。随着1994年联想实施"事业部制改造",联想分成电脑、分销和系统集成等多个事业部,业务开始飞速膨胀。对企业来说生死攸关的财务系统却在不停地"打补丁"。平时运转速度慢也就罢了,月底核算成本时竟然出现财务系统濒临崩溃的情况,数据究竟核算到哪不知道,只能从数据初始化重新开始。并且,由于前台业务管理系统与后台财务系统数据不能集成,为了保证数据一致,需要多重审核。

当时联想的各种业务凭证一式四联。总有一联是审核凭证,否则当出现数据出入时就会无法核查。这种审核在业务的各个环节都有,是一种依靠人力保障的不得已的措施,统一数据、多次审核、重复劳动,效率很低。根据集团各地业务的不同需求,MIS系统已林林总总地外挂了近百个相对独立的应用系统。

由于历史原因,集团客观上存在着组织架构分割和地域之间联系松散等问题,信息系统建设也非常零散,各业务模块之间没有统一的建设标准,系统之间各自独立、自成体系,相互间无法沟通,造成一个个信息孤岛。

3. "惊人问题"出现

1998年全年结算时,发现以前的财务核算少计入2700万的辅料成本。原因是此部分辅料成本被计入了在线存货,由于业务繁忙,生产线又不能停线盘点,以至问题不断积累,年终盘点时发现此问题,冲减当季利润,不仅差一点造成当季亏损,而且使得前三个季度的财务报告都存在不同程度的虚假盈利,基于不准确的财务报告而进行的经营分析出现很大偏差,直接影响到当时已经开始的 1999 年的预算编制。

同一年,联想对香港的三家公司和北京的三家公司进行整合的时候,发现了一连串的问题:

- 在不同管理模式下成长起来的这几家公司,其 MIS 系统很难整合到一起。
- 要获得完整的信息,必须从几个不同的系统和数据库中提取数据。
- 系统之间相互隔离,很难进行全面的管理,导致管理效果差。
- 财务和生产报表滞后。销售和库存量统计困难,本月的业务经营情况一直要等到 20 多天后才能得到。

此时,联想集团的业务已经遍布全国,甚至跨到了海外,多语言问题,多币制问题都提上日程。由于缺少"共同语言",不能做到资源共享,无法进行产品或地域的获利能力分析。在这种流程状况下,集团领导要想实时了解企业的运营流程和过程控制状况是根本不可能的,出现"头"对"脚"指挥不灵的状况。因此,实施全国性、集成性和实时性的系统势在必行。

相比同行 HP 在 1997 年整个中国地区财务部门才十几个人,而联想有 100 多人,还只是总部这一块。面对 IT 技术的日新月异,若想与国内外对手在竞争中领先,内部管理高效是联想赢得最终胜利的必然选择。

三、ERP 进入视野

ERP 作为一种新型的管理模式,同时又是一套先进的计算机管理系统。它不仅是企业未来快速集成、处理业务的信息技术平台,更是实施电子商务的重要基础,对于企业在国内外市场的生存和可持续发展影响深远。

联想决定实施 ERP,主要是从以下三个方面进行战略考虑的:

- 集团业务高速增长,原有的管理信息系统已经成为制约公司发展的瓶颈。
- 国内外竞争加剧,如何提升公司的核心竞争力已成为联想的重要课题。
- 联想集团的整体战略对管理信息系统提出了更新、更高的要求。

按照联想规划的目标,到 2000 年,联想集团要完成 30 亿美元的营业额,到 2005 年,要完成 100 亿美元的营业额,逼近世界 500 强。实现这一战略目标的途径之一就是要加强企业的内部管理,使其尽快实现规范化和现代化,早日与国际先进管理接轨。

"上 ERP 有可能早死,但不上的话只有等死"。在 ERP 实施这一跨世纪工程面前,在关系到联想生死存亡的这一重大事件面前,联想 ERP 项目实施起来只有一条道路可以选择,那就是"只能成功,不能失败"。

柳传志最终决定为联想动 ERP 的手术,必然选择中掺杂了偶然因素。必然选择 ERP 的原因是联想不堪重负的 MIS 现状,竞争的压力以及联想的蓝图。但在看不清前景的情况下,企业的决策者不会轻易一掷千金,说服一把手最后决策的事件往往都带有偶然性。

那么促成柳传志最后拍板的偶然因素是什么呢?说来有趣,麦肯锡在其中功不可没。

麦肯锡的可爱之处在于它的传道士精神和对中国市场的悉心教育与培养。在 20 世纪 90 年代初期,麦肯锡进入中国,它不厌其烦地拜访中国公司,传授什么是现代管理,什么是科学管理。荣毅仁先生建立的中国最早的咨询公司"中国国际经济咨询公司"也不得不承认自己的客户都是跨国公司,而真正担负起教育中国市场责任的是许多外国的咨询公司,麦肯锡首当其冲。

在联想 1998 年 11 月 9 日正式签署 ERP 合同之前,发生了许多故事。联想首先接触的咨询公司不是德勤而是麦肯锡。在柳传志做决策前,麦肯锡的顾问曾来到联想,从战略的高度与企业老总探讨了世界 500 强的发展,认为联想要想进军世界 500 强必须应用先进的管理思想和管理工具。

麦肯锡论述问题的角度和风格非常符合柳传志的口味,这种高屋建瓴的讨论是其他咨询公司望尘莫及的。在麦肯锡的启蒙教育下,柳传志终于下了决心,并希望请麦肯锡来做 ERP 项目的咨询顾问,但麦肯锡不能接受这种项目委托。麦肯锡的角色在于指路,至于你乘坐什么交通工具以及如何乘坐并不在麦肯锡的考虑范围之内。所以联想最终的 ERP 顾问不是麦肯锡而是德勤,但柳传志的最终决策离不开麦肯锡的咨询。

从这个角度讲,麦肯锡也为后来联想 ERP 项目的成功启动培育了客户,但同时,麦肯锡的参与也为后来项目的艰苦卓绝埋下了伏笔。

四、选型

1997 年 8 月到 1998 年 4 月,联想开始接触 SAP、Oracle、BAAN 和 SSA,拉开了 ERP 调研、选型和评估的序幕。当时,中国的 ERP 市场已经在 SAP 和 Oracle 的视野之内,联想这样的标杆是他们积累国内 ERP 成功经验的良好机会和开端。SAP 和 Oracle 非常积极,表示了极大的合作愿望。

期间,联想的决策者们也出国考察了许多大公司,他们发现财富 500 强的公司里有 60% 已经用了 SAP 或其他品牌的 ERP 系统。李勤还带领联想 IT 部员工到 HP 学习取经,请 HP 总裁为联想介绍 HP 的运作流程和信息化建设经验。

联想在其调研、选型、评估和确定合作伙伴的过程中,一直在反复重点考虑的问题是:

- 回报。联想实施 ERP 究竟能否实现? 能实现多少预期的目标?
- 时机。现在上 ERP 是早了还是晚了? 到底什么时候上最适合联想?
- 投入。联想以前从未在类似的项目中一次投入这么大的资金,投资 ERP 对联想是否值得?

为了增加联想对 ERP 项目的信心,1998 年 5 月,德勤和 SAP 组成的顾问组为联想作了为期三周的调研,初步界定了系统的范围、计划与风险、收益等。但调研的结论依旧没有说服柳传志最终决定签约。"我很尖锐,开会的时候,我会突然指出他的问题,我觉得年轻人和我说话的时候会紧张……"。柳传志的明察秋毫在联想人人皆知,在外人面前也丝毫不会减弱。

柳传志认为调研报告没有从根本上讲清楚问题所在,没有明确的成本利润分析。ERP 项目风险极大,在巨大的资金成本和失败风险的压力下,模糊的收益使企业一把手难以决策。客观地讲,ERP 项目的成本利益分析是非常困难的,这里涉及管理和人的问题,是不可量化的。如何度量 IT 的价值? 除了显性的投入产出之外,IT 所带来的众多隐性的变革和变化是很难度量的。

没有被说服的柳传志依旧没有做决策,但时间已经不允许再拖延了,此时再不做决策将贻误战机。项目已经选型半年多,老系统已经不能再支撑日益庞大的数据,形式逼迫联想必须做出抉择。柳传志最终冒险做了决策,并立下军令状:只能成功不能失败。后来,柳传志说,这个项目是他第一次在看不准的情况下做出的决策。

五、最终决择

1998 年 11 月 24 日,联想集团、SAP、德勤三方联名举行了联想集团实施 ERP 的新闻发布会及签约仪式,正式宣布联想集团 ERP 项目的上马。由全球最大的企业管理和协同化电子商务解决方案供应商、第三大独立软件供应商 SAP 提供 ERP 软件(R/3 系统)。由著名的国际咨询公司德勤和 SAP 同时提供咨询顾问,共同参与联想集团的 ERP 项目实施。项目总投资 3000 万元。

由于 ERP 的实施难度非常之大,项目实施的成功率在国际上也不到 20%。这就使得国内企业接受起来十分困难。因此,当联想宣布要上 ERP 项目及 ERP 实施的过程时,很多业界知情人士及媒体都表示了极大的怀疑,甚至根本不相信联想最后能取得成功。

经过谨慎的选型、评估和决策,SAP 正式进入联想 ERP 项目。在联想 ERP 项目中,SAP 提出了 TEAM SAP 的概念,即由软件供应厂商、咨询顾问公司共同为客户完成系统实施服务,这正是国外企业实施 ERP 等信息系统时惯常采用的合作方式。SAP 认为自己不可能独立完成这样一个宏大的 ERP 项目,遂将德勤引进联想 ERP 项目。

六、引进德勤的原因

首先,德勤作为一家咨询公司,它的价值在于帮助客户赢得时间和降低风险。德勤在 BPR(业务流程重组)方面有深厚的经验,而这并不是 SAP 的核心能力。相反,德勤在国际范围内拥有为众多行业服务的经验和知识积累,并且开发出了不同行业的业务流程——IndustryPrint 标准模板。第二,德勤拥有很好的 ERP 实施方法论——Fast track 项目实施方法。但 SAP 和德勤的顾问组合并未减少任何随着项目进展而陆续出现的风险。

德勤公司 1995 年对 100 多个行业 CIO 的调查结果把阻碍 ERP 项目成功的因素归结为 10 大风险:

- 对变革的抵抗。
- 领导支持不足。
- 变革原因说不清。
- 不实际的期待。
- 项目管理不强。
- 项目队伍技能不足。
- 范围失去控制。
- 缺乏变革管理策划。
- 没有以流程为本以及信息技术无法整合。

七、联想实施 ERP 的风险

1. 不实际的期待

联想 ERP 项目遇到的第一个风险是“不实际的期待”,这恐怕也是联想 ERP 项目举步维艰的原因之一。当时德勤和 SAP 项目组为联想定下三个目标:

- 实施集成的信息系统。
- 业务流程重组。
- 引进国外先进的经营管理理念和方法,把联想培养成为国际化的公司,进军世界500强。

客观地分析这三个目标,我们不难发现,实施集成的信息系统是理所应当达到的。实践证明,通过 ERP 项目联想的信息系统已经达到了集成化。而要达到 BPR(业务流程重组)的目标实现难度则很大。要达到 BPR 的目标,首先要求项目参与者对 BPR 理论有深刻的理解和认识。其次要求项目参与者尤其是咨询顾问对中国特有的企业管理、业务流程甚至企业文化有非常精准的理解和把握。

而当时现实的情况是：SAP和德勤的顾问都无法两者兼而有之，SAP的强项在于技术，并不具备雄厚的业务基础和业务流程的再造经验。德勤的顾问能够对信息系统的部分做优化和调整，但无力从集团整体上把握。

对联想而言，流程重组的动作太大，其自身并未做好准备，所以第二层目标只达到了对流程的梳理和规范，尚未达到重组。第三层目标实现的可能性很小，从当时情况看，各方面条件都不充分，所以未达到第三个目标情有可原。

"期望越大，失望也就越大"，联想ERP项目开头难，难在高预期下理想和现实的落差。

2. 沟通矛盾

现实世界永远通过各种各样的矛盾而存在，人类的责任是解开每一对矛盾，并赋予世界新的矛盾，人类便在矛盾中永生。在ERP行业也有句俗话，叫"Always problems（永远都是问题，到处都是问题）"。不可避免地，联想ERP项目也充满了矛盾，集中表现在沟通障碍、文化冲突和合同纠纷。

在中国，存在一种"咨询悖论"，姑且不说国内公司仅从运营成本等方面的考虑在使用外国顾问方面心有顾虑，即使有项目经验的外国咨询顾问也面临着不了解中国国情，存在文化和观念、思维模式以及语言等方面的障碍等问题。与此同时，国内咨询公司人员很难具备作为咨询顾问所要求的沟通能力、理论功底、方法论以及深厚的行业与业务经验等咨询素质。

1998年联想集团决定上ERP项目时，国内还没有真正成功实施过这种ERP项目的咨询顾问，中国顾问没有项目经验，对业务领域的实践经验也不足。德勤和SAP这样的优秀国际企业也不可避免地出现这样的咨询悖论。

1998年11月底德勤为联想做了最后一次调研讲解。讲解员由德勤第一任ERP项目组项目经理担任，此人具备系统实施的深厚经验和IT行业背景，但讲解中运用了大量专业的技术术语，据说中英文混说的讲解令柳传志感觉不快。沟通的障碍从一开始就表现得极为强烈。

由于不同公司的定位不同，各家公司都是"有所长、有所短"，SAP的人员技术上很强，对产品熟知，但对业务环节不甚了解；德勤的顾问具备管理和业务流程的知识和经验，但对系统不是很了解；联想所具备的是把5%的希望变成100%的现实的决心和热情。ERP项目成功要求三方精诚合作。而合作面临的第一个难题就是沟通，很多SAP的顾问是技术出身，很难沟通。联想的项目组成员也是从不同部门抽调过来的，比如从企划部、IT部门以及子公司业务部门调用等，这些人员之间也存在沟通问题。况且这些人员非常没有归宿感，没有成就感，付出120%的努力，最后的结果可能只能达到60分甚至50分，期间的辛酸可想而知。但联想的项目组成员并没有被困难吓倒，他们坚信：沟通无极限，没完没了的ERP需要没完没了的沟通，只有及时和真诚的沟通才能解决问题。

3. 文化冲突

联想、德勤和SAP三家公司的企业文化有比较大的差异。不同的文化背景导致三方的价值判断大相径庭。缺乏中国本土文化背景的情况使外国顾问对许多事情都无法理解。

1998年，联想集团实行的是事业部制，事业部制的组织结构适合联想企业规模扩张和多元化经营的需要，有利于提高劳动生产率和企业经济效益。为了激励事业部的总经理（像电脑公司杨元庆、联想科技郭为等人),联想实行的事业部制是模拟法人制,事业部有资金的概念,会计核算方法不是国际上通行的核算方法。这种制度是联想取得竞争优势的一招好棋,机制灵活,员工干劲十足。

但 ERP 系统不能很好地实现这种模拟法人制度,国际化的 SAP R/3 系统的思维很简单,要么是事业部,要么是法人。为了解决这个问题,SAP 从总部请来一位资深咨询顾问。ERP 项目组成员为之翻译了大量的资料文档。为了解释清楚联想为什么要实行模拟法人制度,费尽口舌,可是这位资深顾问依旧不能理解。文化冲突第一次集中爆发。资深顾问无功而返。

4. 合同风波

联想 ERP 项目磕磕绊绊,经历了由于 SAP 和德勤在付款条件上的分歧而导致的第一次危机。付款分歧使德勤认为无法将项目进行下去,遂于 1998 年 12 月 31 日通知取消原定于 1999 年 1 月 4—8 日在上海进行的 FastTrack 实施方法培训,致使项目受到很大影响,原定方案无法进行。直到 1 月 25 日,德勤公司代表与 SAP 公司相关人员来到联想就合同问题进行商谈。在此之前,联想项目经理曾就此事与对方多次电话联系,但由于种种原因致使商务谈判一拖再拖。

一波未平,一波又起,当三方正在尽力进行商务协商时,德勤咨询项目经理突然辞职,同时德勤总部明确要求在没有签署协议并收到付款的条件下,禁止使用其标准模型 IndustryPrint。而此时,项目正进入最关键的时期,下面唯一的工作就是讲解和利用 IndustryPrint 设计未来业务流程草案,项目陷入僵局。1999 年 1 月 26 日,咨询顾问离开联想,ERP 项目事实上被迫终止。联想 ERP 真是举步维艰,ERP 项目组只能用热情一次次地冰释所有的绝望,没有任何退路可以走。

八、解决危机

在一份资料中,我们看到这样一段话:"虽然德勤某些顾问和人员处理问题的方式过于简单,给项目带来了直接影响,但德勤在没有任何协议与约定的情况下进行了大量投入,并在得到我们的要求后积极寻找资源,充分表现了对联想项目的重视与合作的诚意,我们不应过多指责,要理解他们的实际困难。事实上,只有我们采取积极主动的措施,才能最终取得胜利"。

在项目被迫停滞的痛苦时期,联想对项目进行了深刻的总结,认为三方都有不可推卸的责任。SAP 没有及时解决合同问题,在发生危机时未及时与联想方沟通。德勤公司虽情有可原,但部分人员采取极端做法,也似乎有失规范、有失职业的风范。而联想,缺乏经验,双方没有建立起码的信任与团队工作方式,场面过于生硬。因此,项目必须在内外两方面都进行革命性"手术"。

对外,联想积极与德勤、SAP 公司联系,为确保项目成功宁愿在付款方式上做出重大让步,与高层联系建立了必要的信任与联系机制,签订了补充协议,增强约束。对内,寻找合适的项目推动与管理人选,全面改组项目组,加大业务部门的参与。

经过努力,项目于 1999 年 3 月恢复。4 月初,确定由时任联想电脑公司副总经理的王晓岩担任项目总监,投入 50% 以上的时间,并由集团业务发展部参与,增加对项目的推进力度。与此同时,为了增加业务部门的投入,由业务部门关键用户代表出任功能小组组长,并为每一个小组配备了有一定协调组织能力的项目助理,与高层召开多次会议,呼吁高层投入和加强业务部门的责任。最后确定,ERP成败最直接的责任在业务部门身上。如果ERP项目不能准时顺利上线,将对上至执委会、企划办,下至各子公司经理进行惩罚。

经历了坎坷,项目终于又走上轨道,时间已到1999年5月中旬。把ERP进行到底是联想、德勤和SAP唯一的选择。

九、正式实施

SAP这套软件围绕制造、代理和系统集成这三大业务实施,简称R/3系统。包括以财务会计、管理会计、销售与分销、物料管理和生产计划为核心的5大功能模块。

财务会计模块是ERP系统的重要职能模块,它主要包括:应收账款管理、总账管理、合并会计报表、投资管理、基金管理、现金管理等多项功能。

管理会计模块也是ERP系统的重要模块,它主要包括:利润中心、成本中心、会计中心等。

其他三个部分则是具有相对独立的专业化的模块。

为了更好地实施系统,联想优化了三个层次,77项业务流程。第一个层次是清理、规范了现有的流程,找出缺少的流程,把不规范的流程规范化;第二个层次是对流程的系统化、集成化,成立了几个相互之间协同作业的支持子系统;第三个层次将这些优化统一的流程在计算机系统中实现,即电子化,达到信息的集成、准确和实时。同时,联想参照顾问公司的方法论,根据联想的实际情况进行剪裁、创新出有联想特色的实施方法论。

在项目实施的过程中,联想采用德勤的FastTrack,将其分为范围评估、目标确认、流程重设计、系统配置和测试交付5个阶段。期间每个阶段都制订了详细的实施计划并用具体的操作步骤将计划贯彻落实。整个项目管理又基于SAP和BPR(业务流程重组)、技术结构、流程和系统整体性、变革管理、培训和文档6条线索。

十、投入使用

2000年2月14日,联想集团龙年春节后第一个工作日,联想ERP系统作为联想集团新的管理信息系统平台,开始独立运行。之后,为了适应联想集团业务调整的需要,联想ERP项目组又在2000年3月14日开始了ERP再造工程,也就是将已经成功上线运行的ERP系统拆分为联想电脑公司和联想神州数码公司的两套系统,这项以联想集团为主导的再造工程在5月8日胜利上线。

据统计,ERP系统正常运营后,联想为客户的平均交货时间从11天缩短到5.7天;应收账周转天数从23天降到15天;订单人均日处理量从13件增加到314件;集团结账天数从30天降低到6天;平均打款时间由11.7天缩减到10.4天;订单周期由75小时缩减到58小时;结账天数由20天降到1天;加班人次从70人削减为7人;财务报表从30天缩至12天。

十一、非凡意义

实施ERP系统使得今日联想的运作成本降低,利润大幅增长,并且统一规范、集成、e化了联想的业务流程;搭建了一个符合公司长远发展的信息化平台;从管理理念到管理模式都跃上了新的台阶;提高了联想的核心竞争力;培养了一批具有先进管理思想的人;对市场反应速度加快,增强了企业的动态应变能力;对风险的控制能力加强。

同时,通过ERP项目,联想培养了一批国内领先的IT管理人才,他们是联想ERP项目的附属产品,但却是联想决战信息时代和服务经济的希望。

成功实施 ERP 后,联想于 2001 年 8 月 29 日与广州华凌电器签约了 500 万元的 ERP 项目。这意味着联想 ERP 项目的功效已经远远超越了工作效率的提高,甚至带动了联想由 "产品"向"服务"的战略转型。

虽然有一些经历过联想 ERP 项目的人员离开了联想,但他们却没有离开 ERP 实施。那些亲身经历联想 ERP 项目积累的经验和教训将是更多的中国企业实施 ERP 时的一笔宝贵财富。

十二、成功原因及体会

联想成功实施 ERP 的原因归纳起来有以下几点:

- 联想集团高层领导的重视。
- 战略目标的制定与调整也是项目成功实施的关键。
- 联想拥有良好的管理机制和基础,特别是在人才和资金方面拥有雄厚的积累。
- 得益于与 SAP、德勤顾问的通力合作。
- 证明了联想企业文化的力量。

从项目正式启动到 2000 年 1 月 5 日成功上线,400 多个日日夜夜,联想经历了一次深刻的磨炼,逐步掌握了 ERP 的实施规律。

1. 真正的"一把手工程"

"一把手工程"的落实与否取决于高层领导的思想认识过程。前期高层领导并没有真正意识到自己与项目推进的关系,认为工作由下面一个部门推进就行了。下面如果遇到问题,上层表示出积极的支持态度,"要人给人,要钱给钱",对下面反映的问题,按他们的意见说几句,甚至"发发火"就够了。

但对于一个以业务为导向的公司,单一考核指标体系推行多年,当业务与管理项目发生冲突时,靠轻描淡写或"发火"是不能从根本上解决问题的,高层必须从根本上重视项目。

这种重视并不是要求企业最高层时时处处都亲历而为,而是要求他们从内心深处关心项目,往往通过主持例会、参与并直接决策等形式,就可以提升全公司对 ERP 项目的重视和投入,保证项目推进的顺利进行。

到项目后期,高层领导的作用随着对项目目标、实施难度、谁是实施主体、需要什么资源等认识上的逐步清晰化、具体化,其行动落实在从何角度、怎样入手、如何组织等一系列可操作的层面上。

所以,"一把手工程"具体可以概括为三个方面:一是出了问题追究各级一把手的责任;二是项目组每一位负责人都有责任;三是领导主持实施全过程。

2. 业务部门主导

当初联想把 ERP 当做一个技术项目来实施是最大的误区。信息系统的建设要结合公司业务发展需求做出前瞻性的规划,它是企业发展战略和核心竞争力的重要组成部分。要进行业务流程重组,IT 是必要的手段,因为业务流程必须要用信息流来统一规划和传递。

但是 IT 人员无法决策流程的规范和优化是否适合业务的需要,不是也不可能是项目推进的主导力量。而业务部门则是信息系统的最终使用者,应该成为项目推进的主导者,要有熟悉全局业务、有决策能力且有权威性的业务骨干积极参与。

3. 加强培训

知识转移和使用者全方位的培训,是信息化建设取得实效的保障。在 ERP 系统实施之前,联想对培训的理解是,IT部门给使用者讲讲系统如何操作,是怎么一回事就可以了。其实不然,大型信息系统首先要理解它的思想和观念,还有术语,比如SAP的R/3系统中的工厂概念,你就要理解什么是工厂,财务部门要理解利润中心与责任中心有什么差别。

SAP的工厂定义跟传统意义的工厂是不一样的,不是有生产、制造就叫工厂。SAP的工厂定义要更复杂,只要有销售、存货这样的部门就叫工厂,是利润中心下面的一个模式。只要有成本核算,就要有工厂。

如果不懂这些术语的话,那么系统的应用就很困难了。SAP公司研制的系统软件之所以能支持多个行业、多家企业的运作,就是因为它把很多企业运作的东西抽象出来了,然后再结合企业的具体情况具体分析、具体对待。

如果你不知道抽象的概念,无法做到个性化,光靠顾问是不行的。顾问是非常了解系统的,但他不懂每个公司不同的业务。联想必须将系统的语言转化过来,讲给业务人员听,才能把握什么样的系统配置才是最合理的。

另外系统大了,涉及人与人之间的合作,光让一个人操作,他也不清楚如何操作、什么时候操作、用何种权限操作,这是不行的。

基于上述原因,加强员工培训势在必行。

4. 管理三要素

联想ERP项目组曾有这样一副对联:"不见不散项目组,没完没了ERP",横批是"有话好好说"。

联想ERP的实施对项目组成员的精神、意志乃至体力都是巨大的考验,有效的项目管理和激励方法,是ERP项目能够成功的基本保障。这里的项目管理方法不能完全照搬顾问公司所提供的方法,必须和联想的企业文化和管理思想相结合。因此联想在顾问公司提供的项目管理方法基础上,加入联想的"管理三要素"的核心思想,形成了联想特色的ERP项目管理方法。

4.1　搭班子

主要是确定项目组关键岗位的人选。

首先是项目总监,必须是项目实施各方面都能接受的权威领导。他能有效推动各方面力量,能做到对项目意义有深刻的认识;能主动把握项目发展、关键问题和重大转折点;能主动投入足够的精力。虽然项目总监不一定非要具备专业素质和相关知识,但一定能制约项目实施的主体。

项目经理是项目班子的一把手。大型项目管理对班子一把手的德、才都具有更高的要求。尤其是需要跨部门推进的复杂项目,要正确处理管理与业务的冲突,必须有极强的大局观、奉献精神及责任感,同时还要具备公正态度、大局意识和宽广的胸怀。

项目经理助理和各专业组组长的人选也至关重要。因为他们同项目经理组成项目实施队伍的领导班子。班子成员各有分工、侧重,但也是一个层次分明、功能互补的整体。班子确定了,就要有明确的议事决策程序和决策落实推进程序,通过机制有效规范和保障班子的做事方式。

4.2　目标制订的原则

1) 必须从公司的现实需要出发

现实需要是项目成功最重要的源动力、没有现实需要只有长远需要,项目的推进力度会大打折扣。

2)同公司长远的目标相结合

联想实施ERP的战略目标要与公司发展战略目标(进入世界500强)紧密相连。事业部体制要求业务上规范统一,决策及时高效,需要公司具有强大的管理基础和信息平台。

3)坚持现实可行的原则

首先,要清楚公司有没有可能调集资源迅速组成一条可塑造的队伍。

其次,是公司已有的管理基础能否经受大型管理项目实施和管理变革的考验。

再次,是公司的业务在多大程度上能承受项目造成的冲击,在财务上能否支撑。

最后,制定目标要分层次、分阶段。

4.3　带队伍

明确项目组中每一个成员的角色,发挥每一个人的特长,注重培训和培养。懂得激励是员工成长的加速器,努力形成良好的沟通方式和交流氛围。

5."十二分"的数据

通常对信息系统有这样的描述:三分技术、七分管理、十二分数据。数据的规范化和标准化是应用系统成功上线的前提。

联想ERP系统包含很多数据,有几十万种静态数据和各种动态数据。静态数据是指在任何时间地点都不变的,比如:客户信息,包括联系方式、税务账号、交货地址、代理协议的编号等一大堆的信息都得梳理清楚;供应商的信息;员工的信息;联想还有一万多种物料,而每一种物料有80多个选项,联想以前这些物料也有编码,但物料的可选项很少,只有十几个,财务核算时要找数据、销售的时候要找数据,这就是BOM,即物料清单。

动态数据就是各种订单。在各个业务进程切换点,已被完成的订单有哪些、已被完成的采购订单有哪些、存货有哪些、应收账有哪些、应付账有哪些等。

如果这些不在事前准确地处理好,即使系统再好,也不可能起到真正的作用,所以数据工作非常关键。

6.梳理、优化、变革

业务流程重组是对管理基础的变革,是企业需要长期不懈努力进行的工作。要做好业务流程优化和重组,不经过几次变革是不可能的。当现有的内部管理基础与目标之间有较大距离时,要把现实性放到第一位,通过设定更多的阶段性目标来完成。

思考题

1. 简述制约ERP成功的因素有哪些。

2. 为什么强调在ERP实施过程中要"十二分的数据"? ERP系统中,数据包括哪几部分? 有什么区别?

3. 请说明ERP项目实施过程中的组织机构建设及人员培训的重要性。

4. 通过联想实施ERP,你对信息系统的实施过程有哪些体会?

第11章

客户关系管理信息系统

案例导读

新加坡航空公司客户关系管理

非凡的美誉

1993 年,英国伦敦著名的杜莎夫人蜡像馆,出现了一尊东方空姐蜡像。这是杜莎夫人蜡像馆第一次以商业人像为原型而塑造的蜡像,其原型是美丽的新加坡航空公司小组,人们称她们为"新加坡女孩"。杜莎夫人蜡像馆破例的原因,则是基于新加坡航空公司完善的机舱服务和长久以来成功塑造东方空姐以客为尊的服务形象。

如何通过高质量的产品或者服务保持顾客的忠诚度,这是一个令众多公司绞尽脑汁、冥思苦想的问题,因为忠诚的顾客往往带来高额的商业利润。不可否认,享誉世界的新航无疑是最有资格回答这一问题的公司之一。

关注客户——优质服务塑造客户对公司的忠诚度

"不管你是一名修理助理,或是一名发放工资的职员,或者是一个会计,我们能有这份工作,那是因为客户愿意为我们付费,这就是我们的'秘密'"。新航前总裁 Joseph Pillay 在创业伊始就不停地以此告诫员工,塑造和灌输"关注客户"的思想。

事实上,正是持之以恒地关注客户需求,尽可能为客户提供优质服务,新航才有了今天的成就。在这一点上,Joseph Pillay 与劳特朋不谋而合。作为 4CS 营销理论(产品、价格、顾客、渠道)的倡导者,劳特朋认为:要了解、研究、分析消费者的需要与需求,而不是先考虑企业能生产什么产品;要了解消费者满足需要与需求愿意付出多少成本,而不是先给产品定价;要考虑顾客购物等交易过程如何给顾客方便,而不是先考虑销售渠道的选择和策略;要通过互动、沟通等方式,将企业内外营销不断进行整合,把顾客和企业双方的利益无形地整合在一起。

显而易见,4CS 营销理论的 4 个方面都在强调一个问题:关注客户。新航认为:只有新生事物才能创造出其不意的效果。我们的目标是为客户提供他们所意想不到的服务。为此,产品创新部会不断地关注这些新需求趋势:为什么人们以某种方式去做事?为什么人们会做某种事?然后我们把眼光放在 3 年到 5 年内,设法去跟踪短期和长期的趋势。了解他们潜在的需求,并提供服务。

在长达近 40 年的经营中,新航总是果断地增加最好的旅客服务,特别是通过旅客的需要和预测来推动自身服务向更高标准前进。早在 20 世纪 70 年代,新航就开始为旅客提供可选择餐食、免费饮料和免费耳机服务；80 年代末，新航开始第一班新加坡至吉隆坡之间的"无烟班机"；1992 年初，所有飞离新加坡的新航客机都可以收看美国有线电视网络的国际新闻；2001 年，新航在一架从新加坡飞往洛杉矶的班机上首次推出了空中上网服务——乘客只需将自己的手提电脑接入座位上的网络接口，就可以在飞机上收发电子邮件和网上冲浪。在过去 3 年内，新航花费近 4 亿元提升舱内视听娱乐系统，为将近七成远程飞机换上该系统，花费超过 6 亿元提升机舱娱乐设施和商务舱座位。他们认为：如果你的客户选择了竞争对手，那将是一件让人沮丧的事情。而避免沮丧的有效办法就是获得客户忠诚度。

获得客户忠诚度并不仅仅是让他们感到真正的满意。这只是实现忠诚度的一个必要条件。对于客户，最直接的关于满意的概念是：拿你提供给他的"价值"与竞争对手所提供的加以比较。同时，如果想使客户忠诚，就不能只考虑短期的利益，而必须考虑怎样长期地发展这种关系。随着竞争的加剧，客户对服务的要求也像雨后破土的植物一样疯长。人们不仅把新航与其他航空公司进行对比，还会把新航和其他行业公司从不同角度进行对比。这使得新航清醒地意识到遇到的挑战永无止境。事实上，任何时候都要从整个服务过程出发，去寻找可以改进的地方，这样的理念在新航已成为一个清晰的文化和政策。"即使是一道鸡饭，也要做成本地市场最好的鸡饭。"为了在竞争中保持优势地位，新航成了世界上第一家引入国际烹饪顾问团和品酒师的航空公司，该顾问每年为新航提供 4 次菜谱和酒单。硬件是基础，软件才是真功夫。

当然，服务的一致性与灵动性同时受到关注。比如，怎样让一个有十三四个人的团队在每次飞行中提供同样高标准的服务？新航在对服务进行任何改变之前，所有的程序都会经过精雕细琢，研究、测试的内容包括服务的时间和动作，并进行模拟练习，记录每个动作所花的时间，评估客户的反应。力求服务做到灵活且富有创造性，这一点也是新航对员工的要求。当一位乘客要求吃素食，而飞机上正好没有准备这种食物，新航希望乘务人员做到的是：返回厨房想办法找出一个解决方案，比如把各种各样的蔬菜和水果拼在一起，而不是告诉乘客没有准备这种食物。

向内"吆喝"——培育员工对公司的忠诚度

所有培养客户忠诚度的理念文化、规章制度都需要人来执行。这就意味着，如果新航内部员工没有对公司保持足够的满意度和忠诚度，从而努力地工作，把好的服务传递给顾客，那么，客户的忠诚度将无从谈起。

事实上，在市场营销中，除了外部市场，另一个"市场"同样重要，这就是公司的员工。注意倾听一线员工的意见，关注对员工的培训，这些都是新航能够在市场上取得优异表现的根本所在。只有内部员工对企业忠诚，才能使外部客户对企业忠诚。

新航对员工的培训几乎到了虔诚的地步。在以动态和专注于培训而闻名的新航，从上到下，包括高级副总，每个人都有一个培训的计划，一年会有 9000 名员工被送去培训。新航所属的新加坡航空集团有好几个培训学校，专门提供几个核心的职能培训：机舱服务、飞行操作、商业培训、IT 培训、安全、机场服务培训和工程。即使受到经济不景气打击时，员工培训仍然是新航重点优先投资的项目。假如你完成很多培训课程，就可以休息一段时间，甚至还可以去学习一门语言，做一点新的事情，其目的是使"员工精神振奋"。

注意倾听一线员工的意见是新航另一个传统，因为他们认为：机组人员和乘客的接触是最紧密的，他们是了解客户的关键人物。

控制服务成本与商业利润之间的平衡

众所周知,美国西南航空公司是一家成本导向的公司,卓越的成本控制法使与地面客运企业争夺市场的西南航空公司取得了非凡的成就。但新航采取的是顾客导向型,它的重点在于顾客的满足感,满足甚至超前满足客户需要,以此培育相对高端客户的忠诚度。在这方面,它们并不是忽略计算成本,相反,他们同样懂得精打细算。

新航的目标不是成为最大的航空公司,而是成为最盈利的航空公司。因为在1972年新航成立伊始,新加坡政府就明确表态不会给予任何形式的补贴。如果公司不盈利,那就只有倒闭和失业。

公司所有员工都根据公司盈利状况论功行赏,在它的内部激励系统里,每个员工的资金都是由同一公式算出来的。为此,新航不仅致力于为客户提供优质的服务,而且通过各种方式力求控制服务成本与商业利润之间的平衡。

新航希望提供最好的坐椅、最好的客舱服务、最好的食物及最好的地面服务,但它同时要求所有这些服务代价不能太高。他们相信只要在每一项服务上比竞争对手好一点点就够了,这样就能确保每个航班多赢得一点利润,也有能力再去创新。

现在,成立近40年的新航,从最初只有10架飞机的小型航空公司已发展成几乎每年都会获得各种世界性营销服务大奖,世界上最盈利的航空公司之一。成功因素也许有很多,但致力于培养员工和客户对企业的忠诚度无疑是其中最重要的一个原因。

(以上材料来源:厉林.两个忠诚度创造非凡价值.商学院,2004(8):30,有删改)

通过新航案例我们可以知道,同为航空公司,西南航空靠低廉价格赢得市场,而新航凭借卓越的客户关系管理受到尊重。事实上,激烈的市场竞争使得企业面临着更多的困惑,比如:产品间差别越来越小,同质化现象越来越明显,通过产品差异化获得竞争优势和市场份额变得太困难;在市场结构方面,买方市场的消费心理越来越成熟,期望值越来越高;网络发展进一步强化了客户的重要性,企业面临的竞争态势更加复杂和严峻;将着眼点放在内部效率提升和成本降低的管理模型已不适应激烈的市场竞争……

因此,为了解决上述难题,今天的企业已不再把顾客当成盘剥的对象和收入的来源,在充分尊重客户、满足顾客各种需求的前提下,利用信息技术全面捕获客户信息,为客户提供更优质的服务是企业取得竞争优势的关键所在。

本章,我们将向大家介绍客户关系管理的相关理论知识。

11.1　正确认识客户

11.1.1　客户与消费者之间的区别

传统观念认为客户(Customer)与消费者(Consumer)是同一概念的两种不同表示方法。但对企业而言,客户与消费者之间是有区别的,它们的区别主要体现在以下4个方面:

1. 客户针对某一细分市场

不同的客户来自于他们所属特定的细分市场,在同一细分市场,他们的需求是相似的,比如,某公司可以将其客户分成金融客户、企业客户、政府客户、教育客户等;而消费者则是针对个体而言的,他们处于比较分散的状态。

2. 客户需求复杂

客户需求相对而言更为复杂,要求也高,购买数额较大,且交易过程延续的时间比较长。比如,客户购买了某种产品后牵涉到售后服务、重复购买、产品更换、质量保证等诸多因素;而消费者与企业的关系通常是短期的,通常不需要多次购买及复杂的服务。

3. 企业需要专职人员与客户沟通

企业更注重与客户的感情沟通,需要安排专职人员负责并处理他们的事务,对客户的基本情况了解得更深入;而消费者与企业之间的关系相对简单,企业即使知道消费者是谁也不一定与其发生进一步的联系。

4. 客户是分层次的

不同层次的客户需要企业采取不同的客户策略;而消费者则可以看做一个整体,并不需要进行严格的划分。

11.1.2　客户的分类

按不同标准可以将客户分成不同的类型。

1. 按企业与客户关系的紧密程度

营销大师菲利普·科特勒曾按企业与客户关系的紧密程度将客户划分为 5 类,如表 11-1 所示。

表 11-1　按客户与企业的关系分类

客户类型	企业与客户之间的关系
基本型	销售人员将产品销售出去后就不再与其联系
被动型	销售人员把产品销售出去后并鼓动其在遇到问题或者有意见时与公司联系
负责型	销售人员在产品销售出去以后与其联系,询问产品是否符合要求,同时获得有关产品改进的各种建议,了解产品的不足及缺陷,帮助公司改进产品,使之更符合客户的需求
能动型	销售人员不断地与客户联系,得到有关改进产品用途的建议及新产品的信息
伙伴型	公司不断地和客户共同努力,帮助客户解决问题,支持客户成功,实现"双赢"

2. 按客户重要性分类

采用 ABC 分类法将客户按重要性进行划分,可把客户分为贵宾型、重要型及普通客户三种,如表 11-2 所示。

表 11-2　用 ABC 分类法对客户分类

客户类型	客户名称	客户数量比例	客户对企业创造的利润
A	贵宾型	5%	50%
B	重要型	15%	30%
C	普通型	80%	20%

表 11-2 列出的数字仅供参考,不同行业、不同企业的数值各不相同。在某些行业,贵宾型客户数量只占其客户总量的 1％,却为企业创造了超过 50％的利润;而有些企业,其贵宾型客户数量超过 5％,但为企业创造的利润可能小于 50％。

以上划分充分体现了营销学"80/20"的法则,即 20％客户为企业创造 80％价值。为了深度挖掘客户带给企业的价值,有人提议将 80％的普通型客户进一步划分,将那些消耗企业过多资源,却不能创造更多价值的客户,通过采取一定措施促进其转换为重要客户或者终止与其交易。

3. 按客户忠诚度划分

按客户对企业的忠诚度可将客户划分为潜在客户、新客户、常客户、老客户和忠诚客户。

潜在客户是指对企业产品和服务有需求,但尚未开始与公司进行交易,需要公司花大力所争取的客户。

新客户是指那些刚开始与公司开展交易,但对产品和服务还缺乏全面了解的客户。

常客户是指经常与公司发生交易的客户,但同时与其他公司也有交易往来,每次交易数量较高。

老客户是指与公司交易有较长历史,对企业的产品和服务有较深入的了解,但同时与其他公司也有交易往来的客户。

忠诚客户是指对公司有高度信印、并与公司建立起长期、稳定的客户关系,基本局限于在本公司消费。

11.1.3　客户满意与客户忠诚

只有满意的客户才能成为忠诚的客户,只有忠诚的客户才能为企业创造满意的价值。

1. 客户满意

客户满意是指客户通过对一个产品或服务的可感知效果与他所期望的效果进行比较后所形成的愉悦或失望的感觉状态。如果可感知效果低于期望,客户就会不满意;如果可感知效果与期望值相匹配,客户就满意;如果可感知效果超过期望,客户就高度满意。

2. 客户忠诚

客户忠诚是指客户对某种品牌或公司的信赖、维护和希望再次购买的行为。客户忠诚分为心理上的忠诚和行为上的忠诚两方面。心理上的忠诚,表现为心理上对某种品牌的关注、认可、欣赏和追随。行为上的忠诚,表现为重复和持续购买。忠诚的客户是企业的重要资源,也是企业成长、发展的不竭动力。

3. 客户满意与客户忠诚的关系

客户满意不等同于客户忠诚。满意的客户不一定是忠诚的客户,但是不满意的客户肯定不是忠诚客户。如果说得不到忠诚的客户就不考虑使其满意,持这种观点也是错误的。因为,没有客户的满意连眼前的交易都无法进行,又谈何长期交易及客户忠诚呢?

11.2 CRM 概念及内容

客户关系管理(Customer Relationship Management,CRM)的理念最早由 Gartner Group——一家信息技术咨询公司在 20 世纪 90 年代提出的。虽说这种思想由来已久,但直到信息技术发展到现有的高度,才使这种思想得以实现。

CRM 是一种涉及企业全局的商业战略,强调把客户作为经营的核心,围绕客户开展业务活动。比如,通过细分客户、增加客户满意度、为客户创造价值和加强同客户的联系来实现企业收益。

CRM 是一套解决方案,从实现手段上是一套管理信息系统的软件系统。它结合了先进的管理理念和成熟的管理经验,为企业提供了全方位的管理视角、赋予企业更完善的与客户交流的能力,通过信息技术实现客户和企业的双赢。

CRM 从以下 7 个方面对客户的详细资料进行深入分析,目标是缩减销售周期和销售成本、增加收入、寻找扩展业务所需的新市场、新渠道,目的是提高客户的价值、满意度、盈利性和忠实度。

1. 客户概况分析(Profiling)

包括客户的层次、风险、爱好、习惯等。

2. 客户忠诚度分析(Persistency)

指客户对某个产品或商业机构的忠实程度、持久性、变动情况等。

3. 客户利润分析(Profitability)

指不同客户所消费的产品的边缘利润、增值利润、净利润等。

4. 客户性能分析(Performance)

指不同客户所消费的产品按种类、渠道、销售地点等指标划分的手段等。

5. 客户未来分析(Prospecting)

包括客户数量、类别等情况的未来发展趋势、争取客户的手段等。

6. 客户产品分析(Product)

包括产品设计、关联性、供应链等。

7. 客户促销分析(Promotion)

包括广告、宣传等促销活动的管理。

CRM 主要涉及企业的市场营销、销售、服务三个环节,尤其适合与客户交流频繁、客户支持要求高的行业,如银行、保险、房地产、电信、家电、民航、运输、证券、医疗保险等。而且实践证明,上述行业引进客户关系管理信息系统取得成功的几率较高。

11.3　CRM 的分类

客户关系管理信息系统包括多种功能模块，常见的有以下三种，企业可根据所处的行业水平或预期实现的目标从中进行选择。

1. 以销售、市场管理、服务管理等业务流程为基础的 CRM

这种模式将一些标准化的软件嵌入到系统中，帮助贯彻实施 CRM 战略目标。比较符合目前国内管理和信息技术应用水平偏低的实际情况，在强调 CRM 战略的前提下，可以帮助企业切实解决一些基本的管理问题。

2. 以数据仓库、数据挖掘、商业智能为基础的 CRM

通过数据模型估量客户价值，发掘商业机会，改善客户服务水平，贯彻 CRM 战略。

3. 以呼叫中心、企业门户为基础的 CRM

强调利用先进的信息技术提高企业和客户之间的互动能力，完善客户体验，实现客户满意度的提升。

11.4　CRM 的功能

以第一种模式为例，CRM 具有销售、营销、客户服务与支持三大类功能。

1. 销售功能

销售是 CRM 中最重要的功能。它包含了一系列工具，如：日历和日程安排、联系人和账户管理、佣金管理、商业机会和传递渠道管理、定价、市场区域划分、预算及费用报告生成等多个功能。除此之外，还具有如下功能：

1）客户管理

提供客户基础信息，在企业内部全面使用客户资源；记录与客户相关的基本活动和活动历史；联系人的选择；订单的输入和跟踪；销售建议书和销售合同的生成。

2）联系人管理

存储和检索联系人概况的记录；记录与客户的联系内容，如时间、任务的简单描述等；客户内部机构的设置情况。

3）电子商务

提供个性化界面及服务；对网站内容进行管理；有效处理订单和业务；拓展销售空间；提供客户自助服务；生成网站运行情况分析报告。

4）时间管理

基于日历的协同工作管理，如设计约会、活动计划，查看团队中其他人的安排，以免发生冲突；进行事件安排如约会、会议、电话、电子邮件等；利用任务表、预告/提示、记事本、传真等方式把事件通知相关的人。

5）销售管理

以销售自动化为代表，帮助不同部门、不同岗位的工作人员共享和浏览销售信息与客户信息；在一个平台上完成客户促销和服务；产生各销售业务的阶段报告、剩余时间、成功概率和历史销售状况；销售组合策略；地域销售信息维护；根据利润、领域、优先级、时间、状态等标准制定关于活动、客户、联系人和约会等方面报告；销售费用和佣金管理。

2．营销功能

营销自动化是 CRM 的最新成果，在客户的生命周期中，它与销售功能互为补充。它为营销提供了独特的能力，如营销活动计划的编制和执行、计划结果的分析、清单的产生和管理、预算和预测、营销资料管理等。营销自动化模块不局限于提高销售人员活动的自动化程度，而是为营销及相关活动的设计、执行和评估提供详细的框架。为使营销活动真正有效，应该及时将信息提供给执行的人，如销售专业人员，以下是更详细的功能：

1）电话营销和电话销售

生成电话列表，与客户、联系人、业务建立关系；把电话号码分给销售员；记录电话细节，安排回电；起草电话营销内容；记录电话录音，进行统计分析，生成相关报告。

2）潜在客户管理

提供业务线索和销售机会的记录、升级和分配；潜在客户的跟踪。

3）营销管理

生产产品和价格配置器；进行营销活动时获得预先定制的信息支持；信函书写、批量邮件、营销活动的策划；用 BBS 更新营销资料、实现信息共享；跟踪特定事件；邮件合并，生成标签和信封。

4）客户服务

服务项目的快速录入、安排、调度和重新分配；事件升级，生成事件报告；搜索和跟踪与某一业务相关的事件；产生服务协议和合同、订单管理和跟踪、问题及解决方法的数据库。

3．客户服务与支持功能

在很多情况下，客户的保留和企业的获利能力依赖于优质的服务。CRM 系统中丰富的客户数据，使得企业能够通过多种渠道的组合来提高服务质量，当把客户服务与支持功能同销售、营销两大功能有效地结合起来后，就可以为企业提供更多的销售机会。

另一方面，良好的客户服务体现在处理过程的有效管理。及时解决客户遇到的问题，利用已有的标准题库解答经常性问题，也可将现有的问题及解决方案编入题库，增加的记录也将成为未来产品研发或改善服务质量的重要参考资料。

客户服务与支持的典型应用包括：客户关怀；纠纷、次品、订单的跟踪；现场服务；问题及其解决方法的数据库；维修行为的安排和调度；服务协议和合同；服务请求管理。其实现手段包括：

1）呼叫中心

来电处理；电话转移；路由选择；报表统计分析、工具管理；通过传真、电话、电子邮件及打印机等自动进行资料分发。

2）合作伙伴关系管理

合作伙伴对客户信息、公司数据库与渠道活动相关的文档进行存取和更新的权限管理；预定义和自定义的报告的使用、销售管理工具的使用。

3）商业智能

预定义查询和报告，查看相应的 SQL 代码；通过预定义的图表工具进行潜在客户和业务的传递途径分析；以报告或图表形式分析潜在客户可能带来的收益；将数据转移到第三方的预测和计划工具上；能力预警；系统运行状态显示。

11.5　CRM 涉及的技术

CRM 的实现应用了众多新技术，主要涉及以下 4 个方面。

1．计算机集成技术

基于 Internet 的 CTI(Computer Telephony Integration)技术是 CRM 的基本技术。它以电话、电子邮件、传真等各种形式与客户进行沟通，大大降低了通话成本；呼叫中心的业务图形化编辑器技术和语音合成与识别技术可以弥补电话终端仅能传送语音信号的缺点，使得呼叫中心坐席人员通过浏览网页图形信息、通过视频通信等手段，与客户建立面对面的服务。

2．商务智能技术

商务智能（Business Intelligence,BI）也是 CRM 采用的基本技术手段，它为客户数据的分析和决策提供重要支撑。由于 CRM 中包含大量现有客户及潜在客户的各种信息，只有通过商务智能技术才能对成本和盈利等相关业务活动进行分析预测，帮助决策者做出及时可靠的信息。

3．数据仓库及数据挖掘技术

CRM 的基础是企业与客户发生的历史数据，因此构建数据仓库是 CRM 的基础性工作，而数据仓库的开发及利用必须使用数据挖掘技术。数据仓库技术可以完成客户关系数据的基本问题的设计，而数据挖掘技术则对数据仓库中的相关信息进行总结、分析、判断，为客户需求进行预测分析，提供个性化服务，同时为决策者提供相关决策依据。

4．基于 Internet 的应用技术

Internet 是 CRM 实现的载体，通过 Internet 可以实现自助服务、自助销售等功能，可以使员工和客户不需要太多培训就可以使用浏览器完成相应功能，也有利于 CRM 的维护和升级，节约相关成本。

11.6　CRM 包含的数据库系统

完善、可靠的数据库是实现 CRM 的基础条件，CRM 中的数据库包括记录客户基本信

息的静态数据库和记录客户与企业信息的动态交易数据库两种。这两种数据库相辅相成,密不可分,是企业开展 CRM 的重要依据。

通常,一个完整的 CRM 数据库由以下子系统构成。

1. 客户数据管理和查询系统

CRM 数据库能动态、实时地提供客户基本信息和历史交易记录,并把最新交易的数据补充到数据库中,使其以更快的速度、完整地反映出客户与企业交易的相关信息。

同时,CRM 数据库还要保证企业业务人员根据各自权限、采用各种方式(如电话、电子邮件、网站)调用相应数据以及进行数据更新,保证各种查询数据的一致性,避免造成混乱。

2. 客户关系递进系统

为了表示对老客户的重视,通常公司都会给老客户提供一定的优惠措施,虽然这样做会使公司短期利益受到影响,但可以提高客户忠诚度,因此这是一种极为重要的增进客户关系的方法。

客户关系递进系统是 CRM 数据库的重要组成部分,通过采取积分制或销售额递进的方式,每达到一个标准即时给予一定的数额优惠或寄送礼物表示感谢,通过这些举动可以鼓励客户多次消费、重复购买,实现客户与企业之间的"双赢"。

3. 忠诚客户识别系统

企业应为每一个忠诚客户提供优质服务,但如何识别忠诚客户是其关键。该系统就是帮助企业识别谁是忠诚客户的,以免造成不必要的损失。

4. 客户流失警示系统

为防止客户流失,企业应对那些出现流失迹象的客户给予高度关注。一旦某位常客购买周期或购买数量出现显著变化,应引起公司警惕,主动走访客户,及时了解出现问题的原因,并尽最大努力加以改进。客户流失警示系统可以自动监视客户的交易资料,对客户的潜在流失迹象做出警示,做到防患于未然。

5. 客户购买行为分析系统

分析单个用户的购买行为是公司提供个性化服务的重要手段。比如,根据客户过去购买产品的记录,结合客户的兴趣爱好、工作性质、收入水平等因素定期地向客户提供更新、更多的产品。这样既可以为客户提供方便、节省时间,也会让客户感受到公司的关心与体贴,对培养满意甚至忠诚的客户大有裨益。

11.7　CRM 系统实施过程及注意事项

11.7.1　CRM 系统实施过程

CRM 的实施是一个复杂的构造过程,除了涵盖客户分类分析、呼叫中心、销售和营销自动化、个性化网页、E-mail 自动应答、市场预测等诸项内容外,还涉及生产流程处理、客户知识获取、客户交互与服务等多个环节,表 11-3 总结了 CRM 的实施过程。

表 11-3　CRM 实施过程

阶　　段	活　　动
识别客户	将更多的客户输入到数据库中
	采集客户的有关信息
	更新客户信息,删除过时的信息
对客户进行差异化分析	识别企业的"金牌"客户
	识别企业成本发生的原因
	识别企业计划建立商务联系的企业
	识别大宗客户对企业的产品或服务的不满之处
	识别保持良好关系和关系断裂的客户
	根据客户对于本企业的价值(如市场花费、销售收入、与本公司有业务交往的年限等)把客户分成 A,B,C 三类
与客户保持良性接触	给自己的各户联系部门打电话,查看工作态度和效率
	给竞争对手的客户联系部门打电话,比较服务水平的不同
	把客户打来的电话看作是一次销售机会
	测试客户服务中心自动语音系统的质量
	对企业内记录客户信息的文本进行跟踪
	主动对给企业带来更高价值的文本进行跟踪
	通过信息技术的应用,使得客户与企业之间的交易更加方便
	加强对客户抱怨的处理
调整产品,更好满足客户需求	改进客户服务过程中的纸面工作,节省客户的时间,节约公司资金
	使发给客户的邮件更加个性化
	替客户填写各种表格
	询问客户对获得企业信息的方式的意见
	找出客户真正的需要
	征求名列前 10 名客户的意见
	争取企业高层对客户关系管理工作的参与

11.7.2　CRM 系统实施的关键因素

CRM 实施并非一帆风顺,由于设计、变革和费用等多方面因素导致大多数的企业在 CRM 实施的过程中失败了。导致失败的原因如下。

1. 指导思想不清

CRM 专家 Eisenfeld 提到 CRM 失败时总提到 3P,即人员(People)、流程(Process)、策略(Politics)。70%的企业失败的原因均是由这三方要素配合不当造成的。应当认识到:CRM 不仅是一种技术,更是一种经营战略,可管理者经常把重点放在技术上,只关注产品的研发情况,强调对国外产品和技术的跟进和超越。实施过程遵循"安装+培训"的模式,只教如何用,不教基本的业务规划方法,对人员、流程和策略都鲜有涉及。

2. 目标虚浮

国外软件公司在 CRM 项目实施中,努力帮客户避免制订一些模糊而又空洞的目标,确保项目的实施能带来预期的效果。国内软件为了提高软件销售,"协助"客户把目标订得无所不能,不管是否能用、适用、好用,都写到方案中,导致客户期望值过高,等项目验收时觉得反差较大,对 CRM 印象一落千丈,未等实施,心理平添了几分失败的顾虑。

3. 原流程自动化

CRM 项目的实施必然伴随着业务流程的再造,如果不调整原流程,非要使技术符合现有流程的运行过程,不仅会使 CRM 战略落空,项目也达不到预期目标,而且由于流程与技术不匹配,激化了现已存在的问题。

一旦实现了原流程的自动化,问题将更频繁地出现,成倍的资源会更快地消耗殆尽,而且不易觉察,最终导致组织衰竭。

4. 人员及文化独立于项目

新项目上马必然会导致员工消极行事,因为人类天生就有惰性。因此企业要充分考虑组织方面的因素,寻求尽可能多的员工的支持,并制定相关的政策和保护措施。否则,不仅员工会采取对抗做法,各部门也只有利益之争,没有共同目标,基于病态组织因素的 CRM 项目实施只会使组织的经营越来越糟。

5. 忽视了约束条件

过于相信自身技术实力和实施经验,没注意到现实和潜在的外来因素与内在约束。比如:项目的实施周期有多长? 这关系到员工的认可周期,也影响 CRM 项目实现的目标和范围。企业员工的文化素质是否有利于项目的实施? 项目预算到位情况等。对于这些问题的认识,意味着任何一个 CRM 项目的实施都是与众不同的,需要企业和 CRM 提供商密切合作,在约束下实现项目的目标。

6. 选择了错误的供应商

选择一个实力雄厚、产品优秀并且咨询和实施经验丰富的 CRM 供应商是项目成功的必要条件。但如果该企业没有你所在行业的实施经验,选择就必须慎重,需要仔细评估。

课后阅读

万科客户关系管理

在地产界流传这样一个现象:每逢万科新楼盘开盘,老业主都会前来捧场,并且老业主的推荐成交率一直居高不下,部分楼盘甚至能达到 50%。据悉,万科在深、沪、京、津、沈阳等地的销售,有 30%~50% 的客户是已经入住的业主介绍的;在深圳,万科地产每开发一个新楼盘,就有不少客户跟进买入。金色家园和四季花城这两个楼盘,超过 40% 的新业主是老业主介绍的。而据万客会的调查显示:万科地产现有业主中,万客会会员重复购买率达

65.3％,56.9％的业主会员将再次购买万科,48.5％的会员将向亲朋推荐万科地产。这在业主重复购买率一直比较低的房地产行业,不能不说是一个奇迹。

万科的第五专业

在设计、工程、营销、物业管理的基础上,万科经过多年的实践和反思,提出了"房地产第五专业"的理念,即客户关系管理,企业也从原来的项目导向转为客户价值导向。为适应企业对客户关系管理的更高诉求,万科主动引入了信息技术,探索实现了客户关系管理的信息化。他们建立了客户中心网站和CRM等信息系统,从多个视角、工作环节和渠道,系统性地收集客户的意见和建议,及时做出研究和响应,这些意见和建议,还为企业战略战术的开发,提供了指引。万科的第五专业,成为引领企业持续发展、不断续写传奇的重要动力。

关注客户体验

万科素以注重现场包装和展示而闻名,同类的项目,每平方米总要比别人贵几百甚至上千元,有人不理解:我没看出万科楼盘有什么惊人之处,技术也好,材料也好,设计也好,都是和别人差不多的。其实,只要客户仔细到万科的项目上看看,基本上会被那里浓郁的、具有艺术品位的、温馨的居家氛围和某些细节所打动,他们会发现那里才是理想中的家园,于是就愿意为此多掏很多钱,愿意为瞬间的美好感受、未来的美好遐想而冲动落定。

万科以其产品为道具、服务为舞台,营造了一个让消费者融入其中、能产生美好想象和审美愉悦的空间环境与人文环境,万科出售的不再仅仅是"商品"和"服务",万科出售的是客户体验——客户在其精心营造的审美环境中,通过自身的感悟和想象,得到了一种精神上的愉悦。

万科独有的"6+2"服务法

万科有一个称为"6+2"的服务法则,主要是从客户的角度分成以下几步:

第一步:温馨牵手。温馨牵手过程以开发商信息透明为基础,阳光购楼。万科要求所有的项目,在销售过程中,既要宣传有利于客户(销售)的内容,也要公示不利于客户(销售)的内容。其中包括一公里以内的不利因素。

第二步:喜结连理。在合同条款中,尽可能多地告诉业主签约的注意事项,降低业主的无助感,告诉业主跟万科沟通的渠道与方式。

第三步:亲密接触。公司与业主保持亲密接触,从签约结束到拿到住房这一段时间里,万科会定期发出短信、邮件,组织业主参观楼盘,了解楼盘建设进展情况,及时将其进展情况告诉业主。

第四步:乔迁。业主入住时,万科要举行入住仪式,表达对业主的敬意与祝福。

第五步:嘘寒问暖。业主入住以后,公司要嘘寒问暖,建立客户经理制,跟踪到底,通过沟通平台及时发现、研究、解决出现的问题。

第六步:承担责任。问题总会发生,当问题出现时,特别是伤及客户利益时,万科不会推卸责任。

随后是"一路同行"。万科建立了忠诚度维修基金,所需资金来自公司每年的利润及客户出资。

最后是"四年之约"。每过四年,万科会全面走访一遍客户,看看有什么需要改善的。

多渠道关注客户问题

倾听是企业客户关系管理中的重要一环,万科专门设立了一个职能部门——万科客户关系中心。客户关系部门的主要职责除了处理投诉外,还肩负客户满意度调查、员工满意度调查、各种风险评估、客户回访、投诉信息收集和处理等工作。具体的渠道有:

1. 协调处理客户投诉

各地客户关系中心得到公司的充分授权,遵循集团投诉处理原则,负责与客户的交流,并对决定的相关结果负责。

2. 监控管理投诉论坛

"投诉万科"论坛由集团客户关系中心统一实施监控。规定业主和准业主们在论坛上发表的投诉,必须 24 小时内给予答复。

3. 组织客户满意度调查

由万科聘请第三方公司进行客户满意度调查,旨在通过全方位了解客户对万科产品服务的评价和需求,为客户提供更符合生活需求的产品和服务。

4. 解答咨询

围绕万科和服务的所有咨询或意见,集团客户关系中心都可以代为解答或为客户指引便捷的沟通渠道。

精心打造企业与客户的互动形式

随着企业的发展,万科对客户的理解也在不断提升。在万科人的眼里,客户已经不只是房子的买主,客户与企业的关系也不再是"一锤子买卖"。于是在 1998 年,万科创立了"万客会",通过积分奖励、购房优惠等措施,为购房者提供系统性的细致服务。近年来,万客会理念不断提升和丰富,从单向施予的服务,到双向沟通与互动,再到更高层次的共同分享,万客会与会员间的关系越来越亲密。从最初的开发商与客户、产品提供方与购买方、服务者与使用者,转变为亲人般的相互信任,朋友般的相互关照。

万科没有刻意强调客户关系管理,而是将客户的利益,包括诉求真正放在心上、捧在手里、落实到了行动。万科深知,对客户利益的关照需要每个子公司、每名员工的贯彻落实,而公司对子公司及员工的考核,是检验公司对客户真实看法的试金石,是引导下属企业及员工言行的指挥棒。

目前,面对市场竞争的压力,已经有许多房企开始意识到具有优质的服务才能占领或保住市场,如绿地、保利等品牌房企均倡导以服务为主题。业内专家表示,从以产品营造为中心到以客户服务为中心,这将是房地产发展的必然途径,与此同时,服务营销的观念也将推动房地产市场走向更加成熟和理性。

(以上资料摘自 http://www.8118.com.cn/content_584.html.有删改)

思考题

1. 万科是采取哪些方式来实现客户关系管理的?

2. 通过上述案例,你对客户关系管理有了怎样的认识?

3. 你认为未来万科在哪些方面还需要改进已有的客户关系管理系统,以提升在房地产业的竞争优势?

第12章

面向智能的管理信息系统

管理信息系统能把孤立的、零散的信息加工处理后变成一个完整的、有组织的信息系统,不仅解决了信息"冗余"问题,而且极大地提高了组织的效能。但管理信息系统固有的缺陷,特别是结构化的系统分析方法、漫长的生命周期及信息导向的开发模式,使传统的 MIS 很难适应多变的外部环境,不能把信息的内在规律更深刻地挖掘出来,以此来为决策服务,达不到预期的社会经济效果,因此,对管理人员的帮助是有限的。这就促使系统分析人员坚信 MIS 本身并不能取代决策者去做决策,人们应当开发一种新的管理信息系统,它在某种程度上可以克服上述缺点,为决策者提供一些切实可行的帮助。这种能辅助和支持决策者进行选择的系统就是本章所讨论的重点——决策支持系统(Decision Support System,DSS)。

 案例导读

决策支持系统的典型应用

一、为价格决策的 DSS

许多大型零售商经常因为制订了不合理的价格而损失几百万美元,因为他们所制订的价格不过是他们自己想象中的"最佳猜测"。比如:某种商品打折太迟,没有及时销售出去,那会导致库存过量;如果打折太早,或打折力度过大,那会损失更多的利润,因为顾客原本愿意出更高的价格购买。为了解决这一问题,伯灵顿外套工厂的仓库应用"价格最优化软件"解决了这个问题。

伯灵顿外套工厂购买了 ProfitLogic 的 Markdown Optimization 解决方案,在全美范围内制订仓库管理价格和库存量。ProfitLogic 考虑了复杂价格之间的交叉,包括商品的初始价格集合、促销价格、跨项价格效应和季节性的减低标价。通过使用该软件,可以早期发现各种商品的性能,有效地清除低性能商品,留出足够的库存空间去存储性能更优、获利能力更强的商品,而上述行为对于一个零售商而言是最重要的。

二、用于获利分析的 DSS

虽然某些公司的销售收入较高,但并不是所有商品都获利。某个农业化肥制造商发现,他们公司的几种产品销售业绩增长最快,但却亏了钱。该公司的销售员按销售业绩领薪,但却无法计算其中成本,比如运输费、回扣、扩展信用的花费及汇率。

为了解决上述问题,该公司建立了一个估算运输费、佣金、汇率变化和其他成本的 DSS,用来计算建议销售的"荷包价格"。经过该软件计算后,如果某项业务无利可图,销售员将无

法输入订单,除非从经理那得到特殊的允许。同时,公司主管也改变了销售队伍的激励计划,鼓励真正对利润有贡献的销售。这个软件帮助经理了解哪些商品属于低边际利润,并停止该类商品的销售。通过使用该软件,该公司的边际利润提高4%。

三、减少信用卡欺诈风险的DSS

Compass 银行,是一家全球领先的金融控股公司,它有376个金融中心,280亿美元资产。虽然信用卡业务可以为公司带来较高的回报,帮助银行交叉销售其他金融产品,但信用卡业务仍表现出巨大的欺诈风险。为了填补信用卡坏账,仅2003年银行就支付了3400万美元。大约80%的信用卡账户是对已有支票和储蓄账户的顾客开放的。为了解决这个问题,Compass使用 Seibel 商务分析软件分析支票和储蓄账户的活动和欺诈间的关系。这个系统能在多个数据库汇总和分析近13个月的详细数据,标出具有欺诈倾向的危险账户。自从2004年运行以来,在第一年,该系统就帮助 Compass 减少了7%的信用卡损失。

(上述资料来源:肯尼斯 C. 劳顿,简 P. 劳顿著. 管理信息系统. 薛华成编译. 北京:机械工业出版社,P313-314. 有删改)

通过上述案例可知,DSS 在实际经营过程中作用非常大。本章是按照系统支持决策的智能程度来划分系统的。专家系统如果不包含人的智能的话,它的智能是最低的,它实际上是把非结构化的问题结构化;传统的决策支持系统的智能程度中等;随着人们研究的逐渐深入,决策支持系统的智能化将进一步得到提高。以下,我们就相关内容进行具体阐述。

12.1　决策的概念及分类

诺贝尔经济学奖得主西蒙曾说:管理就是决策。决策充满了整个管理过程,是管理的核心,由此可见,决策在管理的重要地位可见一斑。

12.1.1　决策的定义

所谓决策就是人们为了实现一定的目的,从行动方案中进行选择的过程。从广义上讲,决策可解释为一个过程,包括提出问题、收集资料、确定目标、拟订方案、分析评价、方案确定和实施的过程。

12.1.2　决策的特点

决策具有如下特点:

1. 目标性

目标是组织在未来特定时间内完成任务程度的标志。决策的目的就是使组织更好地完成目标。没有目标,人们就难以拟定未来的活动方案,评价、比较这些方案就没有了标准,对未来活动效果的检查也就失去了依据。

2. 可行性

决策的目的是指导组织未来的活动。如果组织缺乏必要的人、财、物和技术条件,理论上再完善也是空谈。因此,决策方案的拟订和选择,不仅要考察采取某种活动的必要性,也要注意实施条件的限制。

3. 选择性

决策的实质就是选择。没有选择就没有决策。若要有所选择,就必须提供可以相互替代的多种方案。这些方案在资源的要求、可能的结果及风险程度上要有所不同。因此,不仅有选择的可能,而且有选择的必要。

4. 满意性

方案选择的原则是满意而非最优。最优决策往往是理论上的幻想,因为它要求:决策者要了解组织活动有关的全部信息;决策者能正确地辨识全部信息的有用性,了解其价值,并能据此制订出没有疏漏的行动方案;决策者能准确地计算出每个方案在未来的执行结果。然而,这些条件是很难实现的。

因此,根据目前的认识确定未来的行动总是有一定风险的。在方案数量有限、执行结果不确定的条件下,人们难以做出最优选择,只能根据已知的全部条件,加上人们的主观判断,做出相对满意的选择。

5. 过程性

决策是一个包含了众多工作、众多人员参与的过程,而非瞬间的行动。虽然为了研究方便,理论上把决策分为一个个独立的工作,但在实践中,这些工作相互联系、交错重叠,难以截然分开。

6. 动态性

决策不仅是一个过程而且是一个不断循环的过程。因为,决策的主要目的之一是使组织的活动适应外部环境的要求,然而,外部环境是在不断发生变化的,决策者必须要监视这些变化,从中找到可利用的机会,以此调整组织的活动,实现组织和环境的动态平衡。

12.1.3　决策的分类

对于决策涉及的问题,通常用"结构"一词来描述,把问题分成结构化、半结构化和非结构化。

所谓结构化程度,是指对某一过程的环境和规律,能否用明确的语言(数字或逻辑学的、形式的或非形式的、定量的或推理的)给予清晰的说明或描述。如果能描述清楚的,称为结构化问题,比如,线性规划求运输路线最短、用经济批量公式求订货批量等;不能描述清楚而只能凭直觉或经验做出判断的,称为非结构化问题,比如,人才选拔等;介于两者之间的,则称为半结构化问题,如生产高度、资金分配等问题。

如果依照上述原则,决策就可以划分为结构化决策、半结构化决策和非结构化决策。每一类决策问题又可以分为三个层次,即战略规划、运筹规划和作业调度,如表 12-1 所示,这样就构成一个三维的方阵,组成了 9 种决策类型,表中最右一列表示不同类型的决策所需要的支持。

表 12-1　决策问题分类

决策类型 ＼ 管理层次	作业调度	运筹管理	战略规划	支持需求
结构化	库存报表，零件订货	线性规划，生产调度	工厂选址	算法或模型
半结构化	股票管理贸易	开发市场，经费预算	资本获利分析	决策支持系统
非结构化	为杂志选封面	聘用管理人员	研究和开发分析	经验和直觉

12.2　专家系统

12.2.1　概述

专家系统(Expert System,ES)是一个含有知识型程序的系统,它利用人们在有限范围的知识或经验去解决一个有限范围的问题。它是人工智能的重要分支。专家系统是以计算机为工具,利用专家知识及知识推理等技术来理解与求解问题的知识系统,通常具有以下特点:能进行某些通常由人来求解的工作;以规则或框架的形式表示知识;可以和人进行相互对话;能同时考虑多个假设。

12.2.2　专家系统结构

一个典型的专家系统结构如图 12-1 所示。

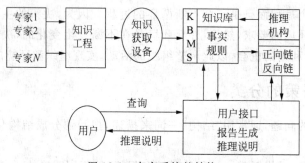

图 12-1　专家系统的结构

专家系统包括:知识获取设备、知识库(规则库和数据库)、知识库管理系统(Knowledge Base Management System,KBMS)、推理机构和用户接口,它们的功能如下:

1. 用户接口

接受用户的问题并加以解释,向用户输出推理结果并进行解释。

2. 知识库管理系统(KBMS)

其功能主要有两个:

（1）回答对知识库知识增加、删除、修改等知识维护的请求。

（2）回答决策过程中问题分析与判断所需知识的请求。

3．知识库

存放那些既不能用模型也不能用数据表示的知识和经验，也包括一些特定问题领域的专门知识，通常包括事实库和规则库两部分。

4．推理机

推理机是一组程序，针对用户问题去处理知识库（规则和事实），利用知识进行推理，求解专门问题，具有正向、反向、启发、算法、串行、并行推理等功能。

5．知识获取设备

知识获取设备从人类专家处获得知识并存储到知识库中。

当今的专家系统仍然是面窄、浅显和脆弱的，它缺少人们的知识宽度和对基本原理的理解。它不像人类那样有思想，不能抓住相似问题，缺乏普遍的感知。所以，专家系统不是一个通用系统，它只能解决有限的任务。如果人们不能解决这个问题，那么专家系统也很难解决它。但是在很窄的领域，如果专家系统捕捉了人的知识，它就能很好地组织和较快地提取。企业在某些领域应用了专家系统，可以为企业带来各方面的益处，比如，减少错误、降低和培训时间，也可以改善决策、质量和服务。

12.3 决策支持系统的基本概念

面对众多决策问题，人们提出了决策支持的概念，它是一个比决策支持系统更基本的概念。决策支持和决策支持系统两者的关系可以概括为：决策支持是目标，而决策支持系统是通向目标的工具。决策支持包含下述三层含义：

• 帮助经理在半结构化或非结构化的任务中作决策。

• 支持经理的决策，但并不代替经理自身的判断力。

• 改进决策效能（Effectiveness），而不是提高它的效率（Efficiency）。

为了达到上述目标，人们对决策支持系统进行了充分研究。

12.3.1 决策支持系统的概念

20世纪70年代中期，Keen和Scott Morton创造了"决策支持系统（DSS）"一词，如今，DSS作为一种新型的MIS在系统工程、管理科学、人工智能等众多领域得到了空前的发展。

事实上，直到今天人们对什么是决策支持系统仍争论不休，有人认为"只要对决策有某些支持的系统就是决策支持系统"，按照这种说法，几乎所有的系统都是决策支持系统，比如，数据处理系统能提供数据给决策者，对其决策有某些帮助，因而也是决策支持系统。可见，类似的论述是片面的。下面介绍几种经典的定义：

Scott Morton曾在1971年把DSS定义为：一种交互式的基于计算机的系统。该系统能帮助决策者使用数据和模型解决非结构化的问题。

Keen 和 Scott Morton 在 1978 年又提出了 DSS 的另一个经典定义：DSS 将人们的智能资源与计算机的功能相结合，以改进决策质量，DSS 是一种处理半结构化问题、为管理决策者服务的、基于计算机的支持系统。

DSS 的分类与前面决策类型相对应，也分为结构化 DSS、半结构化 DSS 和非结构化 DSS。

12.3.2　DSS 的性质

由上述定义可以得出如下信息：

（1）DSS 是信息系统。这意味着人们研究和学习信息系统的任何知识也同样适用于 DSS。

（2）DSS 的使用者可以是管理者也可以是非管理者。

（3）DSS 用于决策之中，它支持人的工作而不是取代人。

（4）当决策问题属于"半结构化"或"非结构化"时，可以使用 DSS。

（5）DSS 包含了一些模型和数据库，因为决策都是基于信息做出的。

12.3.3　DSS 与 MIS 的关系

由于发展的历史原因，DSS 和 MIS 系统在位置关系上摆得也不对。有人认为 DSS 是 MIS 的一个飞跃，即所谓"MIS 过时论"和"DSS 替代论"。这种观点认为 DSS 能完全替代 MIS 的功能，是 MIS 的方向。实际上这是完全不可能的。另一种认为 DSS 是 MIS 中的一个层次或 MIS 的一个子系统。这种观点认为 DSS 依附于 MIS 上面才能发挥其作用，这也是片面的。本书给出的关系如下：DSS 是含于 MIS 之中的，但不妨碍它在某些情况下独立存在，也不妨碍它作为 MIS 的核心。

两者具体的区别，如表 12-2 所示。

表 12-2　MIS 和 DSS 的比较

比 较 项 目	MIS	DSS
特征	信息处理	决策支持
使用者	系统内所有人员	决策者
信息来源的组织结构	结构化	半结构化与非结构化
目标	效率	有效性
处理技术	以计算机为主进行处理	以人机对话为主进行处理
驱动方式	数据驱动	模型驱动
信息特征	组织全局的需要	决策者的特殊需要

12.4　DSS 的基本结构

为进一步了解 DSS 的本质，从内部结构来看待 DSS 是非常有必要的，这将有助于我们了解 DSS 是通过怎样的机制来完成对决策的支持作用的。

DSS 的基本结构如图 12-2 所示,由数据库系统,模型库系统,用户接口系统,用户,知识子系统组成。

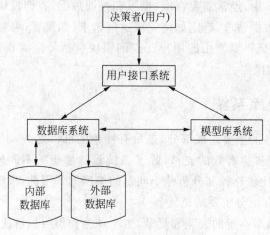

图 12-2 DSS 的基本结构

12.4.1 数据库系统

数据库系统是 DSS 最基本的部件。任何一个 DSS 都不能缺少数据库及其管理系统。在数据库系统中还包含下列部件。

1. DSS 数据库

数据库是相关数据的集合,这些数据组织起来可以被多个人在多个项目中使用。对于大型的 DSS,数据库都包含在数据仓库中,针对某些 DSS 的应用,可根据需要建立多个专门的数据库,而包含不同数据来源的几个数据库可以为同一个应用项目服务。

DSS 数据库中的数据是从内部和外部数据源及属于一个或多个用户的个人数据中抽取的。内部数据主要来自于组织中的各部门产生的信息,可通过内部网(intranet)获得。外部数据包括工业数据、市场研究数据、调查数据等,可通过互联网(Internet)获得。

2. 数据库管理系统(DBMS)

一个有效的数据库及其管理系统可为许多管理活动提供支持,如数据记录的浏览、支持各种数据关系的创建维护、生成报告、处理个人数据,以便用户根据其判断,对决策问题进行检验、根据查询结果进行复杂的数据操纵等。然而,只有当数据库与模型集成时,DSS 才可以发挥出真正的作用。

3. 数据字典

数据字典是数据库中所有数据的目录,包括数据定义。它的主要功能是描述数据项的可用性、来源和准确含义等。通过帮助搜索数据和识别问题,数据字典特别适合于支持信息阶段。像其他目录一样,数据字典可支持增加新项目、删除项目以及特定信息的查询。

4.查询模块

在建造和使用 DSS 中,经常需要存取、操纵和查询数据,查询模块可完成这些任务。它从其他 DSS 部件接受数据请求,确定如何完成这些请求(如需要,可参考数据字典),形成详细的需求,并将结果送交将要使用的用户。查询模块包括特定的查询语言,DSS 查询系统的重要功能就是选择和操作。

12.4.2 模型库系统

模型库是传统 DSS 的重要组成部分,是最有特色的部件之一。与 MIS 相比,DSS 之所以能够对决策制订过程提供有效的支持,除了系统设计思想的不同外,主要在于 DSS 中有能为决策者提供推理、比较选择和分析整个问题的模型库。因此,模型库及其相应的模型库管理系统在 DSS 中占有十分重要的位置。

模型库并不追求模型本身的完美和复杂,也不认为模型可以解决一切决策问题,它的目标是在决策者需要的时候按他的要求构造模型。模型库所构造的模型不一定很复杂,但一定要符合实际,建模时要特别注意推理能力和决策者的干预。

由于模型的生成、修改、更新、删除和连接是经常性的操作,所以模型库的管理成为非常重要的工作,这通常由模型库管理系统来完成。模型库管理系统的功能就是应用子程序或其他模块创建模型、产生新的程序和报告、修改模型、操纵模型数据,通过数据库及适当的链接,使模型之间相互联系起来。

12.4.3 用户接口系统

用户接口系统包括用户接口(User Interface,UI)及其管理系统(User Interface Management System ,UIMS)。用户接口是决策支持系统的前端,从用户的角度来看,用户接口就是系统,因为他们是通过这一接口来认识和使用该系统的。用户接口的任务是为决策支持系统和决策者(用户)之间提供所有的交互作用的通信。因此,用户接口系统所提供的交互对话能力是提高用户的信心,完成 DSS 决策支持功能的必要保证。

对于决策支持系统而言,用户界面的具体功能有:

(1)用户与 DSS 之间的信息传递、显示和处理以菜单、窗口、选择等形式进行。

(2)对用户操作的错误或偶发事件提出警告,并做出提示或安全处理。

(3)提供"帮助"信息,辅助用户学习和使用系统。

(4)支持决策。

(5)提高对环境变化的自适应能力。

12.4.4 用户

将 DSS 所支持的面对决策问题的人称为用户、管理者或决策者。但"用户"这个术语并不能反映不同用户和 DSS 的不同使用模式。用户有不同的职务,不同的认知偏好和能力,不同的决策方式。DSS 通常将用户分成两大类:管理者和专职工作人员。专职工作人员,如财务分析员、生产计划员和市场研究员等,比管理者的数目多 3 或 4 倍,而且使用计算机的频率更高。通常,管理者比专职工作人员更希望系统能提供给用户友好的界面,而专职工作人员则要求系统的功能要强大,并能完成具体的任务,能在日常工作中具有多种分析、计算功能。

在设计 DSS 时也要考虑管理者所在的组织层次、职能范围、教育背景的不同,对分析支持的需要也会不同。

12.4.5　知识子系统

知识子系统又称为知识管理(问题处理)子系统。它包括知识库和知识库管理系统(KBMS)。知识子系统的基础部件是知识库。在知识库中存放有关数据、模型、规则、表格、框架、图形等各种类型的知识。广义的知识库可以把数据库和模型库的内容统统看成知识库的内容。狭义的知识库则与数据库和模型库分开,只把那些不能用一般数据库和模型库存放的、更为复杂的知识类型存放在其中。

知识的表示方法有多种。常见的知识表示方法有产生式规则、框架、谓词逻辑和语义网络等,其中产生式规则法最为常用。规则集合的形式一般为"IF THEN"的形式。这种形式与人类思维过程最接近,易于理解和扩充,适合表达过程性知识,而且它也容易用数据库存储。其他知识表示方法也各有其优点,通常要根据问题领域所属知识的特点来进行选择。

为了有效管理知识库中各类知识,可通过知识库管理系统来实现。知识库管理系统应具备以下要求:

1. 知识的共享

不同的用户可能使用不同的知识,不必重复存储。

2. 知识的独立

知识库的逻辑结构发生变化,不影响应用程序的改变。

3. 知识的完整性

保证知识库数据的正确性、有效性和相容性。

当上述 5 个组成部分集成为一个统一的决策支持系统时,信息流是通过图 12-3 来进行传递的。其中,带标号的操作和信息的含义为:

① 用户提出数据检索或处理要求;

② 显示被检索的数据或处理结束;

③ 调查、中断模型,收集模型参数;

④ 参数需求、中断通知;

⑤ 搜索需求、数据更新和生成;

⑥ 为用户提供数据;

⑦ 从数据库向模型输入数据;

⑧ 将模型的输出数据存入数据库。

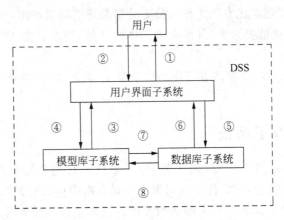

图 12-3　DSS 各部分信息流动示意图

12.5　决策支持系统的扩展形式

12.5.1　群体决策支持系统

所谓群体决策(Group Decision Support Systems,GDSS)是相对个人而言的。把两个或多人召集在一起,讨论实质性问题,提出解决某一问题的若干方案(或设计解决问题的策略),评价这些策略各自的优劣,最后做出决策,这样的决策过程可称为群体决策。

无论国家还是单位、团体在制订重大事务时无一例外都用到群体决策。群体决策的过程是根据已有的材料以及群体成员各自的经验和智慧,通过一定的议程,集中多数人正确的意见,做出决策的。

但是设计开发 GDSS 来支持群体决策是一个复杂的任务,因为它是一个涉及不同的个人、时间、地点、通信网络及个人偏好和其他技术的复杂组合,它的运行方式与制度及文化有着十分密切的关系,并且,群体决策的大多数问题是非结构化问题,因此很难用结构化方法提供支持。

GDSS 具有单用户 DSS 的所有特点,它也融入了人工智能技术。除此之外,它还具有相互通信的规则,有群体决策的规则,有支持群体决策过程进行的事件流控制等,还有支持保密的手段。GDSS 也要求有支持群体决策的特殊方法和模型,如支持信息收集、支持创意产生和头脑风暴,支持方案选择的群体决策方法等,还要求有一定的硬件环境,如各种形式的决策室。

当今社会呈现出信息海量、内部及外部环境日趋复杂、形势变化急剧的决策环境,这种环境促使群体决策变得更频繁、更重要。

12.5.2　分布式决策支持系统

分布系统是近年来学者研究的热点,国内在分布数据库、分布知识库等方面的研究颇为深入,但针对 DDSS 的研究还很欠缺。DDSS 是由多个物理上分离的信息处理特点构成的计算机网络,网络的每个节点至少含有一个决策支持系统或具有若干辅助决策的功能。DDSS不只是一套软件,它将软、硬件进行有机结合形成实用的DDSS。

它与DSS的区别表现在以下几个方面:

(1) DDSS是一类专门设计的系统,能支持处于不同节点的多层次的决策,提供个人支持、群体支持和组织支持。

(2) DDSS不仅支持问题结构不良的决策过程,还能支持信息结构不良的决策过程。

(3) DDSS能为节点间提供交流机制和手段,支持人机交互、机机交互和人人交互。

(4) DDSS不仅从一个节点向其他节点提供决策结果,还能提供对结果的说明和解释,具有良好的资源共享。

(5) 具有处理节点间可能发生冲突的能力,能直辖市各节点的操作。

(6) 既有严格的内部协议,又是开放的,允许系统或节点方便地扩展。

(7) 系统内的节点作为平等成员而不形成递阶结构,每个节点享有自治权。

12.5.3　智能决策支持系统

IDSS(Intelligent Decision Support Systems,IDSS)是DSS与AI(Artificial Intelligence,人工智能)相结合的产物,其设计思想是:把AI的知识推理技术和DSS的基本功能模块有机地结合起来,使系统具有一定的智能,这样才能为决策支持做出更大的贡献。

在结构上,IDSS比DSS增设了知识库、推理机与问题处理系统,人机对话部分还加入了自然语言处理功能,如图12-4所示。

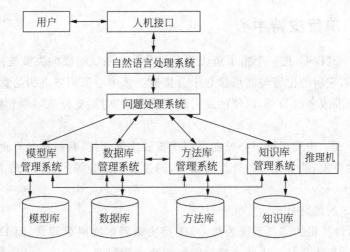

图12-4　IDSS系统结构

IDSS以知识库为核心,在模型数值计算的基础上引入了启发式等人工智能的求解方法,而且由于人工智能可以处理定性的、近似的或不精确的知识,这一优点也被融入DSS中,这使得传统的DSS原来主要由人承担的定性分析任务部分或大部分地转由机器完成,并且比人做得更好、更稳定。知识经过推理机制能获得新的知识,知识的积累使系统的能力不断增强。

在人机交流方面,IDSS的人机对话子系统采用自然语言处理技术形成智能人机交互。

自然语言与计算机语言的差距是以计算机为工具的信息系统应用的重要障碍之一,智能人机交互接口能使用户用自然语言来提出决策问题,自然语言处理功能将其转换成计算机能理解的问题描述,然后交付求解。在求解的人机交互过程中及求解结果的输出上,自然语言处理技术同样迈出了靠近人类的步伐。

基于上述结构,IDSS 的执行过程如下:

(1) 用户通过交互语言系统把问题的描述和要求输入决策支持系统。

(2) 交互语言系统对此进行识别和解释。

(3) 问题处理系统通过知识库系统和数据库系统收集与该问题有关的各种数据、信息和知识,据此对该问题进行识别、判定问题的性质和求解过程。

(4) 通过模型库系统集成构造解题所需的规则模型和数学模型,对该模型进行分析鉴定。

(5) 在方法库中识别进行模型求解所需算法并进行模型求解,对所得结果进行分析评价。

(6) 通过语言系统对结果进行解释,输出具有实际含义且用户可以理解的形式。

(7) 用户根据需要与决策支持系统交互对话,进行多次求解,直到得到用户满意的结果。

由此可见,IDSS 具有人工智能的行为,能充分利用人类已有的知识。IDSS 在用户决策问题的输入、机器对决策问题的描述、决策过程的推进、问题解的求取与输出等方面具有显著的改进,很好地体现了人工智能的优越性。

12.5.4　决策支持中心

决策支持中心(DSC)把一个由了解决策环境的信息系统组成的决策支持小组作为决策支持中心的核心,它所的位置与高层领导十分接近。该中心采用先进的信息技术,而且决策小组随时准备开发或修改 DSS,以便能及时地提供决策支持,支持高层领导做出紧急和重要的决策。

DSC 的特点是:决策支持中心处在高层次重要决策部位,有一批参与政策制定、决策分析和系统开发的专家,装备先进的计算机设备,通过人机结合等多种方式支持高层决策者做出重要决策。

DSC 与 DSS 的区别是:

(1) DSS 以计算机的信息系统为核心,支持决策者解决决策问题,而 DSC 是以决策支持小组为核心,采取人机结合方式支持决策者解决决策问题。

(2) DSS 与决策者只是一种人机交互方式,而 DSC 与决策者的交互方式有两种形式,一是决策者与决策小组的交互方式,这是一种非常重要的交互方式,它充分注重决策支持小组的决策支持地位和作用,当然,决策支持小组在支持决策者时也需要使用 DSS;另一种是决策者与 DSS 的人机交互方式。

(3) DSC 将各领域专家结合起来,把数据和各种信息与计算机技术有机地结合起来,把各学科的科学理论与人的经验知识结合起来,构成一个整体,发挥了 DSC 的整体和综合优势,更好地支持决策者。

12.5.5 I³DSS

I³DSS 是智能型、交互型、集成化决策支持系统(Intelligent,Interactive and Integrated DSS)的简称,I³DSS 是面向决策者、面向决策过程的综合性决策支持系统的一个功能框架。

采用单一的、以信息为基础的系统,或以数学模型为基础的系统,或以知识(规则)为基础的系统,都难以满足这些领域的决策活动对 DSS 的要求。因此,将系统分析、运筹学、计算机技术、知识工程、专家系统等有机地结合起来,在面对问题的前提下,充分发挥各自的优势,特别是发挥它们在联合运用时的优势,按照解决问题的思路,将有关环节有机地组织起来,实现决策支持过程的集成化(Integration)。

决策支持系统的核心内容是人机交互系统。当 DSS 进入到高层次的决策活动时,由于问题多半是半结构化和非结构化的,为了帮助决策者进一步明确问题、认定目标和环境约束,产生决策方案并对决策方案进行综合评价,系统应该具有更强的人机交互能力,成为交互式(Interactive)系统。

在处理难以定量分析的问题时,需要使用知识工程、专家系统方法与工具,这涉及人工智能领域。更为重要的是,如何使用知识工程的思想和方法,组织各个有关模块,实现决策支持过程的集成化,这种应用方式就是决策支持系统的智能化(Intelligent)。

I³DSS 的提出和实际应用,使 DSS 进入一个新的历史发展阶段。

课后阅读

企业销售决策支持系统

企业销售是企业经营的起点,也是实现企业效益的焦点。销售活动不仅与企业内各部门有密切关系,还与外界有着广泛的交往。销售活动涉及的许多问题具有相当的不确定性,这些问题的决策是半结构化或非结构化的,为了帮助企业在竞争日趋激烈的环境中制订最优决策或最满意的营销策略,为企业提供一种分析销售因素关系及其变化规律,开发用于销售决策支持的系统势在必行。

一、销售决策支持系统功能简介

本小节以中国纺织大学宋福根教授主持开发的一个企业销售决策支持系统(ESDSS)为案例,介绍实际 DSS 的构造及其具体的应用,以便直观地帮助我们学习和认识 DSS。

1. ESDSS 的功能

ESDSS 的功能有销售预测和销售决策两大类,另外还有若干辅助功能,如图 12-5 所示。

销售预测是销售决策的前期工作,预测结果是决策的依据。ESDSS 的销售预测功能相对而言比较齐全,既有宏观的,也有微观的。

销售决策是销售管理的核心,贯穿于销售管理的各个方面和全过程。ESDSS 的销售决策所包括的功能都是一些常用的,但也是比较重要的功能。

2. ESDSS 的结构与组成

ESDSS 的结构设计采用数据库、模型库、方案库"三库一体"相结合,以"方案"驱动的运行方式,是一种通过数据库管理模式进行模型管理的设计思想。ESDSS 在结构上是新颖的三角式的三库系统,其特色是提出了方案库的概念和方案驱动的构思并予以实现。系统的逻辑结构如图 12-6 所示。

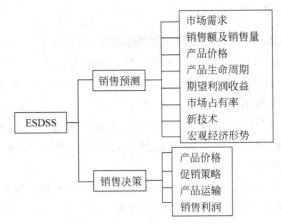

图 12-5 ESDSS 功能结构

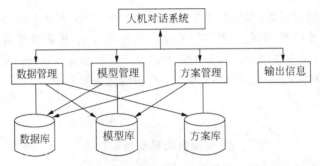

图 12-6 ESDSS 逻辑结构图

ESDSS 的数据库存储各种从 MIS 中析取的销售预测与销售决策依据数据、公用的数据字典与数据表字典以及运行过程中使用的临时表等。

模型库中的单元模型用程序方式储存,以两级模型字典描述和管理。单元模型的组合根据它们的依赖关系,通过建立临时空间来实现,模型的运行通过指南式的人机逐步对话触发。较特别的是各种销售预测与销售决策的方法也存储于模型库中。销售预测与销售决策所采用的方法与模型分别列于表 12-3 和表 12-4 所示。

表 12-3 销售预测采用的方法与模型

方法与模型 预测功能	德尔 菲法	移动 平均法	指数 平滑法	季节 指数法	线性回 归分析	马尔 科夫法	需求价格 弹性方法	需求收入 弹性方法	景气预 测法
市场需求	√	√	√	√	√			√	
销售额及销售量		√	√	√					
价格		√			√		√		
产品寿命周期					√				
期望利润收入	√	√	√		√	√			
市场占有率		√	√						
新技术	√								
宏观经济形式	√			√					√

表 12-4　销售决策采用的方法与模型

决 策 功 能	方法与模型
产品价格	拟合产品需求曲线
	各种需求价格弹性预测方法
	成本加成法、量本利法、边际贡献法
广告	广告效应曲线的拟合
	广告费用预算
	广告媒体选择模型
推销人员数量	销售数量比例法
产品运输能力	运输成本最小化或利润最大化
通用决策方法	决策表
	决策树
	线性规划

ESDSS 引入方案库的概念,方案库存储各种完整的预测与决策方案,包括预测与决策过程中使用的数据、模型、方法的描述以及运行步骤。方案能反映决策者的决策风格与经验,可以事先建立,也可在模型求解时生成。方案库通过方案字典管理方案,并可作为一种预测与决策的知识不断积累。

人机会话系统采用用户界面十分友好的 Windows 格式的菜单驱动和控制,以多任务方式展开。系统提供用户界面十分友好的多种会话方式和操作功能,提供各种获取数据的渠道和各种形式的输出信息等,它在整个决策过程中起到控制机制的作用。ESDSS 的人机会话系统设有出错提示、重要操作提供确认、无效数据处理及互斥性校验等容纠错功能以及多媒体形式的教学与帮助功能。

DSS 建立在 Windows 平台上,采用 Visual Basic 作为系统主程序的语言,数据库管理系统选用 Access,并用 Office 软件作系统的辅助工具。

二、销售决策支持系统的典型应用

1. 公司背景

某集团公司下属千斤顶厂是研究、开发与制造各类液压千斤顶的专业企业,拥有各种千斤顶装配线 20 条,年生产能力超过 280 万台。工厂的销售工作主要由集团的销售公司负责,销售公司设有 4 个业务科以及计划、储运和财务等职能科室,在国内设有天津、武汉、广州和华东分公司,并在欧美设有分部。公司销售决策的主要参与人员由集团总裁、销售公司经理和财会人员组成。

2. 问题的提出

随着市场经济的进一步发展,千斤顶行业的竞争日趋激烈。该厂的市场占有率较大,指定的价格通常处于一个领导价格的地位,因此如何及时地把握市场机会,准确地预测市场需求,如何根据市场需求及时调整自己的营销策略等问题对公司高层决策层提出了更高的要求。但是长期以来,管理部门在决策时往往采用经验估计、定性分析等方法,一般决策者的经验和水平无法满足要求,也难以借鉴他人的经验、获得有效的决策数据,常局限于一种决策方案而缺乏多方案的制订与比较。鉴于此,公司领导希望能够有一套使用方便、切实有效的计算机系统来支持公司进行决策。

3. 市场需求预测

影响该厂销售情况的主要因素是价格、广告支出以及汽车产量,1988—1997 年各年的详细数据见表 12-5 所示。

表 12-5　某企业 1988—1997 年各年销售因素数据

年　份	销售量/万台	价格/元	广告支出 X2/万元	汽车产量 X3/万台
1988	130.877 78	89.390 96	26.946 90	64.47
1989	147.712 13	81.815 63	44.105 44	58.35
1990	135.141 10	136.676 60	45.907 02	51.40
1991	163.608 65	133.283 20	64.800 33	71.42
1992	182.814 40	126.349 30	74.243 45	106.67
1993	211.534 42	134.326 60	92.335 41	129.86
1994	230.103 00	97.382 53	98.840 42	136.69
1995	247.813 34	61.120 60	102.747 88	145.27
1996	258.433 12	43.103 60	105.448 54	147.52
1997	265.321 30	41.263 83	114.185 41	157.00

根据表中数据,应用 ESDSS 的销售量预测功能,由回归分析建立企业的需求预测模型:
$$y=106.046\,84-0.288\,91X1+1.151\,90X2+0.284\,87X3$$

模型运行后的统计量表明模型的拟合良好($R2=0.999\,03$),误差较小(标准差 = 1.922 87)。根据预测模型对 1997 年市场需求进行验算,价格 = 41.263 83 元,广告支出 = 114.185 41 万元,汽车产量 = 157 万台,计算得 1997 年需求约为 270.4 万台,与实际情况 265.321 30 万台基本符合。

作"如果……则……"方式的灵敏度分析,回答若干问题:销售量增长 10%,其他不变,广告费支出必须达到多少? 当价格下降到多少元时,销售量增长 10%? 经分析可知,当广告支出为 126.248 6 万元时或价格下降到 38.42 元时,可以达到销售量增长大约 10% 的目标。

4. 广告媒体选择决策

由于千斤顶属于工业品,工厂在广告费用的预算上一般根据一定的利润比提取,并由主观判断安排广告宣传,而如何优化分配,用好这笔资金工厂一直未作过认真的考虑。

工厂主要使用的广告媒体为户外广告、专业杂志和其他形式。根据工厂的经验,各种媒体的加权展露数为中。户外广告 192、专业杂志 36、其他形式 12。现要应用 ESDSS 促销手段决策功能,由线性规划模型做广告费优化分配方案,以得到最大的展露效果。

1) 建立决策变量

X1——分配给户外广告的设置次数。

X2——分配给专业杂志的刊登次数。

X3——分配给其他广告形式的次数。

2) 建立目标函数
$$MaxE(X)=192X1+36X2+12X3$$

3) 确定约束条件

户外广告每次的设置费用为 150 000 元/年,专业杂志上刊登广告的费用为 24 000 元/

年,其他广告形式平均为 120 000 元/年。其中户外广告的投入不得少于 650 000 元,次数不得少于 2 次,专业杂志的刊登不得少于 3 次,其他广告形式尽可能少于 2 次,由此确定模型的约束条件如下:

150 000X1＋24 000X2＋120 000X3≤1 000 000

150 000X1≥650 000

X1≥2

X2≥3

X3≤2

4)规划求解的结果

X1＝4.33,X2＝14.83,X3＝0,E＝1357,取整得:X1＝4,X2＝15,X3＝0,E＝1357

根据求解结果,工厂为获得最大的展露效果,应该在户外广告上投入 4×150 000＝600 000元,专业杂志的投入为 15×24 000＝360 000 元,而尽可能不在其他广告形式上投入。

(上述资料来源于 http://www3.tjcu.edu.cn/wangshangketang/yuanneike/glxxxt/case4.doc.有删改)

思考题

1. DSS 与 MIS 的不同之处是什么?

2. DSS 的基本组成是什么?

3. 请按照系统支持决策的智能程度由低到高来划分 DSS 系统。

技术 **篇**

信息系统是科学的管理理念与先进的科学技术相结合的产物,其开发过程不仅是一门科学更是一门艺术。信息系统的开发是指建立一个新的信息系统所进行的全部活动,这些活动包括信息系统的规划、信息系统开发方法的选择、信息系统的分析、信息系统的设计、信息系统的实施等阶段。

在本篇,将向大家分别介绍信息系统开发的各个步骤及其相关理论。并在第 17 章,专门用案例形式向大家展示信息系统的实际开发过程。

第13章
信息系统的规划与开发

信息系统的建设是一项投资大、周期长且复杂度高的社会技术系统工程。信息技术也像其他资源一样,需要进行有效地规划和管理才能发挥出最大效益。近几年,我国企业的信息化建设取得了可喜的进展,《中国中小企业管理信息化发展报告(2009)》数据显示:协同办公、供应链管理系统、人力资源管理系统及客户管理系统的应用越来越广泛,分别为20.7%、20.6%、14.8%和13.3%;电子商务系统、生产制造系统、决策支持系统的应用比例也有了较大提高,分别是11.6%、11.2%和9.1%。

上述系统的应用,极大提升了企业管理运营水平和能力,但大量的案例表明,很多企业上马的信息系统未获得预期回报。原因涉及企业制度、管理水平、企业战略、组织协调等多个方面,但非常重要的一个原因是对信息系统的规划没有提升到战略角度。

13.1 信息系统战略与企业战略

战略是指企业长远的计划,短则 3~5 年,长到 50 年。信息系统战略是企业战略规划的一部分,是关于信息系统长远发展的计划。在信息系统战略规划过程中,必须将企业目标、支持目标实现的信息及提供信息的计算机系统有机地结合起来。

信息系统战略规划,应该建立在企业发展远景和业务规划的基础上,围绕企业真正需要什么样的信息系统这一核心问题进行规划,形成信息系统的远景及组成框架,用以支持企业战略规则的形成,目的是在有限资源的基础上,确定信息系统投资的优先级别来获得期望的收益从而提高企业的内部管理水平、工作效率、顾客满意度,进而提升企业的核心竞争力。

信息系统不仅是企业战略制订后的一种技术解决方案,它应该同企业战略相匹配。信息系统战略规划的内容包含甚广,绝不能简单地理解为拿钱采购机器的规划。包括企业战略目标、政策及约束、计划和指标的分析、管理信息系统的目标、功能;组织、人员、管理和运行的分析;效益的分析及计划的实施等。

它对企业战略的支持表现为通过对企业产品和服务及内部流程改造等手段来推进企业进入新的行为模式,是企业战略规划的推动力。

13.2 企业战略规划方法

企业制订战略可以根据企业环境从以下分析方法中进行选择,目的是确保企业在产品或服务等方面保持或获得竞争优势。

常见的战略分析方法有：利益相关者分析法、五力模型分析法、SWOT 分析法、公司业务组合矩阵法和雷达图分析法。通过信息系统来辅助企业制订战略，可用以下三种方法：五力模型分析法、三种通用战略分析法、价值链分析法。

13.2.1　五力模型分析法

五力模型是著名的战略管理专家波特首次提出的，它为企业战略分析提供了强有力的工具。该模型针对企业所处行业现有的竞争状态、卖方(供应商)的议价能力、买方(客户)的议价能力、替代产品或服务的威胁及新人者的威胁这 5 方面的力量进行比较和分析，了解企业在该行业中的竞争位置、确定企业的竞争优势，并采用相应的信息系统来实现及扩大自身优势。

1. 买方议价能力

如果企业所处行业的市场可供买方选择的产品或服务比较多时，买方的议价能力就较高。企业若想创造竞争优势，必须采用有效措施比其他竞争者更能吸引客户。比如：购买一定商品或服务后赠送积分或累积优惠，这样就会使多次交易的顾客成为常客，从而削减了买方的议价能力。

买方也可以通过以下方法提高议价能力：

- 集中购买，尤其是购买数量很大时。如网络上的团购。
- 广泛收集更多企业信息，寻找最佳价格，从而压榨"卖方"。

2. 卖方议价能力

随着网络普及和电子商务的广泛应用，卖方的议价能力似乎在逐渐减弱，但可通过以下方法提升卖方的议价能力。

- 集中供应而不是分散供应。
- 树立品牌，打造名牌，并保持顾客的品牌忠诚度。

3. 替代产品或服务的威胁

如果可选的产品或服务较多，那么替代产品或服务的威胁就大；反之，威胁较小。替代品带来的威胁有以下几种：

- 一种产品对另一种产品的实际替代或可能的替代，如手机替代了电话。
- 新的工作方式带来的对产品或功能的需求，如洗衣替代了搓洗板。

4. 新进入者的威胁

当新的竞争者进行市场时，新进入者威胁较大；反之，威胁较小。容易进入的行业往往充斥着大量的竞争者。对于新进入者可通过实施差异化战略，捕捉商业机会；已人行的企业可通过提升技术含量构建技术壁垒。比如：吉列剃须刀，通过增加刀片的精度及与刀架的吻合度，在很长一段时间内都不会出现竞争者。

5．现有竞争者的威胁

现在,大部分行业的市场竞争都非常激烈。但信息技术可以让企业在对手如林的竞争中脱颖而出。比如,沃尔玛在零售业独占鳌头的"四个一"。

- 天上一颗星。使用通信卫星传输市场信息。
- 地上一张网。通过网络采购、供应。
- 送货一条龙。与供应商联网,由供应商对沃尔玛的货架进行补货。
- 管理一棵树。通过网络把顾客、分店、会员店、供货商等如一棵大树那样有机地联系在一起,确保商店优质、快速、低价的服务。

13.2.2 三种通用战略分析方法

波特把企业战略分为三种:成本领先战略、差异化战略、集中化战略。企业必须从这三种战略中选择一种作为其主导战略。

1．成本领先战略

波特所说的成本领先,并不是短期成本优势或仅仅是低成本。成本领先战略是指假设随着时间的延长,该公司比竞争者具有更低的成本。单靠削减成本是不可能做到成本领先的,因为竞争者也可以这么做。可通过以下方式获得成本领先:

- 通过规模经济提高市场占有率。如国美电器,在全国众多城市开设几千个店铺,通过巨大销售量来降低成本。
- 经验曲线效益。通常认为企业的成员(工人、技术人员、管理人员等)都具有学习能力,随着产品的积累,他们的工作经验也在不断增加,其边际成本和单位产品成本也随之下降。

2．差异化战略

事实上,不可能所有的公司都适合采用成本领先战略,这时可以尝试差异化战略。所谓差异化战略是指以相同或略高于竞争者的价格向顾客提供可感受的附加值,通过提供"更好"的产品和服务来获得更多的市场份额从而销售更多产品。可通过以下方式实现差异化战略:

- 设计独特的产品或对产品某一方面进行改造。比如,日本的汽车公司,为了改善产品的可靠性,投入大量资源。
- 通过一定的营销方法说明产品或服务能够比竞争者更好地满足用户需求。采用这一战略通常要有名牌产品或者独特的促销方式。比如,Levis拥有个人裤型服务系统,可以提供量身定做的牛仔裤。

实现差异化战略,最重要的是了解顾客的需求和价值取向,从而形成公司的价值观。价值观不同于技术或产品,技术和产品是企业战略中最容易模仿的部分,而只可意会不可见的价值观是难于模仿的,是公司取得竞争优势的最大法宝。

3. 集中化战略

企业必须要面临这样的选择：在不同的细分市场满足不同的需求还是在特定的市场实行集中化战略。如果采用集中化战略，可以选择某个特定的用户群体，集中企业全部资源向细分市场提供更优秀的产品或服务。比如：公共图书馆撤出需求低的服务业务，而将资源更多地投放到受欢迎的分馆中去，或者将它的服务延伸到新形式的公共信息服务中。毫无疑问，上述战略的实施会使图书馆以更高效率、更低成本获得更好的收益及口碑。

13.2.3 价值链分析方法

价值链理论是波特1998年提出的一种有用的思考方法，主要用来评估业务的有效性。有时，一个公司宣称要提供一种高品质的产品，却由于售后服务、公司处理问题的方式和交易方式以及某些部门撒手不管的态度而没有做到。简言之，仅通过价值链的某个要素是不能实现竞争优势的，必须通过价值链的多个环节地有效联系才能实现。

企业的基本活动包括基本价值活动和支持价值活动。通过价值链分析方法把企业上述两种活动形成价值，并分为几个环节，找出信息系统需要支持的重要环节。由于价值链分为增值过程和减值过程，当信息系统作用于增值环节时，可增加产品或服务的附加价值；当作用于减值环节时，可以使该环节更有效，增加客户的满意度。

13.3 信息系统规划概述

信息系统规划(Information System Planning,ISP)是以组织的目标、战略、目的、处理过程及信息需求为基础，识别并选择要开发的信息技术系统并确定开发时间的过程。

科学的规划可以减少盲目性，使系统具有良好的整体性，较高的适应性。科学的规划还可以缩短系统开发周期，节约开发成本，促进信息资源合理的分配和使用，使建设工作具有良好的阶段性。同时，通过信息系统的规划也可以指导信息系统的开发，用规划作为将来考核系统开发工作的标准。

为保证规划科学、规范地进行，通常要先成立以各单位(部门)"一把手"为主要负责人的规划领导小组，并事先外聘专家对领导小组的负责人和主要管理人员进行相关业务培训和指导，以便正确、有效地行使领导小组应履行的职责。在明确了规划方法之后，应该为规划工作的各个阶段给出详细的时间安排。

信息系统规划既包括三至五年的长期规划，也包括一年左右的短期规划，长期规划重点以信息系统战略发展为总方向，短期规划以资源分配为主。无论制订何种规划都必须遵循以服务企业为目标，与企业战略相协调为宗旨的原则。规划内容通常包括：

(1) 信息系统的目标、约束及总体结构。
- 目标：确定信息系统应该实现的功能。
- 约束：包括实现环境、条件(包括规章制度、人力、物力等)。
- 总体结构：阐明信息系统的主要类型及主要子系统。

(2) 组织的资源状况。包括各种软硬件资源、数据通信设备、人员、技术、服务、资金等。

（3）业务流程的现状、存在问题、不足以及如何在新系统中进行业务流程重组，对原有业务流程进行根本性的再思考、再设计。

（4）对影响规划的信息技术发展的预测。由于信息技术不断飞展，开发新系统的技术与性能密切相关，技术是否与时俱进将决定系统的优劣程度。

13.4 信息系统规划的方法

常用的信息系统规划方法有关键成功因素法、战略目标集转化法和企业系统规划法三种。

13.4.1 关键成功因素法

哈佛大学 William Zani 教授指出：每个企业都存在着多个变量，影响系统目标的实现，其中若干个因素是关键的和主要的（即关键成功因素）。

关键成功因素法（Critical Success Factors，CSF）通过对关键成功因素的识别，找出实现目标所需的关键信息集合，从而确定系统开发的优先次序。采用此方法的一个重要前提是存在这样少量的目标，而且这些目标能被管理者容易地识别，并且能够得到信息系统的支持。

1. 识别关键因素的步骤

（1）了解企业的战略目标。

（2）识别所有成功因素。

（3）确定关键成功因素。

（4）识别性能的指标和标准。

（5）识别测量性能的数据。

由上述步骤可知，关键成功因素法源自企业目标，通过目标分解和识别、关键成功因素识别、性能指标识别，一直到产生一个数据字典。识别关键成功因素就是要识别联系于系统目标的主要数据类及其关系。

2. 识别关键因素的工具

识别关键成功因素所用的工具是树枝因果图。比如，某企业的目标是提高产品竞争力，就可用树枝图画图影响它的各种因素以及相关的子因素，如图 13-1 所示。

3. CSF 的适用性

对于哪些因素是关键成功因素，不同的企业的选择不同的。对于一个习惯于高层人员个人决策的企业，主要由高层人员在树枝因果图中选择。对于习惯于群体决策的企业，可以用德尔斐法或其他方法把不同人的设想关键因素综合起来。关键成功因素在高层应用的效果最好，因为每个高层领导人日常总在考虑什么是关键因素。对中层领导者来说一般不大适合，因为中层领导所面临的决策大多数是结构化的，其自由度较小，对他们最好应用其他方法。

4. CSF 的优点

（1）关键成功因素法的最大优点是它考虑了组织和管理者必须应付的环境变化。这种

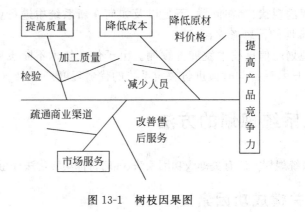

图 13-1　树枝因果图

方法要求管理者观察环境，还要考虑如何针对环境形成对信息的需求。

（2）关键成功因素法的另一个优点是衡量一个组织成功的最重要因素在高层管理者之间达成了一致，有助于组织目标的实现。

5. CSF 的缺点

（1）分析及处理过程类似于艺术创作，没有一个严格规定来实现如何把个人的关键因素上升为企业的关键因素。

（2）有时可能因为管理者的变动，导致企业的关键因素的认知发生改变，信息系统必须进行相应的调整。

13.4.2　战略目标集转化法

战略目标集转化法（Strategy Set Transformation，SST）是把企业的战略目标看成是一个信息集合，由使命、目标、战略和其他战略变量（如管理的复杂性、改革习惯及重要的环境约束）等组成。管理信息系统的系统规划过程就是把组织的战略目标转变为管理信息系统战略目标的过程，如图 13-2 所示。SST 规划步骤如下：

（1）识别企业的战略集。

- 先考察该企业是否有成文的战略或长期计划，如没有，先去构造这种战略集合。
- 描绘出组织的关联集团即与组织有利害关系者，例如，顾客、管理者、雇员、供应商、股东、政府等。
- 确定关联集团的要求，并定性描述。
- 定义组织对于每个集团的任务和战略。
- 当初步识别企业战略后，交予企业有关领导审阅和修改。

（2）将企业战略集转化为管理信息系统战略。管理信息系统战略应包括系统目标、系统约束、开发策略及设计原则等。这个转化过程包括将对应企业战略集的每个元素转换为对应管理信息系统的战略约束，然后提出整个管理信息系统的结构。

（3）选出一个方案交予总经理。

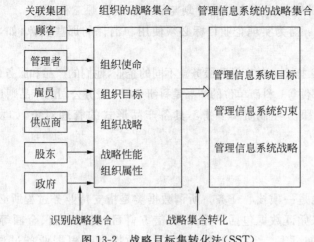

图 13-2　战略目标集转化法(SST)

13.4.3　企业系统规划法

企业系统规划法(Business System Planning,BSP)是由 IBM 公司于 20 世纪 70 年代提出的一种自上而下的识别系统目标、业务过程和数据,然后自下而上设计系统,以支持系统目标实现的方法。

BSP 从企业目标入手,通过企业调查,分析企业信息需求,制订管理信息系统总体方案的一种方法。BSP 法所支持的目标是企业各层次的目标。

用 BSP 制订规划是一项系统工程,其主要工作步骤如下:

1. 总体规划阶段

(1)成立由最高领导牵头的规划领导小组,明确项目的范围和目标,对项目组成员进行一定深度的培训,并提出工作计划。

(2)项目组成员通过调研、查阅、收集资料,深入各级管理层,了解企业有关决策过程、组织职能和部门的主要活动,分析企业存在的主要问题。

2. 建立目标树

根据企业的战略目标建立信息系统的目标。确定各级管理的统一目标,各个部门的目标要服从总体目标。通过对企业管理目标的定义,才能界定管理信息系统的目标。一个企业的目标一般可能包括若干个方面,每个目标又可分解成若干个子目标,子目标可以用一定的指标来衡量,因而整体目标体系可用目标树来描述。可通过调查各级管理部门,提炼、归纳、汇总目标,绘制出目标树。

3. 定义企业过程

定义企业业务过程(也称管理功能)是 BSP 方法的核心。业务过程指的是企业管理中必要且逻辑上相关的、为了完成某种管理功能的一组活动。

企业过程可以通过分析企业的资源加以识别。这里的资源是广义的,指被管理的对象。

通常有支持性资源、关键性资源和战略计划与服务控制资源三种。

(1) 支持性资源:指为实现企业目标必须使用和消耗的那些资源,如,原材料、资金、设备、人员等。

(2) 关键性资源:指企业的产品和服务。不同的企业,他们的产品和服务也不同。机械厂的产品是机械设备、零部件等;科研单位的产品是科研成果;服务公司的产品则是提供各种服务。

(3) 战略计划和服务控制资源:指不具备产品形式的管理对象,如发展计划、经营计划、管理计划等。

4．确定数据类

数据类的确定也是一项核心任务。所谓数据类是指支持业务过程所必需的逻辑上相关的一组数据。如记账凭证数据包括了凭证号、借方科目、贷方科目、金额等。任何一个系统都存在许多数据类,如顾客、产品、合同、库存等。数据类是根据业务过程来划分的,分别从各项业务过程的角度将与它相关的输入输出数据按照逻辑相关性整理出来归纳成数据类。

5．设计系统的总体结构

功能和数据类定义好后,可以得到一张功能/数据类表格,该表格又称为 U/C 矩阵。根据 U/C 矩阵可以划分各子系统,描绘新的信息系统的框架和相应的数据类。整个过程分为 5 步:

(1) U/C 矩阵的建立

图 13-3 是某公司的功能/数据类图。图中标明了每个数据类都由哪些业务过程产生的,用 U 表示;要被哪些业务过程使用,用 C 表示。

(2) U/C 矩阵正确性校验

在画 U/C 矩阵时,需要对其进行完备性校验、一致性检验和无冗余检验。

- 完备性检验:具体的数据项必须有一个产生者(C)和至少一个使用者(U),功能必须有产生或使用(U 或 C)发生。
- 一致性检验:具体的数据项必须有且仅有一个产生者(C)。
- 无冗余检验:U/C 矩阵中不允许有空列或空行。

(3) 求解 U/C 矩阵

U/C 矩阵求解是指对系统结构划分的优化过程。通过表上作业法调整表中的行变量或列变量,使得"C"元素尽量朝对角线靠近,然后再以"C"元素为标准,划分子系统,如图 13-4 所示。

(4) 系统功能的划分

在求解后的 U/C 矩阵中画出一个个的方块,每一个小方块为一个子系统。划分时沿对角线一个接一个地画,既不能重叠也不能漏掉任何一个数据和功能。小方块的划分是任意的,但必须将所有的"C"元素都包含在小方块内。

(5) 子系统的划分

所有数据的使用关系都被小方块分隔成了两类:一种在小方块内,一种在小方块外,如图 13-5 所示。在方块内的所产生和使用的数据主要放在本系统中处理;小方块外的"U"表示了各子系统之间的数据联系,日后考虑放在网络上供子系统共享或传递数据。

功能＼数据类	客户	订货	产品	工艺流程	材料表	成本	零件规格	材料库存	成本库存	职工	销售区域	财务计划	计划	设备负荷	物资供应	任务单	列号Y
经营计划		U				U						U	C				1
财务规划						U				U		C	U				2
资产规模												U					3
产品预测	C		U								U						4
产品设计开发	U		C	U	C		C					U					5
产品工艺			U		C		C	U									6
库存控制							C	C							U	U	7
调度			U	U										U		C	8
生产能力计划				U										C	U		9
材料需求				U			U								C		10
操作顺序				C										U	U	U	11
销售管理	C	U	U								U		U				12
市场分析	U	U	U								C						13
订货服务	U	C	U								U		U				14
发运	U		U								U						15
财务会计	U	U	U							U	U						16
成本会计		U	U			U						U					17
用人计划										C							18
业绩考评										U							19
行号X	1	2	3	4	5	6	7	8	9	10	11	12	13	14	15	16	

图 13-3 U/C 矩阵

功能＼数据类	计划	财务计划	产品	零件规格	材料表	材料库存	成品库存	任务单	设备负荷	物资供应	工艺流程	客户	销售区域	订货	成本	职工
经营计划	C	U												U	U	
财务规划	U	C													U	U
资产规模		U														
产品预测			U									U	U			
产品设计开发	U		C	C	C							U				
产品工艺			U	U	U	U										
库存控制						C	C	U		U						
调度			U					C	U	U						
生产能力计划									C	U	U					
材料需求				U	U					C						
操作顺序								U	U	U	C					
销售管理			U					U				C	U	U		
市场分析			U									U	C	U		
订货服务			U									U	U	C		
发运			U					U				U	U			
财务会计	U	U	U					U				U		U		U
成本会计	U	U	U					U					U		C	
用人计划																C
业绩考评																U

图 13-4 U/C 矩阵的行列调整

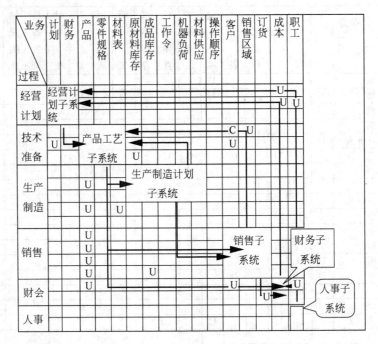

图 13-5　子系统之间的数据联系

13.5　业务流程再造

企业系统规划（BSP）的实质是由过程的观点出发来看待企业。现实中,先建立企业的过程模型,再根据企业的过程模型去建立信息系统。这种规划方法虽然也涉及一些企业过程的改进,但力度不大。因此在 20 世纪 90 年代,美国的学者 Michael Hammer（哈默）和 Jame Champy（杰姆培）提出了一种全新的管理思想——企业流程再造（Business Process Reengineering,BPR）。

13.5.1　BPR 的定义及性质

BPR 强调以业务流程为改造对象和中心,以关心客户的需求和满意度为目标,对现有的业务流程进行根本性的再思考和彻底的再设计,利用先进的制造技术、信息技术及现代化的管理手段,最大限度地实现技术上的功能集成和管理上的职能集成,以打破传统的职能型组织结构（Function-Organization）,建立全新的过程型组织结构（Process-Oriented Organization）,从而实现企业经营在成本、质量、服务和速度等方面的巨大改善。

上述定义包含了三个动作即思考、设计、提高,也概括了 BPR 根本性、彻底的和巨大的这三个基本属性。

（1）根本性的。指的是在企业再造过程中,企业员工必须就企业自身及运营方式提出几个根本性的问题,即"为什么我们要做我们正在做的事情?","为什么我们要用现在的工作方式做事情?"……这些问题对企业而言不是枝节、不是表面的而是本质的。通过对上述问题的提出和思考来审视企业中所沿袭的过时的、不适用的甚至是错误的规则和假设,正是因为过时的观念导致了所从事的业务是没有竞争力、没必要再做的。

(2) 彻底的。指的是对企业要动"大手术",是要大破大立,不是一般性的修补。

(3) 巨大的。巨大的提高是指"成十倍成百倍的提高",而不是改组了很长时间,才提高20%~40%。这种巨大的增长是在原来线性增长的基础上的一个非线性的跳跃,是量变基础上的质变。抓住跃变点对 BPR 而言至关重要。

13.5.2 BPR 适用的企业类型

企业想要进行 BPR,通常处于以下几种情况:

- 企业濒临破产,不改只能倒闭。
- 企业竞争力下滑,需要调整战略进行重构。
- 企业领导认识到 BPR 能大大提高企业竞争力,企业又有扩张的需要。
- BPR 在同行业的企业中获得成功,影响本企业。

通常即将濒临破产和需要大发展的企业最容易推进 BPR。据 1993 年的相关资料报道,BPR 的失败率多达 50%~70%。尽管 BPR 失败率较高,但总有人投身其中,主要原因在于 BPR 的成功完全是企业可以控制的事情——只取决于企业领导的决心和能力,并无外部不确定因素。

在实施 BPR 的过程中,企业的组织结构更趋于扁平化,工作中更多地采用团队工作方式,团队间的相互了解和主动协调也大幅度提高,领导更像教练而不像司令员,整个组织更积极主动地面向顾客,提供更优质的服务。

13.5.3 BPR 的实现手段

BPR 实现的手段主要靠两个使能器(Enabler):一个是信息技术,另一个是组织。

BPR 之所以能实现巨大的提高在于充分地发挥了 IT 的潜能,利用 IT 简化、优化和改变了企业的过程。还有利用组织结构变革,达到组织精简、效率提高的功效。没有深入地应用 IT,没有改变组织结构,严格地说不能算是实现了 BPR。

总的来说,BPR 过程简化的主要思想是战略上精简分散的过程;职能上纠正错位的过程;执行上删除冗余的过程。战略上分散过程,如正大集团擅长于饲料业,却投入很多到摩托车行业,结果效果不佳,不得不退出;职能上错位,如高校主要战略方向是教学和科研,结果一半是后勤职工,这显然是错位,后勤社会化是唯一的出路;执行上的冗余更是司空见惯,有些手续除了浪费时间没什么作用。

除此之外,对 BPR 而言更重要的是企业领导的抱负、知识、意识和艺术。没有企业领导的决心和能力,BPR 绝不可能成功。领导的责任在于克服中层的阻力,改变旧的传统。在当今飞速变化的世界中,经验不再是资产,往往成了负债。在改变经验的培训上的投入越来越多。领导必须给 BPR 一个好的环境,BPR 才能成功。

13.5.4 BPR 实施过程的基本原则

BPR 是对现行业务运行方式的再思考和再设计,应遵循以下基本原则:

1. 以企业目标为导向调整组织结构

在传统的管理模式下,劳动分工使各部门具有特定的职能,同一时间只能由一个部门完成某项业务的一部分。而 BPR 打破了职能部门的边界,由一个人或一个工作组来完成业务的所有步骤。

2. 让执行工作者有决策的权力

让执行者拥有工作上所需的决策权,可消除信息传输过程中的延时和误差,并对执行者有激励作用。

3. 取得高层领导的参与和支持

BPR 是一项跨功能的工程,BPR 常常伴随着权力和利益的转移,这会引起一些人尤其是中层领导的抵制,如果没有高层管理者的明确支持,则很难推行。

4. 选择适当的流程进行重组

通常一次性重组所有业务会导致其超出企业的承受能力。因此,在实施 BPR 之前,选择那些可能获得阶段性收益或者对企业战略目标有重要影响的关键流程作为重组对象,使企业尽早地看到成果,在企业中营造乐观、积极参与变革的氛围,减少人们恐惧心理,促进BPR 在企业中的推广。

5. 建立畅通的交流渠道

从企业决定实施 BPR 开始,企业管理层与职工之间就要不断地进行交流。向职工宣传BPR 带来的机会,如实说明 BPR 对组织机构和工作方式的影响,特别是对他们自身岗位的影响及企业所采取的相应解决措施,尽量取得职工的理解与支持。如果隐瞒可能存在的威胁,有可能引起企业动荡不安,从而使可能的威胁变为现实。

13.5.5　BPR 的基本内容

BPR 是一项复杂的系统工程,它的实施要依靠工业工程技术、运筹学、管理学、人文科学及 IT,并涉及企业的人、经营过程、技术、组织结构和企业文化等各个方面,其基本内容包括以下几个部分:

1. 人员重组

实施 BPR 关键取决于企业内部人员的整体素质和水平,高层领导者必须要有富于革新、勇于挑战风险的精神。

2. 技术重组

3. 组织结构重组

根据项目需要建立多个工作小组,明确小组成员的作用和职责,做到责权利统一,使小组形成一个享有充分自主权和决策权的团体。

4．企业文化重组

营造适宜的企业文化氛围，摒弃旧的思想作风是实施 BPR 的重要保障。积极树立竞争是企业成功的动力，人才是最宝贵的财富，顾客至上、讲求信誉是企业的灵魂等新观念。

13.5.6　BPR 的步骤

BPR 实施的目的是针对不合时宜的业务设计出一个新的业务模型，通过新模型可以描述该业务的既定功能、确定各业务部门的相互关系、减少冗余、使原有业务更加高效。通常，BPR 的实施分为以下几个步骤。

1．确定再造业务的战略目标

高层管理人员应从战略高度提出与组织目标相契合的再造业务目标。

2．确定再造对象

由于 BPR 的实施过程会遇到各种风险及阻力，因此在实施时要谨慎地挑选少数几个可能有较大回报、核心的业务流程作为再造的候选对象。这些业务过程可能有较多的冗余数据；可能需要多次、大量地输入新的信息；可能需要花大量时间处理各种例外或特殊情况。总之，上述业务有许多需要改进的余地，而且通过 BPR 的实施可以为企业带来丰厚的利润与战略价值。

3．评价再造业务流程的改造效果

评价体系最好是定量的。比如，可以通过时间或成本角度评价再造业务与原业务的差别。如果达不到预期要求，回到最初的业务流程设计，找到是否有改进或提高的地方。

4．利用信息技术实现流程的再造

人们可能对新业务提出了诸多新的要求，通过信息技术的运用，可以将诸多假设变为现实。比如，想经常查看库存状态，防止发生缺货现象，就可以将远距离通信技术和 EDI 技术相结合，并且采取准时交货制与无库存供应的理念来实现。

5．建立新业务的原型

新的业务流程应先建立一个实验的原型系统，在实施过程中不断地完善、改进，直到成功应用。

13.5.7　BPR 失败的原因

事实上，经历上述步骤后，并不能确保业务再造的成功，据美国相关专家估计，大约只有30％的项目是成功的。失败不仅仅是技术方面的原因，更是管理组织变革的原因。业务流程的再造或一个新的信息系统的建立，不可避免地引起原有工作岗位人员的职位、技能、权责等方面的变化,这些变化直接或间接地影响到一些人或部门的权、责、利,对这种未确定因素的担心和害怕,难免使人会产生消极甚至抵触情绪,严重时会发生有意的对抗,成为变革中最大的阻力,这也是 BPR 失败的最根本的原因。

13.5.8　BPR 的发展趋势

由于 BPR 实施的困难,现在很多人提出了企业过程改进,还有的人将两者混为一谈,甚至有些人提出 BPR 已经过时等言论。其实,BPR 的实质是就变革,在变革过程中可以总体规划、分步实施,把不断变革和革命阶段论有机结合起来,这种思想叫做基于 BPR 的信息系统规划法。

13.6　信息系统的开发方法

管理信息系统的开发是一个庞大的系统工程,它涉及计算机处理技术、系统理论、公司结构、管理功能、信息安全及工程方法等各个方面的问题。学科的多元化及综合化决定了管理信息系统的开发具有长期性、复杂性和风险性,需要有科学的方法论指导。结合实际需求选择适合的系统开发方法可以有效地提高系统的开发效率。

在长期的开发实践中涌现出众多的开发方法及工具,下面介绍几种典型的管理信息系统开发方法。

13.6.1　生命周期法

生命周期法是最古老的系统开发方法,又叫结构化系统开发方法,它是自顶向下的结构化方法、工程化的系统开发方法和生命周期法相结合的产物,是迄今为止所有开发方法中应用最广泛、最成熟的系统开发技术。

它把信息系统比作生物的一个生命周期,采用结构化设计思想,按照用户至上的原则,把整个管理信息系统作为一个大模块,自顶向下,以模块化结构设计技术进行模块分解,把所有的工作分成不同的阶段,每个阶段都有特定的工作内容,完成本阶段工作并形成符合规范的阶段性成果后才能进入下一个阶段,再自底向上按照系统的结构将各模块进行组合,直至系统的物理实施、运行和维护,最终完成系统的开发。

通常,生命周期法将系统的开发分为以下 5 个阶段:系统规划、系统分析、系统设计、系统实施和系统运行、管理和维护。第一个阶段与最后一个阶段首尾相连,形成一个系统的有生、有死、有再生的生命周期循环。

1. 生命周期法 5 个阶段的任务

在系统规划、系统分析、系统设计的各阶段,坚持自顶向下的原则,进行系统的结构化划分。从最顶层的管理业务调查开始,直至最底层业务,从系统的整体方案分析和设计出发,先优化整体的逻辑或物理结构,后优化局部的逻辑或物理结构。最后,在系统实施阶段,坚持自底向上的原则,从最底层的模块编程开始,逐步组合和调试,以此完成整个系统的开发。

下面介绍生命周期法各阶段的主要任务。

1) 系统规划阶段

规划阶段主要任务是：针对用户系统开发请求，对企业的环境、目标、现行系统的状况进行初步调查，明确问题，结合企业目标及发展规划，确定信息系统的开发战略，对新系统的需求做出分析和预测，同时考虑新系统所受的各种约束，研究建设新系统的必要性及可能性。根据需要与可能，给出拟建系统的备选方案，对这些方案进行可行性分析，写出可行性报告。当可行性报告审议通过后，将新系统的建设方案及实施计划编成系统设计任务书。

2) 系统分析阶段

分析阶段的任务是：根据系统设计任务书中所确定的范围，对现行系统进行详细调查，描述现行系统的业务流程；分析数据与数据流程；分析功能与数据之间的关系；指出旧系统的不足之处，同时确定新系统的分析处理方式、基本目标及逻辑功能要求，并把本阶段成果体现在系统说明书中。

3) 系统设计阶段

系统设计阶段的任务是：根据系统说明书规定的功能要求，设计新系统的总体结构和物理模型并用数据流程图表示。根据结构化的工具和技术进行代码设计；模块结构与功能设计；开发逻辑数据字典，定义满足整个系统数据需求的逻辑数据库。

同时该阶段还要进行详细的设计过程，包括各种界面、程序、报表、文档、输入输出数据的定义及设计和详细的数据字典说明。

与此同时，根据总体设计的要求购置与安装一些设备，进行试验，最终给出设计方案。

整个系统设计阶段的成果是系统设计说明书。

4) 系统实施阶段

系统实施阶段的任务是：程序的编写及调试、人员培训（由系统分析设计人员、培训业务人员和操作员完成）、数据文件转换，各种硬件设备的购置、安装及调试，系统转换与调试等。

这一阶段的任务量巨大，大约占整个开发工作的 60% 以上，各个环节必须精心安排、合理规划。系统实施是按实施计划分阶段进行的，每完成一个阶段应写出实施进度报告，待系统测试后写出系统测试分析报告。

5) 系统运行和维护阶段

系统运行后要结合实际情况对系统进行必要的修改、维护和评估，及时分析运行结果。如果运行结果良好，送至管理部门，指导经营活动；如果出现问题，需要对系统进行修改、维护或局部调整；对不能修改的问题记录在案，定期形成新需求建议书，为下一周期的系统规划做准备。

经过一段时间的修改及维护后（通常是系统运行若干年后）就会发现系统运行的环境已经发生了根本性的变化，为了进一步提高效率，更好地满足用户需求，要对系统进行大量的改造。这就意味着该系统的生命周期到终点了，同时也意味着新的信息系统要建立了。

系统的开发大约占一个信息系统生命周期的 20% 的时间，而系统维护却占用 80% 的时间。

上述全部过程就称为系统开发生命周期。在每一个阶段均有小循环，在不满足要求时，修改或回到起点。

2．生命周期法的优、缺点

1）优点

（1）充分体现了"用户参与"的原则。信息系统设计的最终目的是满足用户的需求，在整个开发过程中，用户全程参与，有效地提高了建设的适用性、正确性，减少了开发的盲目性和失败因素。

（2）贯彻"先逻辑后物理"的原则。该方法强调了在进行具体编程实施之前充分地对新开发的系统进行调查和论证，并将为用户解决的问题抽象为逻辑模型。这种做法符合人类的认知规律，有条不紊地逐步向目标靠近，直至最后实现，保证了开发工作的质量和效率。

（3）采用"自顶向下，分解协调"的原则。该方法从全局的观点进行规划和设计，并采用自顶向下方法将系统分解成一些子系统模块，在保证各模块间分工协调及数据交换有效性的同时保证内容数据信息的完整性及一致性。

（4）形成规范及标准的工作文档。采用规范及标准的格式、术语和图标进行描述，可以加强开发人员、系统维护人员及用户之间的沟通，减少错误理解及错误传播。

2）缺点

（1）资源耗费大。搜集资料及书写文档工作量极大，浪费大量时间、人力、物力及财力。

（2）开发周期长。一个项目开发周期 3～8 年，这么长时间里，信息需求可能早已发生变化，使得用户在较长时间里不能得到一个实际可运行的系统。即使对某一项内容进行调整，手续烦琐，灵活性差。

（3）不适用于那些需求不明确的系统，主要适用于规模大、结构化程度较高的系统开发。

13.6.2　原型法

原型法是针对生命周期法的主要缺点而发展起来的一种快速、廉价的开发方法，于 20世纪 80 年代初伴随着计算机软件技术的飞速发展，在关系数据库和第四代程序生成语言（4GL）等开发环境基础上，逐步形成的一种设计思想、过程和方法全新的系统开发方法。

原型法是指由系统分析设计人员与用户合作，在短期内定义用户基本需求的基础上，开发出来的一个只具备基本功能、实验性的、简易的应用软件。它并不注重对管理信息系统进行全面、系统地调查和分析，而是根据对用户的信息需求的大致了解，借助强有力的软件环境支持，迅速构造一个新系统的原则，然后通过反复修改和完善，最终完成新系统的开发。

用原型法构造的新系统不同于只是逻辑意义上的、不可运行的"模型"。实际上，它是一个真实存在的、可运行的管理信息系统软件，只不过由于对用户需求把握得尚不全面和准确，软件的功能并不十分完善而已。

用原型法开发系统必须依赖强有力的软件支撑环境作后台。这个环境至少应具备：一套操作方便灵活的关系型数据库管理系统软件；一个与数据库系统相适应的数据字典生成工具；一套与数据库系统相适应的快速查询系统并支持复合条件查询；一套支持结构化编程、代码自动生成和维护的高级软件工具或环境。

1. 原型法开发步骤

1）确定用户的基本需求

由用户向系统开发人员提出基本需求，如系统功能、人机界面、输入输出、运行环境、应用范围等。开发人员由此来确定哪些要求可以实现及大约需要的资源，并建立简明的系统模型。

2）开发初始的原型系统

开发人员根据用户的要求在强有力工具软件的支持下迅速开发出一个系统的初步原型。但该系统只是一个初步的、不成熟的系统，从系统的工作效率上看也是很不完善的。其目的是为了描述开发者所理解的用户的基本需求。

3）修改、评价系统原型

将建造好的原型系统交给用户使用。在用户实际使用中，获得对系统最直接的感受，提出对原型改进的意见，供开发人员修改。

4）修改原型

开发人员根据用户对原型提出的意见进行修改、补充和完善，再回到第 3）步，直到用户满意为止。

2. 原型法的优、缺点及适用性

1）优点

（1）开发周期短、费用少、使用方便、灵活，修改方便。

（2）用户要求可随时反映到系统中去，更贴近实际，易学易用，减少用户培训时间。

2）缺点

（1）对规模较大或复杂性较高的系统不适合用此方法开发。

（2）用户过早地看到系统原型，容易认为系统就是这个模样，导致用户缺乏耐心和信心。

（3）缺乏规范化文档，给系统维护工作带来困难。

3）适用性

该方法适用于用户需求不清、管理及业务处理不稳定、需求经常发生变化、系统规模小且不太复杂的情况。

13.6.3 面向对象的开发方法

20 世纪 80 年代，由于面向对象语言和程序设计取得成功，面向对象（Object-Oriented Method，OO）的方法开始应用于管理领域中的管理信息系统的开发，并引起了国内外广泛的关注，OO 也被扩展到软、硬件的各个领域：OO 体系结构、OO 的硬件支持、OO 的软件开发环境、OO 的数据库等。人们把 OO 方法视为解决"软件危机"的突破口。

OO 法作为一种方法论，强调对现实世界的理解和模拟，便于将现实世界转换到计算机世界中去，OO 法特别适合于系统分析和设计。

1. OO 法的基本概念

OO 法采用了一系列新的概念,深刻理解这些概念是掌握 OO 法的关键。

1) 对象(Object)

客观世界中的任何事物都可抽象为对象。对象是一个独立存在的实体,从外部可以了解它的功能,但其内部细节是隐蔽的,不受外界干扰。如果能在满足需求的条件下,把系统设计成由一些相对固定的部分组成的最小集合,这个设计就是最好的。它把握了事物的本质,因而不会再被周围环境的变化及用户没完没了的需求变化所左右。这些不可变的部分就是所谓的对象。

每个对象都由一组属性及对这组属性进行操作的一组事件或方法构成。其中属性是用来描述对象静态特征的一组数据,方法被看做是对象的行为,事件被看做是对象能识别及响应的动作。

2) 类(Class)

类是具有相似属性和行为的多个对象的集合。类的概念比对象更加抽象,通常类的含义人有广泛性,而对象的含义比较具体。如:现实世界中的车就构成一个类,包括轿车、货车、赛车、面包车等,每一种车都是车这一类的具体对象。

无论对象或类都具有封装、继承和多态这三个重要特征。正确理解这些特征可以提高代码的可重用性和易维护性。

3) 封装性(Encapsulation)

封装即信息隐藏,是 OO 方法中最重要的一个原则。当开发一个总体程序结构时,程序的每个部分应该封装或隐藏在一个单一的模块中,定义每一个模块时应尽量少显露其内部处理。封装的目的是使模块的错误局部化,减少查错的难度,也可以降低外界错误对它的影响。对用户而言,不需考虑内部模块的复杂性,只需要考虑如何描述和控制对象的属性和方法即可。

4) 继承性(Inheritance)

继承是指对象继承它所在类的结构、操作和约束,也可指子类继承一个父类或多个父类的结构、操作和约束,它充分体现了共享机制。继承的意义在于简化了人们对事物的认识和描述。在软件开发过程中,如果定义特殊类,不需要把它的父类已经定义过的属性再重新定义一遍,只需声明它是某个类的子类,并定义上它自己特殊的属性即可。利用继承性,也可在原有类的基础上进行少量数据和方法的修改就可以得到一个子类。

5) 多态性(Polymorphism)

多态性是指同类的对象可以具有不同的属性、同类的对象对于相同的触发事件有不同的反应动作及对于相同的功能具有不同的实现等。

2. OO 法的开发过程

用 OO 法对管理信息系统进行开发通常分为以下 4 个阶段。

1) 定义问题阶段

该阶段主要任务是对待开发的系统进行需求调查分析,了解真正的需求,由此确定系统的目标。

2）分析及求解问题阶段

根据系统目标分析问题和求解问题，在繁杂的问题中抽象地识别出对象及其行为、结构、属性和方法等。这一阶段又被称作面向对象分析（Object-Oriented Analysis），简称 OOA。

3）详细设计问题阶段

给出对象的实现描述。整理问题、详细地设计对象，对分析结果做进一步的抽象、归纳、整理，最后以范式的形式确定下来，这一过程称为面向对象的设计（Object-Oriented Design），简称 OOD。

4）编程实现阶段

采用面向对象的程序设计语言将抽象出来的范式编程实现变为程序软件，这一阶段叫面向对象的程序（Object-Oriented Programming），简称 OOP。

3. OO 法的优、缺点

OO 法以对象为基础，利用特定软件进行开发，直接完成从对象客体的描述到软件结构之间的转换，但对开发者而言首先要对应用问题有深刻的理解和认识，需要一个详细的需求分析报告。

1）优点

（1）有较强的应变能力，具有良好的可维护性及可重用性，特别适合于多媒体和复杂系统。

（2）以对象为基础，利用特定的软件工具完成了从对象客体的描述到软件之间的转换。

（3）解决了客观世界描述工具与软件结构不一致的问题，缩短了开发周期。

（4）解决了从分析和设计到软件模板结构之间多次转换映射的繁杂过程，简化了分析和设计。

（5）系统稳定，降低了系统开发及维护费用。

2）缺点

（1）与原型法一样必须采用一定的软件基础支持才能应用。

（2）对大型系统而言，如果采用自下而上的 OO 法开发系统容易造成系统结构不合理、各部分关系失调等问题，容易导致系统整体功能协调性差、效率降低等。

13.6.4　计算机辅助软件工程方法

长期以来，人们进行系统开发的主要手段是手工方式。系统开发的速度和质量主要取决于系统分析人员、程序设计人员的个人经验和水平，它成为制约管理信息系统发展的一个瓶颈。

为了实现系统开发自动化，直至 20 世纪 80 年代末出现了一种集图形处理技术、程序生成技术、关系数据库技术和各类开发工具于一身的 CASE 才使得长期的制约瓶颈被打破。

CASE（Computer Aided Software Engineering）是计算机辅助软件工程的英文缩写。它能支持除系统调查外的每一个开发步骤，但它并不是真正意义上的独立方法，只是一种开发环境。目前，CASE 仍是一个发展中的概念，各种 CASE 软件种类繁多，却没有一个统一的标准和模式。但从它对整个系统开发过程的支持程度即实用性角度来衡量，它是一种实用的系统开发方法。

1. CASE 方法的基本思路

借助专门的软件工具,使系统开发过程中的每一步与一定的程序形成对应关系。它把原来由手工完成的开发过程转变为以自动化工具和支撑环境支持的自动化开发过程。在实际开发过程中,各过程只是在一定程度上部分与程序对应,而不是绝对地一一对应。对于不完全对应的地方需要由系统开发人员作具体修改。

上述所讲的开发方法在 CASE 开发过程中对应关系如下:

* 生命周期法:

业务流程分析→数据流程分析→功能模块分析→程序实现

业务功能一览表→数据分析、指标体系→数据/过程分析→数据分布和数据库设计→数据库实现

* 面向对象法:

问题抽象→属性、结构和方法定义→对象分类→确定范式→程序实现

2. CASE 的开发环境

CASE 作为一个通用的软件支持环境,应该能够支持所有的软件开发过程的全部技术工作及其管理工作。一个完整的 CASE 软件平台一般具备如下功能:

1) 图形功能

这是 CASE 软件平台一个非常重要的功能。图形接口功能越强,用户的软件开发效率就越高。用交互方式在计算机屏幕上画图可以大大加快绘图过程,实现了标准化,有利于文档生成的自动化。

2) 查错功能

自动查错可以帮助开发人员在系统生命周期早期发现错误,是降低开发成本的有效方法。

3) 建立 CASE 中心信息库

中心信息库是 CASE 软件平台的核心。有利于 CASE 工具集成;系统规格说明的一致性和完整性控制;系统文档的生成和标准化;信息共享;代码的生成;软件的可重用性和控制;项目的管理与控制;对系统信息存储、访问、更新、分析和报告等功能的实现;方便系统开发人员获取所需信息。

3. CASE 的优缺点

1) 优点

(1) 解决了从客观世界对象到软件系统的直接映射问题。

(2) 强有力地支持信息系统开发的全过程,对软件生命周期实现了全面覆盖。

(3) 使结构化方法更加实用。

(4) 自动化检测方法大大提高了软件质量。

(5) 使原型法方法和 OO 方法付诸于实施。

(6) 减少了重复工作量,简化了软件的管理和维护。

（7）加速了系统开发过程且功能进一步完善。

（8）使开发者从繁杂的分析设计图表和程序编写中解脱出来，将精力集中到更需要创造力的工作中。

（9）使软件的各部分能重复使用。

（10）产生标准化的系统文档。

（11）使团队合作变得更协调一致。

2）缺点

（1）虽然 CASE 为用户提供各种方法的开发环境，但在实际开发一个系统时，必须依赖某一种具体的开发方法。

（2）无法衡量是否提高了开发效率。某些专家认为：生产效率的提高并非是应用了自动化的 CASE 工具本身的结果，而是因为系统开发人员就一种标准化开发方法达成了一致，并且加强了相互间交流、合作的结果。

（3）无法做到自动设计系统，系统设计者仍需了解一个公司所有业务需求及业务是如何运作的。

（4）虽然在某些方面实现了自动化，但如果公司不了解这种方法，CASE 工具只是完成了不相干的工作自动化。

13.6.5　管理信息系统中各种开发方法的比较

通过以上介绍可以看出，各种开发方法各有千秋。

生命周期法是经典的开发方法，强调从系统出发，开发过程中始终贯彻自顶向下、逐步求精的思想来开发系统。开发过程规范、思路清晰，但在总体上比较保守，采取以不变应万变的原则适应环境的变化。

原型法从动态角度看待系统变化，采用以变应变的思想，比生命周期法在思路上要先进，更强调与用户的交流。但原型法对开发工具要求比较高，适宜中、小型管理信息系统的开发，但对于大型、复杂的系统开发有一定的困难。在实际应用中，通常与生命周期法结合起来使用，扬长避短。

面向对象法从一个全新的视角来看待现实世界中的问题，从现实世界中抽象出系统组成的基本实体即对象。如果开发人员正确理解这些概念，就能够以较大的自由度构建信息系统。该方法的局限性是对计算机工具要求高，在没有进行全面的系统调查分析前，正确把握结构有些困难。面向对象法在实际开发过程中经常与其他方法结合起来使用。

13.7　常见的开发工具和技术介绍

常见的管理信息系统开发工具和环境主要有 Visual Studio 工具集，微软 .net 环境，Delphi，Java，UML 和 Rational Rose 等，下面分别进行简单的介绍。

13.7.1　Visual Studio 工具集

Visual Studio 工具集包括很多开发工具常见的有：数据库系统 SQL Server、数据库开发工具 Visual FoxPro、网站设计开发工具 Visual InterDev、Visual J++、Visual Basic、Visual C++等一系列开发工具和平台,对各种开发者提供全面、灵活的开发工具环境。下面主要介绍 Visual Basic、Visual C++。

1. Visual Basic

Visual Basic(VB)是微软于 1991 年推出的基于 Windows 环境的计算机程序,这是个完全集成的编程环境,集程序设计、调试和查错于一身。

它主要特点是:继承了 Basic 语言易学易用的特点;采用于可视化和面向对象技术,操作直观;编程模块化、事件化;拥有大量的 VB 控件和模块简化编程;可以调用 Windows 中的 API 函数和 DLL 库;有较好的出错管理机制;与其他程序有很好的沟通性;支持数据库应用程序的功能。

2. Visual C++

Visual C++是微软公司在 Windows 系列操作系统上建立的 32 位的应用程序开发工具。

它借助于生成代码的向导,能在数秒钟内生成可运行的 Windows 应用程序外壳。自身附带的微软基类库 MFC 提供面向对象的应用程序框架,大大简化了程序员的编程工作,提高了模块的可重用性,成为 C++类编译器进行 Windows 软件开发的工业标准。

Visual C++还提供了基于 CASE 技术的可视化软件自动生成和维护工具,帮助用户设计可视化界面,方便编写和管理各种类。同时,它对数据库的操作具有快速集成访问的特点。允许用户建立强有力的数据库应用程序。

13.7.2　Delphi

Delphi 自推出以来,一直在竞争激烈的软件开发工具中保持着自己独特的优势,受到许多程序员的喜爱。它使用的是 Borland 公司开发的可视化快速应用程序开发工具,最早起源于 Pascal 语言。Delphi 使用的是 Object Pascal 语言。Pascal 语言向来以编译速度快著称,但 Delphi 是一种面向对象的可视化开发工具。它提供了一个强大的可视化组件库(Visual Component Library,VCL)。该组件库也是用 Object Pascal 语言编写的,其本身就是一个对象,拥有属性、事件和方法。它体现了面向对象的技术,封装了系统行为和许多底层的实现方法,使开发人员快速地获取对象、修改属性、进行程序设计。

13.7.3　Java

Java 是 Sun 公司推出的一种编程语言。它是一种通过解释方式来执行的语言,其语法规则与 C++类似。同时,Java 也是一种跨平台的程序设计语言。

用 Java 语言编写的程序叫做"Applet"(小应用程序),用编译器将编译成类文件后,把它放在 WWW 页面中,并在 HTML 上做好相应标记,用户端只要装上 Java 的客户软件就可以在网上直接运行"Applet"。Java 语言适用于任何微处理器,所开发的程序易于网络传输,非常适合企业网络和 Internet 环境,现在成为最受欢迎、最具影响力的编程语言之一。

13.7.4　.net 开发环境

.net 是微软 XML Web Services(.net 平台的核心技术)的平台。XML Web Services 允许应用程序不论采用何种操作系统、设备或编程语言都可以通过 Internet 进行通信和共享数据。微软.net 平台提供创建 XML Web Services,并将它们与其他应用程序集成在一起。对开发人员而言,这是一种无缝的、非常吸引人的绝妙体验。

13.7.5　UML 和 Rational Rose

UML 叫统一建模语言。它融入了软件工程领域的新思想、新方法和新技术,是一种定义良好、易于表达、功能强大且普遍适用的建模语言。它的作用不仅限于支持面向对象的分析与设计,还支持从需求分析开始的软件开发的全过程。

Rational Rose 是分析和设计面向对象软件系统的强大的可视化工具。它可以用来先建模系统再编写代码,从一开始就保证系统结构合理。利用模型可以更方便地捕获设计上的缺陷,从而以较低的成本来修正这些缺陷。

Rational Rose 支持业务模型,帮助了解系统的业务,有助于系统分析,可以先设计使用案例和 Use CASE 框图,显示系统的功能。也可以用 Interaction 框图显示对象之间如何配合,提供所需功能。Class 框图可以显示系统中的对象及其相互关系。Component 框图可以演示类如何映射到实现组件。最后,Deployment 框图可以显示系统的网络设计。

Rose 模型是系统的图形,包括所有的 UML 框图、角色、使用案例、对象、类、组件和部署节点。它详细描述系统的内容和工作方法,开发人员可以用模型作为所建系统的蓝图。Rose 模型包括许多不同的框图,使项目小组可以不同角度看这个系统。当模型发生改变时,Rose 可以修改代码,作出相应改变。当代码发生改变时,Rose 可以自动地将这个改变加进模型中。上述这些特征模型与代码同步,避免出现过时的模型。

13.8　管理信息系统开发的其他问题

13.8.1　管理信息系统开发遵循的原则

管理信息系统系统的开发应遵循以下原则:

1. 创新原则

计算机技术飞速发展,开发人员要及时了解并使用最新技术,使目标系统较原系统有质的飞跃。

2. 整体原则

公司在管理过程中通过应用管理信息系统不断完善其职能,因此设计的管理信息系统必须满足企业方方面面要求,满足用户整体性需求。

3．超前性原则

为了有效地发挥管理信息系统的作用，提高使用率，在开发管理信息系统过程中要充分考虑到技术是不断向前发展的，应具有超前意识。

4．实用性原则

大而全或高精尖并不是管理信息系统开发成功与否的衡量标准。盲目追求高新技术忽视其实用性，使开发的管理信息系统与公司的实际技术水平、管理水平及人员素质不匹配是造成管理信息系统开发失败的重要因素。

13.8.2　管理信息系统开发的准备工作

管理信息系统的开发必须具有一定的基础，盲目地进行管理信息系统的开发势必会造成人力、物力、财力和时间上的浪费，很难取得成功。因此，在开发管理信息系统之前，公司应做好以下准备工作。

1．最高层领导要高度重视

管理信息系统的开发涉及公司日常管理工作的各个方面，需要领导协调公司各方面的关系。贯彻"一把手"原则，才有可能在资金、人员、技术方面给予充分保证，否则开发工作将面临巨大阻碍，系统的开发很难成功。

2．明确的实际需求

明确且实际的需求是开发管理信息系统的原动力。这种动力可能来自于企业内部也可能来自于企业外部。当这种需求非常迫切时恰好是管理信息系统开发的最有利的时机。

3．基础数据的规范化

在管理信息系统开发过程中有句话说得非常形象：三分技术、七分管理、十二分数据。由此可见数据的重要性。为了适应管理信息系统开发的要求，必须完善管理的基础工作，实现基础数据的规范化，管理业务的程序化，指标和定额的科学化，报表文件的统一化，代码名称的标准化。

4．充足的资金保证

管理信息系统的开发过程需要购买各种软、硬件资源，消耗各种材料，还要花大量的时间及金钱用于人员的培训，因此对公司而言是很大的一笔开支。为了保证管理信息系统开发工作的顺利进行，开发前必须进行可行性论证，并对各环节所需资金进行合理的预算。

5．建立专门的公司机构

成立由公司最高领导亲自挂帅的系统开发领导小组，它不负责具体的开发工作，而是系统开发的最高决策机构。领导小组的负责人应由企业主要负责人担任，小组成员应包括各部门的负责人、经验丰富的管理专家、系统分析员等。系统开发领导小组下面应设有具体进行开发工作的系统开发小组。系统开发小组应由技术人员负责,进行各种开发方法的选择、各类调查的设计和实施、调查结果的分析、系统的分析与设计及系统的实施和运行维护管理等具体技术工作。

思考题

1. 简述管理信息系统的开发方法。
2. 简述在面向对象开发方法中,对象、类、属性、方法的概念。
3. 简述影响信息系统失败的因素有哪些。

第 14 章

信息系统分析

　　系统分析又称为系统逻辑设计,它是系统规划与系统开发之间的一个阶段,是一个十分必要又十分重要的阶段。这个阶段需要对开发的项目进行系统的、层次化的分析,将业务或数据流程弄清楚,找到系统需要解决的问题,提出解决问题的思路及新系统拟采用的方案。

　　由此可见,这一阶段的工作质量直接决定下一步系统开发的成败。因此,从事系统分析的人员叫系统分析员,需要有高度的敬业精神、变革思想、协调能力,还要掌握科学的系统分析方法。

14.1　系统分析的任务

14.1.1　系统分析的主要任务

　　系统分析阶段的主要任务是系统分析员通过调查、访谈、资料整理等方法对系统进行详细深入的调查研究,通过与用户在一起相互讨论,使系统分析员充分了解用户的要求,并对现行系统作进一步的调查,将详细调查的资料集中在一起,对组织内部的整体管理状况和信息处理过程进行深入的分析。这一阶段的工作成果就是系统分析报告。系统分析报告一旦审核通过,将成为系统设计阶段和将来验收系统的重要依据。

　　系统分析阶段的主要任务如下:

1. 了解用户需求

　　这是系统分析的核心部分。用户需求是指用户要求新系统所提供的功能及特征,主要包括:新系统功能、开发周期、开发方法、硬件配置、资金预算等方面的意向及打算。

2. 确定新系统初步的逻辑模型

　　逻辑模型是指在逻辑上确定的新系统模型,并不涉及具体的物理实现。新系统的逻辑模型由一系列图表及文字组成,在逻辑上描述新系统的目标和各模块应具有的功能及性能。

3. 编写系统分析报告

　　将用图表描述的逻辑模型进行正确的文字说明,就形成了系统分析报告,这是系统分析阶段最重要的成果。系统分析报告是用户与开发人员达成书面协议的重要依据,也是系统开发阶段的主要参考资料。

14.1.2 系统分析工作的难点

在系统分析阶段经常出现三个方面的问题：对问题的理解、人与人之间的沟通、外界环境的变化。

1. 对问题的理解

对于一个规模较大的系统，呈现给系统分析员的数据量是非常巨大的，包括反映各种业务情况的数据、报表、手册、技术资料等。由于系统分析员对各种业务不可能做到完全了解，因此在调查过程中，对用户提出的具体问题有的认识不深刻，有的情况没有考虑到，这些误解和遗漏是系统研制的隐患，无形中导致了新系统在某些功能上的不足。

2. 人与人之间的沟通

系统分析工作是系统分析员与用户在充分沟通的基础上完成的。由于每个人对客观事物的看法不尽相同，即使对同一个问题，用户之间也经常存在分歧，这无疑增加了系统分析的难度。

另外，系统分析员与用户的知识结构不同、经历不同，导致彼此之间的交流非常困难。比如，对用户而言，在处理某些决策问题时，根据他的经验，仅凭直觉就可以判断出应该怎么做，但却不知道向系统分析员介绍什么，这就导致系统分析员很难从用户那些获得充分、有用的信息。

3. 外界环境的变化

系统分析阶段要通过调查、分析，抽象出新系统的模型，锁定系统边界、功能、处理过程和信息结构。但在这一过程中，系统生存的环境处于不断的变化过程中，因环境的改变对新系统不断地提出新的要求，只有适应这些要求，新系统才能具有强大的生命力。因此，在系统分析阶段，要完全确定系统模式是困难的，甚至是不可能的。

14.2 系统分析的步骤

系统分析工作主要分为以下 5 个步骤：对现行系统进行详细调查、业务流程分析、数据流程分析、建立新系统逻辑模型、编写系统分析报告。

14.2.1 对现行系统进行详细调查

系统调查分为初步调查和详细调查两种。初步调查多发生在系统规划阶段，而详细调查发生在系统分析阶段。与初步调查相比，详细调查的目标更明确、范围更集中、收集的情况及数据更全面和深入、对待处理的问题的研究更透彻。

详细调查的目的是为需求分析、组织结构和功能分析、业务流程分析、数据流程分析等各种分析活动提供资料，便于日后建立科学合理的新系统逻辑模型，因此调查阶段必须做到翔实。

　　详细调查应遵循用户参与的原则,由各部门的业务人员、主要管理人员、系统分析员、系统设计员共同组成调查小组,共同参与完成。在调查过程中,应拟订详细的调查计划,规定调查范围,明确每名成员的工作任务,采取召开调查会、问卷调查、访问、直接参与业务实践等多种形式相结合的方式进行调查。

　　在调查活动之前,系统分析人员与用户要共同制订调查进度计划,事先安排时间、地点和内容,并通知相关人员做好准备。

　　在调查过程中,要求调查人员具备良好的心理素质及行为修养,还需要掌握一定的提问技巧和处理人际关系的能力。在调查过程中,先采取自上而下的初步调查,在了解总体和全局情况后,再按照由下而上的顺序进行详细调查。

　　系统调查的内容十分宽泛,涉及企业生产、经营、管理、资源与环境各个方面,通常可划分为定性和定量调查。

　　定性调查包括组织结构的调查、管理功能的调查、工作流程的调查、数据流程的调查、处理特点的调查、系统环境的调查;定量调查包括收集各种原始凭证、收集各种输出报表、统计各类数据特征、收集与新系统对比所需的资料等。

14.2.2　业务流程分析

　　业务流程分析可以帮助分析人员了解该业务的具体处理过程,发现和处理系统调查工作中的错误和疏漏,修改和删除原系统的不合理部分,对原系统的业务流程进行优化。

　　常用的业务流程分析工具是业务流程图(Transaction Flow Diagram,TFD)。TFD 是一种描述系统内各单位、人员之间业务关系、作业顺序和管理信息流向的工具,利用它不仅可以描述“数据”的流程,也可以同时描述“物流”和人的活动,容易为用户所理解,常用作同用户交流的工具。

1. 业务流程图的基本符号

　　业务流程图的基本符号非常简单,这些符号所代表的内容与信息系统最基本的处理功能相对应,如图 14-1 所示。

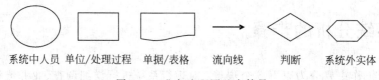

系统中人员　单位/处理过程　单据/表格　　流向线　　判断　　系统外实体

图 14-1　业务流程图基本符号

2. 业务流程图的绘制

　　图 14-2 描述了某家居卖场的退货业务流程。要退货的顾客需要携带商品及购物小票到客服中心办理相关手续。首先,顾客要填写退货单并注明退货原因,客服中心人员处理退货物品后,在每天下午四点左右将有瑕疵的商品和相应的退货单交给处理区工作人员,由处理区工作人员决定是销毁还是降价处理。没有拆开包装的商品和相应的退货单交到物流部,物流部工作人员将相应商品重新计入到卖场数量中,然后将商品送到部门产品集中区,

由各部门员工将自己部门的产品重新拿回摆放。

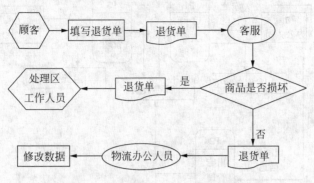

图 14-2　某家居广场退货业务流程图

14.2.3　数据流程分析

业务流程分析中绘制的业务流程图,形象地表达了物质(退货单)的流动和存储,但如果用计算机进行信息管理,必须要舍去相关的物质要素,建立起信息流动的"数据流程图"。

数据流程图(Data Flow Diagram,DFD),是一种全面描述信息系统逻辑模型的主要工具,它用4种基本符号综合地反映出信息在系统中的流动、处理和存储情况,是系统分析结果的表达工具,是系统设计的起点和重要参考资料。

数据流程分析可以按照自顶向下、逐层分解、逐步细化的结构化方法,将数据流程图中每一个过程都可以分解成更详细的下一层的DFD,直到最详细的底层为止。系统分析员可以借助数据流程图减少与用户在沟通时的误解,也有助于子系统的划分。

1. 数据流程图的基本符号

数据流程图用4种符号描述数据流入、流出一个系统以及在系统内被转换的过程,常用的数据流程图符号如图 14-3 表示。

　　数据流　　　数据存储　　　处理过程　　　外部实体

图 14-3　数据流图的基本符号

1) 数据流

数据流用带箭头的线条表示数据在处理过程、数据存储和外部实体之间的流动。数据流代表着一种手工和计算机产生的文件、报告或其中的部分数据,用于连接其他三种基本符号。

用数据流连接时一定要注意:不能从外部实体直接连接到外部实体,不能从数据存储直接连接到数据存储,也不能从数据存储直接连接到外部实体,其中至少有一个端点与加工符号连接。

实际上,数据流可以代表一个或多个数据项。比如在图 14-4 所示的某家居广场出入库

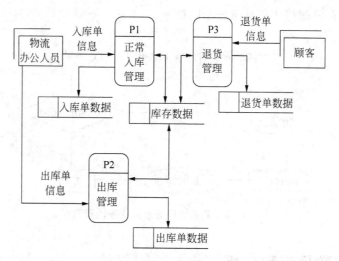

图 14-4　某家居广场出入库管理数据流程图

管理数据流程图中,数据流可以代表一个单独的数据项如商品号,在退货单信息中数据流可以代表商品号、购买的单据号、退货原因、退货处理结果等多个数据项的集合。

2)数据存储

数据存储表示系统内部需要存储保留的数据。它既可以表示计算机形成的数据存储(如计算机文件或数据库),也可以表示纸质数据存储(如会计账本、报告)等。

对数据流程图而言,它并不关心数据存储的物理特征,只关心其逻辑模型即逻辑意义上的数据存储。每个数据存储都应当有编号和名称,并记在数据存储符号中。

数据存储时不能直接和数据存储相连,也不能和外部实体相连,只能通过数据流符号和处理过程连接起来,表示存储处理过程的结果或向处理过程提供数据。

3)处理过程

处理过程用来描述对输入数据进行加工处理的逻辑功能。每个处理过程都应有一个动宾词组(如打印工资单)或动名词(如退货管理)构成的名字,以便与其他处理过程相互区分。

处理过程接收输入数据,处理后产生输出结果。一个处理过程可以有一个或多个输入的数据流、一个或多个输出的数据流,不能只有输入数据流而没有输出数据流,也不能只有输出数据流而没有输入数据流。

4)外部实体

外部实体是系统输入数据的提供者或系统输出信息的接收者。它可能是组织外部的顾客、供货方、政府机构,也可能是组织内部的雇员或组织的其他部门,或是一个与本系统有数据传递关系的其他系统。

2. 绘制数据流程图的准备工作

数据是信息的载体,是绘制数据流程图及今后系统要处理的主要对象。因此对系统调查阶段所收集的数据进行统计、分析及汇总是必不可少的。如果在绘制数据流程图之前发现有数据资料不全、采集过程不合理、处理过程不顺畅、数据分析不深入等问题出现,应该及时发现并及时修改、补充。

1）数据的收集

数据或资料的收集是绘制数据流程图或数据流程分析的基础。数据的收集常伴以分析，而数据分析又常需要补充、收集新的数据，因此数据的收集与分析没有明显的界限。

收集的数据包括：现行系统全部输入单据（如入库单、收据、凭证）、输出报表和数据存储介质（如会计账本、清单）的典型格式；各环节的处理方式和计算方法；上述各单据、报表、账本的典型样品上或用附页注明的制作单位、报送单位、存放地点、发生频率、发生高峰及发生量等；上述各单据、报表、账本的典型样品上注明的各项数据类型（数值型、字符、日期）、长度、取值范围等信息。

2）数据的分类

将上述收集到的数据进行分类，可以为后续的用户界面设计（如输入输出设计、人机对话设计）起到一定的指导作用。

通常数据分为以下三类：

- 输入数据类：即原始数据或基础数据，它是新系统运行后各子系统需要用到的或网络传递的内容。
- 过程数据类：指系统在处理过程中所产生的一些数据（如各种台账、账单和记录文件等），是新系统数据库要存储的、相互连接、调用和传递的主要内容。
- 最终数据类：指决策者想要得到的一些数据（如系统运行产生的各种报表、统计分析结果与决策方案等），即新系统正式运行后输出和网络传递的主要内容。

3）数据的特征分析

数据特征分析的目的是为日后的设计工作做准备，特征分析主要包括以下内容：

- 数据的类型及长度。该数据是常量还是变量；数据类型是数值型还是字符型，其宽度是多少及其他要考虑的事项（如精度、小数点保留的位数或正负号等详细信息）。
- 合理的取值范围。这是输入、校对及审核必需的信息。
- 哪些业务使用这些数据。
- 数据流量。单位时间内的业务量、使用频率、存储及保留的时间周期等。
- 重要程度及保密程度。

4）数据的汇总

数据收集过程中得到的大量数据资料基本上是由调查人员按组织结构或业务结构过程收集的，通常只是局部地反映某项管理业务对数据的需求和现有的数据管理状况。因此，有必要对这些数据在类比分析后做进一步的整理和汇总，使之协调一致，为整个系统的数据资源的充分调用和共享数据资料奠定基础。

数据汇总是一项非常繁杂的工作，通常包括以下4个步骤：

（1）数据分类编码。将收集到的数据资料按业务过程进行分类编码，按处理过程的顺序排列。

（2）数据完整性分析。按业务过程自上而下对数据进行整理，从本到源，直至记录数据的原始单据或凭证，确保数据的完整性和正确性。

（3）分类整理原始数据和最终数据。原始数据是新系统确定关系数据库基本表的主要内容，而最终数据反映了管理业务所需要的主要指标。

（4）确定数据的长度与精度。根据系统调查中用户对数据的使用情况及今后预计该业务的发展规模，统一确定数据的长度和精度。对数值型数据还应分析数据的正、负号，小数点前后的位数,取值范围等;对字符型数据要确定它的最大字长及是否是中文等信息,为数据库设计做好准备。

3. 数据字典

为了有效地进行数据分析,除了借助数据流程图外,还常用到另一种分析工具——数据字典。

数据字典是关于数据信息的集合,是在数据流程图的基础上,对其中出现的每个数据项、数据结构、数据流、处理逻辑、数据存储和外部实体等进行定义的工具。它的功能是在系统分析与设计的过程中,提供有关数据的详细描述信息。

数据流程图再配以数据字典,就可以从图形和文字两个方面对系统的逻辑模型进行完整的描述。

1) 数据项的定义

数据项又称数据元素,是数据的最小单位。它主要说明数据项的名称、编号、数据类型、数据长度和取值范围。

例如,在教师管理信息系统中,对教师的基本情况中的"教师编号"数据项可按表 14-1 进行相关规定。

表 14-1　"教师编号"数据项的定义

数据项元素	T02-01
数据元素名称	教师编号
类型	字符型
长度	5 位
数据类型	离散
取值范围	00 000～99 999
说明	编号的第一、二位表示所属院系;后三位是教师所在院系的序号

2) 数据结构的定义

数据结构可以描述某些数据项之间的关系。一个数据结构可由若干个数据项组成,也可以由若干个数据结构组成,还可以由若干个数据项和数据结构组成。

数据字典中对数据结构的定义包括如下内容:

- 数据结构的名称和编号。
- 简述。
- 数据结构的组成。

例如,在教师管理信息系统中,对"教师基本情况"的数据结构可按表 14-2 进行相关设定。

表 14-2　"教师基本情况"的数据结构

数据结构编号	BT03-01
数据结构名称	教师基本情况
简述	记录教师的出生日期、工作时间、性别、职称、婚姻状况等基本情况
数据结构组成	(教师编号＋性别＋民族＋出生日期＋工作时间＋职称＋婚姻状况＋政治面貌＋所属院系＋家庭住址)

3）数据流的定义

数据流是由一个或一组固定的数据项组成。定义数据流时，不仅要说明数据流的名称、组成，还要指明它的来源、去向和数据流量等。

例如，在教师管理信息系统中，财务处每月发给教师的"工资清单"的数据流可按表 14-3 进行相关设定。

表 14-3　"工资清单"数据流的定义

数据流名称	工资清单
说明	说明本月教师应开工资、各种缴费、交税、扣除、实开工资等情况
数据流来源	财务处及人事处
数据流去向	教师
数据流组成	（基本工资、住房提租、讲课费、津贴、公积金、医疗保险、个人所得税、实发工资……）
数据流的流通量	大约 2000 份/月

4）数据存储的定义

数据存储在数据字典中只描述数据的逻辑存储结构，并不涉及其物理结构。

例如，在教师管理信息系统中，"教师基本情况"的数据存储如表 14-4 所示。

表 14-4　"教师基本情况"数据存储的定义

数据存储名称	教师基本情况
简述	存放的是每名教师的基本自然情况
输入数据	每名教师的个人情况
数据存储组成	（教师编号＋性别＋民族＋出生日期＋工作时间＋职称＋婚姻状况＋政治面貌＋所属院系＋家庭住址）
存储方式	按教师编号的先后顺序

5）处理逻辑的定义

处理逻辑的定义仅对数据流程图中最底层的处理逻辑加以说明。需要描述的内容有处理逻辑的编号、名称、功能的简要说明及有关的输入、输出。

例如，在教师管理信息系统中，对"工资管理"的处理逻辑可按表 14-5 进行相关定义。

表 14-5　"工资管理"的处理逻辑定义

处理逻辑编号	G2
处理逻辑名称	工资管理
简要描述	根据职称的变化决定基本工资、住房提租、津贴、讲课费及个人所得税、公积金及医疗保险的扣除数等数据的变化
输入数据流	职称变化、职务变化、课时变化、工资普调
输出数据流	每月工资清单
处理	根据人事厅及学校相关文件进行相关数据项的调整

6）外部实体

外部实体指相对于本系统已有的数据而言，不断增加的数据，它的定义包括：外部实体的编号、名称、简述、有数据流的输入和输出。

例如，在教师管理信息系统中，对"教师"的外部实体的定义如表 14-6 所示。

表 14-6 "教师"外部实体的定义

外部实体名称	教师
输入数据流	聘任通知书
数目	100人/年

14.2.4 建立新系统逻辑模型

系统分析的目的是为最终确立新系统的逻辑方案做准备。由于逻辑模型与最终计算机配置方案和软件结构模型方案不同,所以称之为逻辑方案。

逻辑方案的建立是系统分析阶段的最终成果,它对下一步的设计和实现具有基础性的指导作用,也是系统开发者与用户共同确认的新系统处理模式及功能的说明。通常一个新系统逻辑方案由以下几部分组成。

1．对原系统业务流程分析整理后的结果

在此部分中将指出删除或合并了哪些冗余的流程;对哪些业务进行了优化或改动,原因是什么;带来的好处是什么;给出新业务的流程图;哪些部分需要软件系统实现;哪些需要用户配合实现。

2．对数据及数据流程分析整理后的结果

请用户确认最终的数据指标体系和数据字典。确认的内容包括数据定义是否合理;其精度是否满足要求;指出对原数据处理过程进行了哪些优化和改动,原因是什么,带来的益处是什么;给出新系统的数据流程图,并给出数据流程图中的人机交互界面。

3．子系统划分的结果

4．新系统的数据资源分布方案

指出哪些数据资源分布在系统内部,哪些在主机或网络服务器上。

5．各个具体业务的处理过程

结合具体情况,确定今后系统在每一个具体的管理环节上的处理方法。

6．确定新系统的管理模型

根据不同的管理职称,采用不同的管理模型,如统计分析模型、量—本—得分析模型、多元回归预测模型、决策支持模型等。

14.2.5 编写系统分析报告

系统分析的阶段成果就是系统分析报告,它反映了这一阶段系统分析的全部情况,是下一步系统设计与实现的纲领性文件。

系统分析报告必须组织各方面人员一起对已形成的逻辑方案进行论证,尽可能地发现其中的问题、误解和疏漏。对于问题、误解和疏漏要及时纠正,对于有争论的问题要重新核实当初的原始调查资料或进一步地深入调查研究,对于重大的问题甚至可能需要调整或修改系统目标,必须重新进行系统分析。

总而言之,系统分析报告是一份非常重要的文件,必须高度重视并认真地讨论、分析。一份好的系统分析报告不但能充分展示前一阶段调查、分析的结果,而且还要反映新逻辑方案的改良之处。

通常,系统分析报告应包括以下内容:

1. 组织情况简述

对已分析对象的基本情况作概括性的描述,包括组织结构、组织目标、组织性质、组织职能、业务流程、对外联系、研制系统工作的背景及组织与外部实体间有哪些物质及信息交换关系等。

2. 新系统目标及可行性研究

新系统的开发拟采取何种开发战略及开发方式;人力、资金及计划进展的安排;新系统实现后各个子系统应具备的功能;某些指标预期达到的程度;哪些工作是现行系统不具备,计划在新系统中增补的。

3. 现行系统运行状况

以图表工具为主(如数据流程图、业务流程图),详细描述现有系统信息处理以及信息流动的情况。并且指出主要环节对业务的处理量、总的数据存储量、处理速度要求,主要查询和处理方式,现有的各种技术手段等,都应做一个扼要的说明。

4. 新系统的逻辑方案

新系统的逻辑方案是系统分析报告的主体。这部分主要反映的是对新系统的设想,应包括以下内容:
(1)新系统拟定的业务流程及业务处理工作方式。
(2)新系统拟定的数据指标体系和分析优化后的数据流程。
(3)系统开发资源与时间进度安排。
(4)新系统各数据资源的分布及计算机系统应完成的部分。
(5)新系统在处理各业务环节拟采用的管理方法、算法及模型。
(6)与新系统配套的管理模式和运行体制的建立。

思考题

1. 简述数据流图与数据流程图的区别。
2. 简要说明系统分析的步骤。
3. 什么叫数据字典?它的作用是什么?

第15章

信息系统设计

如果系统分析报告获得批准,接下来就要着手进行新系统设计阶段的工作了。系统设计的目的是为下一阶段的系统实现(如编程、调试、运行等)制订蓝图。

在系统设计阶段,主要依据的是系统分析报告和开发者的知识及经验,在可选择的各种方法和技术中权衡利弊、精心设计,合理地使用各种资源,最终勾勒出新系统的详细设计方案。

系统设计分为总体设计及具体的物理设计两个阶段。在这两个阶段中,具体包含的任务有:新系统总体结构设计、数据结构和数据库设计、输入输出设计、流程及模块设计和代码设计。

15.1 总体结构设计

系统总体结构设计是根据系统分析的要求和组织的实际情况对新系统的总体结构形式和能够利用的资源进行大致设计,是一种宏观、总体上的设计和规划。

系统总体结构设计包括子系统的划分、系统环境的配置。

15.1.1 子系统的划分

子系统的划分通常在系统分析阶段完成。如果系统分析不充分,也可以在系统设计阶段根据以往的经验或准则进一步划分。

1. 系统划分的原则

子系统划分应遵循以下几点原则:

1) 独立性原则

子系统划分后,必须保证各子系统之间低耦合、高内聚的特征。

- 耦合性:是指模块间的相互依赖程度。依赖程度越高,则耦合度越高。
- 内聚性:是指模块内部各项操作功能的组合强度。强度越高,则内聚性越强,系统功能越好。

根据上述原则,在实际划分子系统的过程中,为了减少各种不必要的数据调用和控制联系,将联系比较密切、功能相似的模块相对集中,便于日后的查询、调试及使用。

同时,各子系统之间的联系要尽量减少,接口要简单、明确。将内部联系比较强的功能划入子系统内部,将一些分散的、跨度较大的对外联系功能变成子系统之间的联系及接口。

2)数据冗余小

如果忽略数据冗余问题,就会导致大量的原始数据重复调用、大量中间结果重复保存及传递、大量计算工作重复进行,从而使程序设计结构紊乱,为日后编程工作带来困难,而且系统的工作效率大大降低。

3)便于系统分阶段实现

由于信息系统的开发是一项庞大的工程,它的实现需要分期、分步骤实行,因此子系统的划分应适应这种分期、分步骤的实施条件。

4)便于日后发展需要

系统的规划、分析、开发阶段在整个系统的生命周期中只占 40% 左右的时间,大量的时间用于系统的使用及维护方面。在划分子系统时,应考虑适应今后管理发展的需要,要满足高层次管理决策的需求。

5)注重各类资源的充分利用

一个恰当的子系统划分应该既要考虑有利于各种设备资源在开发过程中的搭配使用,又要考虑到各类信息资源的合理分布和充分使用,减少系统对网络资源的过分依赖,减少输入、输出、通信等设备的压力。

2.系统划分的方法

目前,系统划分有 6 种方法,分别是:功能划分、顺序划分、数据拟合、过程划分、时间划分及环境划分。

根据划分后的连接形式、可修改性、可读性及紧凑性等指标进行衡量,按业务处理功能划分、按业务处理先后顺序划分、按数据拟合的程度划分,在各项指标中表现良好的划分为一个系统。

但上述指标数据是根据一般情况而定的,常用的系统划分方法是以功能/数据分析结果为主,兼顾组织实际情况的划分方法。在实际系统设计时仍由具体的系统分析结果而定,而不是简单地、绝对地评价好坏。

15.1.2 系统环境的配置

信息系统是以计算机科学技术为基础的人—机系统,其平台是信息系统开发与应用的基础。

在系统总体结构设计阶段,也要通盘考虑系统环境的配置,包括:计算机处理方式、网络结构设计、网络操作系统的选择、数据库管理系统的选择、各种软件及硬件资源的选择等。

1.计算机处理方式

计算机处理方式可以根据系统功能、业务处理的特点、性价比等因素,选择批处理、联机实时处理、联机成批处理、分布式处理等方式。在一个信息系统中,也可以混合使用各种方式。

2．网络结构设计

网络结构的设计包括中、小型主机方案与微机网络方案的选择；网络互联结构及通信介质的选择；局域网拓扑结构的设计；网络应用模式及网络操作系统的选择；网络协议的选择；远程用户、网络管理等具体工作的设计。

3．数据库管理系统的选择

数据库管理系统的选择依据是：支持先进的处理模式，具有分布处理数据、多线索查询、优化查询数据、联机事务处理的能力；具有高性能的数据处理能力；具有良好的图形界面的开发工具包；具有较高的性价比；具有良好的技术支持与培训。

目前，市面上流行的数据库系统非常多。大型的数据库系统包括：Oracle、Sybase、SQL Server 等，这类数据库系统通常运行于客户机/服务器模式，是开发大型信息系统的首选。中、小型的数据库系统包括：Access、Visual FoxPro 等，Visual FoxPro 常用于小型信息系统开发。

4．软、硬件选择

由于计算机速度更新较快，不应该立即着手购买软、硬件资源，但可在设计阶段对软、硬件的需求进行大体设计。为了提高采购质量、节约资金，可采用招标方式进行。

1）硬件选择的原则

- 技术上成熟可靠的标准系统机型。
- 处理速度快。
- 数据存储容量大。
- 良好的兼容性、可扩充性和可维护性。
- 良好的性价比。
- 厂商或供应商的技术支持或售后服务好。
- 操作方便。
- 在一定时间内保持一定的先进性。

2）软件选择

包括操作系统、汉字系统、设计系统、设计语言、数据库管理系统等各种系统软件及应用软件的选择。

15.2　数据结构和数据库设计

信息系统的主要功能是通过大量数据获得管理所需要的信息，建立一个良好的数据结构及数据库，不仅可以使整个系统方便、准确、迅速地调用和管理所需的数据，而且是衡量信息系统开发工作好坏的重要指标之一。

15.2.1　规范化地重组数据结构

建立一个良好的数据指标体系是建立数据结构和数据库的基础。以关系数据库为例，指标体系中的一个指标类就是关系数据库中的一个基本表,而这个指标类下面的一个具体指标就是这个基本表中的一个字段。但是如果按这种方式建立库文件,就不符合数据库的设计规范。

为了使数据更加规范,关系数据库创始人之一科德于1971年提出了规范化理论,并在随后的一系列论文中形成了一整套规范化模式,这些模式早已成为建立关系数据库的基本范式。

在数据的规范化表达中,通常将一组相互关联的数据称为一个关系,它是一个二维表格,这个表格在具体的数据库中被称为表文件。

在这个表文件中,每个列被称为字段,每一个行被称为记录。并且规定:每一个表中必须定义一个数据元素称为关键字,它可以唯一地标识出该表中其他相关的数据元素。

在这个二维关系表中,行(记录)与列(字段)应具有如下性质:

- 表中所有的列不能重复,其列的排列顺序无关紧要。
- 表中所有的行不能重复,其行的排列顺序无关紧要。

在对表的形式进行的规范化定义后,科德还对数据结构进行了5种规范化定义,简称范式。在这5种范式中,对于常用系统只用前三种就足够了,而且这5种范式是向上兼容的,即满足第5范式的数据结构自动满足一、二、三、四范式,并以此类推。

1) 第一范式(first normal form,1st NF)

是指在同一个表中没有重复项出现,如果有,则将重复项去掉。去掉重复项的过程就称为规范化处理。

2) 第二范式(second normal form,2nd NF)

是指每个表必须有一个,且只有一个数据元素为主关键字(primary key),其他数据元素与主关键字一一对应。

这种对应关系被称为函数依赖,即表中其他数据元素都依赖于主关键字,或称该数据元素唯一地被主关键字所标识。

3) 第三范式(third normal form,3rd NF)

是指表中所有数据元素不但要唯一地被主关键字所标识,且彼此之间要相互独立,不存在其他函数关系。

也就是说,如是对一个满足了2nd NF的数据结构而言,表中有可能存在某些数据元素依赖于其他非关键字数据元素的现象,则必须加以消除。

15.2.2 建立关系型数据库

一个关系型数据库不仅包含各种表文件,也包含表文件之间的各种联系。因为,单独的表不能完整地反映事物的全部,通过表之间的关联,可以反映一个表中的某个字段在另一个表中存储数据的其他情况。

表之间的关联,是通过建立一个共同属性的字段彼此连接来完成的。表之间的关联分为三种:一对一关联、一对多关联及多对多关联。

一对一的关联:是指A表中的一条记录在B表中只能有一条记录与之匹配;反之,B表中的一条记录在A表中也只能有一个记录与之匹配。

一对多关联:是指A表中的一条记录在B表中有多条记录与之匹配;反之,B表中的一条记录只能有一条记录与之匹配。

多对多关联：是指 A 表中的一条记录在 B 表中有多条记录与之匹配；反之，B 表中的一条记录在 A 表中也有多条记录与之匹配。

通常，表与表之间建立关联后，可对表进行参照完整性的检验。当用户向一个表中插入、修改、删除数据时，就可以引用相关联的另一个数据表中的数据来检查数据操作的正确性。

15.2.3　数据安全保密级别的设定

通常，数据库管理系统都提供数据安全保密级别的设定功能。安全保密级别共分为 8 个等级(0~7 级)，4 种不同方式(只读、只写、删除、修改)，而且允许用户利用这 8 个级别 4 种方式对每一个表进行相关定义。

在定义安全保密级别时，应遵循以下原则：

(1) 统计文件和数据录入文件，在本工作站定义为只写方式，对其他工作站定义为只读方式。

(2) 财务文件或其他涉及企业机密文件，只对本工作站(如财务处)定义为可写、可改、可删除方式，对其他工作站定义为只读方式，而且不是每个人都能读，只有级别相同或高级别者才能读。

(3) 原则上所有文件级别都统一定义为 4 级，但对于优先级别高的办公室传输的文件可定义高于 4 级的级别，否则定义低于 4 级的组别。

15.3　输入输出设计

良好的输入系统为用户及系统带来友好、便利的工作环境。同样，一个好的输出系统也可以为用户提供简洁、准确、及时、实用的管理信息。输入输出系统设计好坏也是评价系统优劣的重要标准之一。

15.3.1　输入设计

输入设计的目标是保证向系统快速输入正确的数据。它包括输入方式的设计及用户界面的设计。一个友善、高效的输入设计能为今后系统的运行带来诸多方便。

1. 输入设计的原则

1) 最小量原则

是指在保证满足处理要求的前提下，使输入量最小。因为输入量越小，出错机会越小，花费时间越少，数据一致性越好。

2) 简单性原则

是指输入的准备、输入过程尽量容易，以减少错误的发生，防止因查错、纠错而使输入复杂化，增加用户负担。

3) 早检验原则

是指在输入设计中应采用多种输入校验方法和有效性检验技术，以减少输入错误，待检验的数据尽量接近原数据发生点，使出错数据及时得到改正。

2．输入方式的选择

根据具体的管理需求确定数据的输入方式，常见的方式有：

1）键盘输入

这是常规的数据输入方式，在信息系统中大量的数据都通过这种方式获得。该方式必须有人工参与，采用人机交互方式进行，其效率主要取决于人而不是计算机。

键盘输入方式的特点是：输入速度慢、易出错，适用于常规、少量的数据输入。

2）光电设备输入

通过光电设备对实际数据进行采集，并将其转换成计算机能够识别和接受的数据形式（如扫描仪、条形码输入器等）。

3）声音输入

通过语音识别系统，利用声频转换器和语音分析手段，与预先存入系统的语音特征参量进行对比，通过逻辑判断完成识别与辨认。

3．输入数据的校对

输入设计时一定要考虑对输入的数据进行校对，尤其是针对数字、金额等字段，不采取适当的校对措施是非常危险的。尤其对一些重要的报表，一定要进行多次校对方可。当然，绝对保证不出错的校对方式也是不存在的。

1）人工校对

将输入的数据显示或打印出来，人工进行校对。这种校对只适合少量数据校对，对于大批量数据而言，校对起来费时、费力、效率太低。在实际中，很少有人使用。

2）二次键入校对

这种方法是数据录入中心、信息中心录入数据时常用的一种方法。是指同一批数据两次键入系统，由系统自行比较这两批数据是否一致，如果一致，则认为输入正确；反之，则将不同部分显示出来人为进行校对。

这种校对方法方便、快捷，适用于任何类型的数据。虽然从理论上讲存在二次键入也可能在同一个地方出错的情况，但这种情况可能性概率极小。

3）利用数据之间的逻辑关系校对

比如，会计凭证，可以利用恒等式进行检验；数据报表的总计，可以利用累计值与总计值比较来达到校对目的。

4．输入界面的设计

信息系统是一个人机交互系统，人与计算机的沟通主要通过科学、合理的输入输出设计来实现。这种利用屏幕、键盘等设备实现人与计算机进行信息交换的功能设计又叫界面设计。

界面设计的总原则是为用户着想，因为信息系统的最终使用者是用户。除其此外，界面设计过程中还应把握以下几点：

（1）对话框要简单、清晰，用词要符合用户观点和习惯。

（2）操作方式要兼顾使用者的熟练程度，既有适合初学者比较详细的说明、提示，也有适合熟练程度高的用户格式及操作方式。同时要有利于修改和维护。

（3）错误信息设计要有建设性。用户界面是否友好,是衡量界面设计优劣的重要指标。一个友好的错误信息设计,用词要友善、简洁、清晰,并有建设性,尽可能告知使用者产生错误的可能原因。

（4）关键操作要有强调和警告。针对某些重要操作或破坏性操作,无论是否是误操作,系统都应进一步确认,进行强制发问,甚至警告,以免造成无法挽回的后果。

15.3.2 输出设计

相对于输入方式而言,输出方式的设计要简单些,常用的有报表/文件输出及图形输出方式。

至于采用哪种输出方式,应根据系统分析及管理业务的要求而定。通常,对于基层或具体事物的管理者,采用报表/文件方式给出详细的数据信息更适合;对于高层领导或宏观、综合管理部门,采用图形方式给出比例或综合发展的趋势信息更适合。

1. 输出信息类型

输出信息分为内部信息和外部信息两种类型。

1）内部信息

是由信息系统所属的组织内部人员使用的信息(比如,某高校教职工名册)。有时内部信息具有一定的机密性,因此这类信息只限于组织内部使用。

2）外部信息

是由信息系统所属的组织外部人员使用的信息(比如,学校向上级主管部门提交的各种统计报表)。

2. 输出格式的设计

无论采用何种输出方式,在输入格式的设计上要遵循以下几点:

（1）格式标准化,文字和术语相统一。

（2）使用方便、美观大方,符合使用者的习惯。

（3）便于计算机实现。

（4）适当考虑适应系统长远发展的需要。

（5）合理安排要显示数据项的位置,适当的色彩搭配,更易获得用户的好感。

15.4 流程/模块设计

将整个信息系统划分为若干个子系统或模块后,接下来就要进行所谓的详细设计了,即指定每个模块和它们之间的连接方式,以及每个模块内部的功能及处理过程。这一部分的设计需要借助一些工具来完成。

15.4.1 决策树

决策树(decision tree)是用树形分叉图表示处理逻辑的一种工具。它由两部分组成,左侧用分叉表示条件,右侧表示采取的行动(决策)。

决策树比较直观、容易理解,但当条件多时,不容易清楚地表达整个判别过程。

图 15-1 是一个根据选修成绩判断成绩等级的决策树。判定方法如下:如果成绩低于 60 分,则没有等级,重修;如果成绩大于等于 60 分,小于 70 分,则等级为"及格";如果成绩大于等于 70 分且小于 80 分,则等级为"中等";如果成绩大于等于 80 分且小于 90 分,则等级为"良好";如果成绩大于等于 90 分且小于等于 100 分,则等级为"优秀"。

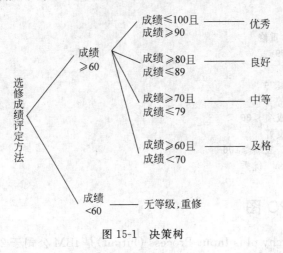

图 15-1 决策树

15.4.2 判断表

判断表(decision table)是另外一种表达逻辑判断的工具。与决策树相比,判断表的优点是能够把所有的条件组合充分地表达出来。缺点是判断表的建立过程较为繁杂,且表达方式不如前者简便。

将图 15-1 所表述的例子,用判断表进行如表 15-1 所示。

表 15-1 判断表

		1	2	3	4	5
	成绩≤100 且成绩≥90	Y	N	N	N	N
	成绩≤89 且成绩≥80	N	Y	N	N	N
条件	成绩≤79 且成绩≥70	N	N	Y	N	N
	成绩≤69 且成绩≥60	N	N	N	Y	N
	成绩<60	N	N	N	N	Y
	优秀	√				
	良好		√			
判定等级	中等			√		
	及格				√	
	无等级,重修					√

15.4.3 结构化英语表示法

这是一种模仿计算机语言处理逻辑问题的描述方法,不同于自然语言,也区别于任何一种特定的编程语言（如 C 语言），是一种介于两者之间的语言。

结构化英语表示法与结构化程序设计思想一脉相承，通常有三种基本组成结构，即顺序结构、判断结构和循环结构。同时，它还借于程序设计的基本思想，利用其中几个关键词，如：if，then，else，so，and，or，not 等完成模块处理过程。

下面将选修成绩的评定方法用结构化英语来描述：

```
if 成绩< 60
    then  无等级,重修
else if  成绩≤69
    then  及格
  else  if  成绩≤79
      then  中等
      else  if  成绩≤89
          then  良好
        else  if  成绩≤100
            then  优秀
```

15.4.4　HIPO 图

HIPO 图（Hierarchy plus Input-Process-Output）是 IBM 公司于 20 世纪 70 年代中期在层次结构图的基础上提出的一种描述系统结构和模块内部处理功能的工具。

HIPO 图由层次结构图和 IPO 图两部分组成，前者描述了整个系统的设计结构及各类模块之间的关系；后者描述了某个特定模块内部的处理过程和输入输出关系。

1. 层次模块结构图

层次模块结构图（structure chart）是 1974 年由 W. Steven 等人从结构化设计角度提出的一种工具。它将一个系统划分为若干个子系统，子系统下面划分为若干个模块。大模块内再分成小模块，而模块是指具有输入、输出、逻辑功能、运行程序和内部数据四种属性的一组程序。

层次模块结构图主要关心的是模块的外部属性，即上下级模块、同级模块之间的数据传递和调用关系，并不是模块的内部，内部的功能由 IPO 图解决。

层次模块结构图用 5 个图例（如图 15-2 所示）和 4 种关系（如图 15-3 所示）表达模块之间的联系。

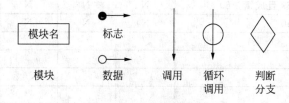

图 15-2　层次模块结构图 5 种图例

2. IPO 图

IPO 图（Input/Process/Output）是输入输出图的简称。该图主要是配合层次化模块结构图来详细地说明每个模块内部功能的一种工具。

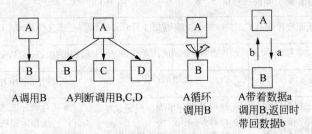

图 15-3 层次模块结构图 4 种关系

IPO 图使用的基本符号少且简单,通过该图可以方便地描绘输入数据、数据处理和输出数据之间的关系。IPO 图的设计可因人而异,但无论怎样设计都包括输入(I),处理(P)和输出(O),以及与之相应的数据库、文件在总体结构中的位置等相关信息。

3. HIPO 图

HIPO 图是在层次结构图的基础上推出的一种描述系统结构和模块内部处理功能的工具。HIPO 图由层次结构图和 IPO 图两部分组成,前者描述了整个系统的设计结构及各类模块之间的关系,后者描述了某个特定模块内部的处理过程和输入输出关系。

HIPO 图一般由一张总的层次化模块结构图和若干张具体模块内部展开的 IPO 图组成,如图 15-4 和图 15-5 所示。

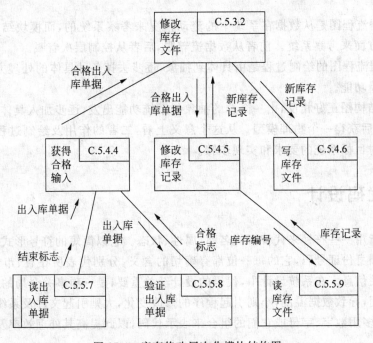

图 15-4 库存修改层次化模块结构图

图 15-4 是一张有关修改库存文件部分内容模块的层次模块结构图。图 15-5 是图 15-4 中若干张模块展开图(IPO 图)中的一张,即验证事务单位模块(编号 C.5.5.8)的 IPO 图。

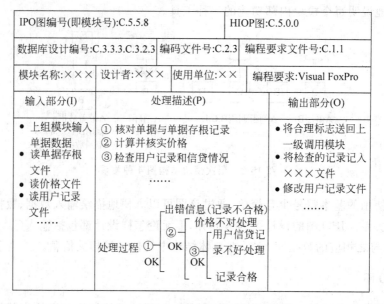

图 15-5　IPO 图

图 15-5 上部及底部的内容是该模块在总体系统中的位置,所涉及的编码方案,数据库文件,编程要求,设计者及使用者等信息。在该图中,内部处理过程的描述是用决策树方式进行的。

4．HIPO 图与数据流程图的区别

(1) 数据流程图是从数据在系统中的流动情况来考察系统的,而模块结构图则从功能的层次关系方面来考察系统。前者从数据流着眼,后者从控制层次着眼。

(2) 数据流程图的绘制过程是由具体到抽象,逐步去掉各种具体的处理方法,只表述抽象的系统逻辑功能。

而模块结构图正好相反,由一个总的抽象的系统功能出发,逐步加入具体的实现方法和技术手段,最后获得一个物理模型。从这个意义上看,二者的作用及绘制过程正好相反,分别用于表述对目标系统的要求和实现步骤。

15.5　代码设计

代码是指用一些符号来代替事物名称、属性、状态。它以简短的符号形式代替具体的文字说明。比如身份证号码,它的每一位都有确切的含义,分别代表所在省、市、出生年月、性别及其他相关信息。在系统设计中,代码的设计至关重要,是一项事关全局的工作。如果代码设计不合理,导致数据混乱,小则引起程序的修改变化,大则引起文件及系统的重新建立。为方便起见,多用数字、字母或它们的组合来表示代码,以此提高其处理效率及精度。

1. 代码设计的原则

1) 唯一性

每个代码仅代表唯一的实体或属性,唯一地对事物加以标识是代码设计的首要任务。

2）规范化

如果仅从唯一性角度来编制代码，那么代码编制后可能是杂乱无章的，不仅让人无法辨认，而且使用起来也不方便。因此，在唯一性的基础上，还应强调编码的规范化。

3）可扩充性及易修改性

由于系统数据将不断更新，增加新代码不可避免，一旦增加新的实体或属性，可以直接利用原代码加以扩充，不需要重新变动代码系统。如果系统条件发生变化，代码应当容易修改。

4）简洁性

代码长度影响其所占的存储空间、输入输出处理速度、输入时的出错概率，因此代码应尽量简短，不仅减少空间，提高速度，而且便于记忆。

2．代码结构的类型

目前，常用的代码有如下几种：

1）顺序码

又称系列码，以某种连续的顺序形式编码。其特点是：短而简单，易于管理。但此码本身没有逻辑性，不能说明任何信息的特征。

由于用连续的数字进行编码，变化的部分通常放在最后，如果中间的某个代码删除，则会造成空码。因此，在实际信息系统设计中，单纯的顺序码是很少使用的，总是与其他形式结合使用。

2）区间码

又称数字码，完全以数字符号进行编码，它是各类信息系统中最常见的编码形式。区间码把数据项分成若干组，每一区间代表一个组，代码中的各数字都有一定的意义。

区间码的优点是：信息处理比较可靠，排序、分类、检索等操作易于进行。缺点是：由于其长度与其分类属性的数量有关，有时可能造成很长的码，多数情况下，代码中含有多余的数字。

例如，某人的身份证号码由 18 位数字组成，每一位的具体含义如下：

210	106	1975	07	18	182	X
↓	↓	↓	↓	↓	↓	↓
省份	城市	年份	月份	日期	顺序号	校验码

3）字符码

也称混合码。即以线性字符形式编码（英文、汉语拼音等）。这类编码常用于字段名、变量名编码。比如，同一种商品的价格，可能存在进货价格、销售价格等。为了区别起见，我们可以规定：字段的第一位分别用 J 和 X 分别表示进货和销售，后面用 5 位数字分别代表具体的价格，如：X—345.6 表示某一种商品的销售价格是 345.6 元。

这种编码方式的优点是：可辅助记忆。缺点是：不容易校对，也不容易反映分类的结构。

15.6 系统设计报告

系统设计阶段的最终成果是系统设计报告。系统设计报告是下一步系统开发、实施的基础。内容包括网络设计、系统配置方案、系统模块结构图、IPO 图和其他详细设计内容在内的相关说明。

系统设计报告通常由下述内容组成,在编写时可根据系统的规模和复杂程度,选用其中的一部分或全部内容。

1. 引言

- 摘要:对系统的目标和功能等说明。
- 背景:介绍项目开发者和用户、本项目和其他系统或机构的关系等。
- 系统环境和限制:包括硬件、软件和运行环境方面的限制;有关系统软件的文本;有关网络协议标准的文本。
- 参考资料和专门术语说明。

2. 系统设计方案

- 总体结构和模块设计:包括系统的模块结构图;各个模块的 IPO 图,包括各模块的名称、功能、调用关系、局部数据项和详细的算法说明等。
- 代码设计:各类代码的类型、名称、功能、使用范围和使用要求等说明。
- 输入设计:包括输入人员描述(指出所要求的输入操作人员的水平与技术专长,说明与输入数据相关的接口软件及其来源);主要功能要求(从满足正确、迅速、简单、经济、方便使用者等方面达到要求的说明);输入校验(关于各类输入数据校验方法的说明)。
- 输出设计:包括输出项目、输出接受者、输出要求(所用设备介质、输出格式、数值范围和精度要求等)。
- 文件(数据库)设计说明:包括概述(目标、主要功能)、需求规定(精度、有效性、时间要求及其他专门要求)、运行环境要求(设备支撑软件、安全保密等要求)、逻辑结构设计(有关文件及其记录、数据项的标识、定义、长度和它们之间的关系)、物理结构设计(有关文件的存储要求、访问方法、存储单位、设计考虑和保密处理等)。
- 模型库和方法库设计:本系统所选用的管理模型和方法及简要说明。
- 安全保密设计。
- 系统配置方案报告:包括硬件配置设计、通信与网络配置设计、软件配置设计和机房配置设计。
- 系统实施方案及说明:包括实施方案、实施计划(包括工作任务的分解、进度安排和经费预算)和实施方案的审批(说明经过审批的实施方案概况及审批人员的姓名)。

思考题

1. 简述 HIPO 与 IPO 的图的区别。
2. 简述结构设计的基本原则。

第16章 信息系统的实施

系统实施是新系统开发工作的最后一个阶段。所谓实施指的是将系统设计阶段的结果在计算机上的实现。将原来纸质的资料转换成计算机可执行的应用软件系统。

系统实施阶段的主要任务是：

- 按总体设计方案购置和安装计算机网络系统。
- 建立数据库系统。
- 程序设计与调试。
- 整理基础数据。
- 培训操作人员。
- 投入切换和试运行。

在上述几项工作中，第一项任务很简单，只需按总体设计的要求和可行性报告中对财力资源的分析，选择适当的设备，通知供货厂家按要求供货并安装即可；第二项建立数据库的任务相对简单，通过前面几章介绍的数据、数据流程分析、数据过程分析及数据库设计时严格的规范，再加上开发者对数据库技术比较熟悉，按照要求建立一个大型数据库的结构并不是一件难事。本章对上述问题不再赘述，重点介绍后几项工作量较大且具有一定难度的工作。

16.1 程序设计与调试

程序设计的主要依据是系统设计阶段的 HIPO 图及数据库结构和编程语言设计。程序设计的目的是用计算机程序语言来实现系统设计中的每一个细节。由于计算机技术发展日新月异，当今程序设计无论从设计思想、方法、技巧，还是从评价指标都产生了根本性变化。比如，原来重点强调的程序设计框图，由于硬件技术的发展、面向过程程序设计的成熟与规范，已基本无人再画，这些变化是开发工作中值得注意的倾向。

关于程序设计方法及编程语言的选择，已在第 13 章中详细介绍，这里不再赘述，本小节主要介绍衡量编程质量的标准及程序的调试。

16.1.1 衡量编程质量的标准

衡量编程工作的指标是多方面的，虽然随着系统开发技术和计算机技术的发展不断地变化，但从目前的技术发展趋势看，衡量编程质量的标准有如下 4 个方面。

1．可靠性

系统运行的可靠性至关重要,可靠性指标在任何时候都是衡量系统质量好坏的重要标准。可靠性指标可分解为几个方面的可靠性,比如:数据存取的安全可靠性、通信安全可靠性、操作权限的可靠性等。这些工作要靠系统分析和设计的严格定义来完成。另一方面的可靠性是指程序运行时的可靠性,这一点只靠通过调试时的严格把关来保证编程工作的质量。

2．规范性

规范性体现在系统的划分、书写的格式、变量命名的一致性等细节,只有规范定义,才能有利于今后的阅读、修改及维护。

3．可读性

以前编程主要倡导紧凑性、技巧性,现在更主张程序清晰、没有太多繁杂的技术,能够使他人容易读懂。为了做到这一点,主张程序中插入大量的解释性语句,对程序中的变量、功能、特殊处理细节进行解释,为日后阅读、修改、调试提供方便。

4．可维护性

可维护性是指程序各部分要相互独立,没有调用子程序以外的其他数据牵连,不会发生在维护时修改一个数据而引动"全身"的连锁反应。通常,一个规范性、可读性、结构划分合理的程序模块,其可维护性也是比较好的。

16.1.2　程序的调试

程序的调试是指在计算机上以各种可能的数据和操作条件对程序进行试验,找出存在的问题加以修改,使之完全符合设计要求。通常,大型的软件研制过程中,程序的调试工作所占的比重很大,大约占 50%,因此对程序的调试问题要充分重视。

1．程序测试的方法

1）黑箱测试

即不管程序内部是如何编制的,只需要从外部数据 HIPO 图的要求对模块进行测试。

2）数据测试

即用大量实际数据进行测试。数据类型要齐全,各种"边值"、"端点"都应该调试到。

3）穷举测试

也称完全测试。即程序运行的各个分支都应该调试到。

4）操作测试

即从操作到各种显示、输出应全面检查,检查是否与设计要求相一致。

5）模型测试

即核算所有计算结果。

2．程序调试的主要步骤

1）模块调试

按上述要求对模块进行全面的调试，主要是调试其内部功能。

2）分调

由程序的编制者对本子系统有关的各模块实行联调，以考查各模块外部功能、接口及各模块之间调用关系的正确性。

3）联调

各模块、各子系统均经调试准确无误后，就可进行系统联调。联调是实施阶段的最后一道检验工序。联调通过后，即可投入程序的试运行阶段。

实验证明，这种分步调试的方法是非常有效的。它得益于结构化系统设计的程序设计基本思想。在操作过程中其自身形成了一个个反馈环，由小到大，通过这些反馈较容易发现编程过程中的问题，及时地修正。

16.2 人员及岗位培训

进行系统操作、维护、运行管理人员的培训也是信息系统开发过程中的一项工作。一般来说，人员培训工作应尽早进行。

1．人员培训计划

操作人员培训是与编程和调试工作同时进行的，这样做基于以下几方面原因：

- 编程开始后，系统分析人员有充分时间开展用户培训。
- 编程完结后，系统即将要投入试运行和实际运行，如再不培训系统操作和运行管理人员，可能将影响整个实施计划的执行。
- 用户受训后能够更有效地参与系统的测试。
- 通过培训，系统分析人员能对用户需求有更清楚的了解。

2．培训的内容

- 系统整体结构和系统概貌。
- 系统分析设计思想和每一步的考虑内容。
- 计算机系统的操作与使用。
- 系统所用的主要软件工具（编程语言、工具、软件名、数据库等）的使用。
- 可能出现的故障及故障的排除。
- 文档资料的分类及检索方式。
- 数据收集、统计渠道、统计口径。
- 运行操作时的注意事项。

16.3　试运行和系统转换

系统实施的最后一步就是新老系统的转换。它是系统调试和检测工作的延续。它很容易被人忽视，但对最终使用的安全、可靠、准确性来说，它又是十分重要的工作。

16.3.1　系统的试运行

在系统联调时，我们使用的是系统测试数据，而这些数据很难测试出系统在实际运行中可能出现的问题。因此，一个系统开发完成后，试运行是对系统最好的检验和测试方式。

系统试运行阶段的工作主要包括：

* 对系统进行初始化、输入各原始数据记录。
* 记录系统运行的数据和状况。
* 核对新系统输出和老系统输出的结果。
* 对实际系统的输入方式进行考查（是否方便、效率如何、安全可靠性、误操作保护等）。
* 对系统实际运行、响应速度（包括运算速度、传递速度、查询速度、输出速度等）进行实际测试。

16.3.2　基础数据准备

按照系统分析所规定的详细内容，组织和统计系统所需的数据。基础数据准备包括如下几方面的内容：

* 基础数据统计工作要严格科学化，具体方法要程序化、规范化。
* 计量工具、计量方法、数据采集渠道和程序都应该固定，以确保新系统运行有稳定可靠的数据来源。
* 各类统计和数据采集报表要标准化、规范化。

16.3.3　系统切换

系统切换是指系统开发完成后新老系统之间的转换，系统切换有三种方式，即直接切换、并行切换、分段切换。

1. 直接切换

直接切换就是在确定新系统运行准确无误时，立刻启用新系统，终止老系统的运行。这种方式对人员、设备费用很节省。这种方式一般适用于一些处理过程不太复杂，数据不很重要的场合。

2. 并行切换

这种切换方式是新老系统并行工作一段时间，经过一段时间的考验以后，新系统正式替代老系统。

对于处理过程较复杂的大型系统,它提供了一个与旧系统运行结果进行比较的机会,可以对新旧两个系统的时间要求、出错次数和工作效率给予公正的评价。当然由于与旧系统并行工作,消除了尚未认识新系统之前的惊慌与不安。

这种切换方式经常用在银行、财务等核心系统中,它的主要特点是安全、可靠。但费用与工作量都很大,因为在相当一段时间内,两套系统并行工作。

3.分段切换

这种切换又叫向导切换。这种方式是以上两种切换方式的结合。在新系统正式运行前,一部分一部分地替代老系统。一般在切换过程中没有正式运行的那部分,可以在一个模拟环境中进行考验。这种方式既保证了可靠性,其费用又不太大。但是这种分段切换对系统的设计和实现都有一定的要求,否则是无法实现这种分段切换的设想的。

总之,第一种方式简单,但风险大,万一新系统运行不起来,就会给工作造成混乱,这只在系统小,且不重要或时间要求不高的情况下采用。第二种方式无论从工作安全上,还是从心理状态上均是最好的,其缺点就是费用大,尤其对于大型系统,费用开销更大。第三种方式是为克服前两种方式缺点的混合方式,因而在较大系统使用较合适,当系统较小时不如用第二种方便。

16.4 系统的评价

一个信息系统投入运行后其工作质量如何? 如何对其所带来的效益和所花费成本的投入产出比进行分析? 如何分析一个信息系统对信息资源的充分利用程度? 如何分析一个信息系统对组织内各部分的影响? 这是评价体系要解决的问题。

16.4.1 信息系统质量评价指标

信息系统的质量好坏与否,关键是在特定条件下相对满意的程度。如何评价信息系统的质量,通常采用下面几种评价的特征和指标。

1.系统对用户和业务需求的相对满意程度

系统是否满足了用户和管理业务对信息系统的要求,用户对系统的操作过程和运行结果是否满意。

2.系统的开发过程是否规范

包括系统开发各个阶段的工作过程及文档资料是否规范等。

3.系统功能的先进性、有效性和完备性

这是衡量信息系统的关键问题之一。

4.系统的性能、成本、效益综合化

它是综合衡量系统质量的首选指标。集中地反映了一个信息系统质量的好坏。

5．系统运行结果的有效性和可行性

即考查系统运行结果对于解决预定的管理问题是否有效。

6．结果是否完整

处理结果是否全面地满足了各级管理者的需求。

7．信息资源的利用率

即考查系统是否最大限度地利用了现有的信息资源并充分发挥了它们在管理决策中的作用。

8．提供信息的质量

即考查系统所提供信息(分析结果)的准确程度、精确程度、响应速度及其推理、推断、分析、结论的有效性、实用性和准确性。

9．系统的实用性

即考查系统对实际管理工作是否实用。

16.4.2　系统运行评价指标

信息系统在投入运行后要不断地对其运行状况进行分析评价,并以此作为系统维护、更新及进一步开发的依据。系统运行评价指标一般有如下几个方面。

1．预定的系统开发目标的完成情况

(1) 对照系统目标和组织目标检查系统建成后的实际完成情况。

(2) 是否满足了科学管理的要求？各级管理人员的满意程度如何？有无进一步的改进意见和建议？

(3) 为完成预定任务,用户所付出的成本(人、财、物)是否限制在规定范围以内？

(4) 开发工作和开发过程是否规范,各阶段文档是否齐备？

(5) 功能与成本比是否在预定的范围内？

(6) 系统的可维护性、可扩展性、可移植性如何？

(7) 系统内部各种资源的利用情况。

2．系统运行实用性评价

(1) 系统运行是否稳定可靠？

(2) 系统安全保密性能如何？

(3) 用户对系统操作、管理、运行状况的满意程度如何？

(4) 系统对误操作保护和故障恢复的性能如何？

(5) 系统功能的实用性和有效性如何？

(6) 系统运行结果对组织各部门的生产、经营、管理、决策和提高工作效率的支持程度

如何？

（7）对系统的分析、预测和控制的建议有效性如何？实际被采纳了多少？这些被采纳的建议的实际效果如何？

（8）系统运行结果的科学性和实用性分析。

3．设备运行效率的评价

（1）设备的运行效率如何？

（2）数据传送、输入、输出与其加工处理的速度是否匹配？

（3）各类设备资源的负荷是否平衡？利用率如何？

思考题

1．三种切换方式是什么？各有什么优缺点？在什么条件下用哪种方式较好？

2．如何评价管理信息系统的经济效益？评价中应注意的主要问题是什么？

3．什么是一个良好的运行系统？如何达到良好的运行效果？

第17章

某超市库存及档案管理开发实例

17.1 概述

17.1.1 开发背景

沈阳某超市连锁店,成立于21世纪初,该超市采用统一采购、统一核算、统一配送的低成本经营方式,经过几年的发展,目前已拥有十几家连锁店和一家配送中心。其中位于于洪区怒江北街的一家分店,其占地面积约500平方米,拥有各类管理人员及员工100余人,主要经营日用百货、烟酒食品、各类肉类、蔬菜、水果等商品,品种达上千种。

近年来,由于业务规模扩大,发展前景喜人,超市五年内想发展成为怒江地区的大型综合超市。但以前的管理信息系统功能单一,只能处理财务数据,库存管理基本靠人工推算,已经不适应企业新的战略发展目标。目前,该超市急需解决的一个问题是建立一个库存、档案管理的信息子系统,缩短供货周期、提高商品库存效率,简化人事管理,提升年度利润。

17.1.2 系统目标和开发的可行性

1. 系统目标

本系统的开发结合结构化系统开发方法与面向对象开发方法的各自优势进行混合系统开发。

拟增加库存管理子系统,使之能为公司提供强大的管理支持和查询服务。具体包括以下模块:

- 库存输入。
- 库存修改。
- 库存查询。
- 库存处理。

拟增加人力资源管理子系统,系统实现后,由计算机系统代替原来的人工档案管理,使之完成以下功能:

- 档案查询。
- 档案更新。
- 档案输出。

2．系统开发可行性

1）技术可行性

要求系统开发人员熟练运用 VF、VB 等编程语言，需要使用一台计算机。目前，技术人员已经掌握这些编程语言，并且拥有多台计算机可供使用。因此，本系统开发在技术上是可行的。

2）时间可行性

开发时间需要三个月左右。前两个月主要用于系统分析、设计、实现，后面的时间用于调试、运行系统。

3）经济可行性

开发小组可以利用现有的部分计算机、打印机等设备，节约部分设备购置资金，开发人员费用由超市支付。

4）人员可行性

开发人员需要 10 人左右，由系统分析员、系统设计员、程序员构成，同时应有超市管理人员、技术人员参与。开发小组进行短期培训后可达到技术和业务开发的要求。

17.1.3　组织结构分析

该超市的组织结构图如图 17-1 所示。

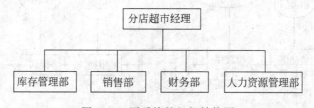

图 17-1　原系统的组织结构图

库存管理部的主要任务是根据销售部提供的信息和集团总部的配送中心及时联系，使库房货源充足；同时负责货物的接收，并安排好货物的存放事宜；对每天进出库房的货物进行详细记录，完善基础数据。

销售部主要负责日常销售工作，包括物品摆放、货架整理、收银台等货物销售区的日常管理事务；及时准确地将销售信息反馈给其他部门，以保证商品的及时供应更新；同时处理消费者提出的各种疑问和信息，为公司的整体运行提供实际销售的基础数据。

财务部负责一切与财务相关的各项事宜，全面记录公司收支情况流动，包括各种收入、支出、税务、财务结算等。对进出货款实行控制，定期分析资金走向，为公司的发展计划做好准备。

人力资源部的工作包括人员的招聘、分配、调动、晋升及辞退等管理事务，也包括人事档案的定期整理。针对员工在工作中出现的新问题，定期、分批地进行员工培训，以增加其专业知识，目的是为公司的长远发展提供人才保障。

17.2　系统需求分析

本次系统开发的任务是库存管理和人事档案管理两部分。系统分析阶段的调研采取的是全面铺开与重点调查相结合的方法,即把工作重点放在库存管理部与人事部的具体业务上,略去其他无关部门的具体业务调查。

17.2.1　现行系统业务描述

现行系统的库存管理业务流程如图 17-2 所示。销售部在销售货物时发现某种商品不足,根据这种商品的销售量及时制订货品需求计划,送至库存管理部。库存管理部检查这种商品的存货量,如果储货不足则制订进货计划,交给连锁店分店经理审批。经理批准后,告知财务部提款。库存管理部与配送中心联系,然后接收存储货物,并送到销售部进行销售。

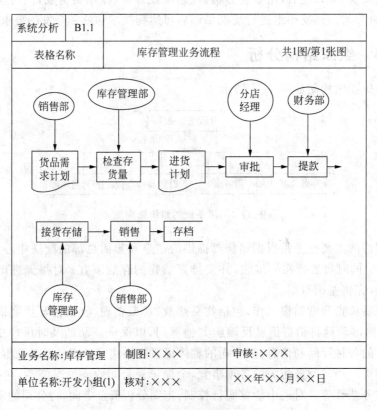

图 17-2　现行系统库存管理业务流程图

现行系统的人员变动信息业务流程图如图 17-3 所示。人力资源部下达人员变动文件,填写职员变动文件后由人力资源部修改人事档案管理数据库,再将修改后的数据库文件与职工档案数据库实现连接。

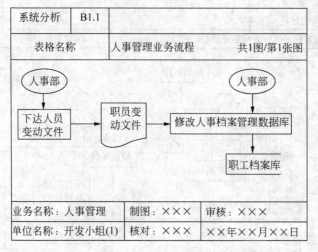

图 17-3 现行系统人员变动信息业务流程图

17.2.2 现行系统数据流程分析

因为本次开发着重建立科学的库存管理信息系统,所以需要对库存处理过程进行数据流程分析。

销售部人员将每天的货物销售量信息数据传至库存管理部进行库存处理。库存管理部综合商品需求信息初步确定需要补充的商品。对现有库存量进行检查后再确定是否进货。若库存充足,则无需进货,直接送货到销售部;若库存不足,则通过一定程序批准补充货物,将订单传至配送中心。库存管理部接收配送中心送来的货物,进行库存处理。库存处理后,生成库存数据并存储,将现行库存商品信息反馈至销售部。具体数据处理流程如图 17-4 和图 17-5 所示。

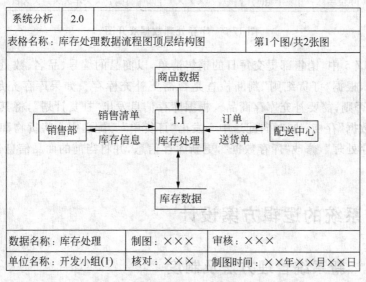

图 17-4 库存处理数据流程顶层结构图

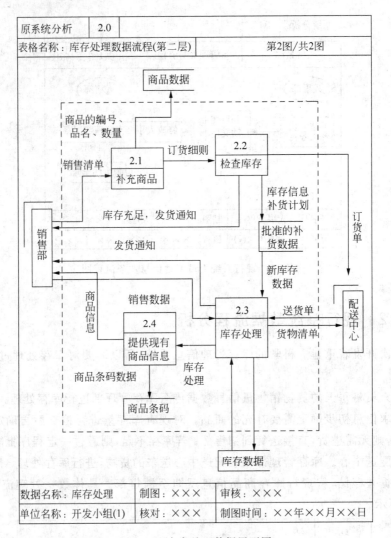

图 17-5   库存处理数据展开图

其中,图 17-5 中,销售部提交每日的销售清单,以商品的编号、品名、数量核对现有的库存(商品数据),根据"订货细则"判断检查是否需要补充库存。如果库存充足,则可以发出"发货通知";否则,需要补充库存商品。根据库存信息发出"补货计划",将其信息数据写入"批准的补货数据"存档;同时向配送中心发出"订货单"。配送中心将货物和"货物清单"送达后进行"库存处理",修改"库存数据",更新库存信息,并将当前的商品信息告诉销售部,发出"发货通知"。

17.3   新系统的逻辑方案设计

17.3.1   新系统管理方法及制度

原系统中,销售部人员根据货架上商品数量的检查,人工地向库存管理部提供需求计划。库存管理人员通过对存货量人工检查发现缺货后,发送传真至货物配送中心。原系统中采用的管理方法比较落后,只适用于小型超市。

原系统的人力资源信息系统也是采用纯手工操作管理的。这种管理只适用于职员较少的小型超市。随着超市规模的扩大,该超市已经发展成为一家中型超市,原系统已经不再适用于该超市。

在新系统方案中将做以下修改:

1.利用计算机辅助管理

为适应市场发展的需要,使企业效益进一步提升,设计的新超市库存管理和人事档案管理信息系统均利用计算机进行辅助管理。库存管理系统主要处理货品需求信息,将设立库存量底限,货存不足时由系统自动提示。

人事档案管理也由计算机进行处理,使各级主管从繁重的传统手工操作中解脱出来,将工作重心转移到管理中去,旨在提高工作效率。

2.增加信息部

在信息社会,信息扮演着非常重要的角色,为使企业在激烈的市场竞争中获取竞争优势,新系统将增添信息部。信息部将提供行业、供货商等方面的信息,并对新商品进行市场预测及需求统计分析,为超市高层决策者提供决策依据。

新系统的组织结构如图 17-6 所示。在超市连锁分店中添加信息部,主要负责分析商品的销售情况,并且通过调查及时获得新商品的信息,提供给库存管理部。其他管理部门与原系统一样。

图 17-6　新系统组织结构图

17.3.2　新系统拟定的业务流程

新系统的业务流程主要是多了信息部的业务环节。在当今信息社会,商品信息对超市非常重要。信息部专门负责收集商品信息,经处理后,做出市场预测及新商品的需求分析。这样可以弥补原系统信息滞后的缺点。同时,有利于高层决策者据此做出正确决策,及时调整计划,如图 17-7 所示(虚框内为改进处)。

销售部将销售数据通过新系统传给库存管理部,库存管理部对库存进行检查并处理,提交进货计划。同时,信息部收集信息,对新产品进行需求分析,制订出新产品的进货计划并提交。经连锁店分店经理批准后,财务部记账、提款。库存管理部发送进货信息,接货并存储,把产品送至销售部销售。人事档案管理的业务流程没有改变,如图 17-7 所示。

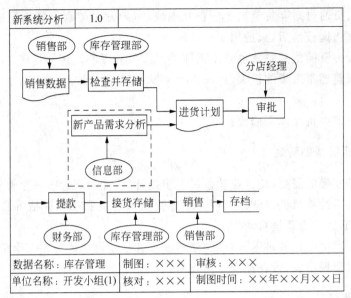

图 17-7　新系统库存管理业务流程图

17.3.3　新系统数据与数据流程分析

新系统拟定的库存处理数据流程如图 17-8 所示。在新系统中增设了信息部。信息部向库存管理部提供商品需求及市场预测信息。库存管理部据此列出新定的商品,再对此进行检查处理,将订货单传至配送中心。库存管理部接收配送中心送来的货物,进行库存处理。库存处理后,生成库存数据并存储,将现行库存商品信息反馈至销售部。对于超市原来已经引进的商品,由计算机控制库存。当库存量达到系统所设定的底线时,系统将自动提示库存管理人员订货,具体处理过程如 17-9 所示。

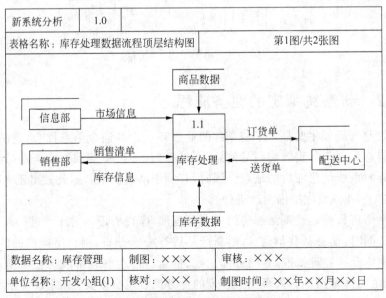

图 17-8　新系统的库存处理数据流程图

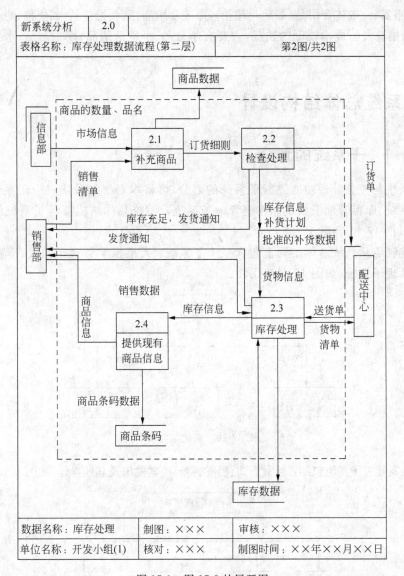

图 17-9 图 17-8 的展开图

17.3.4 新系统拟定的库存存放方法

超市管理系统中,库存管理十分重要,新系统拟定的库存存放方法如下:

根据统计分析,一般库存物资都遵循 ABC 分类规律。即 A 类物质品种数占库存物质总数的不到 10%,但金额却占总数的 75%;B 类物质的这两项数据比例分别为 20%和 20%左右;C 类物质的这两项数据比例分别为 70%和 5%。

根据 ABC 分类规律和实际调研结果,可以将库存物资分类如下:

A 类为一些销量较少,但成本较高的物质,主要有高档酒类、高档香烟、高档营养品、蒸锅、高压锅、饮水机、风扇、遥控玩具、工艺品、较高档体育器材(如羽毛球拍)等。

B 类为一些销量一般,成本也一般的物质,主要有中档酒类、中档香烟、中档营养品、刀具、洗发水、沐浴露、一般体育用品(如乒乓球拍)、瓶装食用油、熟食类食品(如烧鸭、烧鸡)等。

    C类为销量大但成本较低的物品,主要有小食品、小生活用品、娱乐用品、水果类及饮料类等。

17.4 系统总体结构设计

17.4.1 子系统的划分

    按照系统的业务处理功能进行子系统的划分,可将本系统划分成三个子系统:人事档案管理子系统、库存管理子系统和密码管理子系统。系统总体结构及各子系统的功能结构如图 17-10、图 17-11 和图 17-12 所示。

    超市连锁店从系统总体结构上包含三个子系统:人事档案管理子系统、库存管理子系统和密码管理子系统,如图 17-10 所示。

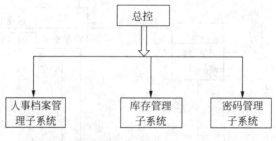

图 17-10 系统结构图

人事档案管理子系统包括:档案查询、档案更新、档案输出及其他操作,如图 17-11 所示。

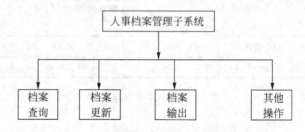

图 17-11 人事档案管理子系统结构图

库存管理子系统包括:输入模块、库存处理模块、修改模块、查询模块,如图 17-12 所示。

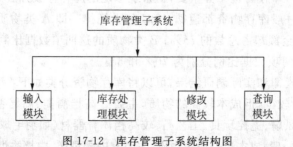

图 17-12 库存管理子系统结构图

密码管理子系统是为系统管理员设置的,具有密码修改等功能。

17.4.2 计算机处理流程设计

1.库存子系统

库存子系统的计算机处理流程如图 17-13 所示。图中数据输入库存管理子系统的方式有两种:新引进的商品出入库单据和查询时通过键盘输入的查询条件;直接从销售统计传过来的文件从外存储设备中读取。当系统进入输出处理分支时,首先读入商品出入库单据,进行合格判断,若合格则进行输出处理,结果存放在销售子系统文件、库存主文件和商品资料文件库中。

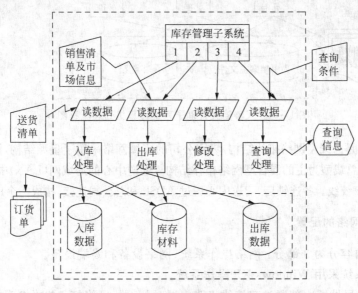

图 17-13 库存管理子系统计算机处理流程图

2.人事档案管理子系统

人事档案管理子系统的计算机处理流程如图 17-14 所示。图中数据输入子系统的方式均为键盘输入。进入人事档案管理子系统后,可以在档案输出、档案更新和档案查询三个处理中选择。进行档案输出时,只需输入所查职员的姓名,系统便会读取数据,进行判断,处理后以表单的形式在界面输出。更新处理分支接收键盘上输入的档案资料,判断合格后,将合格的资料送入档案更新处理,结果写入人事档案主文件中;不合格,返回原处检查。查询结果也是以表单形式在界面输出。

17.4.3 系统设备配置

1.网络设计

网络设计包括网络设计原则、设计内容两个方面。

该网络设计的原则是根据实际业务的需要进行网络的设计。

该网络设计分为 3 部分:网络拓扑结构、传输介质及网络协议。

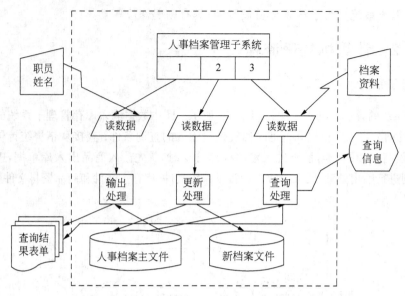

图 17-14　人事档案管理子系统计算机处理流程图

分店局域网是总线型网络拓扑结构,集团公司的广域网络采用了星型结构,因此,整个网络拓扑结构应是以总线型为主的混合型网络拓扑结构。配送中心的局域网(LAN)中采用以太网协议,传输介质为双绞线。各连锁店、配送中心通过 ADSL 和总公司连接,构成一个广域网(WAN)。

2. 设备和网络的配置

该部分的内容分为 3 部分:网络操作系统、网络设备和终端设备。

网络操作系统采用 Windows XP 操作系统。

网络设备:局域网内部通过双绞线将路由器、服务器、网络打印机及各种终端与交换机连接;各局域网之间通过路由器和 ADSL 连接。

终端设备:各局域网配有 1 台服务器、1 台网络打印机。在库存管理部、人力资源部各配备两台计算机,根据需要在收银台配置若干台 POS 机终端,各局域网配有若干交换机和 1 个路由器。

图 17-15 为广域网的网络拓扑结构图;图 17-16 为局域网的网络拓扑结构图。

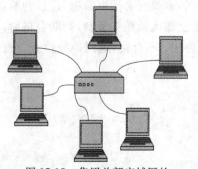

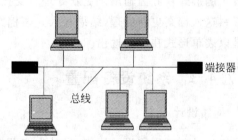

图 17-15　集团总部广域网的
星型结构示意图

图 17-16　各分店局域网总线型结构示意图

17.5　系统分类编码设计

17.5.1　分类方案

1. 库存物质分类方案

库存物资分类采用国际标准型 EAN—13 条码符号代码。这种代码的设计是建立在线性分类法基础上的，具体如图 17-17 所示。其中，库存物资分类法采用 ABC 分类法。

2. 职员分类方案

超市职员的分类法采用线分类法，如图 17-18 所示。

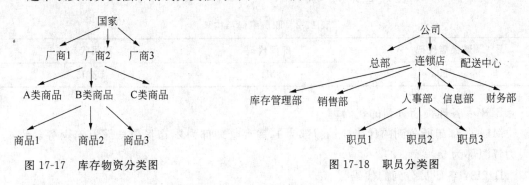

图 17-17　库存物资分类图　　　　　　　　图 17-18　职员分类图

17.5.2　编码

1. 商品编码

商品编码采用标准型 EAN 代码。标准型 EAN 代码由 13 位数字构成，称为 EAN—13 代码，其结构如表 17-1 所示。

表 17-1　商品编码结构表

前　缀　码	厂 商 代 码	商品项目代码	校验字符
P1P2P3	M1M2M3M4	I1I2I3I4I5	C

P1～P3：代表 3 位阿拉伯数字，称为前缀码，是国际物品编码协会分配给其成员国或者地区（EAN 编码组织）的唯一标识代码。我国的为 690。

M1～M4：代表 4 位阿拉伯数字，是企业标识代码，称为厂商代码。

I1～I5：代表 5 位阿拉伯数字，称为商品项目代码，用以表示具体的商品项目，即具有相同包装和价格的同一种商品。C 类由 00000 至 69999，B 类由 70000 到 89999，A 类由 90000 到 99999。

C：一位校验字符，用以提高数据的可靠性。按国际物品编码协会规定的方法计算其数值。校验字符按以下方法计算：

第1步,将13位数字(包括校验字符)自右向左顺序编号;

第2步,将所有序号为偶数的位置上的数值相加;

第3步,用数值3乘第2步的结果;

第4步,从序号3开始,将所有序号为奇数的位置上的数值相加;

第5步,将第3步的结果与第4步的结果相加;

第6步,用一个大于第5步的结果且为10的最小整数倍的数减去第5步的结果,其差即为所求的检验字符的值。

在实际操作中,对商品进行编码时,可不必计算校验字符的值,该值由制作条码的原版胶片或直接打印条码符号的设备自动生成。

2. 职员编码

职员编码结构如表17-2所示。

表17-2　职员编码结构表

连锁店代码	部门代码	职员代码
P1P2	M1	I1I2I3

P1P1:各连锁店分到的代码。

M1:各部门所分到的代码。销售部为1,库存管理部为2,市场信息部为3,财务部为4,人力资源部为5。

I1I2I3:各职员分到的代码。

17.6　数据结构和数据库设计

本系统采用 Visual FoxPro 6.0 建立了两个数据库,分别为人事档案管理数据库和库存管理数据库。人事档案管理数据库的表结构如表17-3所示。

表17-3　职工人事档案的表结构

字 段 名	类 型	宽 度	小 数 位 数	索 引	说 明
职工编号	字符型	6		有	编号规则见表17-1
姓名	字符型	8			
性别	字符型	2			男、女
出生日期	字符型	8			年月日
民族	字符型	8			
籍贯	字符型	16			省(直辖市)、市(区)
家庭住址	字符型	36			
政治面貌	字符型	10			
文化程度	字符型	6			初中、高中、专科、本科等
健康状况	字符型	10			良好、一般等
婚姻状况	字符型	4			已婚、未婚、离异、丧偶
参加工作日期	日期型	8			年月日

字 段 名	类 型	宽 度	小 数 位 数	索 引	说 明
进本单位日期	日期型	8			年月日
工资	数值型	6	2		
各种补贴	数值型	6	2		
部门	字符型	8			
现任职务	字符型	10			
职号	字符型	3			职务编号
权限	字符型	1			1：系统管理员；2：一般用户等
电话	字符型	12			
备注	备注型	4			

　　库存管理数据库中包含出库表、入库表及库存表，这三个表的结构如表 17-4、表 17-5 和表 17-6 所示。

表 17-4　出库表

字 段 名	类 型	宽 度	小 数 位 数	索 引	说 明
商品编号	字符型	13		有	编号规则见表 17-1
数量	数值型	整型			
经手人	字符型	8			
买家	字符型	8			
出库日期/时间	日期时间型	8			

表 17-5　入库表

字 段 名	类 型	宽 度	小 数 位 数	索 引	说 明
商品编号	字符型	12		有	编号规则见表 17-1
供应商	字符型	50			
数量	数值型	整型			
单价	货币型	8	自动		
经手人	字符型	8			
出库日期/时间	日期时间型	8			

表 17-6　库存表

字 段 名	类 型	宽 度	小 数 位 数	索 引	说 明
商品编号	字符型	12		有	编号规则见表 17-1
商品名称	字符型	50			
分类	字符型	50			A、B、C 类
单位	字符型	5			计量单位
数量	数值型	整型			
备注	字符型	50			

17.7　输入输出设计

输入输出设计包括输入设计、输出设计、用户界面设计。

输入设计包括输入方式、输入格式、校对方式等。

输出设计包括报表输出、图形输出等。

用户界面设计包括操作界面设计、菜单设计、会话管理等。

17.7.1　输入设计

1. 输入方式

- 键盘输入：由于人事管理系统及密码管理系统小、流动数据少、基本数据变化小,可以采用键盘输入。如图 17-19 所示的员工信息输入界面。
- 条码输入：库存管理系统需要在短时间内大量更新、处理数据,可以选择条码输入。

界面标题区	信息管理	
功能区	数据显示区	
员工管理 供应管理 客户管理	职工号＿＿＿＿＿＿　　姓名＿＿＿＿＿＿ 职　务＿＿＿＿＿＿　　电话＿＿＿＿＿＿ 住　址＿＿＿＿＿＿	
分类管理	操作区	增加、修改
商品管理	说明区	(文字说明)

图 17-19　员工信息输入界面

界面标题区：信息管理。

功能区：员工管理、供应管理、客户管理、分类管理、商品管理。

数据显示区：职工号、姓名、职务、电话、住址。

操作区：增加、修改。

说明区：职工代码由 6 位字符组成。第 1、2 位表示职工所在连锁店号(01～99),第 3 位为部门号(其中 1 表示销售部；2 表示库存管理部；3 表示市场信息部；4 表示财务部；5 表示人事部),第 4、5、6 位表示职工编码。

2. 核对方式

本系统在修改个人密码时,运用了二次键入校对的方法,对密码修改进行确认。用户进入商品的出入库查询系统时,需要对用户输入的密码进行二次确认。

17.7.2　输出设计

库存管理系统中,运用屏幕输出和报表输出两种方式,如图 17-20 所示的库存信息输出界面。

```
┌─────────────────────────────┐
│ 界面标题区                    │
├──────┬──────────────────────┤
│      │ 条件显示区            │
│ 功能区 ├──────────────────────┤
│      │ 操作区                │
│      ├──────────────────────┤
│      │ 表格显示区            │
└──────┴──────────────────────┘
```

图 17-20　库存信息输出界面

界面标题区：库存信息。

功能区：入库、出库、意向、拜访。

条件显示区：选择检索时间。

操作区：打印检索、执行检索。

表格显示区：显示商品代码（ID）、名称、单价等信息，具体格式如表 17-7 所示。

表 17-7　表格显示区中的显示价格

ID	名称	单价
49	品客薯片	4
51	面包	1

17.7.3　用户界面设计

1. 主界面设计

本系统界面设计采用统一、简洁的设计原则，主界面和各子系统界面如图 17-21 及图 17-22 所示。

```
┌─────────────────────┐      ┌─────────────────────┐
│     界面标题区       │      │     界面标题区       │
├─────────────────────┤      ├─────────────────────┤
│      菜单栏          │      │      菜单栏          │
├─────────────────────┤      ├─────────────────────┤
│    背景图案区        │      │  数据显示、美化及说明区 │
└─────────────────────┘      └─────────────────────┘
```

图 17-21　主界面设计方案　　　　图 17-22　各子系统界面设计方案

2. 菜单设计

本系统采用下拉式菜单设计。下拉式菜单用来描述系统或子系统功能。它既是系统分析和系统设计所确定的新系统功能，又是下一阶段系统编程时的程序菜单屏幕蓝图。此外，下拉式菜单方便、灵活、便于统一处理。

各界面的菜单项及快捷菜单细目如图 17-23、图 17-24、图 17-25 和图 17-26 所示。

```
┌─────────────────────┐
│   超市连锁店管理系统  │
├─────────────────────┤
│ ……库存管理子系统     │
│ ……人事管理子系统     │
│ ……管理员密码子系统   │
└─────────────────────┘
```

图 17-23　图 17-21 中的"菜单栏"的内容

库存管理子系统				
项目	查询	出库	入库	报表
设置	……按商品名称查询 ……按进货日期查询 ……按分类查询	……出库操作	……入库操作	……报表输出

图 17-24　库存管理子系统菜单设计

人事管理子系统		
录入	修改	查询

图 17-25　人事管理子系统菜单设计

密码管理子系统	
修改	查询
……人事管理密码修改 ……库存管理密码修改 ……管理员密码修改	……人事管理密码查询 ……库存管理密码查询

图 17-26　密码管理子系统菜单设计

3. 会话管理

通过登录界面进入系统时,如果用户名或密码输入错误将弹出"用户名或密码输入错误,请输入正确的用户名和密码!"的对话框提示;如果用户名未输出任何字符,则弹出"未输入用户名"的对话框提示;如果有用户名而没有密码,则弹出"未输入密码"的对话框提示。

在库存管理子系统的进/出库界面中输入界面要求填写的数据,单击"确定"按钮后,系统将弹出对话框,显示所输入的内容及某些计算结果,请求确认。

在人事管理子系统中,修改个人密码时,当前后两次密码的输入不相同时,会弹出对话框,提示"请重新输入新密码",如果原密码不正确,系统也会相应地提示。

进入密码管理子系统中,系统将提示"密码管理子系统为系统管理人员专用,非管理人员请返回主界面;管理人员请输入用户名及密码"。

17.8　模块功能与处理过程设计

人事档案管理子系统档案文件的顶层 HIPO 图如图 17-27 所示。人事档案管理子系统管理档案文件包括对人事档案的更新、查询、输出。因具体处理过程将在后文展开,在此不再画出 IPO 图。

输出档案文件 HIPO 图如图 17-28 所示。

验证个人姓名的 IPO 图如图 17-29 所示。

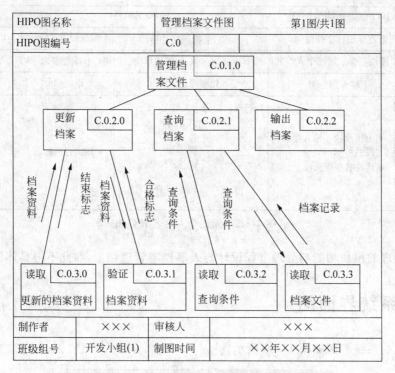

图 17-27　管理档案文件 HIPO 图

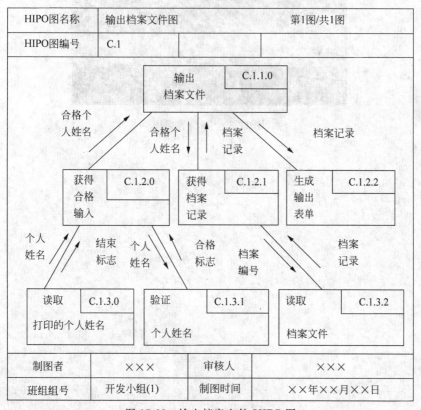

图 17-28　输出档案文件 HIPO 图

IPO图编号(即模块号)：		HIPO图编号：	
数据库设计文件编号：		编码文件号：	编程要求文件号：P.1.1
模块名称：验证个人姓名	设计者：××× 使用单位：01-01		编程要求：VF
输入部分(I)	处理描述(P)		输出部分(P)
● 上传模块，输入个人姓名数据 ● 读姓名存根文件	1. 核对、验证个人姓名 处理过程-1- 出错信息(不给予合格标志) 记录合格		● 输出合格标志

图 17-29 验证个人姓名 IPO 图

库存管理的模块功能与处理过程设计与人事档案管理相似，在此不再具体展开。

17.9 系统界面图

本系统的系统界面如图 17-30 所示。

图 17-30 系统界面图

参 考 文 献

1. 吾甫尔·艾木都.电子商务概论.北京：中国铁道出版社,2009.
2. 仲秋雁等.管理信息系统.北京：清华大学出版社,2010.
3. 姚国章.电子商务与企业管理(第 2 版).北京：北京大学出版社,2009.
4. 肯尼斯 C·劳顿,简 P·劳顿著.管理信息系统.薛华成编译.北京：机械工业出版社,2011.
5. 钟雁.管理信息系统开发案例分析.北京：清华大学出版社,北京交通大学出版社.
6. 蒋长兵,白丽君.供应链理论技术与建模.北京：中国物资出版社,2009.
7. 王晓静、王廷梅.管理信息系统项目开发实用教程.北京：清华大学出版社,2012.
8. 张鹏翥.信息技术.上海：上海交通大学出版社,2006.
9. 薛华成.管理信息系统(第 5 版).北京：清华大学出版社,2007.
10. 周苏.管理信息系统新编.北京：中国铁道出版社,2010.
11. 菲利普·科特勒著(美国).营销管理(第 9 版).梅汝和,梅清豪,张桁译.上海：上海人民出版社,2001.
12. 雷蒙德·A·诺伊等著.人力资源管理(第三版).刘昕译.北京：中国人民大学出版社,2002.
13. 倪庆萍.管理信息系统原理(第 2 版).北京：清华大学出版社,北京交通大学出版社,2010.